Jean-Luc Massot

Maisons rurales et vie paysanne en *Provence*

ACTES SUD

« C'est sous le toit ajouré des arbres, à peine est-on entré dans cet abri
où le soleil ne brûle plus, dans la maison qui n'est jamais fermée,
et il y a une fraîcheur, un parfum, inséparables l'un de l'autre.
Le ciel descend dans les feuilles… »

PHILIPPE JACCOTTET
Paysages avec figures absentes, éd. Gallimard, Paris, 1970.

Une production Archipel studio
10, rue Louis-Bertrand - 94200 Ivry-sur-Seine

La première édition de cet ouvrage est parue en 1975 aux Éditions SERG/Berger-Levrault

Direction d'ouvrage : Jean-Jacques Brisebarre

Conception graphique : Thomas Brisebarre

Édition : Laure Desforges, Juliette Neveux

Introduction

On peut se demander pourquoi l'architecture rurale a été négligée au profit de l'architecture monumentale, noble ou bourgeoise : en effet, seuls quelques essais relatifs aux constructions campagnardes ont été publiés, alors que de nombreuses études ont véritablement disséqué l'architecture monumentale. Ainsi, à notre époque, et pour toute la France, il n'existe qu'une documentation fort incomplète (livres de photographies, brochures de tourisme ou de régionalisme, etc.) qui n'offre certainement pas un examen approfondi de la construction rurale. Sans doute y avait-il en elle, à première vue, peu de matière architecturale, puisque ces constructions, essentiellement simples, étaient le fruit d'un travail intuitif, sans la moindre élaboration. Comment, dans ce cas, faire état d'une architecture ?

Pourtant, au début du XVIIIe siècle, une tentative a été entreprise pour faire entrer la maison rurale dans une architecture digne de ce nom : sur le papier, on a essayé de définir des fermes-types adaptées aux exigences régionales. On a dégagé des axes, des ordonnancements de volumes symétriques entourant des cours aux proportions rigoureuses et académiques [1]. Mais la construction rurale a refusé ce carcan de la théorie pour rester elle-même, c'est-à-dire l'acte de bâtir du paysan, plus soucieux d'avoir un bâtiment économique et fonctionnel que de faire œuvre architecturale. Notre but est donc de démontrer ce qui fait la qualité de cette œuvre et d'en déceler l'enseignement.

Ne nous leurrons pas. Il y a, au départ, l'acte simple d'abriter dans l'espace une vie familiale, des animaux et une récolte. Mais laissons-nous guider et voyons comment cet habitat est devenu riche d'une leçon homogène, que tous les architectes contemporains essayent de maintenir dans la finalité de leur ouvrage. L'architecture rurale, par son refus des modes, des procédés, n'est-elle pas une présence naturelle, parfaitement adaptée, parfaitement intégrée, où tout, depuis la première pierre de fondation jusqu'au loquet de porte, témoigne de l'homme et de sa qualité ? Examinons alors de quelle façon, à partir des contraintes de la nature et des exigences de l'homme, cet habitat a su non seulement s'établir mais encore devenir pour nous essentiel dans sa démonstration instinctive de bâtir.

[1] La Société royale d'Agriculture de Paris, frappée par la carence des constructions rurales, dont « la plupart ne consistaient qu'en de grossières masures », ouvrit un concours pour le perfectionnement de cet habitat. M. de Perthuis, officier de génie, emporta en 1810 le prix pour son mémoire (*Traité d'architecture rurale*), véritable cours d'architecture dans lequel « il a traité avec supériorité des principaux bâtiments d'exploitation et des connaissances nécessaires ». Avant lui, les ouvrages des deux Blondel (*Cours d'architecture enseigné dans l'Académie royale d'architecture*, F.-R. Blondel ; et *Cours d'architecture civile ou traité de la décoration, distribution et constructions des bâtiments*, J.-F. Blondel) ; l'ouvrage de Briseux, *L'Art de bâtir les maisons de campagne*, et celui de J.-F. Rondelet, *Traité théorique et pratique de l'art de bâtir*, sont à citer. Par la suite, de nombreux ouvrages plus pratiques sont parus, comme *La Maison rustique* ou *Dictionnaire de la vie à la campagne*.

Les conditions

Cet ouvrage se propose de traiter l'habitat rural en Provence, en ordre dispersé. Il s'agit avant tout d'un livre consacré à l'architecture rurale et non d'une étude économique, sociale, écologique du monde paysan provençal.

L'habitat rural : il s'agit uniquement de l'habitat ayant ou ayant eu une fonction paysanne, c'est-à-dire conçu en vue d'une exploitation agricole. Est donc exclu de notre examen l'habitat dans le pays rural qui répond à toute autre fonction, telle la résidence, la villégiature, et pour lequel il n'y a pas une organisation liée à la mise en valeur des terres.

En Provence : le cadre exact de notre étude se limite à une partie de la Provence, pour laquelle nous reconnaissons une certaine unité architecturale. En partant de l'extrémité ouest pour aller à l'est, nous rencontrons :

- Arles : la Camargue - la Crau ;
- les Alpilles : les Baux, Saint-Rémy-de-Provence, Salon ;
- le Comtat Venaissin : Carpentras, Cavaillon ;
- le Lubéron avec le pays d'Apt ;
- le pays d'Aix-en-Provence : Aix et Marseille ;
- la haute Provence : pays de Forcalquier, plateau d'Albion, montagne de Lure ;
- le haut Var : Draguignan, le plateau de Valensole, le camp de Canjuers.

Nous ne traiterons pas la région côtière, qui a subi des altérations profondes et dont l'habitat rural a été extrêmement remanié.

L'habitat dispersé : les constructions, au lieu d'être groupées sous forme de hameaux ou de villages, sont éparpillées dans la campagne, isolées, indépendantes. Les villages et les hameaux provençaux pourront faire l'objet d'une étude complémentaire. Le peuplement des sites a souvent été influencé par des préoccupations défensives : en période d'insécurité, les paysans se serrent sur des buttes pour se prémunir contre l'envahisseur. Une vie collective s'instaure, d'abord à l'intérieur du *castrum*, puis dans le village qui a débordé de l'enceinte. Au contraire, dans les périodes de paix et de prospérité, la population regagne la plaine. Le paysan cherche alors à habiter sur la terre. En Provence, il existe de nombreux exemples de ce phénomène d'occupation des plaines et de dispersion, qui permet au paysan d'obtenir des conditions de travail meilleures.

Mas à cour fermée du plateau de Valensole (cliché Inventaire général. Roucaute-Heller).

1.

Ci-dessus, carte de la Provence.

Ci-dessous, découpage géographique adopté dans le présent ouvrage.

Pour comprendre cette architecture provençale, voir comment elle a répondu à des exigences aussi bien climatiques qu'agricoles et sociales, il est absolument nécessaire de s'attarder au milieu, à l'homme, aux cultures. Car on ne peut pas étudier une salle commune de ferme sans savoir comment la vie paysanne s'organisait à l'intérieur de cette pièce : les cérémonies, les veillées, la place du maître, le mobilier, sont autant d'éléments qui éclairent cette architecture. On ne peut non plus étudier des bâtiments agricoles sans connaître le type de culture, son évolution, ses exigences.
Nous avons affaire à une architecture qui « colle » parfaitement à une condition de vie, sans interposition d'aucune sorte, de compromis, d'artifices, de souci de paraître. Une architecture vraie, première, pour un mode particulier de vie. Cette vie se reflète intimement dans son architecture, l'une ne peut aller sans l'autre.

Les conditions historiques

Il n'est pas dans notre intention de traiter ici les grandes étapes du peuplement rural, qui ont fait l'objet de la part des spécialistes d'études approfondies [1]. Notre propos est plus simplement de rechercher, à travers son évolution, les formes données à l'habitat aux différentes époques de son histoire, et de préciser dans quelle mesure, au-delà des données constantes du milieu et de ses contraintes spécifiques, chaque période a pu obtenir des réponses architecturales appropriées.

L'HABITAT CELTO-LIGURE (VIe-IIe SIÈCLES AV. J.-C.)

Des fouilles systématiques de nombreux sites, occupés entre le VIe et le IIe siècle avant J.-C. par des populations celto-ligures, ont permis de déterminer certaines conditions d'habitation. C'est un habitat groupé et très dense [2], qui se présente sous l'aspect bien connu d'un éperon barré d'une muraille. Nous sommes en face d'un habitat perché ou oppidum sans pouvoir déterminer avec précision s'il était permanent ou refuge temporaire en cas de danger. Sa connaissance est éclairée par de nombreux comptes rendus de fouilles menées sur de multiples sites.

L'habitat perché de Verduron à Saint-Antoine (Bouches-du-Rhône) [3]

Situation : la colline dite « Pain de sucre » fait partie de la chaîne de l'Étoile. Elle commande le seul passage pratique de cette portion du littoral entre la mer et l'Arc.

Description : au point culminant de la colline, existent les restes d'une construction carrée de 10 m de côté, aux murs épais en pierre sèche, avec divisions intérieures composant quatre ou cinq chambres (donjon) ; cette construction commande l'ensemble des bâtiments formant un rectangle de 50 m sur 25 m.

Les chambres : elles sont carrées de 5 m sur 4,50 m environ, à peu près symétriquement disposées à raison de quatre rangées ; la première, à droite, si on regarde le nord, comporte huit pièces absolument symétriques. Les ouvertures des chambres sur les corridors sont assez grandes, 1,50 m, pour laisser passer bêtes et gens.

Les sols : le sol des petites pièces est formé, soit par la roche en place, soit par une couche de terre battue, dans laquelle on a découvert de nombreux fragments de céramique. Dans l'une d'elles, on remarque un banc de dalles ; une pierre à rainure semble avoir retenu une porte à coulisses.

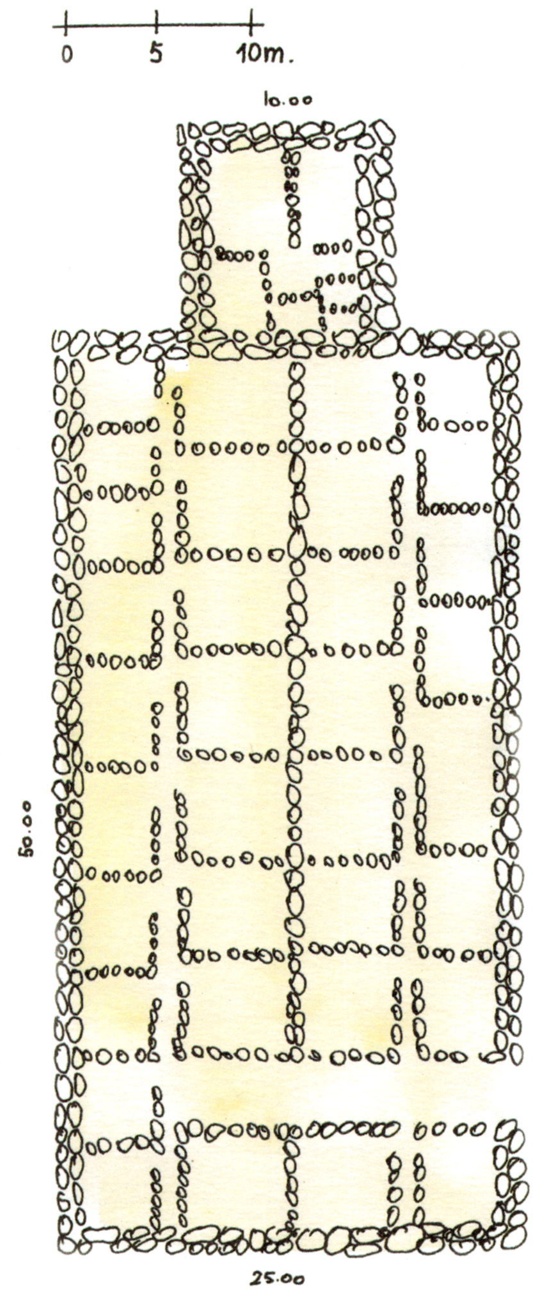

Ci-dessus, plan de l'oppidum de Verduron.

Les murs : ils sont assez minces : 35 cm environ. Ils se composent de blocs moyens grossièrement équarris, assemblés sans aucun mortier. Les joints sont comblés avec de la terre. Ils étaient terminés en partie à leur faîte par des palissades enchevêtrées de ronces, garnies de terre argileuse pressée, à la façon d'un torchis.

La toiture : elle était vraisemblablement en chaume et rendue étanche par le même procédé que précédemment ; on ne trouve, en effet, trace d'aucun fragment de tuiles.

[1] R. Livet, *Habitat rural et structures agraires en basse Provence*, Aix-en-Provence, 1962.

[2] Deux cent cinquante *oppida* ont été recensés dans le Var.

[3] S. Clastrier, *Synthèse des travaux sur l'oppidum de Verduron*, Bulletin de la Société archéologique des Bouches-du-Rhône, 1900-1910.

La distribution : toutes les chambres étaient reliées entre elles par un double couloir ou venelle qui partait de la porte d'entrée au sud-est (porte fortifiée), pour se terminer contre le donjon. Il s'agit sans doute d'un habitat occupé par une petite tribu de pasteurs ou de chevriers qui se seraient fixés sur cette éminence entourée de grands bois, et d'où on pouvait surveiller un secteur assez étendu du littoral. Ce camp retranché a dû être détruit probablement en 125 avant notre ère par l'armée de Sextius Calvinus, fondateur d'Aix.

Entremont [4]

Entremont fait figure originale par rapport aux autres *oppida*. Elle constituait un centre de négoce et d'entrepôts, et la présence d'un temple fait songer à une cité de grande importance ; elle était la capitale des Saliens, population celto-ligure de Provence. Son site exceptionnel, sur un plateau, couvre une surface de plus de 3,5 ha. Le plan de la cité comporte deux parties quadrillées par un ensemble de rues avec des rangées de cases dont la disposition détermine un véritable urbanisme. Ces deux quartiers, Entremont II et Entremont III, sont entourés d'enceintes défendues par des tours carrées sans remplissage. La première enceinte, celle d'Entremont II, a une largeur moyenne de 1,50 m et les tours carrées sont distantes de 19 m, soit environ 60 pieds. Entre ces tours, seront aménagées, plus tard, de grandes cases. L'enceinte d'Entremont III barre le plateau au nord sur 380 m de longueur ; elle a été dégagée sur 130 m à partir de l'ouest ; elle est épaisse de 3,15 m et présente un appareil plus régulier et plus soigné que le rempart d'Entremont II. Les rues sont larges de 2,50 m à 3,40 m et délimitent des îlots rectangulaires dont les cases sont adossées aux parements de l'enceinte qui supportait le faîte du toit en bâtière à la façon du mas provençal. Les angles des maisons sont curvilignes et protégés par des bornes, pour éviter le choc des roues de chars.

Les maisons d'habitation : il y a deux types de cases. Celles d'Entremont II sont étroites, composées d'une seule pièce, en général dépourvues de foyer ; elles sont rectangulaires, de 5 m à 8 m sur 2,50 m à 3,50 m. Celles d'Entremont III comprennent deux ou plusieurs pièces avec des magasins de *dolia*, des pressoirs à huile, etc. Le foyer d'argile était en général adossé au mur, dans l'angle le plus proche de la porte, de façon à faire évacuer la fumée par cette ouverture, mais on le trouve parfois au centre de la pièce.

L'appareillage : l'appareillage est en pierre sèche avec, pour seul liant, un mortier de terre. La paroi, en briques d'argile crue, mélangée de paille hachée, était enduite et reposait sur une assise de pierres. Le sol était en terre battue. La toiture était sans doute en terrasse, faite de clayonnage de bois et torchis, peut-être de peaux de bêtes.

La ville : elle était agricole et industrielle, et groupait tous les arts et métiers. Un contrepoids de pressoir et de grandes dalles à rainures circulaires sont le témoin d'installations oléicoles dont la technique n'est pas différente de la technique romaine.

L'outillage : en fer, il indique le développement de la taillanderie à cette époque ; piques de terrassiers, faucilles, enclumes, ciseaux, pincettes de forgerons, d'orfèvres, marteaux de tailleurs de pierres, etc.

La voirie : le procédé pour évacuer les eaux de pluie était un système particulièrement intéressant. Un système complexe de canalisations, soit creusées dans la terre, soit construites soigneusement, permettait de collecter les eaux de pluie de façon à ce qu'elles ne sapent pas le sol au niveau des enceintes.

Le camp du mont Bastide à Èze [5]

L'urbanisme : le camp s'étage en terrasses contre le flanc de la montagne. Des escaliers d'accès sont aménagés pour relier ces terrasses entre elles.

L'alimentation du site en eau : la récupération des eaux de pluies des toitures dans les citernes se fait par l'intermédiaire de pierres à rigoles.

[4] F. Benoît, *Résultats historiques des fouilles d'Entremont (1946-1967)*, Gallia, tome XXVI, 1968.

[5] Octobon, « Camp du mont Bastide à Èze (Alpes-Maritimes) », in *Provence historique*, tome V, 1955.

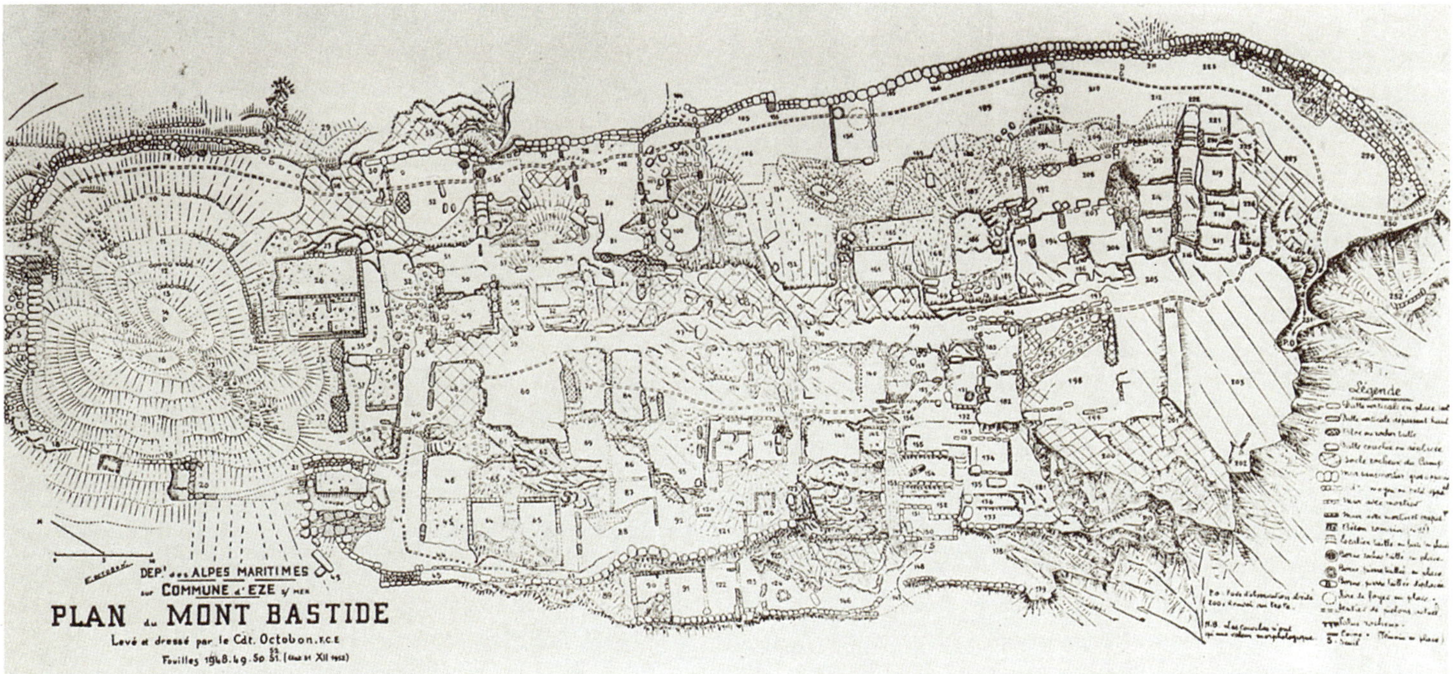

Page de gauche, vestige d'habitat primitif au site de Lamanon.

Ci-dessus, plan du camp du mont Bastide, relevé par le commandant Octobon.

Ci-dessous de gauche à droite : plan partiel d'Entremont II et III d'après MM. Ambard, Pironin et Borely ; essai de restitution des cases étagées du mont Bastide, mettant en évidence le procédé de récupération des eaux pluviales.

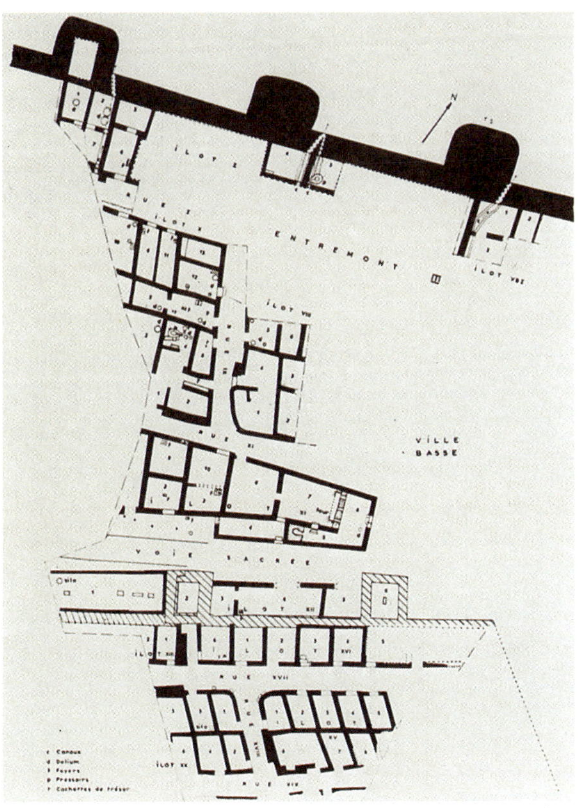

Les cases : l'ensemble se compose de cases de petites dimensions : 6,50 x 2,70 m.

La distribution intérieure :

• **Le foyer :** il se situe dans un angle d'habitation.

• **L'alimentation en eau :** elle se fait aussi par des pierres à rigoles qui guident l'arrivée d'eau. On note la présence de drains.

• **Les enduits :** le sol est dallé et les pierres sont jointoyées par un béton fait de mortier de sable grossier et de briques de tuilot concassées. Certains murs sont crépis et recouverts d'un badigeon rouge.

• **Les couvertures :** les cases sont couvertes d'un toit en appentis fait de *tegulae* complétées par leur joint en « imbrices ». Ces tuiles sont d'un rouge jaunâtre très pâle. On a aussi découvert de nombreux clous de section carrée, souvent recourbés. Ils

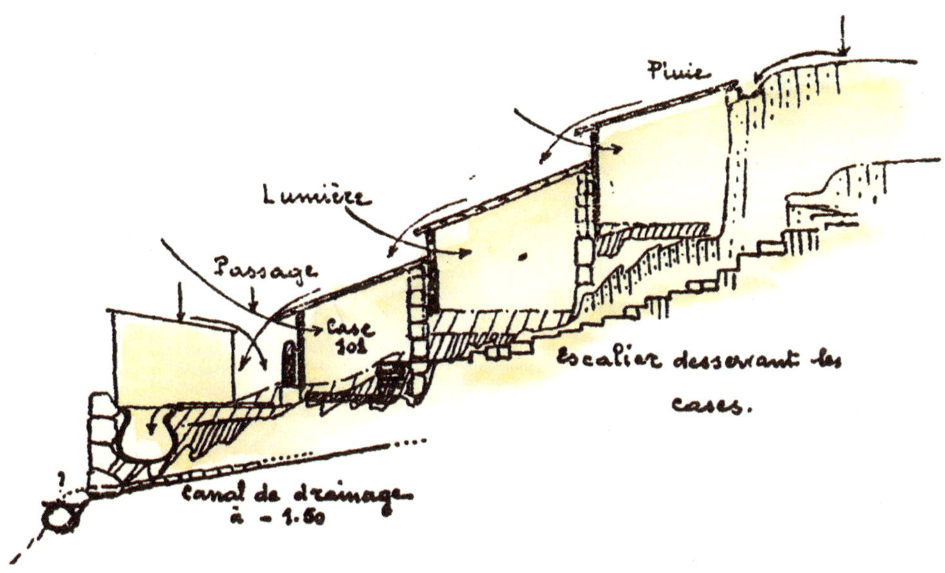

semblent avoir été employés pour assembler les planches de charpente. Cet oppidum comporte quelques éléments originaux par rapport aux deux précédents : la disposition des cases les unes par rapport aux autres, ce qui apparaît très bien sur la coupe ; leur couverture de tuiles sur charpente ; et le drainage intensif des eaux de pluie.

Après l'analyse rapide de trois sites, les plus connus et, semble-t-il, les plus anciennement étudiés, un certain nombre de questions viennent à l'esprit : l'oppidum était-il un lieu d'habitat permanent ou temporaire ? Dans le second cas, où et comment étaient les autres demeures ? Quels hommes les avaient construites pour y vivre ? Étaient-ce des cultivateurs ? Avaient-ils un statut social ? Autant d'interrogations qui, dans l'état actuel de la recherche, sont sans réponse. Il nous a semblé cependant intéressant de nous étendre un peu plus sur ces *oppida* puisqu'ils sont la première forme d'habitat qui pose et résolve de manière raisonnée les problèmes de l'emplacement du site, de la mise en œuvre des matériaux, de l'eau. Le site est choisi en raison de l'insécurité qui règne à cette époque, comme cela se reproduira au Moyen Âge. Les constructions sont faites avec le matériau trouvé sur place : pierre sèche ramassée dans les champs, végétaux et peaux de bêtes pour la couverture. Les eaux de pluie sont récoltées pour pallier l'absence de sources ou de puits. Les problèmes fondamentaux de l'habitat trouvent donc une première solution.

Les villas gallo-romaines (Ier-IVe siècles)

La plupart des *oppida* celto-ligures furent abandonnés entre le Ier et le IVe siècle après J.-C., période de la conquête romaine. En s'installant en Gaulle, les Romains refusent le mode d'habitat local, en complète opposition avec le leur. Ils apportent leur propre façon de vivre, de construire. Dès leur mainmise sur le pays, les Romains créent un réseau de voies, en particulier la voie Aurélienne et la voie Domitienne [6], auxquelles se rattachent d'innombrables chemins. Le long de ces chemins, s'implante tout un « semis de villas » car c'est en « ordre dispersé » que s'effectue l'occupation des campagnes [7]. Dans ce pays, si semblable au leur par le climat, la topographie, la végétation, les Romains recherchent pour leurs exploitations rurales un site défini par des règles très strictes, édictées par les agronomes latins : un flanc de coteau abrité des vents dominants, exposé aux premiers rayons du soleil ; la proximité d'un point d'eau ; et enfin des terrains où l'on peut conjuguer les terres labourées, les pâturages et les lieux de passage.

Les règles qui dictent le choix du site sont très proches de celles qui déterminent l'habitat que nous connaissons actuellement : beaucoup de fermes, mas ou bastides se sont implantés sur un site gallo-romain. Il faut cependant noter, après de nombreuses fouilles, que ces préceptes sont loin d'avoir été respectés et ne correspondent pas souvent à la réalité ; il y a des implantations aberrantes, bien plus nombreuses qu'on ne le suppose.

Après le choix du site, la « villa » était édifiée. Il est difficile de décrire l'agencement et le rôle des bâtiments qui la composaient. Une distinction courante fait apparaître deux types qui coexistaient la plupart du temps : le grand domaine de plaisance et de rapport avec mosaïques, péristyles, chauffage central et, sans doute, décor luxueux (statues, marbres, etc.), quelquefois, temples particuliers, habité par de hautes personnalités séjournant en Provence ; et la « villa » rustique dont l'unique vocation était l'exploitation des terres.

La villa de Muscapeu [8]

Cette villa comportait une terrasse ornée d'un large péristyle d'une dimension de 32,50 m à l'est, de 22 m au sud. Ce péristyle était accompagné d'un portique composé de colonnes faites de secteurs en briques, autour d'un miroir d'eau d'une dimension de 16,6 m par 3,20 m. On a pu retrouver un réservoir d'eau et une baignoire ; une canalisation en fonte en assurait l'évacuation. La plupart des salles étaient chauffées par une série d'hypocaustes disposés dans des pièces en sous-sol, couvertes de briques et de buses, dans lesquels étaient faits de grands feux, ce qui permettait de répandre l'air chaud sous le plancher de la salle à chauffer. On a ainsi retrouvé une quantité de briques estampillées *mari*, des buses en terre cuite pour le passage de l'air chaud, situées aux angles de la pièce, et des cheminées d'aération de forme tronconique de deux ou trois rangées.

La grande salle : cette pièce de 6 m sur 4 m environ était placée sur un hypocauste. Elle était pavée de marbre, type d'habitation de « fondus » de la Provence intérieure témoignant de la prospérité agricole dès le début de la romanisation. Dans cette salle, un tuyau de plomb permettait l'évacuation de l'eau de lavage.

La salle froide : avec ses dimensions – 3,70 m sur 2 m –, peut-être était-ce une piscine froide ? Elle avait un foyer avec un couloir bordé de pierres à feu, qui emmagasinait une quantité de chaleur pour la restituer graduellement. On a retrouvé des céramiques à paroi mince de couleur jaune orangée et ornées de pommes de pin, type fréquent dans la seconde partie du Ier siècle.

6 La voie Aurélienne est la plus ancienne. Elle commençait à Rome, menait à Nice en suivant les côtes de Provence et allait mourir à Enturias, en Catalogne. C'est sur le tracé de cette voie que demeure encore en place le pont Flavien à proximité de Saint-Chamas. L'autre chemin connu fut la voie Domitienne qui conduisait dans le Dauphiné. Agrippa, ministre et favori d'Auguste, ordonna qu'on les réparât toutes les deux et fit continuer cette dernière jusqu'à Lyon.

7 R. Livet, *op. cit.*, p. 140.

8 Ambart, « La Villa gallo-romaine de Muscapeu (Tourves-Var) », in *Provence historique*, janvier-mars 1955.

Ci-dessus, de gauche à droite : vue générale du site de la villa de Muscapeu ; détail de la maçonnerie avec parement de briques ; canalisations du chauffage, en plomb, intégrées à la maçonnerie.

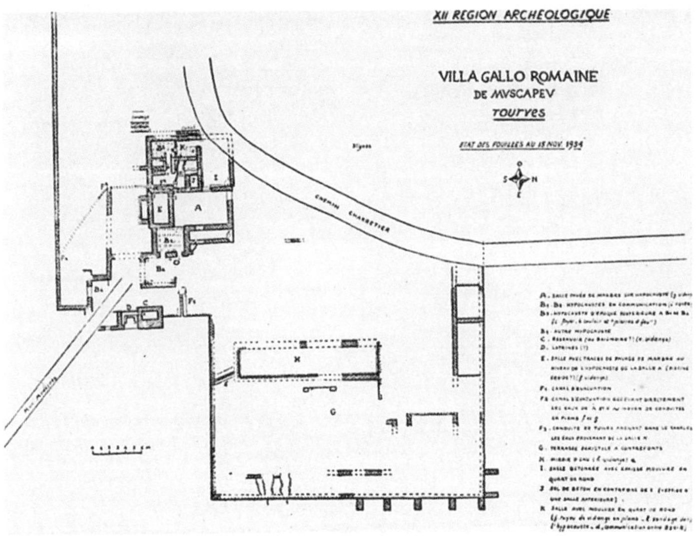

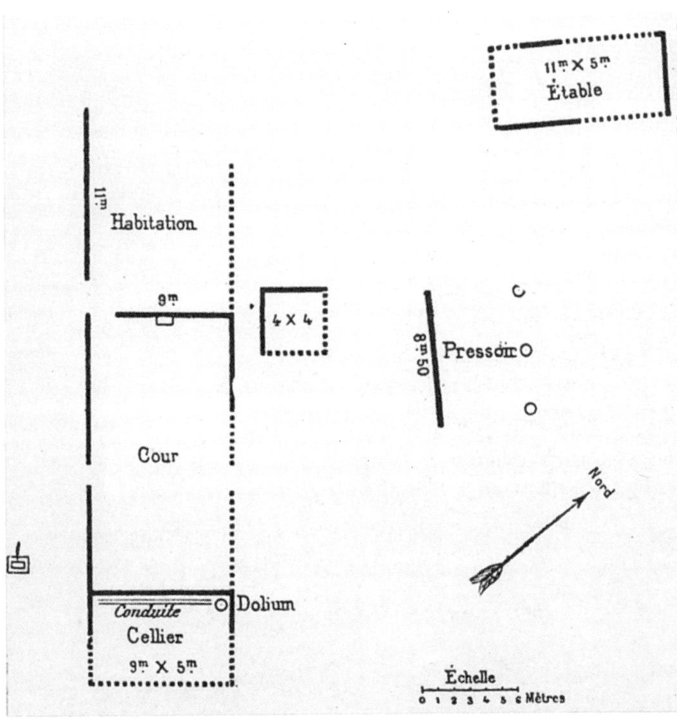

Ci-dessous : en haut, plan des fouilles de la villa de Muscapeu, d'après Provence historique, *numéro de janvier-mars 1955 ; en bas, relevé des fouilles d'une villa rustique au Cervo (Valdonne) d'après le comte de Gérin-Ricard.*

À côté de ces vestiges de salles, on a pu déceler la présence de thermes et de bâtiments annexes, tels que fours, aqueducs, des fragments de *dolia*, des amphores. On a retrouvé des objets de fer, de bronze, de plomb. Il semble que cette villa ait subi des agrandissements successifs, et une partie de la construction était sans doute en bois, mais il n'en est resté aucun vestige.

À côté de ces villas luxueuses, nous savons qu'il existait des « villas rustiques », plus simples, moins soignées et sans doute, de loin, les plus nombreuses. Elles constituaient une petite propriété donnée ou louée à des colons. Mais si nous connaissons l'existence de ces maisons riches ou moins riches, de quoi se composait l'exploitation agricole elle-même ? Beaucoup de moulins à huile, d'un fonctionnement très simple, ont été retrouvés à proximité des lieux habités, mais pour le reste ?

La villa rustique

« Dans le voisinage de la villa rustique, on ne rencontre ni l'inévitable petit temple ou *sacellum*, ni les bains qui accompagnent les riches demeures. Les murs, composés d'un blocage, sont peu épais et laissent supposer que les constructions ne comprenaient qu'un rez-de-chaussée. Le plan adopté pour ces établissements comprend, le plus souvent, l'habitation du colon, quadrilatère faisant face à un bâtiment servant de cellier pour les récoltes de vin logées dans les amphores et pour celles de grain. Entre ces deux corps, une vaste cour, dont les côtés étaient occupés par le moulin et le pressoir. D'autres bâtiments, et notamment les étables pour les bœufs et les troupeaux, se trouvaient séparés du groupe principal mais de quelques mètres seulement. La pierre de taille était employée pour le seuil des portes, le sol des habitations était en terre battue ou en béton. Les déchets de cuisine y sont abondants et indiquent une chère variée, même dans les endroits éloignés de la mer : nous y avons reconnu la présence d'huîtres que fournissaient les étangs entre Marseille et Arles, de moules, de pectens, du thon, du bœuf, du cheval, du mouton, du porc, de l'oie, du canard, de poules, de perdrix, de lièvres, de lapins, de renards, des escargots ayant subi l'action du feu, de dents de cervidés. » [9]

Ce type de villa rustique paraît, en l'état actuel des fouilles, être le plus courant et le plus dense [10]. C'est lui qui se rapproche aussi le plus de notre étude par sa conception même : petite exploitation sans doute familiale, avec une maison construite suivant un plan simple correspondant à de petits besoins. Le matériau mis en œuvre est pris sur place, c'est la pierre des champs, la pierre sèche, la pierre taillée étant réservée à certaines parties.

Nous avons là deux demeures rurales aux finalités très différentes : l'une, même si elle possède une partie à vocation agricole, est conçue pour la détente et le repos et fait étalage de luxe ; l'autre est conçue pour le travail. C'est cette même différence que nous trouverons beaucoup plus tard dans les notions de bastide et de mas.

Le haut Moyen Âge

À la période d'habitat dispersé de la « paix romaine », succède probablement une nouvelle période de regroupement, après les premières invasions et les troubles du IIIe siècle. Que s'est-il passé après ces invasions ? Nous ne le savons guère jusqu'à l'aube du IXe siècle où un document, le *Polyptique de Vualdade*, donne, pour l'année 814, la liste des propriétés de l'église Saint-Victor à Marseille, avec l'indication des instruments qu'elles comportent. Cette description semble évoquer, à nouveau, un habitat rural dispersé. Treize mentions de « villa », mais ce terme a ici un sens très différent de la « villa romaine » : il s'agit dans ces cas-là d'habitat dispersé, alors que la villa romaine se définissait comme un habitat groupé. Il désigne une agglomération d'habitations rurales appelées *colonicae*.

La *colonica* est une ferme comprenant une surface de terre suffisante pour l'entretien du colon et de sa famille. Les *colonicae* constituent donc l'élément de base de l'exploitation. Pourtant, sur deux cent cinquante-trois *colonicae* énumérées, cent onze sont déclarées vides, *apsta*. Comment expliquer ce phénomène ? En fait, ce texte demeure relativement obscur, même pour les exégètes et peut être interprété de façons très différentes. Nous nous bornons ici à le signaler pour mettre en lumière la complexité d'un historique de l'habitat dès que l'on essaie de s'éloigner du schéma traditionnel de l'alternance des deux types : habitat groupé, habitat dispersé, schéma qui, pour n'être pas faux, est bien loin de la complexe réalité.

C'est vers 878 que les Sarrasins débarquent en Provence et s'installent dans les montagnes des Maures. Ils n'en seront chassés qu'en 972. Sur cette période d'invasion sarrasine, il y a très peu de textes dignes de foi. En effet, cette époque a donné lieu à beaucoup de légendes. Les chroniqueurs qui la décrivaient en termes apocalyptiques l'ont fait à une date très postérieure, au XIe siècle et même au XIIe siècle, d'après des récits de souvenirs ou d'impressions collectives. Il est bien évident que ces incursions systématiques des Sarrasins ont marqué longtemps l'imagination populaire ; il paraît aussi évident qu'ils ont pillé villas et monastères isolés, mais qu'ils ne se sont pas attaqués aux places fortifiées.

C'est durant cette période de profonde insécurité, autour du Xe siècle, qu'apparaît le *castrum*. On trouve mention de ce nouveau type d'habitat dans les cartulaires, très nombreux autour du XIe siècle, qui énumèrent les donations faites aux abbayes : beaucoup de terres, très peu de dons de bâtiments ruraux. Il semble donc que le *castrum* soit le lieu principal d'habitation. Village fortifié, installé la plupart du temps sur un site perché, c'est l'ancêtre de nos villages actuels. Mais si cette forme d'habitat groupé peut être expliquée en partie par les invasions sarrasines, cela ne semble pas être la seule raison. En effet, au XIIe siècle, l'habitat groupé semble de règle, or le danger est loin. « Il y a donc un changement profond dans la distribution de la population rurale, et sans doute dans le régime foncier et l'exploitation rurale. » [11] Contentons-nous de poser le problème : la documentation existante, trop peu exploitée, n'en donne pas d'explications satisfaisantes…

Description d'un village fortifié, le village de Rougiers [12]

L'implantation : le château et le village fortifié (*castrum*) correspondent à une véritable création d'ensemble réalisée à la fin du XIIe siècle sur un terrain qui n'avait jamais été occupé de manière importante auparavant. Autour du château, des maisons villageoises sur cinq principaux replats rocheux atteignent une particulière ampleur dans la partie centrale du village (constructions à plusieurs pièces, étages charpentés, accessibles par des escaliers extérieurs, toits à une seule pente recouverte de tuiles rondes).

Le plan d'ensemble : la circulation et la défense sont facilitées par le tracé de couloirs continus le long des divers tronçons de l'enceinte, des rues transversales et des ruelles en escaliers relient les différents niveaux du village et mènent jusqu'à la basse-cour. L'aménagement des silos et des citernes résout les problèmes de stockage des récoltes et d'alimentation en eau. Ce

[9] Comte de Gérin-Ricard, *Les Antiquités de la vallée de l'Arc*, Aix, 1907.

[10] M. Bellet - A. Roth, voir « Bibliographie ».

[11] R. Livet, *op. cit.*, p. 146.

[12] G. Demians d'Archimbaud, in *Archeologia*, n° 21, 1968.

Ci-dessus, à gauche : Lamanon, vestige d'habitats en partie troglodytes.

Ci-dessus, à droite : voie d'accès et muraille d'enceinte du village fortifié de Lamanon.

village est une image très concrète de l'organisation de la vie rurale à cette époque.

Les maisons : ce sont de belles constructions de pierres avec des structures relativement savantes. Cependant, on remarque le caractère très rudimentaire des aménagements intérieurs : les sols de terre battue recouvrent directement le rocher laissé le plus souvent à l'état brut ; les foyers sont établis en pleine terre, ne révélant aucune trace de cheminée à ce niveau ; les fenêtres sont rares et étroites.

On constate un abandon relatif du site vers le milieu du XIIe siècle, la vie semble se ralentir, les foyers, maintenant installés sur quelques dalles plates non maçonnées, se raréfient. Près du village, les grottes servent quelquefois à l'habitation et souvent à la bergerie.

Cependant, au XIVe siècle, nous assistons à un renouveau assez inattendu du site en hauteur. Il semble aussi que la majeure partie du *castrum* ait été inoccupée dès la fin du premier tiers du XVe siècle, aucun vestige n'étant postérieur à 1450. Ensuite, le village descend dans la plaine. Ce dernier, au milieu du XIVe siècle, a un aspect rural plus que militaire : les sols sont recouverts de couches de mortier ou même de dallages de pierres ou de *tegulae* réutilisées ; les foyers sont désormais installés sur des emplacements maçonnés avec soin ; les problèmes d'évacuation de la fumée ne semblent pas toujours résolus d'une manière satisfaisante, des cheminées rudimentaires sont aménagées en plusieurs points du site ; un four est construit dans le château au pied de l'une des tours.

L'espace : la création du *castrum*, exemple caractéristique de l'état de l'architecture militaire en Provence, dès la fin du XIIe siècle, est le signe d'une profonde évolution politique et sociale. Les transformations des conditions de vie, apparues tant dans le château que dans le village, permettent de tracer un tableau nuancé du développement économique des milieux ruraux dans cette région. « L'abandon définitif de Rougiers au XVe siècle est la conséquence du retour à la paix et de la prospérité des temps nouveaux. » L'image qui nous est donnée de la maison n'est pas sans rappeler celle que nous avions vue dans l'oppidum celto-ligure. Si une nette évolution semble se dessiner dans la mise en œuvre du matériau (parement régulier des murs, tuiles sur les toitures, maisons à étages), nous notons l'absence de foyers maçonnés dans un premier temps, la difficulté d'évacuation de la fumée, etc., et le problème de l'eau résolu de semblable manière : citernes qui impliquaient donc un drainage systématique des eaux de pluies.

Parallèlement à ce type groupé, nous constatons la présence d'un habitat dispersé qui a pour cause, soit une vocation régionale, soit une organisation religieuse, soit un choix individuel.

Les régions à vocation d'habitat dispersé (la Camargue et la Crau) : la Camargue est une région qui semble n'avoir connu de tout temps que ce type d'habitat. Ce vaste pays, sans grandes ressources, fut colonisé par les nobles qui y créèrent des grands domaines ruraux ; en effet, dès 1048, on parle du mas Méjanes dans les archives, puis du mas de Gageron en 1260, du mas Thibert en 1237, etc. [13].

Les ordres religieux

Les différents ordres – les moines de Saint-Victor, les templiers, les hospitaliers – s'implantent très tôt en Provence et, par le biais d'achats et surtout de donations, constituent de grands domaines gérés par des maisons rurales. La commanderie de Templiers de Ruou [14] en Provence est, à ce point de vue, significative.

Par le jeu des donations successives, cette commanderie comprend, en 1338, une étendue considérable se divisant en 600 ha de terres labourables, 130 ha de vignes, 34 ha de blé, plus les bois, les garrigues, les terres incultes de superficie impossible à évaluer. Ces terres non groupées s'étendent sur plus de 30 km d'une extrémité à l'autre du domaine. Comme la plupart des exploitations seigneuriales au Moyen Âge, le domaine de la commanderie de Templiers de Ruou se divise en deux parties : la Réserve, mise en valeur directement par les serviteurs, et les tenures [15], confiées à des tenanciers en échange de certaines redevances. Le chef de la commanderie, qui se trouve à Ruou, a sous sa coupe des centres d'exploitation appelés membres ou granges. Chacun de ces membres constitue une unité d'exploi-

[13] Gauthier-Descottes, *Le Livre d'or de la Camargue*, Paris, 1916.

[14] A. Sigal, « Une seigneurie ecclésiastique en Provence orientale : la commanderie de Ruou », in *Provence historique*, tome XVI, 1965.

[15] Tenure : exploitation agricole comprenant terre à blé, maison, jardin, vigne et, quelquefois, prés.

tation complète avec ses bâtiments, son personnel, ses outils, ses animaux de traction…

Le paysan ne possède pas de terres ou, s'il en possède, c'est souvent un lopin trop petit pour faire vivre sa famille. Il va donc, souvent à l'insu de son seigneur, défricher des terres non cultivées et se les approprier, ce qui a fait proliférer, aux XIe et XIIe siècles, la petite propriété paysanne qui s'installait aux abords des bois mal surveillés : « cette prise de possession des terres s'est souvent faite à l'insu du possédant. » C'est la « possession de fait ». [16]

Comment se présentait la maison paysanne à cette époque ? Prend-elle modèle sur les constructions du *castrum* ? Est-elle bâtie avec la pierre prise dans les champs, couverte de végétation ? Ou bien est-ce une cabane plus rudimentaire ? Nous l'ignorons.

Nous voyons en tout cas, au cours de cette période, un lent processus se former qui est l'annonce de notre habitat rural actuel comprenant deux conceptions différentes : le groupement en village ou la dispersion. Celle-ci semble être alors beaucoup plus importante qu'il ne paraît d'abord ; les petits paysans y participaient activement. Les vicissitudes de l'histoire, avec ses périodes de paix et d'expansion, ses crises et la récession qu'elles entraînent dans tous les domaines, les fluctuations démographiques, l'innovation et le développement des cultures nouvelles, les rapports paysans-terre, sont quelques-uns des facteurs les plus apparents de l'évolution de l'habitat du XVe au XIXe siècle [17].

Les actes d'habitation (XVe et XVIe siècles)

Après les guerres civiles de la fin du XIVe siècle qui ont fait disparaître bon nombre de villages, les seigneurs décident de repeupler leurs terres : c'est la période des « actes d'habitation », qui ont pour but la fondation d'un village ou, plus souvent, le repeuplement d'un site abandonné et se sont surtout répandus en France méridionale à la fin du XVe siècle [18]. À cette période-là, les villages sont ruinés, inhabités, ouverts ; le repeuplement se fait par des Génois, des Piémontais ou des Provençaux, et la reconstruction s'opère, soit en distribuant des emplacements de maisons à l'intérieur des remparts en ruines, soit en divisant le terroir en un certain nombre de lots partagés et tirés au sort. Un délai est souvent donné pour édifier les maisons, et les habitants sont tenus à un certain temps de résidence avant de vendre. Quelquefois, des prescriptions recommandent une façon de construire, les dimensions des maisons, des étables, etc., et même les matériaux à employer.

L'habitat dispersé (XVIIe - XVIIIe siècles)

Dès la fin du XVIe siècle, on ne trouve plus de semblables créations de villages, si l'on excepte Charleval. L'habitat dispersé triomphe au détriment de ces villages condamnés à se dépeupler. On assiste à un double phénomène : la multiplication des petites propriétés, l'extension des grands domaines.

La propriété individuelle

Le paysan est devenu, après la Révolution, propriétaire de sa terre, entérinant ainsi, la plupart du temps, la possession de fait, qui se transforme en possession de droit. Pour la mettre en valeur plus facilement, il désire vivre sur elle, éviter les trajets longs et fastidieux de la terre au village. Les cabanons ou les granges saisonnières qu'il a établis sur ses terres servent souvent, dès lors, d'habitation permanente. Le mas est la forme la plus simple de l'habitat rural isolé, objet de notre étude tout au long de cet ouvrage.

À côté de ces petites propriétés qui seront pendant longtemps le type le plus courant, un processus, déjà entamé, atteint son point culminant au XVIIe siècle : la mainmise sur le sol par la nouvelle noblesse et la bourgeoisie. Les riches citadins placent leur argent dans l'achat de terres. Ainsi, se développent les grandes propriétés où sont étroitement liées l'idée de plaisir, de repos et les exigences de l'exploitation agricole. C'est l'époque de l'apogée de la bastide, expression architecturale matérielle de la juxtaposition de deux classes sociales bien différentes : les paysans et les riches citadins.

Nous nous devons cependant de faire une différence entre les bastides marseillaises ou toulonnaises qui sont, au dire de A. Millin [19], « un lieu de repos pour le week-end où tout bourgeois se retire pour oublier ses ennuis » et les autres : bas-

[16] Th. Sclaffert, *Cultures en haute Provence*, Paris, 1959.

[17] E. Baratier, *La Démographie provençale du XIIIe au XVIe siècle* (avec chiffres de comparaison pour le XVIIIe siècle), Paris, 1961.

[18] J.-J. Letrait, « Les actes d'habitation », in *Bulletin historique*, 1965. Ce sont des concessions collectives du terroir en emphytéose perpétuelle qui règlent avec précision les rapports entre les futures communautés et les seigneurs qui acceptent de les recevoir. Quelquefois, il existe un contrat d'acapt ordinaire avec chaque nouvel habitant. Durant la période 1460-1560, quarante actes d'habitation ont été établis pour la Provence entre le Rhône et le Var. En Provence occidentale, autour de la montagne du Lubéron, les actes d'habitation sont très nombreux et une majorité appartient à la Baillie d'Apt : Castelet (1491), Cabrière (1495), Gignac (1501), Mérindol (1504), Vitrolles (1504), Saint-Martin-de-la-Brasque (1506), Peypin-d'Aigues (1506), Saint-Estève-Janson (1507), Buoux (1512), Saint-Martin-de-Castillon (1521), Lourmarin (1523), Roquefure (1508). Les promoteurs de ces actes sont des seigneurs laïques ou ecclésiastiques, sans qu'on puisse discerner ni prédominance ni politique d'ensemble. En basse Provence, nous avons la création de la Roque-d'Anthéron en 1514, Charleval, plus tardif, vers 1741. Ces actes sont un témoignage précieux de la vigueur du redressement démographique et économique. La repopulation est favorisée par l'arrivée massive d'immigrants étrangers qui mettent en valeur les terres et les défrichent ou remettent en culture celles déjà existantes.

[19] A. Millin, *Voyage dans le Midi de la France*, Paris, 1807. *P. 368, Bastides :* « Toute la contrée qui l'environne (Marseille) est couverte de petites maisons ou bastides, entourées de jardins ; ces bastides sont au nombre de 5 000, si rapprochées les unes des autres, qu'on croirait que c'est une ville dont le groupe de maisons le plus considérable est au fond du port. C'est là que les négociants les

tides de la région aixoise, par exemple. La description de la bastide de Jean Casse [20], armateur marseillais, nous montre qu'à la fin du XIVe siècle, ces maisons secondaires peu importantes fleurissaient déjà aux abords des grandes villes et permettaient aux citadins d'avoir une activité agricole réduite le plus souvent à l'entretien d'un jardin. Les bastides aixoises et celles de la région rognaise répondent-elles à la définition précédente ?

Apparues très tôt avant le XVe siècle où leurs vocations étaient aussi défensives (tours) [21], elles se multiplient aux XVIIe et XVIIIe siècles et allient une vocation agricole à celle de résidence et de repos [22]. La demeure du propriétaire reflète ses goûts citadins, sa fortune, son raffinement, par son ampleur, son ordonnance, son décor aussi bien extérieur qu'intérieur, par la volonté d'apparat que traduisent ses abords : allées d'arbres, jardin ordonnancé, pièce d'eau, statuaire, etc. Mais, jouxtant cette dernière, nous trouvons l'habitation du fermier : un simple mas, avec dépendances, bergeries, cochonniers, poulaillers, etc. Il suffit de se rapporter à l'étude de Cabanes [23] pour être éclairé sur cette double fonction. Quelquefois, le propriétaire, tout en étant citadin, vit sur son domaine, participe à sa bonne marche et sera plus tard le garant des coutumes et de la façon de vivre provençales [24].

Les domaines

Nous avons déjà entrevu cette forme d'habitat dispersé qui s'est souvent développée dans les régions à la conquête et à la mise en culture difficiles, la Camargue et la Crau en particulier. Nous retrouvons, pour les domaines, la même juxtaposition que pour la bastide : la vocation agricole et la vocation de plaisance. Mais ici, cette juxtaposition est beaucoup moins marquée : le maître vit très souvent sur le domaine. Le mas, énorme masse de bâtiments, regroupe à la fois les différentes habitations, celle du maître, celle du régisseur. La partie « noble » se distingue par un décor plus soigné, riche et des abords plus beaux : allées d'arbres, un petit bois derrière la maison. Mais, l'essentiel de cet ensemble est constitué par les bâtiments agricoles qui prennent ici une ampleur considérable.

Modernité et mutations de l'habitat (XIXe siècle)

On assiste à un éclatement communal dû à l'essor industriel et urbain et à l'extension sur un mode industriel de la culture maraîchère grâce aux moyens de transport. Les propriétés deviennent des petites exploitations d'une étendue moyenne de 5 à 15 ha, sur lesquelles le paysan essaie de vivre en y maintenant la triple association de la vigne, des terres à céréales et des terrains de parcours. Les régions à vocation maraîchère se caractérisent par un habitat qui se confond, au point de vue architectural, avec celui déjà existant. C'est une multiplication de petits mas permettant d'abriter la famille car l'exploitation est essentiellement familiale (voir supra habitat de Châteaurenard).

plus riches et les plus petits boutiquiers vont passer le samedi soir et le dimanche avec leur famille. La blancheur éblouissante de ces habitations, peintes avec de la chaux, les détache du fond que forme la pâle verdure des oliviers et des amandiers qui les entourent ; il y a aussi quelques mûriers ; mais les grands arbres sont malheureusement rares et nos compagnons de voyage nous firent remarquer une chose extraordinaire, une maison de campagne qui jouissait de l'ombrage de quatre marronniers. » *P. 350, Bastides marseillaises* : « Les bastides ordinaires ne sont que de très petites maisons composées d'un salon, avec deux ou trois cabinets, et, dans un étage au-dessus, de deux petites pièces destinées à y passer seulement une ou deux nuits par semaine durant l'été. Chacune de ces bastides a ses petits produits. Ce qu'on appelle le jardin n'est qu'un petit champ de légumes et le plus souvent de vignes où s'élèvent quelques oliviers, des amandiers, des figuiers, des mûriers : tout autour règnent des murs très hauts, dont la blancheur éblouissante réfléchit. » *P. 385, Ollioules* : « Là, commencent les bastides des habitants de Toulon qui, en proportion, sont aussi nombreuses que celles des habitants de Marseille. Les charmants jardins qui s'offrent à la vue de toutes parts, les parfums dont l'air embaume, tout donne une idée de la douceur du climat : les orangers, les cédrats, les citronniers, les dattiers, y viennent en pleine terre ; le sol est couvert d'oliviers, et c'est à l'abondance de leurs cultures que ce lieu-dit doit son nom. Les figuiers qui donnent des figues sèches y ont de la réputation [...]. En sortant de ce bourg [...], on arrive bientôt sur une petite colline d'où l'on découvre les champs couverts de capriers. »

[20] H. Villard, *Jean Casse, armateur et marchand marseillais du XIVe siècle, sa maison, son comptoir, sa bastide*, 1907. « Comme tout bon bourgeois, Jean Casse est, de plus, propriétaire d'une bastide à quelques pas de la ville, au charmant quartier rural de Saint-Giniez. C'est la maison des champs, modeste, malgré sa chapelle, la seule pièce luxueuse, avec son oratoire aux prières enluminées. Au rez-de-chaussée, une grande pièce avec table de sapin à deux pieds, bancs, dressoir et quelques ustensiles de ménage : chaudron, poêle à frire, râpe, trois écuelles rondes en étain, tasses et salière de même métal, petit baril, bêche cassée, cognée, quatre coins de fer pour fendre le bois, deux faucilles, deux échelles. Dans la chambre du bas, une couche de bois avec sa garniture usuelle et une caisse de pain. Dans la petite salle, trois écussons aux armes du maître de maison. Dans la première chambre, celle des patrons, une couche de bois avec matelas et traversin de plumes d'Alexandrie, deux caisses en guise de chaises, une clochette, trois pechiers (pichets) de terre, six assiettes et quatre écuelles de bois. Dans la dépense, trois pelles de bois, deux rasières de mesures pour les grains, trois fourches de bois, une de fer pour le fumier et une autre pour l'écurie, dix-huit couffins ou paniers pour la vendange. Dans la cuisine, deux cuviers pour couler la lessive (dont un presque démoli), une crémaillère, une pierre creusée pour laver le linge, une petite marmite de cuivre et deux de terre, un chaudron de cuivre brisé, un trépied et un mortier de terre. Dans l'étable, un témoin de charrue, un joug et un bât. À l'entrée de la maisonnette, près de la chapelle, un seau de puits en cuivre (le *pouaire* provençal). » [Document de 1390 extrait de l'*Inventaire des facultés immobilières et mobilières de noble Jean Casse*.]

[21] Elles sont souvent dénommées *turri* dans les documents anciens.

[22] Dans les raisons de cette implantation dans le site rural, il y a aussi l'obligation de s'y retirer pour se prémunir des épidémies dont les effets sont redoutables dans les grandes villes de Marseille et d'Aix (pestes de 1630, 1649 et surtout de 1720).

[23] Comte de Lanéry d'Arc, *Maisons-types de Provence*, Angers, 1894.

[24] Ch. de Ribbe, voir « Bibliographie ».

Cabanon aux Saintes-Maries-de-la-Mer,
dessin de Vincent van Gogh, 1888. Musée Van Gogh, Amsterdam.

Nous vivons et nous sentons cette époque en pleine mutation. La population rurale ne rassemble plus que 12,6 % de la population pour la Provence - Côte d'Azur. L'agriculture a subi de profondes transformations et parfois même un bouleversement de ses structures traditionnelles. En effet, les techniques modernes, les méthodes rationnelles de mise en valeur, ont amené une culture intensive avec irrigation systématique. L'espace rural n'évoque plus uniquement un espace de production agricole puisque nous y voyons apparaître une très forte emprise de la résidence secondaire et un transfert de la population agricole qui provoque l'éclatement du village provençal habité par des « étrangers ». Les maisons sont de plus en plus isolées et le contraste si caractéristique – mas et bastides isolées, villages groupés du paysage provençal dans les siècles précédents – s'atténue considérablement. L'esprit de communauté rurale est moribond. Une sourde tension naît très souvent entre citadins et ruraux qui vivent avec difficulté ces profondes mutations.

Les conditions de support

Les conditions géographiques

Le cadre : il convient de situer de façon aussi précise que possible les limites géographiques de la région qui fait le sujet de notre étude et de développer brièvement les caractéristiques de son relief, de son climat et son économie agricole. Le terme même de Provence évoque déjà l'étendue et la diversité du pays, d'autant que, au cours des siècles, les limites géographiques de cette région ont constamment varié. Aussi, on n'étudiera que la Provence traditionnelle, en laissant de côté : au nord, la Drôme, qui a de tout temps fait partie des Baronnies ; à l'est, toute une partie des Alpes de haute Provence qui préfigure déjà la zone préalpine. Nous nous arrêterons au tracé d'une ligne qui passe au-dessus de Sisteron pour rejoindre Castellanne et revenir par Draguignan ; sont exclues toutes les régions montagneuses du haut Var et le littoral des Alpes-Maritimes.

Au sud, la zone côtière : cette région a, depuis de nombreuses décennies, subi une profonde mutation qui a affecté, en premier chef, son architecture traditionnelle ; à l'ouest, le Rhône demeure la limite traditionnelle, mais nous englobons la Camargue, qui, pour être une région profondément originale, n'en reste pas moins provençale. Mistral ne l'a-t-il pas chantée et exaltée ?

Le pays : nous sommes en présence d'une région extrêmement diverse et originale. Deux fleuves et leurs affluents, le Rhône et la Durance, irriguent et scandent en même temps le pays où l'on perçoit tout de suite l'alternance des plaines et des massifs montagneux qui aident au fort compartimentage du pays. La Durance, fleuve impétueux, sépare le pays en deux : la haute Provence et la région de basse Provence. Le long du Rhône, on trouve les plaines.

Nous allons parcourir rapidement chaque région dans une approche à la fois géographique et historique avec un voyageur du XIXe siècle, A. Millin, qui, lui aussi, a fait son « voyage » en Provence.

Les plaines du Comtat

Les plaines d'Orange, de Carpentras, de Cavaillon et d'Avignon sont compartimentées par les torrents descendant des montagnes qui les bordent à l'ouest – le Lèze, l'Aygues, la Sorgue qui reçoit l'Auzon, l'Ouvèze et le Coulon – et qui se jettent dans le Rhône ou dans la Durance. Formées de buttes et de bassins secs, ces plaines, autrefois, ne présentaient pas la même physionomie que de nos jours : sur les buttes poussaient chênes verts et plantes aromatiques, tandis que les creux étaient souvent marécageux, dénudés, et le paysan en était réduit à une culture pauvre et traditionnelle en oullière (alternance de vignes et de blé) suffisant à peine à ses premiers besoins. Très tôt, les ordres religieux et les seigneurs ont essayé, avec l'aide des paysans, de mettre en valeur cette terre par des assèchements et une irrigation contrôlée ; or, ce n'est qu'au XIXe siècle, avec les révolutions

De gauche à droite et de haut en bas : paysage des Alpilles ; en Provence, moutons au pâturage (photo Archives du Roure) ; troupeau des plateaux du pays de Sault ; la vallée de la Durance, vue de Lurs ; chevaux de Camargue (extrait de Perrein et Guiral, Les Bouches-du-Rhône, *Bordas).*

agricole et industrielle, que les plaines ont été irriguées correctement et mises en culture. Devant nos yeux, défilent aujourd'hui de manière ininterrompue les haies de cyprès séparant les vergers caractéristiques de la culture de plaine.

Écoutons A. Millin, ce voyageur du XIXe siècle, décrire la plaine de Cavaillon [1] : « La plaine est riche de cultures, l'industrie des habitants y fait croître des légumes de toute espèce qui jouissent dans les villes voisines d'une grande réputation, les melons y sont délicieux, plusieurs végétaux utiles dans les arts, tels que le sumac, la garance, le safran et le chardon à bonnetier qui sont d'un excellent rapport... »

Les Alpilles

Elles se trouvent au sud de la Durance. Avec leur groupe de plaines – Saint-Rémy, Mouries, Eyguières, les Baux et Salon –, les Alpilles sont le type même de la petite montagne provençale calcaire au relief caractéristique ; le chêne-vert y côtoie le thym, le romarin, le genévrier et, plus bas, sur les restanques, les oliviers argentés contrastent avec le fond vert sombre des plantes épineuses.

Ces plaines, mises en valeur dès la plus haute Antiquité, sont toujours prisées. A. Millin les décrit avec une grande justesse : « Ce petit pays est très agréable par la douceur de son climat et la beauté de ses cultures. Les flancs de la montagne sont plantés d'oliviers et, depuis Saint-Rémy jusqu'au territoire de Maillane, dans un espace de plus d'une lieue, c'est une suite continuelle de jardins qui fournissent des légumes verts et des plantes potagères à plus de dix lieues à la ronde. La marjolaine y vient aussi en grande abondance et l'on voit des champs couverts de chardons à bonnetier dont on trouve le débit pour les manufactures de draps des départements environnants. Ces terrains précieux sont arrosés par un canal où se déchargent les eaux des marais de Mollèges et de Villargelesse qui sont eux-mêmes alimentés par la source du Journan-Piron ; ce canal fournit toujours la même quantité d'eau. On recueille aussi un assez bon vin, le blé du canton de Graveson est estimé et on le recherche principalement pour les semailles... »

À côté de ce petit pays si agréable à vivre, c'est la Crau...

Arles, la Camargue et la Crau

L'ancien delta de la Durance est une vaste étendue de cailloux, de graviers secs de plus de 500 km^2 (50 000 ha). Il y a peu de

[1] A. Millin, *Voyage dans les départements du Midi de la France*, Paris, 1807.

temps encore, la seule richesse de cette plaine était l'élevage du mouton qui se contentait de l'herbe rare poussant entre les pierres : cette maigre nourriture ne suffisant pourtant pas au troupeau, c'était la grande époque de la transhumance. Depuis le XVIe siècle, les hommes avaient essayé d'irriguer ces terres, et aujourd'hui, ce sont d'immenses vergers qui ombragent cette plaine brûlée par le soleil (voir F. Mistral, *Mireio, épopée amoureuse et tableau de la Provence rurale*).

C'est enfin la Camargue, région la plus connue de toutes, car elle a eu ses chantres et ses poètes ; elle est limitée par deux bras du Rhône ; par le Grand Rhône qui se termine, à l'est, par le golfe de Fos et le Petit Rhône à l'ouest. Cette région d'étangs, dont le plus célèbre est Vaccarès, est aussi une réserve depuis la mise en place du parc régional de Camargue. Avec ses grands mas, ses élevages de taureaux, de chevaux menés par les gardians, la Camargue est la terre des grands domaines par excellence, mais c'est aussi une grande région agricole : très tôt cultivée, elle a aujourd'hui un bon rendement grâce à la polyculture intensive, surtout constituée par la vigne, le riz et le blé. La Camargue est aussi le pays du folklore (voir F. Mistral, *Récits de manades*).

Les Alpes de Provence

À l'est de ces grandes plaines de la Crau, nous abordons la Provence des montagnes, les « Alpes de Provence » : malgré leur nom, ces petites montagnes n'appartiennent pas au massif alpin. Elles constituent l'extrémité orientale du plissement pyrénéen sous forme de petits chaînons isolés et orientés ouest-est ; on peut les diviser en deux groupes : celles au nord de la Durance et celles au sud.

Le pays de Sault et de Forcalquier

Au nord du pays de Sault et de Forcalquier, le mont Ventoux (1 907 m), la montagne de Lure (1 827 m) font partie du pays de Sault, un bourg situé au centre de la dépression. Ce sont des montagnes calcaires, fréquentées surtout par les moutons. Le climat, relativement rude, empêche l'olivier de monter très haut. A. Millin, notre voyageur, a visité ce pays : « L'élévation du sol ne permet pas d'y cultiver l'olivier mais les chemins sont bordés de mûriers, on y élève beaucoup de vers à soie, la culture de la céréale y est bien entendue et la vie s'étend sur les vignobles et les pâturages, les coteaux sont couverts de genévriers, de chênes verts et de pins. Le thym, la lavande et le basilic parfument les hauteurs et sont portés aux ateliers de distillation établis à Sault et à Bedoin… »

Le Lubéron, Apt et Lourmarin

Au-dessous du pays de Sault et de Forcalquier, les plateaux de Vaucluse, la région d'Apt et le Lubéron et, entre les deux, la cuvette d'Apt, forment le pays d'Apt. « On découvre, en général, le pays d'Apt depuis la Provence rhodanienne, qu'on vienne d'Orange, d'Avignon, ou d'Arles ; sitôt passé Coustelet, on se rend compte, mais tout d'un coup, qu'on n'est plus dans le même univers. Toutes les routes se sont jointes pour franchir là une sorte de seuil, au-delà duquel la nature est différente. Des montagnes ont surgi à droite et à gauche, les modes de culture ne sont plus les mêmes, les fermes ont pris tout à coup une personnalité saisissante… » (voir P. Martel, art. « Le Pays d'Apt », in *Alpes de lumière*).

Les pays d'Aix

Nous abordons maintenant la basse Provence, délimitée par un groupe de montagnes symétriques de part et d'autre : la chaîne de la Trevaresse, peu élevée, 500 m, autour de la région de Rognes, la montagne Sainte-Victoire (plus de 1 000 m). Ces sommets font partie du pays d'Aix, capitale incontestée de cette basse Provence intérieure.

Voici la description de la plaine par A. Millin : « Les champs y produisent beaucoup de vins et de blé et sont plantés d'une immense quantité d'oliviers. On commence ici à voir les exemples de cette singulière culture que l'on observe dans une grande partie de la haute et basse Provence. Chaque terrain est divisé en plusieurs planches d'environ douze pieds et alternativement semés de blé et plantés de vignes. Le champ est entouré d'une quantité d'oliviers… » Nous pouvons, à la lecture de ceci, constater, en regardant ce qui se présente à nos yeux, que cette économie rurale traditionnelle (blé, vigne et oliviers) s'est profondément transformée par l'irrigation de la région, grâce, en particulier, à l'aménagement de la Durance, cet animal rétif emprisonné dans des murs de béton.

Le pays d'Aix est surplombé par une montagne attachante, la Sainte-Victoire, peinte par Cézanne, forêts de pins embaumées par le thym, le romarin, mêlés à mille autres essences. Au-dessous, c'est Marseille, porte de l'Orient, métropole nationale de la Provence dans son site tourmenté ; entourée de montagnes, elle s'étend au pied de la chaîne de l'Estaque, la chaîne de l'Étoile et, plus au sud, le massif de la Sainte-Baume (1 154 m). Entre leurs barres, s'étalent les vallées du Gapeau, de l'Huveaune et de l'Arc.

Nous avons de multiples fois parlé de la Durance, et nous devons noter que sa vallée s'élargit à partir de Manosque pour former, au niveau de Pertuis et de la Tour-d'Aigues, le pays d'Aygues qu'elle arrose abondamment de ses multiples petits affluents. Cette région, autrefois très marécageuse, est aujourd'hui très bien irriguée et possède des petits vergers et une polyculture intensive.

Le haut Var, la région de Draguignan

C'est la Provence intérieure, dans un cadre de montagnes quasi ininterrompues, scandé de dépressions, qui offre un paysage tranquille de petites cultures de blé, d'orge, de vigne et autrefois de mûriers ; l'olivier reprend peu à peu sa place parmi les légumes et les fleurs, marquant la jonction avec la haute

Paysage de Camargue avec une cabane, *dessin de Vincent van Gogh, 1888. Musée Van Gogh, Amsterdam.*

Ferme dans un champ de blé, *dessin de Vincent van Gogh, 1888. Musée Van Gogh, Amsterdam.*

Provence. Adossés au contrefort des Alpes, se situent les plans de Provence, hauts plateaux calcaires et désertiques dont l'altitude dépasse 1 000 m, Canjuers et, au-dessus, le plateau de Valensole, constitué par d'énormes épaisseurs de cailloutis accumulés par la Durance et ses affluents.

Nous sommes donc en présence d'une région extrêmement diverse et originale où l'impression générale se résume dans l'opposition de deux types de reliefs : les hauteurs (montagnes, collines, plateaux) et les dépressions plus ou moins vastes. C'est aussi une constante opposition entre le Midi, ouvert aux communications faciles des plaines du Rhône et de la Durance, et le Midi, fermé, aux accès difficiles, au compartimentage excessif, de haute Provence et du haut Var.

Les montagnes : dans l'ensemble, elles ne dépassent pas 1 000 m et se présentent sous la forme d'une barre calcaire discontinue, dont la Sainte-Victoire qui surplombe le plateau du Cengle de 500 m est le meilleur exemple. Les formes de ce relief s'expliquent par la structure calcaire du sol ; ces reliefs ont été formés au début du tertiaire, lors des mouvements pyrénéens provençaux. L'érosion les a nivelés, mais de nouvelles poussées les ont fait renaître à la fin du tertiaire et au quaternaire. Cependant, pour le bas Rhône, ce sont les dépôts marins, puis alluviaux qui ont aplani cette région, ne laissant apparaître, par endroits, que quelques pointements calcaires. Dans le modelage de ce relief, il ne faut pas oublier le rôle prépondérant de l'érosion sur les roches calcaires. Cela se retrouve dans l'allure des versants, les longs glacis et les ravinements dans les argiles et les formes étranges qui lui sont propres, telles les dentelles de Montmirail.

Les plaines : à côté des grandes plaines alluviales, on découvre de nombreuses plaines qui sont plutôt de petites dépressions au sol assez pauvre ; souvent, la roche calcaire y affleure, soit en plaques, soit sous forme de pierres sèches. Le paysan devra faire un long travail d'épierrage avant de pouvoir mettre en valeur cette terre difficile. Avec ces pierres, il construira abris et maisons.

L'hydrologie : venu à bout du sol, le paysan devra encore lutter pour l'eau, problème fondamental dans un pays sec, nous l'avons déjà vu. Les fleuves et les rivières, gonflés à la saison des pluies [2], ravagent et inondent les cultures, puis leur débit diminue en saison

[2] « Que vous êtes excessifs en Provence ! Tout est extrême, vos chaleurs, vos sereins, vos bises, vos pluies hors de saison, vos tonnerres en automne : il n'y a rien de doux, ni de tempéré : vos rivières sont débordées, vos champs noyés et abîmés. Votre Durance a toujours quasi le diable au corps. » Lettre de Madame de Sévigné à Madame de Grignan.

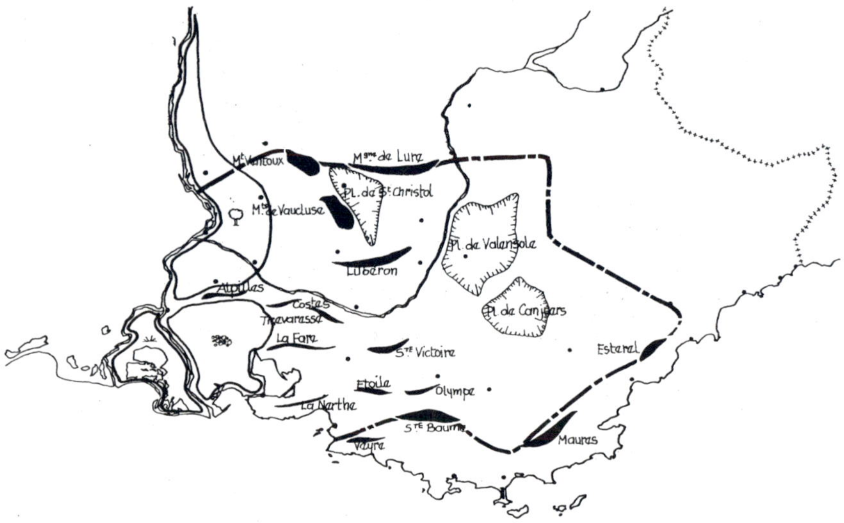

Ci-dessus : en haut, carte des principaux reliefs provençaux ; en bas, carte du réseau hydrographique.

Ci-contre, tableaux donnant en parallèle les températures et la pluviosité de Marseille.

sèche ; souvent, la rivière se transforme en un mince filet d'eau ; près de son delta, elle s'étale et nous voyons apparaître des régions marécageuses impropres à la culture. L'irrigation, le drainage et le stockage de l'eau sont, depuis la plus haute Antiquité, le souci des grands et petits propriétaires. Citons les principaux ouvrages qui ont jalonné cette lutte : au Moyen Âge, les canaux de Saint-Julien à Cavaillon, le canal de Châteaurenard, de Saint-Andiol ; à la Renaissance, le canal de Salon, créé en 1554 par Adam de Craponne ; au XVIIIe siècle, le canal de Cabredan, des Alpines ; mais, c'est entre 1850 et 1875 qu'a eu lieu l'extension la plus considérable des terres irriguées grâce à la construction d'un réseau très dense de canaux, en particulier, en 1849, canal de Marseille, du Verdon ; 1875, canal de Carpentras, etc. De nos jours, l'irrigation et ses problèmes sont traités au niveau de l'aménagement du territoire par l'utilisation systématique des eaux de la Durance et du Rhône, grâce à d'énormes travaux qui permettent la fertilisation sans exclusive de toutes les terres et contribuent au changement de la physionomie traditionnelle du paysage.

Les conditions climatiques

Nous connaissons les traits essentiels du climat provençal : hiver doux sur la côte, froid à l'intérieur, été très chaud surtout caractérisé par une sécheresse quasi absolue dont l'influence est considérable sur la végétation et sur la vie du paysan provençal. L'automne et le printemps sont des périodes de transition souvent très brèves. La saison des pluies est surtout automnale ; le vent joue aussi un rôle prépondérant.

Climat	Températures			Précipitations			Végétation nouvelle
	Été	Hiver	Amplitude	Quantité	Répartition	Caractère	forêt claire
	très élevées	douces	moyenne	assez forte	sécheresse d'été Maximum d'automne	averses violentes	
Marseille	23°	7°	16°	560 mm	60 jours		steppe
Nice	23,5°	8,5°	15°	570 mm			
Avignon	24,1°	4,1°	20°	560 mm			

Ce tableau, très succinct, expose les lignes du climat de la Provence que l'on peut qualifier, en gros, de climat pur puisqu'il offre toutes les caractéristiques du climat méditerranéen type avec la clarté de son ciel, la transparence de l'air. Cependant, les différences physiques de chaque région créent à l'intérieur même de chacune, une multitude de microclimats qui modulent à l'infini les grandes caractéristiques de ce climat type [3].

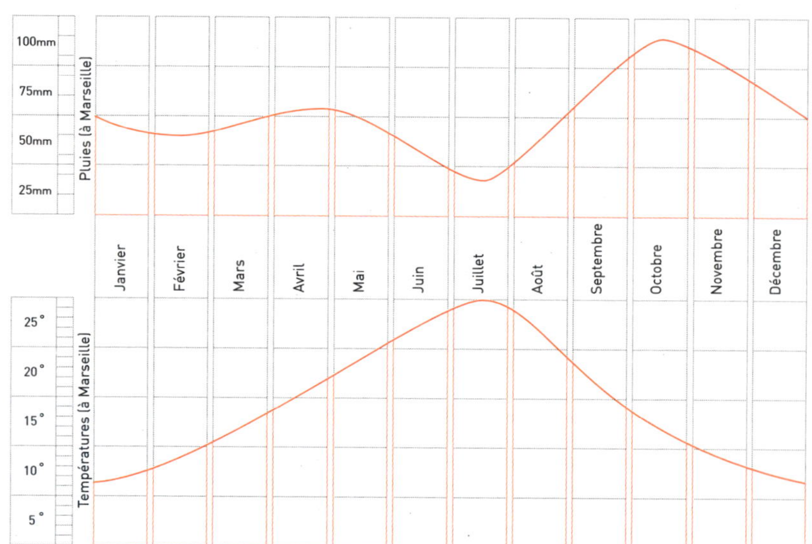

[3] P. George, *La Région du bas Rhône - Étude de géographie régionale*, Paris, 1935.

Les vents

Les vents sont un facteur déterminant de ce climat. La période maximale du vent se situe de mars à juin. Le mistral [4], vent de Provence soufflant du nord vers le sud, apporte le beau temps, mais aussi, l'hiver, un froid rigoureux et quelquefois la neige. Ce vent sec et froid souffle des montagnes vers le réservoir de tiédeur qu'est la Méditerranée pendant la saison d'hiver. La fréquence du mistral et sa vitesse moyenne diminuent peu à peu quand on s'éloigne de la vallée du Rhône vers l'est. Sa vitesse peut être de 8 à 10 m/s. Il ne souffle pas partout dans la même direction : il souffle plein nord dans la vallée du Rhône jusqu'à Arles ; nord, nord-ouest dans la Camargue, la Crau et la région de Marseille, et ouest sur le littoral à l'est de Marseille et sur la Côte d'Azur. Il convient aussi de dire que la violence du mistral est souvent arrêtée par un relief ou exaltée après un goulet d'où il ressortira avec plus de force. Le mistral violent ne dure jamais que quelques jours, trois suivant la croyance populaire [5]. Il a la curieuse particularité de diminuer fortement d'intensité le soir pour reprendre le lendemain matin. Le mistral a des conséquences directes sur la vie du pays, en particulier sur l'habitat, sur les cultures que l'on devra protéger par les haies de cyprès et de roseaux, et sur la végétation, peu luxuriante dans les endroits où il passe dans toute sa vitesse, le mont Ventoux, par exemple. Cependant, ce vent violent a une action véritablement bienfaitrice dans le domaine de la pollution atmosphérique.

La tramontane, quant à elle, est un vent du Nord que l'on ne doit pas confondre avec le mistral bien qu'elle en soit très proche par son origine et ses effets. Au même titre que le mistral, c'est un vent froid mais vient des Alpes tandis que le mistral emprunte la vallée du Rhône. D'ailleurs, la tramontane précède souvent le mistral de quelques heures. La présence de ces deux vents explique la fermeture de la maison sur la façade Nord. À côté de ce fléau qu'est le mistral pour la Provence, il existe un autre vent souvent très violent, mais rarement froid, c'est le vent du Sud : le marin (qui, comme son nom l'indique, vient de la mer), appelé le *marinadou* en provençal [6].

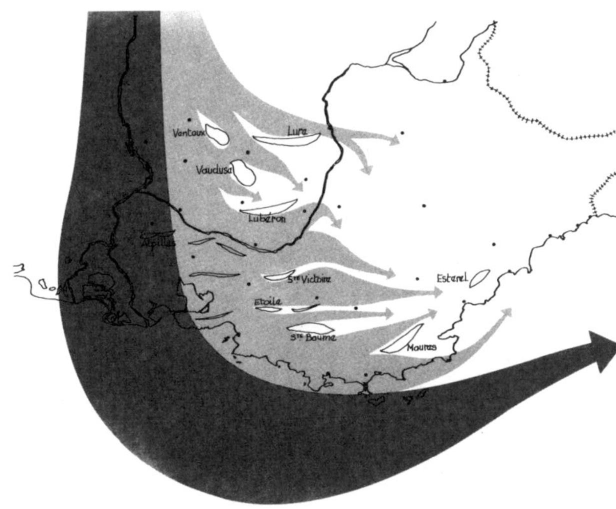

Ci-dessus en haut, rose des vents.

Ci-dessus en bas, carte des divers courants du mistral.

Le soleil

On dit communément que la Provence est un pays froid avec un soleil chaud. Le trait essentiel des températures de la Provence est la grande irrégularité entre l'été et l'hiver, et l'été, entre le jour et la nuit. L'atmosphère extrêmement pure de l'air et le mistral, grand nettoyeur du ciel, font que la Provence jouit d'une insolation privilégiée (3 050 h en moyenne à Aix, contre 1 600 à 1 800 à Paris). De plus, les étés sont torrides et la chaleur excessive (de 24 °C à 40 °C) ; et si l'hiver est doux le long de la côte, à cause de l'influence adoucissante de la mer, à l'intérieur, au contraire, et surtout en

[4] Le mistral a toujours donné naissance à des proverbes montrant sa violence : *fai oun mitrau à derouba la co di ases* (il fait un mistral à arracher la queue des ânes), *fai oun mistrau à desbana li biou* (il fait un mistral à décorner les bœufs). Pour les spécialistes du mistral que sont les paysans, il y a plusieurs sortes de mistral : *lou mistralas* qui monte jusqu'à 3 000 m et dépasse 100 km/h (c'est un *rauba capeu*, « un enleveur de chapeaux ») ; *lou rouncaire* (le mistral ronfleur) ; *lou bouffaire* (le mistral souffleur). D'après M. Pezet, *La Provence sous le mistral*, Avignon, 1952.

[5] Ce vent a donné lieu à toute une mythologie populaire et à un culte. Il a notamment été personnifié sous le nom de « Jean d'Arles » (*Trésor du Felibrige*).

[6] Papon, *Histoire générale de Provence*, 1778. Au dire de Papon, il provoque de singuliers effets : « Un vent singulier, quant aux effets, est le sud-sud-est. Il relâche les fibres, abat la vivacité, la bonne humeur, le jeu de l'imagination et répand dans tout le corps et dans l'esprit une lassitude qui rend incapable le travail d'application. Les oiseaux même ressentent cette suppression de l'air. On n'entend plus leur gazouillement, un morne silence règne dans la campagne ; tous les animaux sont assoupis ; les personnes sujettes à des rhumatismes, ou qui ont eu des contusions ou des blessures dans quelques parties de leur corps, sentent leurs douleurs se réveiller. »

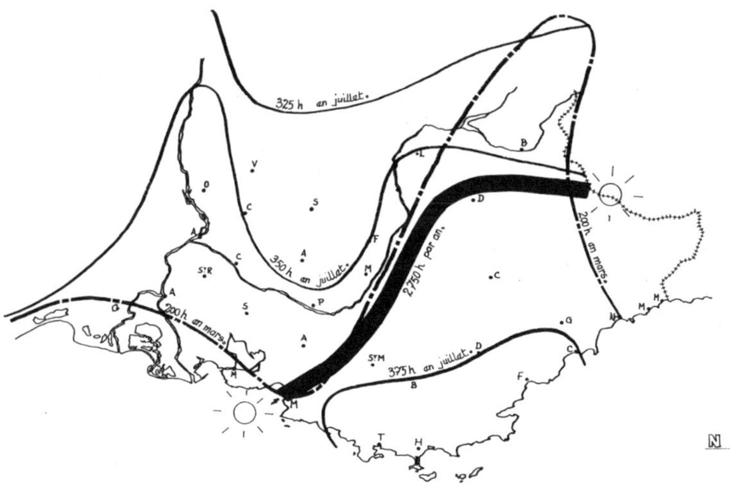

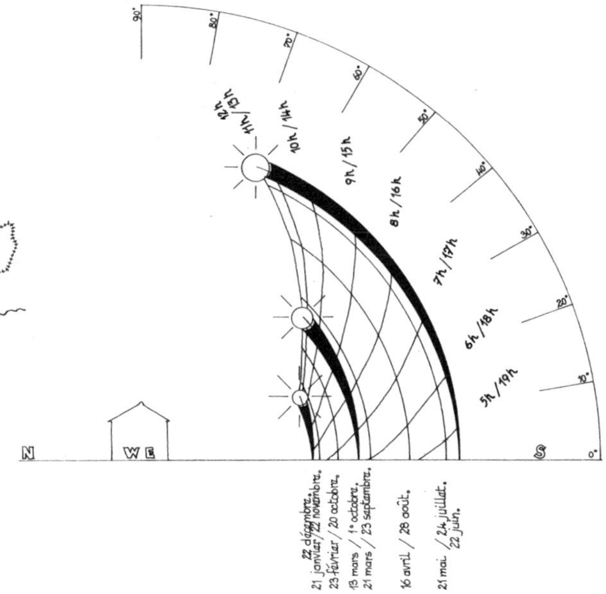

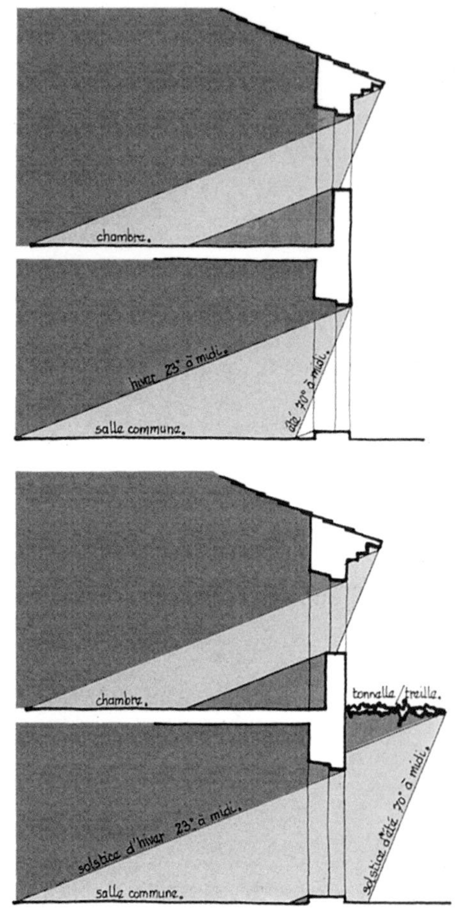

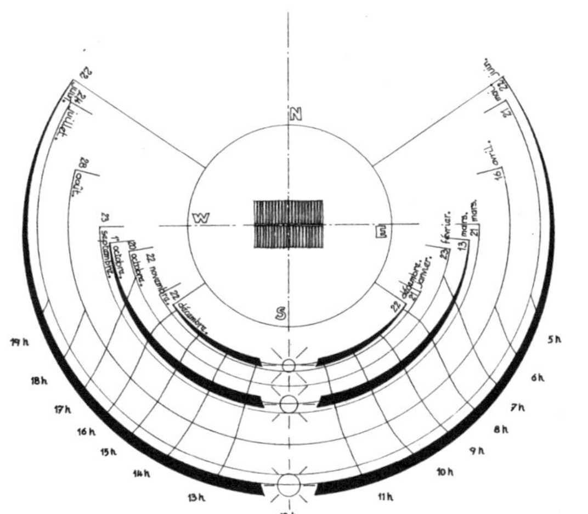

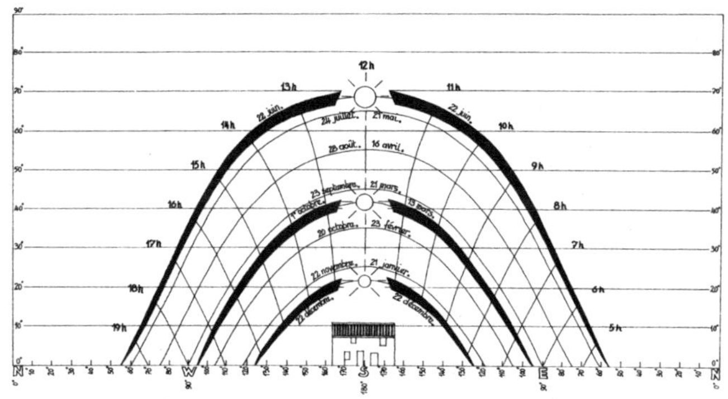

Ci-dessus : en haut à gauche, courbes des moyennes d'ensoleillement exprimées en heures ; au centre et en bas, plan, coupe et élévation du diagramme solaire.

Ci-dessus à droite, schéma d'application à l'habitat du diagramme solaire.

Haute Provence, l'hiver est très froid et sec, bien que bénéficiant, grâce au mistral, d'un beau ciel sans nuage, d'une limpidité exceptionnelle. On a encore en mémoire les hivers d'une rigueur telle qu'ils virent périr tous les oliviers et les pins (1709, 1820, 1956) [7]. Le printemps et l'automne sont des transition souvent très courtes [8]. Le Provençal recherche donc le plus possible l'ensoleillement, la chaleur et, pour ce faire, s'installe sur les pentes d'adrets, s'adosse contre les bancs rocheux, crée, lorsqu'il n'existe pas, un abri avec des haies de cyprès ou d'épineux, des murs de clôtures ; toute son énergie tend à se protéger du vent et à profiter au maximum de la chaleur. La végétation naturelle doit, elle aussi, s'adapter à la sécheresse du climat ; la forêt se compose surtout de chênes verts, pins d'Alep… [9]

[7] « La veille des Roy de cette présente année, il commença à faire un froid rigoureux qui a duré près de quarante jours, qui se rendit épouvantable puisque le vin se gelait dans les tonneaux. Toutes les terrines où il y avait de l'huile se cassaient, les urines gelaient dans l'air, les oliviers sont morts et tout ce qui était exposé à la campagne jusqu'aux chênes verts de la montagne (Luberon) sont tous morts. » Texte relatant un hiver rigoureux, dans les minutes de F. Joseph Maurel, notaire de 1709.

[8] M. Barrès, *Le Mystère en pleine lumière*, Plon, Paris, 1926, « Le Printemps à Mirabeau » : « Voilà des semaines que "j'espère" le vrai printemps de la Provence. Chaque soir, le couchant est chargé de nuages. Sur la garrigue, le berger m'a dit : "Il pleuvra car les moutons mangent rapidement." Le garde déclare "qu'il faudrait le mistral pour nettoyer le ciel". Nous guettons sur les branches agitées la direction du vent. Et voici qu'un jour, un espoir arrive. Sous le bois de pins qu'il fait gémir et ne déplace guère, le mistral tourmente un bois de lilas en fleurs. C'est le bruit de la mer au milieu des montagnes. Au deuxième soir, le curé nous dit : "Demain, la journée sera belle, j'ai entendu la huppe et le coucou." Aujourd'hui, le printemps nous paye de l'avoir tant désiré. Enfin, nous sommes partis de sa première gloire incertaine. Aux lilas succèdent les roses, que rejoignent les genêts parfumés. On vit baigné dans le grand air. »

[9] J. Sion, *La France méditerranéenne*, Paris, 1934 : « Les plantes souffrent bien moins des frimas que de la sécheresse estivale. Seules peuvent y résister celles qui y sont adaptées. Les plantes typiques de la zone méditerranéenne sont des plantes "xérophiles", c'est-à-dire qui savent supporter la soif. Il s'agit pour elles de réduire leur transpiration, puisqu'elles perdraient une quantité d'eau qu'elles récupéreraient malaisément. Aussi, beaucoup ont des feuilles très petites, éphémères (genêt épineux) ou transformées en épines ou laineuses. Chez d'autres, plus nombreuses encore, l'épiderme des feuilles se durcit, surtout sur la face exposée au soleil : tel l'olivier, le chêne yeuse et ces innombrables arbustes à feuillages toujours vert qui entourent la Méditerranée. De nombreuses labiacées, le romarin, l'aspic, la lavande, le thym, etc., dégagent des essences aromatiques qui, flottant autour de la plante, diminuent l'évaporation. On trouve beaucoup de plantes à oignons, comme la jacinthe, ou à rhizomes, comme l'asphodèle. Pendant l'été, la tige se réduit à une hampe desséchée, mais les organes souterrains accumulent des réserves qui seront utilisées par les nouvelles pousses. Ce rôle de

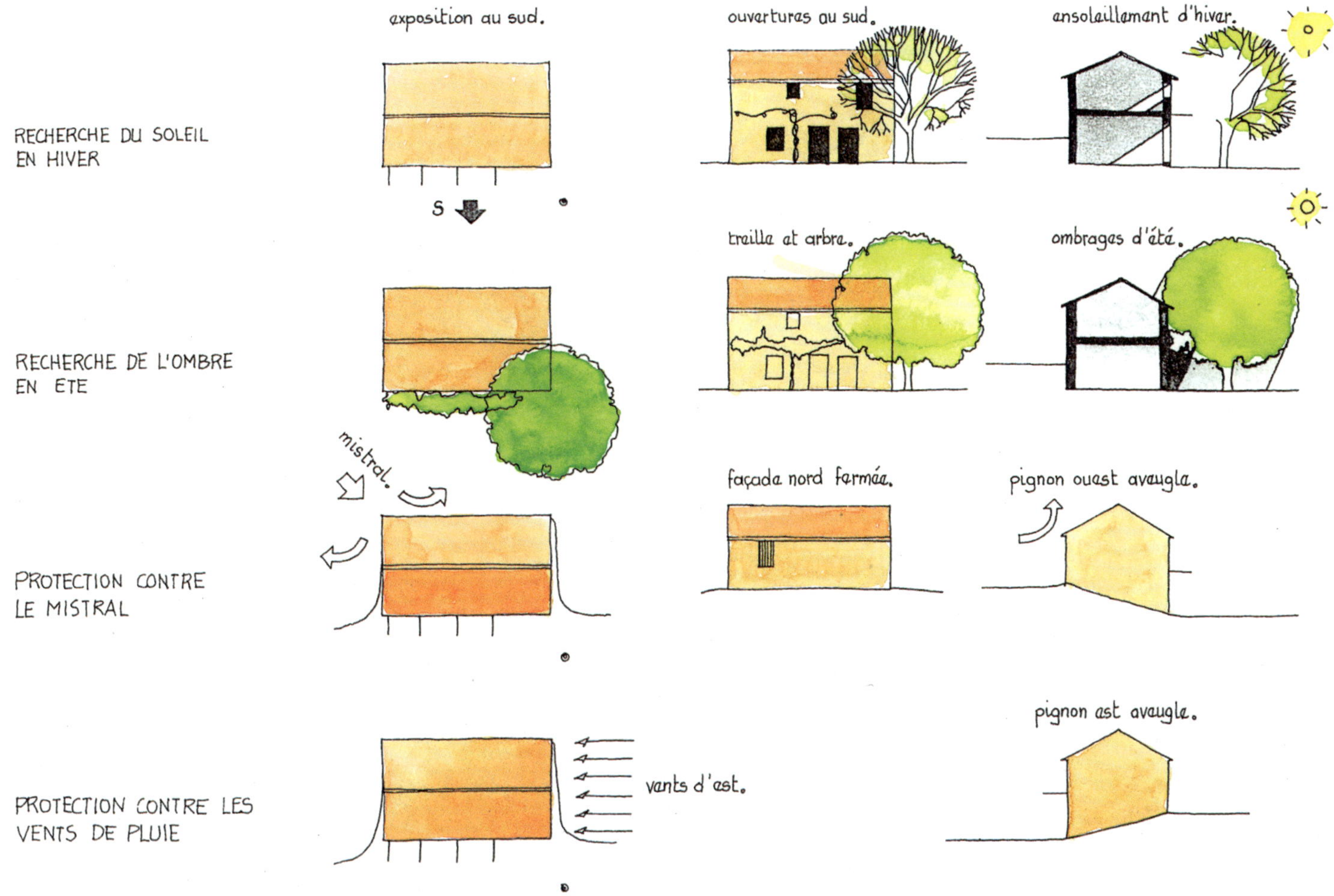

Résumé schématique de l'application à l'habitat des généralités climatiques de la Provence.

Les pluies

Chaque année, il tombe en moyenne 750 mm à Nice, 560 mm à Paris, mais les pluies méditerranéennes ont cette double originalité : leur rareté et leur violence [10]. Il ne pleut qu'un petit nombre de jours 50 à 60 mm concentrés surtout en automne et au printemps ; particulièrement quatre jours, fin avril et début mai. Ces pluies tombent sous forme d'averses ou d'orages courts et extrêmement violents qui transforment en torrents les chemins, inondent les champs et ravinent les collines, entraînant tout sur leur passage, et changeant, en quelques minutes, un cours très calme en fleuve impétueux. Peu de temps après, le ciel redevient d'une grande pureté, les horizons reprennent leurs lignes nettes aux couleurs d'une extraordinaire intensité. Ce régime de pluies à forte précipitation provoque, avec la sécheresse et la chaleur estivale, une semi-aridité que les hommes, de tout temps, ont essayé de combattre en promouvant une véritable politique de l'eau.

Ce bref aperçu du climat nous éclaire sur les contraintes imposées à l'homme par le pays pour sa vie même. Ces données sont en effet fondamentales pour comprendre l'habitat. Il est évident que, pour chaque région, l'originalité propre d'un microclimat corrigera les données générales ; elles interviendront dans le choix du site, pour l'orientation générale des masses et de leurs ouvertures, enfin pour la pente des couvertures. Cet habitat cherchera à répondre de manière efficace à cet ensemble de caractéristiques climatiques dans lequel il se situe et les buts recherchés seront, principalement, la quête du soleil hivernal, les abris contre le mistral, la fraîcheur en été, l'évacuation rapide des eaux de pluie et la présence de l'eau, si nécessaire dans un pays de climat sec.

réserve est tenu chez les jeunes plantes succulentes par les tissus aquifères des feuilles ou des tiges. Enfin, beaucoup d'espèces sont annuelles : elles accomplissent leur cycle en quelques mois, puis elles sont tuées par la sécheresse, mais après avoir disséminé des graines parfaitement protégées contre la dessiccation. »

[10] De Martonne, « France physique » (in *Géographie universelle*, publiée sous la direction de P. Vidal-Lablache et J. Gallois, Paris, 1927) : « Il est difficile de traduire par des chiffres la pauvreté extrême de l'hydrographie méditerranéenne, due moins à l'indigence des pluies qu'à leur répartition inégale au cours de l'année et à l'énorme déficit d'évaporation causé par les hautes températures. » Dans cette indigence hydrographique, la responsabilité de l'été est grande : « Le minimum des pluies correspondant au maximum d'évaporation, on ne saurait s'étonner que l'eau courante disparaisse de tous les thalwegs qui ne sont pas alimentés, soit par le ruissellement descendant de hauteurs notables, soit par des sources. Il n'est pas rare de voir même, dans certains coins de la plaine du Bas Rhône, des efflorescences salines apparaître au cœur de l'été, évoquant l'image des steppes sud-algériennes. Les pluies tombant par averses au printemps et en automne sont capables de lancer des crues soudaines sur les cours d'eau d'origine montagnarde. Les vignobles inondés, les routes et les voies coupées sont des phénomènes qui reviennent presque chaque année. »

La vie paysanne

Citons les différentes étapes de la culture et de l'élevage [1] jusqu'au XVe siècle. Viennent en premier les cultures fondamentales liées au climat méditerranéen, à savoir la culture de la vigne, de l'olivier, et des céréales. Puis arrivent des essais de cultures d'appoint qui ont varié suivant les circonstances et les époques : l'élevage de mouton. Ensuite, pour pallier cette maigre économie, la surface cultivable est augmentée, les sols et les techniques agraires améliorés. Jusqu'au XIVe siècle, on remarque peu de changement. Les principales cultures sont celles de l'olivier, de la vigne, du blé en oullières (alternance blé-vigne).

Au XVe siècle

Les cultures : la préoccupation dominante est la mise en culture de nouveaux sols avec les céréales (correspondant à un essor de la population). La vigne est très répandue : les grandes villes ont des vignobles plus ou moins étendus (comme à Aix, à Marseille, à Cassis), alors que l'olivier reste localisé. Quant à l'amandier, au figuier (Marseille) et au noisetier, on les trouve en basse Provence. À la fin du XVe siècle, on voit apparaître la lavande, le safran et les forêts de chênes kermès ; on commence à cueillir la graine de vermeil utilisée en teinture, et à récolter brusque ou tan pour le traitement des peaux (écorce de chêne réduite en poudre).
L'élevage : il tient une place prépondérante dans la vie économique de cette époque. On trouve des bovins en haute Provence et en Camargue ; les ovins sont répandus un peu partout. D'après l'enquête d'affouage de 1471, dans les Pré-Alpes de Provence, chaque famille possède en moyenne un à deux trenteniers de moutons ; en basse Provence, moins d'un trentenier. À Arles, plusieurs milliers de bêtes partent en transhumance [2] dans le Dauphiné ou vers la montagne de Lure.

Au XVIe siècle

Les cultures : ce sont les mêmes cultures fondamentales qu'au XVe siècle. Le blé est cultivé dans de très grandes propriétés en Camargue et en Provence occidentale, mais le rendement très faible. La vigne est de plus en plus répandue. La culture en oullière est pratiquée pour le renouvellement de la terre. Les oliviers sont en grande expansion et l'on trouve des olives vertes salées, cassées. L'huile est la matière grasse de base de l'alimentation. Quant aux arbres à fruits, ils sont peu répandus, sauf quelques spécialités commercialisées : les figues blanches de Marseille, les prunes de Brignoles, les amandes de la vallée de la Durance, les pêches et les abricots.
Les essais de cultures : ils se pratiquent essentiellement sur l'oranger (dans la région d'Hyères), la canne à sucre, le palmier-dattier, le poivrier, le mûrier (on commence à cultiver le mûrier blanc pour le ver à soie), le tabac et le safran. Les légumes, eux, sont peu connus, même si l'on trouve melon et artichaut dans le Comtat (si des petits jardins existent à la périphérie des villes, l'irrigation est insuffisante pour la culture maraîchère.)
L'élevage : il est très important. En Camargue, Félix Platter décrit, au milieu du XVIe siècle, les manades, ferrades, les troupeaux sauvages de taureaux et de chevaux. Dans la Crau, on pratique l'élevage intensif de moutons.

Au XVIIe siècle

Les cultures : on remarque une très importante culture de blé qui est cependant de plus en plus importé car la vigne gagne du terrain (fabrication de l'eau-de-vie). En terme de culture fruitière, on se concentre sur l'amandier, le prunier, le figuier et le mûrier pour la sériciculture. On introduit des prairies artificielles (vesces graminées et luzerne).
L'élevage : le petit bétail est de loin le plus répandu. À la fin du XVIIe siècle, « le désert [est] en marche » [3]. La vigne est en plein en essor (arrachement des oullières), mais l'élevage est en difficulté.

Au XVIIIe siècle

On commence à s'intéresser, et de façon collective, aux choses de la terre. En 1765, est créée la Société d'agriculture. On recherche de nouvelles cultures : la culture de la garance a été introduite par Althen en 1754.
Cependant, on assiste à une période de stagnation et même de déclin par rapport au siècle précédent. Les terres incultes prennent une importance considérable : en basse Provence, on compte plus de la moitié du terrain en terres « gastes » (non cultivées).

Au XIXe siècle

À côté des cultures fondamentales, de nombreux essais de cultures nouvelles sont pratiqués et plusieurs réussissent ; les cultures maraîchères prennent une grande importance grâce au développement du chemin de fer.

[1] Il n'entre pas dans nos propos de faire une étude complète de l'agriculture en Provence. Nous ne donnons que l'essentiel de manière à mieux comprendre son incidence dans le domaine bâti.

[2] Comte de Villeneuve, *Statistiques des Bouches-du-Rhône*, Paris-Marseille, 1826 ; *Histoire de la Provence*, sous la direction d'E. Baratier, Millau, 1971 ; Th. Sclaffert, *Cultures en haute Provence*, Paris, 1959.

[3] R. Baehrel, *Une croissance : la basse Provence rurale depuis la fin du XIVe siècle jusqu'à la veille de la Révolution* (thèse), Paris, 1959.

Les cultures fondamentales : ce sont les céréales, l'olivier, l'amandier et le figuier. La vigne progresse d'une façon remarquable dans la première moitié du XIXe siècle jusqu'à la fin du Second Empire ; mais l'apparition du phylloxéra, en 1870, va pour un temps provoquer la récession de la vigne. Au début du XXe siècle, des coopératives vinicoles commencent à se développer. Les fruitiers ne représentent pas un système de culture très étendu, et concernent peu de grandes exploitations ; chaque propriétaire conserve un petit espace de terrain pour ces « végétaux utiles ». On en compte néanmoins une très grande variété grâce au climat : noyer, pommier, pistachier, grenadier, prunier, poirier, jujubier, oranger (vers Hyères car le mistral y soufflez peu), pêcher, abricotier, cerisier, cognassier, azerolier, néflier...

Les cultures fourragères : elles prennent aussi une grande importance. Avec les cultures maraîchères, elles constituent un des traits essentiels de l'évolution de l'agriculture dans la Provence du XIXe siècle : on cultive foin, luzerne, trèfle, sainfoin, fourrage, feuillage, pailles, pacages.

Les cultures maraîchères : on a implanté au milieu du XVIIIe siècle, la tomate et la pomme de terre, venues d'Amérique par l'Espagne ;

Les cultures locales : elles concernent l'ail et l'oignon, très employés en cuisine (les gens de la campagne en frottent leur pain ou le font cuire sous la cendre – aïoli, bourride) ; les cucurbitacés de toutes sortes (melon, concombre, pastèque, courge, potiron et piment doux...). Dès 1870, le développement intensif de la culture maraîchère compense trois infortunes successives : la crise du phylloxéra, la maladie du ver à soie (avant 1860) et la décadence de la garance (après 1870). L'aspect du paysage est complètement modifié par l'alignement de cyprès sombres, de canniers clairs qui protègent du mistral les cultures maraîchères. L'influence sur le régime de la propriété est visible par l'exploitation extrêmement morcelée (2 à 4 ares) [4].

La mécanisation : en 1827 apparaît la technique de la charrue Dombasle (« la faux contre la faucille ») ; en 1854, la première machine à battre ; et en 1881, la première moissonneuse provoque une crise du personnel agricole. Facteur du maintien et du développement de la dissémination de la propriété, c'est un des faits typiques de la géographie humaine de cette région.

Les cultures industrielles : elles concernent les chardons cardères (chardons à foulon, chardon à bonneter), le coton (bien que l'essai de culture soit peu encourageant) et la betterave sucrière (après 1830).

Les cultures disparues : le tabac, le pastel, le chanvre, le lin, le ricin et la garance. Cette dernière est connue en France depuis très longtemps (acte de 1275). En 1840, elle progresse considérablement, connaît son apogée à la fin du Second Empire. Mais l'apparition de l'alizarine après 1870 provoque une décadence rapide de la garance.

Les cultures nouvelles : elles comptent le riz (il fut réintroduit en 1817 [5] par un jeune homme venu de Cochinchine et qui en avait caché deux épis dans ses souliers car la sortie en était rigoureusement interdite) ; on voit apparaître des graines oléagineuses telles que celles de l'arachide, du colza et du sésame ; des arbres : le premier platane importé d'Orient est planté en France en 1754, et autour de 1800, cette espèce va supplanter les arbres traditionnels (ormes, tilleuls, marronniers d'Inde, micocouliers pour l'ornement des places, promenades publiques et allées des bastides).

On s'oriente vers une spécialisation ; cependant, aucune culture importante n'ayant disparu, l'agriculture reste à peu près aussi variée qu'en 1789, très loin de la monoculture et de ses dangers. La Provence, jusqu'à une époque très récente, est toujours restée fidèle au modèle méditerranéen de culture : vigne, olivier, blé, et à l'élevage de moutons. Elle a tenté de diversifier cette production limitée, en introduisant, au cours des siècles, de multiples cultures nouvelles qui se sont maintenues ou qui ont périclité. Dans la mesure où elle évitait une monoculture systématique dans sa production, les différents essais n'ont jamais modifié jamais fondamentalement la structure même de la maison et des bâtiments d'exploitation. Nous ne trouverons guère, au cours de cette étude, une spécialisation des bâtiments telle que l'on peut en rencontrer dans d'autres régions agricoles en France.

Ce sont, en définitive, les cultures ou les élevages traditionnels qui imprimeront leur marque aux bâtiments. Installation pour la vinification : cuves, caves, pressoirs ; moulin à huile, aire à dépiqueter et grenier pour les céréales, pigeonnier, cochonnier, écurie, bergerie, sont aussi des constantes... L'importance de tous ces bâtiments variera en fonction de l'importance de la propriété. Les exemples de la Camargue et de la Crau sont significatifs : dans ces vastes étendues, à culture intensive, les dépendances prennent des proportions considérables : vastes hangars, silos à grains, caves importantes, bergeries ; quant aux autres cultures, dont les essais se multiplient au cours des siècles, ce sont elles qui s'adaptent au local. Une ou plusieurs pièces polyvalentes servent tour à tour de séchoir à fruits, à tabac, de réserve de garance, etc. Le ver à soie est élevé dans la pièce commune, puis dans un grenier transformé pour la circonstance en magnanerie, pour avoir ensuite une toute autre affectation.

De même que le paysan provençal s'adapte, s'essaie au cours des siècles aux cultures et aux élevages nouveaux, tout en gardant une place, quelquefois peu rentable mais sûre, pour l'agriculture et à l'élevage traditionnels, la maison aussi suit le même processus : elle se transforme ou s'agrandit par adjonctions successives pour recevoir de nombreux produits, mais son noyau demeure immuable.

[4] R. Livet, *Habitat rural et structures agraires...*, Aix-en-Provence, 1962.

[5] Comte de Villeneuve, *op. cit.*

Le domaine bâti

Définition des maisons types

En parcourant l'histoire de l'habitat rural, nous avons remarqué deux modes opposés de fixation : l'habitat groupé et l'habitat dispersé. Suivant les régions, l'un a prévalu sur l'autre. L'habitat dispersé, le seul dont nous nous occuperons ici, correspond à des périodes relativement calmes et prospères où la population s'installe dans la plaine et s'efforce de conquérir de nouveaux sols sur des zones jusqu'alors délaissées. Comme nous l'avons souligné, les XVIIe et XVIIIe siècles voient la prédominance de la dispersion dans la zone rurale. L'habitat dispersé acquiert alors ses caractéristiques essentielles. Ainsi, même si des parties de construction datant de la Renaissance subsistent encore, même si des améliorations ont été apportées pendant le XIXe siècle, c'est l'habitat de cette époque que nous nous proposons d'étudier.

La maison du paysan – le mas – arrive, pourrait-on dire, à maturité, mais, à côté de cette unité d'exploitation nécessaire aux activités agricoles, apparaît le domaine, fruit de la constante appropriation de nouvelles terres par la noblesse et la bourgeoisie. Cette dualité d'occupation s'établit cependant en bons termes, les sols sont à défricher, les cultures et l'élevage n'ont pas donné leur plein rendement. Ces deux types d'exploitations, le mas et le domaine, nous les rencontrerons inégalement répartis selon les régions et avec de nombreuses adaptations. Il ne faut pas s'en étonner. Nous avons eu l'occasion de le montrer dans la description topographique : la Provence est composée de territoires aussi différents dans leur géographie et leur climat que dans leurs structures agraires. Quelques kilomètres... et c'est une nouvelle organisation de l'exploitation, des contraintes que l'on ne connaissait pas, une ambiance particulière de l'habitat.

Le problème de l'eau suffit à lui seul à mettre en évidence ces contrastes : plaines parfaitement irriguées de la région de Carpentras où règne la culture maraîchère voisinant avec les contreforts des plateaux du Vaucluse où la sécheresse dicte toute la vie rurale. Il faudrait, pour établir un inventaire complet, travailler par régions ayant des caractères communs et où seraient représentées les acclimatations de ces deux types de maisons. Nous pourrions alors tenter d'expliquer le pourquoi de leurs composantes architectoniques.

Le mas des Bois, sur le domaine du Grand Telle (plateau de Valensole).

La classification des maisons types

Différentes études ont été faites avant nous pour essayer de définir les types de cette architecture rurale. Elles apparaissent comme des essais de classifications. Citons-les :

• La plus importante, certainement, est due au comte de Lanéry d'Arc [1]. L'auteur a mené sa propre enquête et nous donne une vue assez juste de tous les ensembles ruraux qu'il a pu visiter.

• L'*Encyclopédie départementale des Bouches-du-Rhône* (1920-1924) a également essayé de définir quelques maisons types [2]. Il n'y a pas eu enquête sur place, mais une reprise de certains éléments énoncés par M. Lanéry d'Arc, avec, toutefois, quelques renseignements complémentaires.

• L'étude de M. Fernand Benoît, sur l'habitat, dans son ouvrage *Provence et Comtat Venaissin* (1949), paraît, au contraire, réaliser une synthèse des maisons de Provence.

• Plus près de nous, l'étude faite par R. Livet (1962) relative à la basse Provence décrit certains des principaux types de l'habitat dispersé [3].

Il nous paraît intéressant d'indiquer brièvement la teneur de ces quatre études.

L'étude du comte de Lanéry d'Arc (1894)

Pour cet auteur, il y a, en Provence, deux types distincts de maisons : dans les pays de montagne, collines des environs d'Aix, un type de construction difficile à définir ; dans la plaine, le long de la Durance et dans les plaines comprises entre le mont Ventoux, Orange et la Crau, un autre type.

« Occupons-nous d'abord de l'habitation du paysan. À ce point de vue, la Provence possède deux types de maisons bien distincts, tout comme il est facile d'y distinguer deux espèces de propriétés, deux sortes de cultures. Dans les pays de montagne, dans les collines des environs d'Aix et des Basses Alpes, on trouve de grandes propriétés recouvertes, en partie, de bois de pins et de kermès dont, souvent, la presque totalité est en jachère, semées çà et là, de rares carrés cultivés dans lesquels les cultures principales sont le blé, l'olivier, l'amandier. Avec le bois et l'élevage des moutons, c'est à peu près le seul revenu. Au contraire, si nous descendons dans les plaines, le long de la Durance, si nous parcourons la vaste plaine comprise entre le mont Ventoux, Orange, le Rhône et la Crau, la culture est tout à fait différente. Ici, ce sont des jardinages, des arbres fruitiers, de la vigne, des luzernes et des prairies artificielles. La terre a une beaucoup plus grande valeur et la propriété y est bien plus divisée. On comprendra aisément qu'à ces deux natures de terrain, qu'à ces deux sortes de cultures et à ces deux sortes d'exploitations correspondent deux sortes d'habitations. »

Puis vient la description de la maison type située en plaine, « plus facile à faire que celle de la montagne où les types sont beaucoup plus variés » : la maison

Une des maisons du hameau de Dauban, dans la région de Banon.

[1] Comte de Lanéry d'Arc, *Maisons types de Provence*, Comité des travaux historiques, section des Sciences économiques et sociales, Angers, 1894.

[2] Encyclopédie dirigée par M. Masson.

[3] Livet, *Habitat rural et structures agraires en basse Provence*, Aix-en-Provence, 1962. Il faut encore citer P. Georges, (*Région du bas Rhône - Étude de géographie nationale*, 1935) et H. Algoud qui a également fait un essai de classification dans *Mas et bastides de Provence* (Marseille, 1907), et « La Maison rurale et ses accessoires », in *L'Art populaire en France*, Paris, 1929.

du paysan aisé, du ménager ou du petit propriétaire qui fait valoir sa terre en la cultivant lui-même avec ses enfants (économie fermée). Elle est suivie d'une description détaillée de l'orientation, des dispositions intérieures et annexes [4] ; la description de la ferme de Cabanes, d'après M. d'Estienne de Saint Jean, sur le « paysan métayer de la basse Provence », correspondant à la partie de ferme jouxtant la bastide ; est également indiqué un type d'habitat, pour la Camargue : les cabanes.

Finalement, cette étude se révèle très intéressante, compte tenu de son époque, parce qu'elle est la première enquête sur ce type d'habitat et qu'elle donne de surcroît une foule de détails recensés par cet avocat qui, évidemment, fait plus une enquête sociologique qu'une enquête d'architecture rurale.

L'Encyclopédie départementale des Bouches-du-Rhône (1920-1924) [5]

Le terme « mas » est employé dans cet ouvrage pour désigner, d'une manière générale, la maison d'exploitation rurale. « Rien, ici, ne rappelle, même de loin, les vastes fermes de la Beauce ou des Flandres. Pas de ces grandes dépendances, nécessaires aux pays de céréales, de prairies ou d'élevage. Pas de vastes granges, d'écuries, de remises formant plusieurs corps de bâtiments, entourant la cour de ferme. Les dépendances sont absentes ou réduites à de faibles dimensions et n'influent guère sur la forme de la maison, réduite à un simple rectangle de 10 à 15 m, tout au plus, de longueur. »

Certains points font l'objet d'un développement particulier. Ce sont successivement :

La disposition intérieure des mas : la description reprend celle du comte de Lanéry d'Arc : le rez-de-chaussée est divisé en deux parties par un escalier mallonné situé au bout d'un couloir étroit. Dans de nombreux cas, l'accès se fait directement dans la cuisine qui est l'unique pièce d'habitation du rez-de-chaussée.

Les grands mas camarguais : c'est dans la Camargue centrale et méridionale que se trouvent les plus grandes propriétés rurales. Les mas présentent, comme traits communs, l'orientation permanente au midi, la grandeur de la maison d'habitation à deux étages, la vaste étendue de la cuisine où un nombreux personnel vient prendre ses repas.

Les bories : ce sont des cabanes caractéristiques, servant aux bergers des massifs de la Trévaresse ou d'Éguilles pour rentrer leurs moutons et les protéger contre le froid ou la pluie.

Les cabanes de gardian : ces « demeures de pauvres gens » sont étroitement adaptées au sol.

En conclusion, se dégagent de cette étude deux types de constructions : le petit mas, celui que l'on rencontre le plus souvent, et les grands mas de la région camarguaise. Cette étude, notons-le, ne comprend que le département des Bouches-du-Rhône, et toute la partie montagneuse n'a pas été traitée, ce qui, vraisemblablement, aurait impliqué la définition d'un autre type de

[4] Cette description comporte d'ailleurs, à notre avis, quelques erreurs : visiblement, il y a recherche d'un parti symétrique aussi bien dans les volumes que dans le plan intérieur, pratiquement inexistant pour ce type de construction.

[5] Tome XIII, « La Population », par MM. Barre, Bourilly et P. Masson.

construction, tel que Lanéry d'Arc l'a indiqué, où les bêtes sont au rez-de-chaussée et les parties d'habitation à l'étage.

L'étude de M. Fernand Benoît (1949)

Parue en 1949, elle se sert des relevés de M. Pepiot [6] et de ceux de M. Lèle. L'auteur indique que les deux modes d'habitation – les maisons en ordre dispersé et les maisons groupées en village – entraînent deux types de constructions bien différentes : « la maison en hauteur » et « la maison à terre ». Conformément à la classification de M. Demangeon, ces deux types appartiennent à « l'habitat-plan », c'est-à-dire à la maison dans laquelle le logis d'habitation et les dépendances agricoles sont groupées sous le même toit par opposition à la « maison à cour », rare en Provence [7] dont les bâtiments sont ordonnancés autour d'une cour, ouverte en façade. La « maison à cour » n'est que le développement de la « maison à terre ».

La maison en hauteur : elle est compartimentée en hauteur, c'est-à-dire que la remise se trouve au rez-de-chaussée, le logement à l'étage et le grenier au-dessus. Cette maison forme un tout groupé sous le même toit. « Son originalité consiste à placer les bêtes en bas, les hommes au-dessus. » Elle était caractéristique de l'habitat groupé où s'entassaient, dans l'étroite enceinte fortifiée du village ou de la ville, tous les exploitants de la commune. Mais son type s'est conservé dans l'habitat dispersé et date d'une époque ancienne.

La maison à terre : c'est la « maison gauloise » par opposition à la « maison latine » qui est la « maison en hauteur ». C'est l'habitation normale dans les pays de riches cultures où domine l'habitat dispersé. Formant un bloc rectangulaire, la maison est divisée en deux parties : d'une part, au rez-de-chaussée, la salle commune, servant de cuisine avec, parfois, dans la partie latérale, un cellier et une chambre secondaire ; d'autre part, séparées par un étroit couloir qui contient l'escalier, l'écurie-remise et l'étable. Au-dessus, les chambres et les greniers à foin. Une porte de communication permet d'accéder directement de la salle commune à l'écurie pour surveiller les bêtes.

La maison à cour : elle représente une variante de la « maison à terre » et s'oppose à la « maison-bloc » par l'ordonnance de ses dépendances autour d'une cour. Elle est adaptée au mode de culture du pays où la vie agricole se passe en plein air et n'a nul besoin de la grange que nécessite l'exploitation des grands domaines du Centre et du Nord.

D'après cet auteur, la maison-cour est donc rare en Provence où l'on n'engrange pas les javelles de blé avant le dépiquetage. Celui-ci se fait aussitôt les récoltes coupées, sur l'aire de terre battue [8].

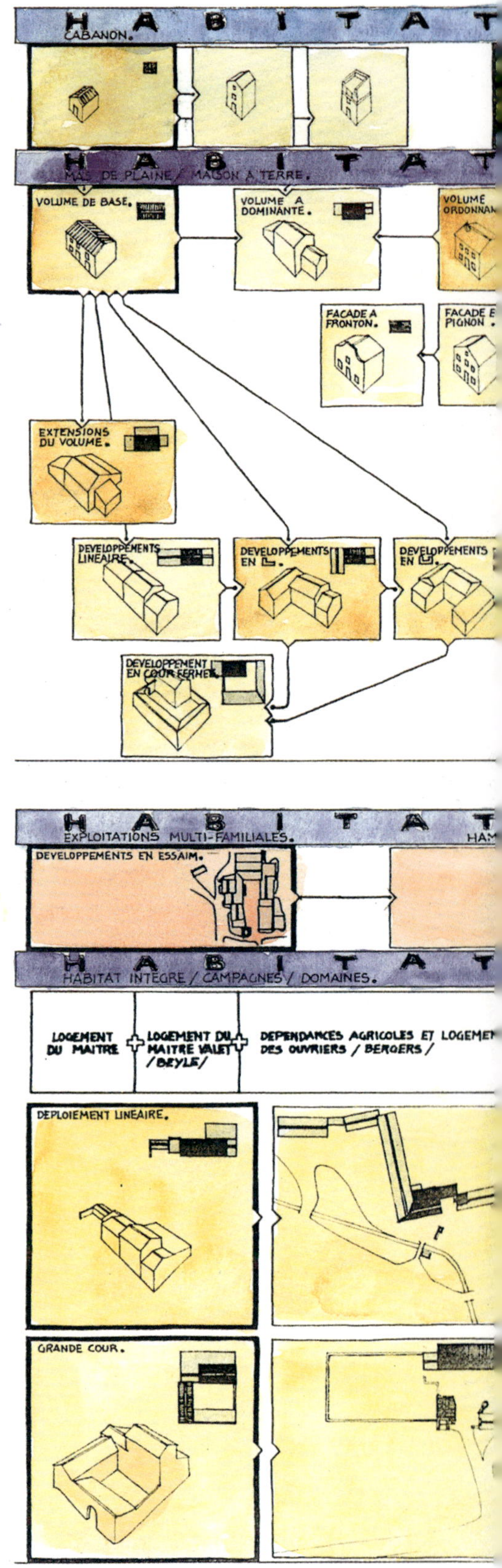

Tableau analytique du domaine bâti en Provence.

[6] Un certain nombre de relevés (environ trente à quarante) ont été exécutés par cet architecte avec une grande rigueur pour le compte des Arts et traditions populaires, juste après la guerre, dans le cadre d'une vaste enquête sur l'habitat rural, lancée dans toute la France. D'autres architectes ont travaillé pour les départements du Var et du Vaucluse.

[7] Nous sommes moins d'accord sur ce point, car il apparaît, au contraire, que la maison à cour est plus fréquente qu'on ne l'imagine.

[8] La description de la maison-bloc, par rapport à la maison-cour, faite par Demangeon, ne semble pas s'appliquer aussi facilement à la Provence : en effet, à l'intérieur du volume principal qui borde la cour, on trouve, très souvent, non seulement le logis, mais également les dépendances comme des écuries, remises, fenils. Il n'y a pas de différenciation entre les bâtiments.

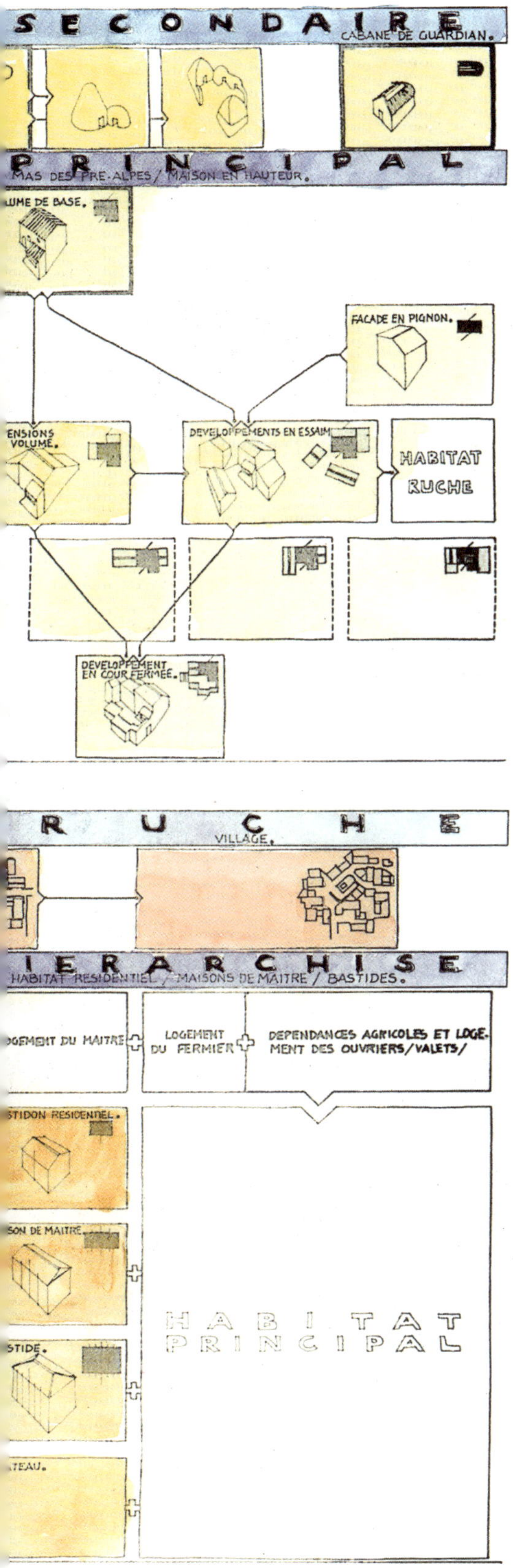

L'étude de R. Livet (1962)

Cette étude concerne uniquement la basse Provence. Le mas reste la forme la plus simple et la plus traditionnelle de l'habitat rural isolé. Les formes traditionnelles sont : le mas en « maison-bloc » présenté dans sa description faite, en 1760, par les Visiteurs de Malte ; le mas en voûte de la région d'Eygalières ; le mas en cour fermée ; le mas « ruche », habitat original, construction assez hétérogène de plusieurs propriétaires. À côté des mas, les bastides avec la maison du maître et celle du paysan. Enfin, le domaine, énorme propriété dont les plus beaux exemples sont dans le haut Var, la Camargue, etc.

Ces études, dont nous venons d'examiner l'essentiel, visaient à rattacher les types d'habitat à des valeurs d'économie paysanne, à une vision de la société rurale. Notre analyse sera différente : tout en conservant la stabilité de ces types dans leur évolution, elle les examinera surtout à travers leur architecture. De la vie traditionnelle, nous n'envisagerons en effet que les éléments qui explicitent et justifient cette architecture. La classification que nous avons adoptée se place essentiellement sur un plan architectural, c'est-à-dire qu'elle se base sur une comparaison des volumes bâtis. Outre le mas et le domaine, qui constituent les deux pôles de cette classification, on ne peut méconnaître, à côté de cette constante, un habitat élémentaire qui, par sa répétition dans toute la Provence, nous permettra une approche pour une meilleure compréhension des formes traditionnelles.

L'HABITAT ÉLÉMENTAIRE

Cet habitat se présente sous trois formes, suivant les régions où il est implanté : en parcourant la Provence, on est frappé, en premier lieu, par de minuscules maisons – les cabanons, implantés surtout dans les zones de plaines et d'intense culture. Sur les plateaux, ce sont des constructions assez curieuses, toutes en pierre, les « bories ». D'authentiques cabanes de gardians, il n'en existe malheureusement plus : limitées à la Camargue, réalisées avec une ossature en bois et couvertes de sagno, il faudra se contenter, sur place, de quelques copies ou restaurations.

Le cabanon : le recensement des cabanons représenterait une liste considérable de plusieurs milliers d'échantillons dont aucun, malgré une surface extrêmement réduite de quelques dizaines de mètres carrés seulement, ne serait identique à son voisin. Cet habitat transitoire existe surtout autour de la Méditerranée, en particulier en Afrique. En Provence, il est attaché intimement à la vie rurale. Il n'offre qu'un abri temporaire, une facilité pour resserrer toutes sortes de produits. L'éloignement entre le domicile et le lieu de travail a contraint le paysan à construire cette annexe de l'habitat permanent, au milieu même de ses terres.

La borie : entièrement différente dans sa technique de construction, mais dotée d'un rôle sensiblement identique, on trouve la borie. C'est un abri en pierres sèches qui peut se présenter isolé ou par groupes, pour former de véritables fermes et, même, des hameaux. Cet habitat étonne par sa structure et la diversité des formes. Il est, lui aussi, un exemple du caractère inventif du Provençal ; aussi en trouve-t-on dans de nombreuses régions en Provence. Alors que le cabanon et la cabane de gardian ont été délaissés en partie par les historiens et les archéologues, la borie a fait l'objet de nombreuses études qui ont tenté de répondre aux questions posées par cet habitat.

La cabane de gardian : c'est, cette fois, un habitat permanent qui vient compléter l'ensemble du mas camarguais. Autant pour le cabanon et la borie, nous constatons des variétés dans les formes et les adaptations, autant, ici, il y a répétition des dispositions aussi bien dans le plan, la forme générale, que dans l'aménagement intérieur.

L'HABITAT PRINCIPAL

Le mas

Le cabanon sera, pour nous, le moyen d'aborder le mas, car il y a entre ces deux types une filiation et des constantes architecturales. Le mas est l'exploitation où vit, en économie autarcique, le paysan. Construction simple, c'est la forme la plus ancienne et traditionnelle de l'habitat dispersé. C'est également le type le plus stable (son évolution a été la moins sujette aux remous de l'histoire) et il correspond à l'outil de base pour qu'une famille puisse vivre de la polyculture sur environ 20 ha. Sur cette exploitation, on trouve des céréales, de la vigne, ou encore des oliviers, des amandiers et quelques pacages. Cette construction assez modeste offre malgré son volume réduit des possibilités surprenantes.

Cet habitat se caractérise par l'économie des moyens mis en œuvre pour sa construction, mais aussi par ses possibilités d'adaptation à différentes régions. On rencontre des mas dans presque toute la Provence, dans des régions aussi différentes que le pays aixois, le massif du Lubéron, les plaines de Châteaurenard, de Saint-Rémy, de Carpentras, de Cavaillon et même sur le plateau de Valensole et dans la région de Forcalquier. Dans chacun des cas, des modifications répondent aux contraintes locales, mais le mas, dans ses constituantes essentielles, subsiste.

C'est, à l'origine, un habitat de plaine, mais il peut s'adapter aux contreforts préalpins, et même aux régions de la haute Provence. Cette forme est avant tout évolutive : le volume initial s'agrandit suivant le besoin du moment – implantation d'une nouvelle culture, acquisitions de nouvelles terres entraînant une importance accrue de la propriété.

À côté du mas des plaines, il existe un correspondant, mais beaucoup moins bien défini dans la région des Alpes de Haute Provence. Par rapport au précédent, il est plus trapu, plus sévère, percé de rares et étroites ouvertures. Le site lui-même est plus sauvage, le climat plus rude, les espaces sont resserrés, les cours fermées. L'allure des mas est modifiée par l'adjonction nécessaire de la bergerie et du pigeonnier. On a affaire à un habitat plus concentré, en « hauteur », difficile d'accès en raison de la déclivité du terrain. C'est donc un nouveau type d'habitat : il se situe dans la région de Sault, du plateau d'Albion, aux approches de la montagne de Lure, dans le haut Var, sur le plateau de Valensole, dans la région de Digne, déjà influencée par l'architecture alpine.

En remontant encore plus au nord, la physionomie générale se modifie plus complètement : déclivité prononcée de la toiture, où la tuile est remplacée par l'ardoise, par le bardeau, dit *essendole* (région de Seyne-les-Alpes).

Ainsi, nous avons pu définir une ferme de base qui s'établit en grand nombre avec toutes ses facultés d'adaptation et d'extension dans la zone des plaines. Dans la région des Pré-Alpes, on aura affaire à un type essentiellement différent, aux dispositions moins rigoureuses. À côté de ces fermes de base, nous rencontrerons toute la gamme des volumes importants pour aboutir au domaine, où la juxtaposition des bâtiments offre une masse énorme, soit déployée, soit, au contraire, refermée et parfaitement définie.

En haut, un cabanon de la plaine de Saint-Maximin.

En bas à gauche, une borie isolée des environs de Bonnieux.

En bas à droite, une cabane de gardian à Romieu, en Camargue.

Les fermes ordonnancées

Pour un besoin de « paraître », le mas essaie de copier le parti symétrique, largement développé dans les demeures bourgeoises ou nobles. Cela conduit à un type assez académique que nous appellerons « mas ordonnancé » où la symétrie existe aussi bien dans la répartition des volumes, les dispositions intérieures que dans l'ordonnance des ouvertures en façade.

Le mas-ruche

Il s'agit d'un type, assez limité, d'habitat semi-collectif : autour d'un noyau, des volumes se développent pour permettre un groupement d'habitations : phénomène toponymique qui voit les descendants venir habiter la ferme de l'ancêtre en s'y accolant. Il intéresse d'ailleurs plus les sociologues car, sur le plan architectural, il présente un plan assez incohérent.

Le domaine

Durant le Moyen Âge, des domaines considérables se sont créés, comme nous l'avons vu, au bénéfice des maisons religieuses et des seigneurs. Aux XVIIe et XVIIIe siècles, toute une nouvelle classe, enrichie par le commerce et la fonction publique, réalise des placements en acquérant des terres où elle installe des villégiatures champêtres. Le domaine, véritable « complexe », doit répondre aux besoins d'une entreprise dont l'activité agricole est définie ; l'élevage, la vigne, les cultures maraîchères... C'est pourquoi la maison du maître est entourée de celle du régisseur ou de l'intendant, avec des dépendances considérables et des logements en grand nombre.

La classification des domaines distingue deux cas :

• Le logement du maître est intégré à l'exploitation et fait corps avec le volume général. Sous un même toit, une partie est réservée au maître, l'autre à son fermier. Il peut y avoir une façade occupée par le maître, façade alors traitée avec une certaine recherche, un goût du parti symétrique, des matériaux plus riches, tandis que le fermier habite un autre retour, à caractère plus rural. Il y a bloc entre les deux activités et non séparation.

• Le logement du maître est nettement séparé de la fonction rurale. Dans ce cas, deux genres de vie cohabitent : la vie du maître dans sa résidence, son décor champêtre, et l'activité de l'exploitation.

La répartition de ces deux types est déterminée par les régions. En effet, nous n'assistons plus, comme pour le mas, à une entité qui se maintient tant bien que mal, même si elle a évolué, mais à des dispositions très différentes à l'intérieur d'un vaste espace agricole. Les exemples du premier type existent surtout en Crau et en Camargue, plus rarement dans la région aixoise et dans le haut Var où, bien que vivant sur son exploitation, le maître garde ses distances. Le second type, qui se caractérise par la bastide, ne se limite pas au pays aixois et à la région rognaise, mais s'implante même à l'extérieur de cette zone, jusqu'à Pertuis, Jouques et le haut Var. Si la bastide n'avait été qu'un hôtel particulier à la campagne, nous ne l'aurions pas étudiée. En fait, nous nous intéresserons plutôt aux locaux de la ferme, au logement des métayers. Domaine en cour fermée ou, au contraire, ségrégation des activités, il y a en Provence, pour chaque grand ensemble, des solutions très différentes.

L'habitat élémentaire

Le cabanon

À toutes les époques, le cabanon a été partie prenante de la vie agricole. Le paysan était obligé de parcourir, entre son domicile (habitat groupé) et son champ, des distances assez longues ; il avait donc besoin de posséder un abri à plusieurs usages : remise pour le matériel d'outillage, écurie passagère, lieu de stockage pour certains produits, logement secondaire de manière à lui éviter de retourner au village. Telle est la destination des cabanons. Certains, situés en bordure immédiate des agglomérations, servent d'abri de jardin. D'autres, dont l'organisation intérieure est plus élaborée, annoncent déjà le mas. À partir de la fin du XIXe siècle, il tend à devenir un lieu de résidence secondaire, une petite maisonnette des champs, où l'on vient, le dimanche, faire la sieste, prendre le pastis ou préparer l'aïoli [1]. Les exemples que nous donnons vont permettre de dégager les différents types de cet habitat secondaire : du cabanon à une seule pièce, de plan carré ou rectangulaire, avec des dimensions très réduites, jusqu'au cabanon maison de poupée, avec deux pièces et un étage mansardé.

La situation : le cabanon se répartit dans toute la Provence, à l'exception, toutefois, des régions de Camargue et de Crau. On le rencontre dans les zones maraîchères, de céréales, en abondance dans les régions vinicoles, près des oliveraies, au milieu des vergers, à proximité de certains villages et accompagnant les jardins.

Le volume : il s'agit d'un volume élémentaire, un simple parallélépipède, de dimension réduite. On lui trouve les éléments caractéristiques du mas, à savoir : une orientation généralement plein sud ; une couverture à deux pentes (il existe des solutions de toiture à une seule pente, mais elles sont moins fréquentes) ; des pignons et une façade nord pratiquement aveugles ; une façade sud, traitée comme façade principale avec la variante de la façade principale, la

[1] Jean Marquet, *Nestor Patron-Pêcheur*, Gallimard, Paris, 1923. Cette description concerne l'activité déployée autour de cette minuscule villégiature à la campagne lors d'un repas champêtre. « C'était une maisonnette aux murs de briques, à toiture de tuiles rouges. La fenêtre de l'unique pièce, la cuisine, regardait la plaine d'oliviers et de vignes [...] Un treillard servait de salle à manger. Son lattis était garni de larges feuilles vertes, des calebasses à forme bizarre d'une cucurbitacée. Une table et des bancs de bois emplissaient l'étroite terrasse de terre battue. Tout au long de la colline, s'étendait une file de semblables bicoques de plaisance [...] Vers dix heures, tous arrivèrent au cabanon, couverts de poussière et de sueur. Afin de se garantir du soleil, les femmes avaient dû retourner leur robe jusque sur la tête, les hommes ôter leur veste et se protéger l'occiput avec un mouchoir [...] Sur toute la colline aux cabanons, des gens s'agitaient de même. Les hommes faisaient la grosse besogne, les femmes activaient les brasiers de sarments [...] Enfin, on se mit à table. C'était un menu purement provençal. Comme hors-d'œuvre : salades de tomates et de poivrons crus, anchois au sel, fèves fraîches, olives noires et vertes, saucisson d'Arles et radis. Comme plats : poulpe frit et bouillabaisse. Les habitants des autres cabanons s'étaient également mis à table, ce ne furent bientôt, sous la treille, que bruits de fourchettes, cris de gens s'invitant à boire, chocs de verre. Malgré les vertes tentures des haricots d'Espagne, des liserons, des cucurbitacées, les rayons maudits du soleil obligeaient des théories de dîneurs à passer de tribord à bâbord d'une table, d'autres à se réfugier dans la cuisine. Toute la Provence, à la recherche d'un peu d'ombre, tournait paresseusement autour du soleil comme une bique autour de son pieu de longe. »

[2] Façade-pignon : il s'agit du cas où le pignon devient façade principale. La façade-pignon est celle de forme triangulaire qui reçoit les versants de la toiture.

Ci-dessus, cabanon de la région de Saint-Saturnin-d'Apt avec une treille sur le passage d'accès. Son toit à quatre pentes est une disposition très rare.

À droite, plan d'implantation de cabanons à proximité d'un village de la région d'Alleins.

À gauche, cabanon du nord du Vaucluse, en limite de la Drome, avec son toit à une seule pente.

façade-pignon [2]. Le volume du cabanon est, en fait, une réduction du volume du mas. Il est très bas, ramassé et presque ancré à la terre. Le sol intérieur peut-être nettement plus bas que le sol extérieur, comme pour accentuer cette impression. Les proportions sont simples, mais très rigoureuses.

Les ouvertures (pleins et vides) : très réduites, elles se répartissent uniquement sur la façade sud. La porte d'entrée, à un seul vantail, conduit à la pièce unique. Elle est, très souvent, accompagnée d'une petite fenêtre. Des portes à deux vantaux indiquent la présence d'une écurie, d'une remise.

Le plan intérieur : la plupart du temps, le cabanon comprend une seule pièce, à la fois remise et écurie. Mais pour permettre une occupation temporaire, il peut disposer de deux pièces, dont l'une est la pièce à vivre ; elle a les mêmes caractéristiques que la pièce commune du mas : outre la cheminée, on y voit des étagères, des niches dans l'épaisseur de la maçonnerie, mais à échelle réduite, comme si l'occupant était de petite taille. Quelques rares fois, un escalier part de cette pièce pour desservir, à l'étage, une chambre mansardée et basse de plafond. Le cabanon comporte des annexes : soit une écurie, soit simplement un grenier, ou bien encore, un pigeonnier élémentaire, avec un seul trou pour la grille d'envol. Dans le cas de résidence secondaire, il est traité différemment, avec un aménagement intérieur, de la végétation et des espaces extérieurs plus soignés.

La technique de construction et les matériaux : nous allons trouver dans le cabanon la même technique de construction et les mêmes matériaux que ceux utilisés pour le mas, mais avec des simplifications dues à la réduction du volume bâti. Il arrive que le cabanon soit entièrement réalisé en pierre de

Ci-dessus, élévations, coupe, plan et détail de la cheminée d'angle d'un cabanon d'une pièce avec soupente, à Rognes.

Ci-contre, bastidon de la région de Saint-Saturnin-d'Apt avec génoise en retour sur le mur pignon et enduit composé de chaux grasse et de pigment naturel extrait de la région d'Apt.

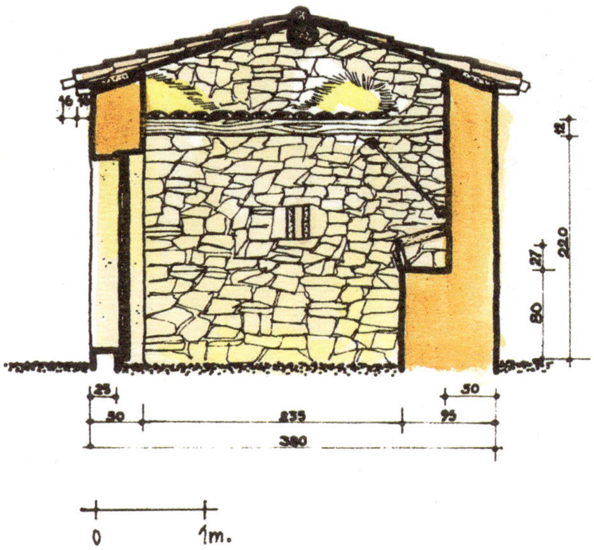

Ci-dessus et à droite, élévations, coupes et plan d'un cabanon d'une pièce, avec cheminée en pignon et crèches, à Rognes.

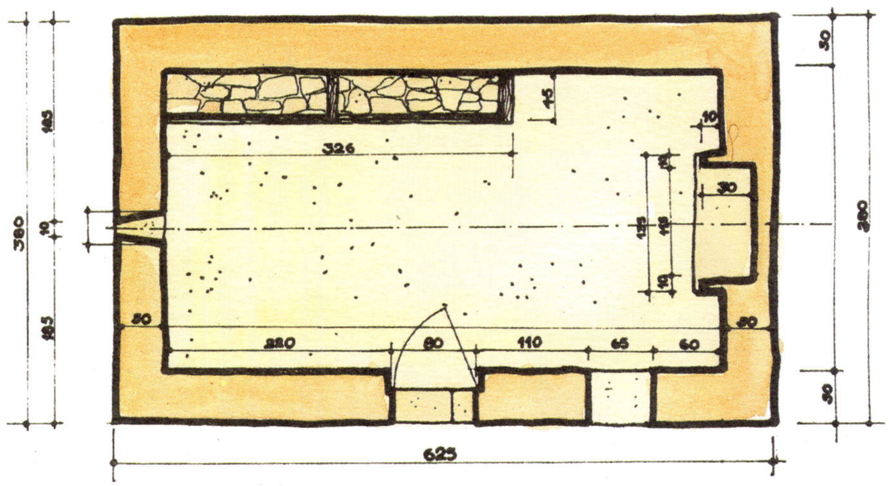

taille, dans les régions proches des carrières, comme celles de Rognes ou de Fontvieille. On y remarque alors une décoration soignée de pierres moulurées, des encadrements, etc. La couverture est en tuiles canal ; la génoise apparaît, souvent, à un ou deux rangs. À l'intérieur, des enduits à la chaux ou au plâtre, simple badigeon avec un léger décor.

L'eau et le feu : chaque cabanon comporte, dans son environnement, un point d'eau : source, citerne ou, plus fréquemment, le puits, parfois intégré, faisant

Ci-dessus, cabanon de la seconde moitié du XVIIIe siècle, à Cadenet. Au bord d'un affluent de la Durance, il servait de poste de contrôle pour les bateaux.

Ci-dessous, de gauche à droite : cabanon à trois niveaux, au Contadour (montagne de Lure) ; cabanons des plaines du haut Var, à Saint-Julien.

Ci-dessus et ci-contre, élévations et plan d'un cabanon de deux pièces indépendantes, à Rognes.

Ci-dessous : élévation de la façade latérale, plans et coupe d'un cabanon à deux niveaux et adjonction, à Rognes. Une salle commune, une écurie et un hangar qui occupent le rez-de-chaussée ; à l'étage, la fenière permettant l'alimentation directe du bétail par une ouverture ménagée dans le sol.

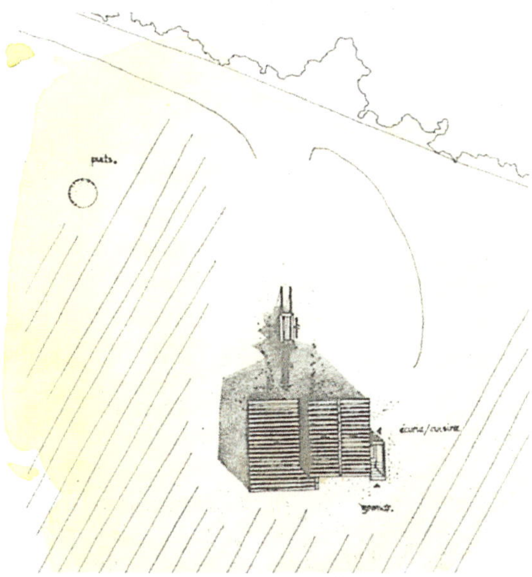

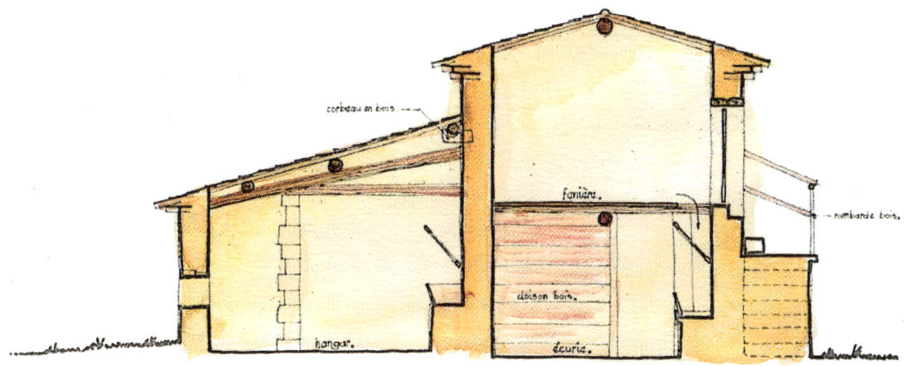

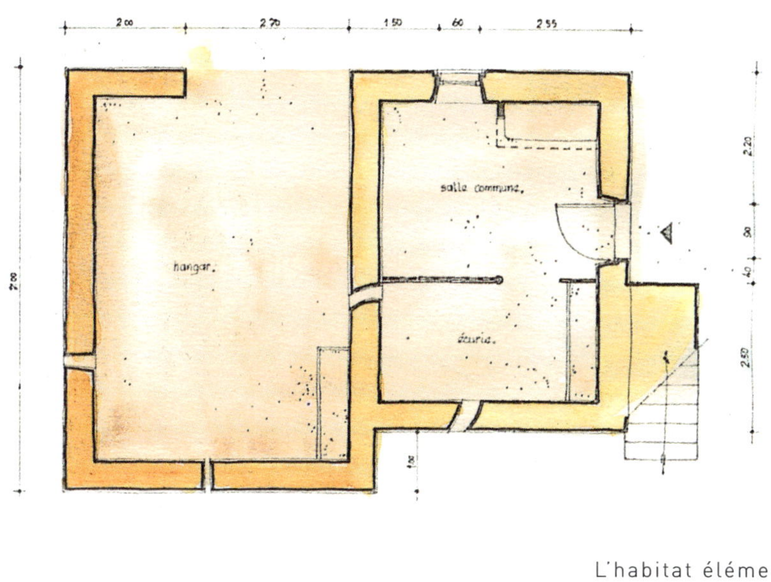

puits
tonnelle
muret
accès

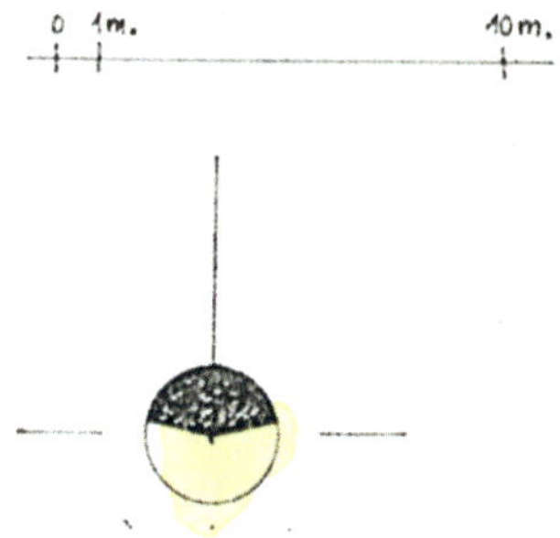
0 1m. 10m.

220
100
25
65
100
15
360
110
60
96 40 45 70 280 100 280
177 70 210 100 80 110 90/200 290
660

À gauche (en haut et en bas), ci-dessous et ci-contre, plans et élévations d'un cabanon de deux pièces avec terrasse, à Rognes. Un mur auquel est intégré le puits abrite une courette. Sur la photographie, la vue d'un cabanon dans son environnement.

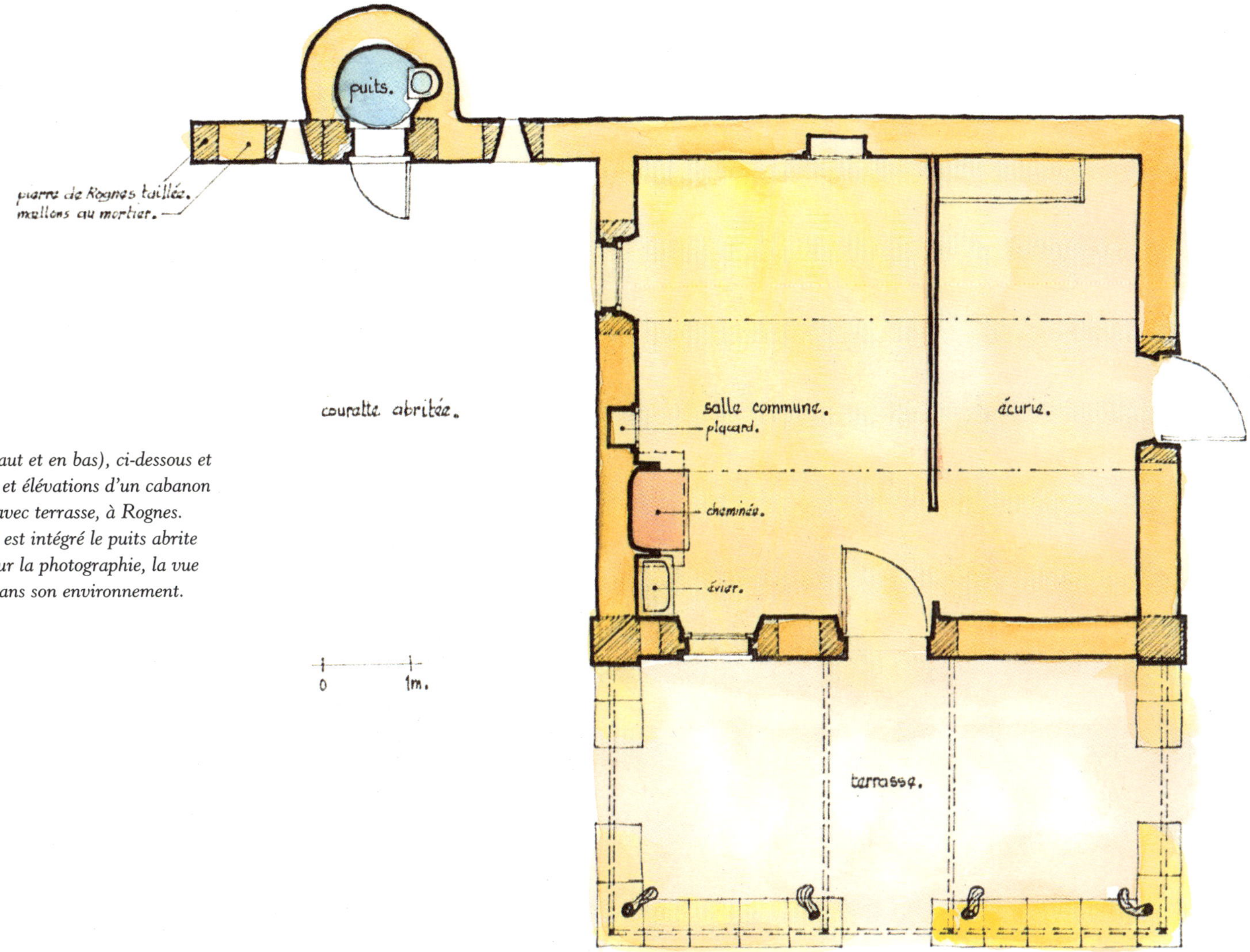

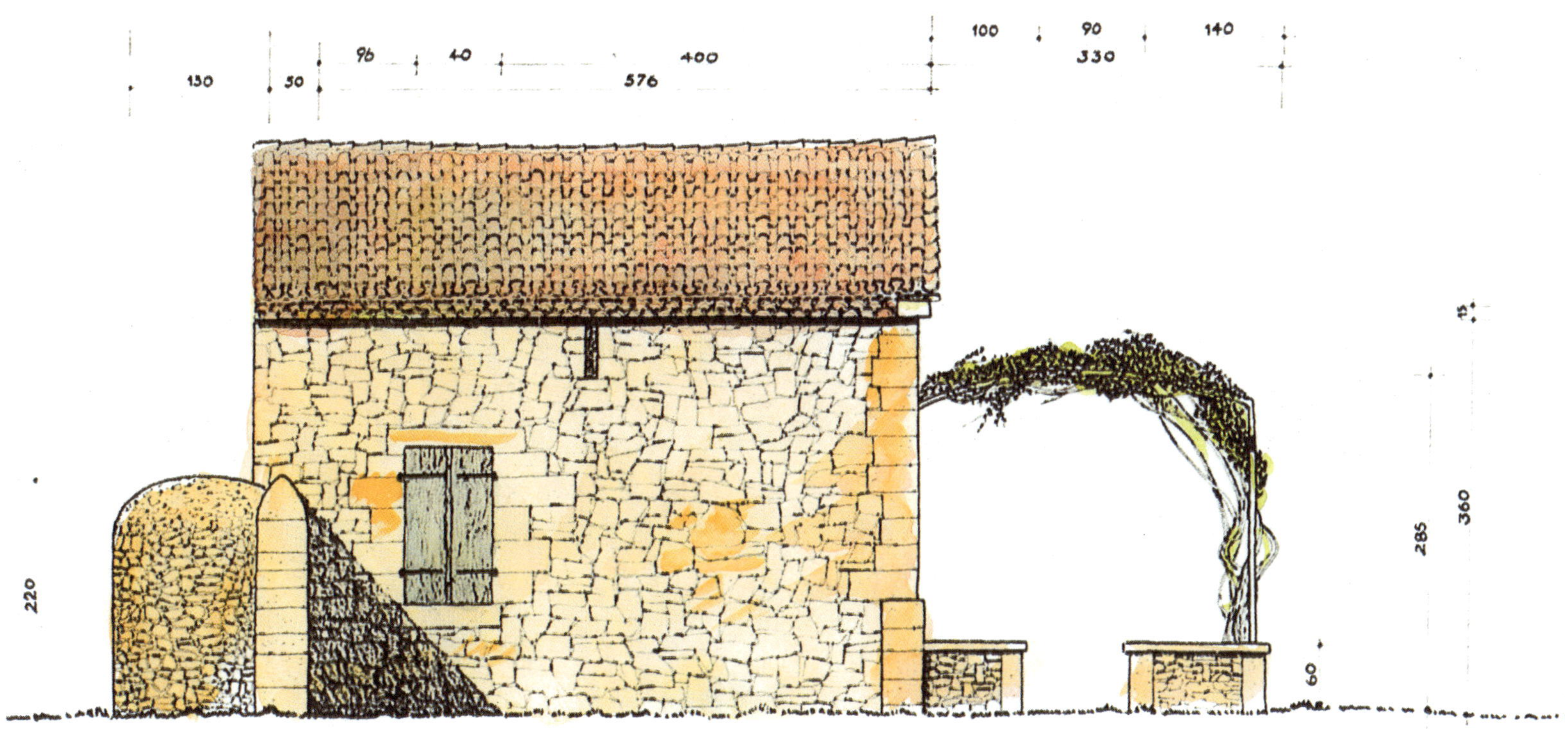

0
1m.

pigeonnier
habitation
0
1m.

Maison en Provence, *peinture de Paul Cézanne, vers 1885. Sur cette toile figure un cabanon traditionnel au pied de la montagne Sainte-Victoire (Museum of Art, Indianapolis).*

À gauche et ci-dessus, élévations, vue et coupe d'un cabanon sur cave voûtée, avec terrasse et pigeonnier à Pourrières.

partie de sa masse architecturale. La présence d'un foyer indique la pièce à vivre. Très souvent réalisé en plâtre, il est implanté à l'angle de la pièce. Dans certains cas, la cheminée est complétée par un potager qui permet de faire la cuisine.

La décoration : certains cabanons possèdent un décor extérieur en polychromie avec des surépaisseurs d'enduits ou un changement de ton. La génoise est décorée avec un retour en fronton. On note, quelquefois, la présence d'un cadran solaire ou d'une clé de porte sculptée.

L'environnement : le cabanon, servant d'abri pour le matériel, a les pieds dans les cultures. Quand il sert de logement, il est accompagné de végétaux pour faire de l'ombre et d'une treille pour abriter la façade sud des rayons du soleil. Il peut également comporter des emmarchements extérieurs, une terrasse avec des murs bas sur lesquels il est possible de s'asseoir et de placer toute une série de jarres, de cruches, de toupins. Dans les parties de collines, il arrive aussi que les cabanons soient intégrés à des restanques ou *bancao*. Les murs maîtres sont la continuité des murs de restanques.

L'évolution du cabanon : nous venons de voir que le cabanon était susceptible de transformations intérieures et de modifications de volume. Très souvent, la couverture est prolongée, il peut également se trouver surélevé. Cette évolution, à partir d'un volume de base, permet de dire que cette modeste construction est à l'origine de maisons plus importantes.

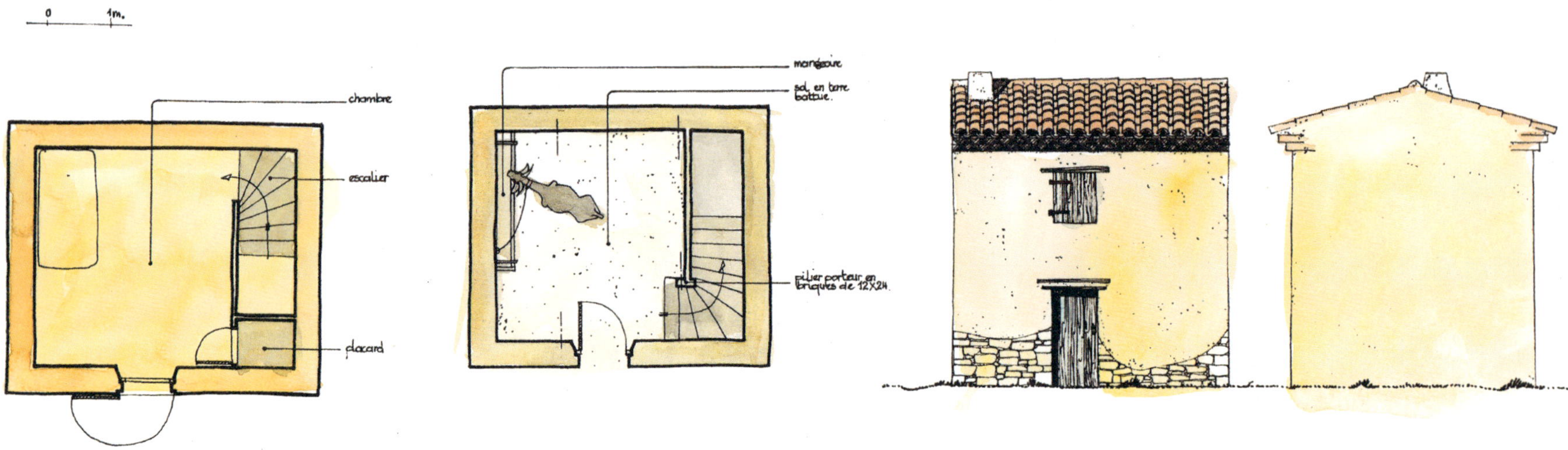

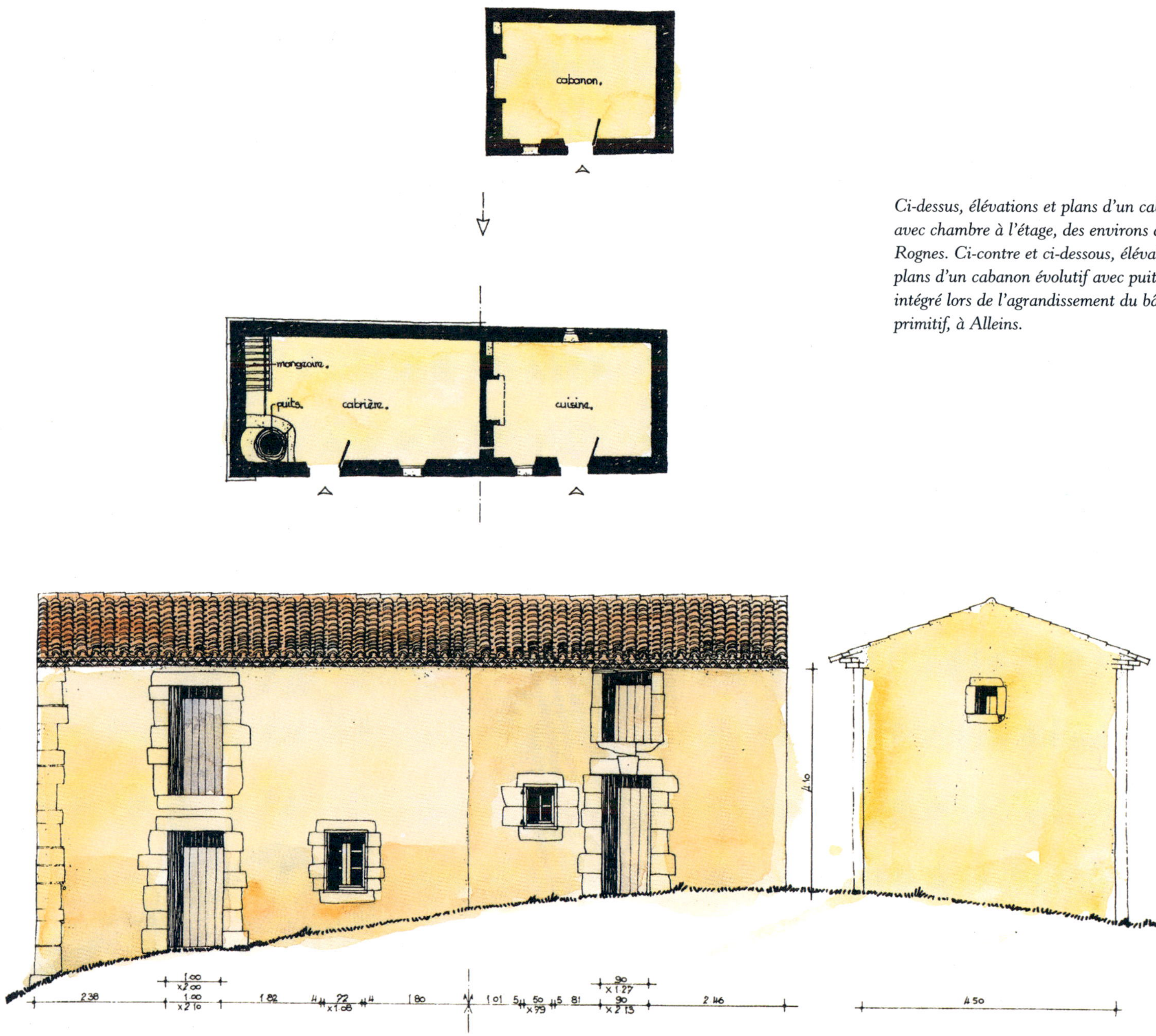

Ci-dessus, élévations et plans d'un cabanon avec chambre à l'étage, des environs de Rognes. Ci-contre et ci-dessous, élévations et plans d'un cabanon évolutif avec puits intégré lors de l'agrandissement du bâtiment primitif, à Alleins.

La borie

Incontestablement, la borie est une construction originale par sa forme, l'emploi unique de la pierre et sa technique de construction [3]. Son aspect extérieur a intrigué les historiens et les archéologues. Il est vraisemblable que, de la protohistoire à nos jours, les bories ont toujours existé sans cesser d'être utilisées ou habitées. L'homme, après avoir séjourné dans les grottes, les cavernes ou sous des roches en surplomb, a commencé dès le mésolithique à construire des cabanes en pierres sèches, c'est-à-dire sans interposition de mortier, technique qui s'est perpétuée puisqu'encore de nos jours, un ou deux bergers ont construit ce genre d'habitat aux Fraches, au-dessus du Contadour [4]. En France, cette construction se rencontre dans de nombreuses régions [5] et porte, chaque fois, un nom différent [6]. Elle existe dans le Tarn-et-Garonne, dans l'Ariège, dans la Drôme, aux environs de Nyons. Dans le Jura, aux environs de Besançon, elle est surtout utilisée comme glacière et peut porter, dans la région

[3] D'après P. Desaulle, l'introduction du terme « borie » en Provence se situe entre 1603 et 1770. Mais il apparaît que ce terme de « borie » ou *boria* soit mentionné dans les archives beaucoup plus tôt.

[4] M. Martel a construit, dans son jardin, une de ces bories avec la technique tout à fait traditionnelle. Nous profitons de cette occasion pour rendre hommage au travail exécuté par l'équipe de M. P. Martel, directeur de la revue *Alpes de lumière* ; cinquante numéros consacrés à différentes enquêtes du plus haut intérêt ont déjà été publiés (voir « Bibliographie »).

[5] Ce type de construction se rencontre aussi dans toute l'Europe, au Portugal, en Angleterre, en Irlande, etc., et même dans d'autre parties du monde plus éloignées, comme la Rhodésie du Sud, où on note des édifices appelés *nuraghis*.

[6] Sur les plateaux bourguignons, elle est désignée sous le nom de *loge* ou de *cadole*. Dans le Velay, sous le nom de *chibotte*. En Auvergne, sous le nom de *case*. Dans les Causses du plateau central, le Quercy, sous le nom de *tozze*. Dans les Pyrénées-Orientales, on la désigne sous le nom de *orry* ou *horry*. Dans le Gard, aux environs de Nîmes, on l'appelle *capitelle*.

Ci-dessous à gauche, une borie unique en son genre par sa disposition pyramidale de la toiture.

Ci-dessous à droite, grande borie de plan rectangulaire avec voûte en encorbellement donnant une forme bombée sur le plateau des Claparèdes, région de Bonnieux.

de Forcalquier, Ganagobie, Mane, Gréoux, Reillanne, le nom de « granjons » ou de « cabanon pointu ».

Situation en Provence

La Provence est un site particulièrement privilégié pour ce type d'habitat : région de plateaux assez pauvres, où il suffit de se baisser pour ramasser une quantité de pierres considérable. Il y a l'obligation, pour le paysan, le berger, d'avoir un abri rudimentaire (on l'a vu pour le cabanon). Cette construction est économique, ayant pour seul matériau, la pierre. Elle abonde dans de nombreux sites. Environ quatre mille bories ont été recensées qui peuvent se répartir dans la région du Vaucluse, Forcalquier et du pays aixois. L'examen des photos aériennes permet de découvrir chaque jour de nouveaux groupements. Ce nombre est donc tout à fait approximatif et ne pourra être arrêté que le jour où un recensement complet de ces bories aura pu être fait.

En Provence, la position de ces bories, leur groupement, peuvent se répartir de la manière suivante :

• Dans la région de Forcalquier, environ mille cinq cents édifices ont pu être dénombrés.

• Dans le pays d'Apt, région la plus riche pour l'agglomération de bories qui peut se diviser, de ce fait, en plusieurs secteurs (voir carte) : Saumane, le Beaucet, la Crémade ; Gordes, région extrêmement riche avec, notamment, des groupements de bories le long de ruelles délimitées par des clôtures réalisées également en pierre sèche, avec cour intérieure (environ trois cent quarante-cinq bories ont été étudiées dans le secteur de Gordes) ; les Roques, au sud de Gordes ; Saint-Véran, les Baquis, à l'est de Bonnieux ; Bonnieux, secteur très important ; le groupe des Claparèdes, plateau situé à proximité immédiate de Bonnieux ; la Joliette à Ceyreste ; le groupe de Viens, les Faysses ; le groupe de Caseneuve à Saint-Martin ; le groupe à l'est d'Apt, de part et d'autre du Calavon ; la colline des Puits à Apt, de part et d'autre du Calavon ; la région de Venasque.

• La région d'Aix, notamment, Éguilles (oppidum des Figons), Trets, pente du Kierlon, Rognes.

Dans d'autres régions, comme Malaucène, Sault, Saumade, Cornillon-Confoux, etc., les bories sont plus dispersées et, quelquefois même, tout à fait isolées. À partir du moment où l'on se situe sur un plateau avec un sol déserttique, constitué essentiellement de cailloux, avec un domaine végétal réduit – chênes kermès, garrigue, romarin… –, on est à peu près sûr de rencontrer des bories.

Historique [7]

Les avis sont très partagés sur la date des constructions en pierres sèches. Certains auteurs les considèrent comme préhistoriques, d'autres les datent du

Ci-dessus, borie à proximité d'une ferme de la région de Vachère.

Ci-dessous, plan et coupe de la cuve de vinification à La Tissotte, près de Bonnieux.

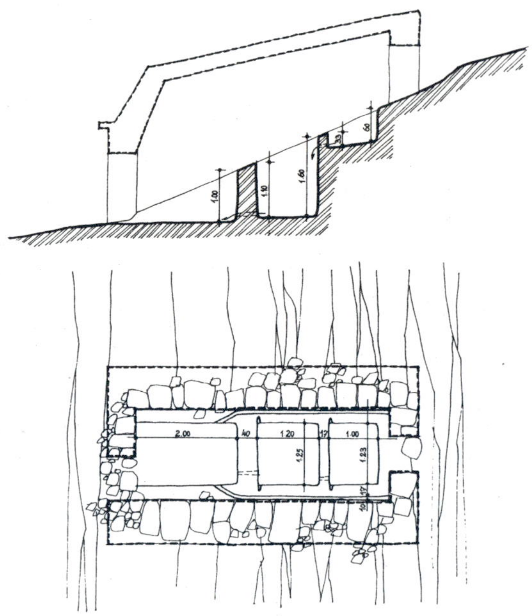

[7] Il ne nous appartient pas de faire une étude historique de ces constructions. Nous laisserons cela à des spécialistes. Nous nous contentons de donner certains résultats de recherches effectuées par différents archéologues. Nous renvoyons le lecteur, pour plus d'informations, aux ouvrages suivants : J. Formige, *Cabanes de pierres sèches dans le Vaucluse* (Bulletin de la Société des antiquaires de France,) ; C. Cotte, *Les Bories en Provence* (Annales de Provence, 1912, p. 215) ; P. Desaulle, *Les Bories de Vaucluse : région de Bonnieux*, Paris, 1965 ; J. Lhermitte, *Les Cabanes en pierres sèches de Vaucluse* (Mémoire de l'Académie de Vaucluse XII, 1912).

Ci-dessous, une borie à Gordes, au Village Noir.

En haut à droite, tableau de classification des bories.

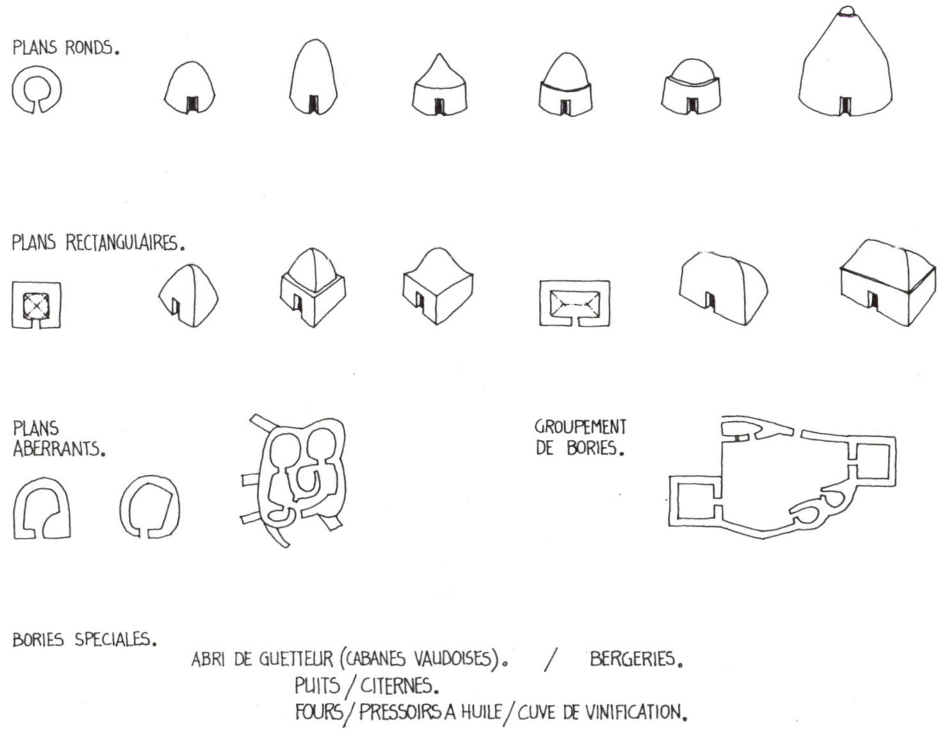

Moyen Âge, d'autres, enfin, ne les placent qu'au XVIIIe ou même au XIXe siècle. Nous retiendrons simplement un fait important qui s'est produit au XVIe siècle : les Vaudois, réfugiés dans le Lubéron, construisirent des bories-casemates pour créer des centres de résistance, notamment sur le plateau de Claparèdes.

Les périodes les plus propices pour la construction de bories ont été les XVIIe et XVIIIe siècles qui ont correspondu à une conquête de nouveaux sols et à la prolifération de l'habitat dispersé [8]. À partir de cette époque, le principe de construction se modifie légèrement : les murs sont moins épais (ils pouvaient aller jusqu'à 1,60 m ou 2 m d'épaisseur). Les parois extérieures sont verticales, le toit est en pyramide rectangulaire à face plane. Ces bories présentent une corniche légèrement saillante, sur laquelle le toit repose un peu en retrait. La technique est très soignée : les portes sont avec linteaux et les pieds droits parfaitement verticaux. C'est aussi à partir de cette époque que la courbe intérieure de la voûte commence au niveau du sol pour avoir une meilleure répartition des charges. Dans les édifices anciens, cette courbe ne commençait, au minimum, qu'à 1 m du sol. La technique de la voûte à encorbellement est alors mise au point et les bories, pour un minimum de matériau, offrent le maximum de stabilité.

De nos jours, certains propriétaires achètent des ensembles de bories pour les transformer en résidences secondaires ; ils utilisent chacune d'elles comme pièce d'habitation ou atelier d'artiste.

[8] Les linteaux de portes indiquent les dates suivantes : à Bau-Majour (près de Grans), un linteau de pierre porte la date de 1711 ; à Bruy, inscription : 1801 ; à Mane, près de Forcalquier, 1691 ; à Gordes, un linteau monolithique est daté de 1793. Ces inscriptions nécessitent cependant quelques réserves car il peut s'agir d'un matériau de réemploi.

Classification et destination

Ce qui caractérise une borie, c'est surtout son principe de voûte : une fausse voûte dite à encorbellement. Il existe, en Provence, d'autres constructions entièrement en pierres sèches, mais qui n'entrent pas dans cette catégorie puisqu'elles utilisent un autre principe de voûte. C'est le cas, notamment, dans le pays de Sault, des bergeries ou jas, réalisées en pierres et recouvertes de lauzes. Les bories sont destinées presque exclusivement à des usages agricoles, mais certaines ont été construites et transformées à d'autres fins.

Notre classification suivra les différents usages auxquels ont répondu les bories.

Les bories bergeries-écuries : c'est, évidemment, le cas le plus fréquent. Elles sont destinées à servir d'abri temporaire, aussi bien pour recevoir les chèvres, les mulets, que pour jouer le rôle de bergerie. Dans ce dernier cas, elles peuvent atteindre des proportions imposantes.

Les bories greniers : d'après Fernand Benoît, l'utilisation des bories répond essentiellement à une fonction de grenier. Ceci ne paraît pas évident, étant donné, souvent, le faible volume disponible dans ces édifices et l'accès par une seule porte, d'une dimension inférieure à la taille d'un homme. Il reste cependant certain que ces bories étaient utilisées, de la même manière que le cabanon, pour entreposer des sacs de blé, toute autre semence ou du matériel aratoire.

Les bories citernes (aiguiers) **:** dans les régions très pauvres, on a pallié le manque d'eau par la construction de citernes creusées dans le rocher, au point bas des dalles de calcaire qui constituaient, à certains endroits, le sol même du plateau. Des rainures creusées dans le roc permettaient de drainer l'eau vers la citerne qui pouvait avoir une contenance de plusieurs dizaines de mètres cubes [9]. Pour éviter la pollution, la citerne était recouverte d'une borie pour la protéger. Ce sont les aiguiers, surtout répandus dans le pays d'Apt et autour de Saint-Saturnin [10]. De nombreux puits ont également la forme de bories. Ce sont des ouvrages d'un diamètre intérieur d'environ 0,80 m et situés à côté d'autres bories ou à proximité de groupements.

Les bories postes de vinification : les bories étaient utilisées pour couvrir des cuves creusées dans le rocher. C'est le cas de la borie située au sud du Pointu, dont nous donnons le relevé (à 140 m au sud-ouest de la ferme de la Tissope). Ce poste comprenait deux cuves placées à des niveaux différents. La première de ces cuves avait une contenance de 1 800 litres, la deuxième de 500 litres. À la base de ces cuves, était placé un trou permettant la vidange.

Les bories habitations : ces unités d'habitation apparaissent dans le groupement. Dans ce cas, plusieurs bories sont rassemblées autour d'une cour et l'une d'entre elles sert d'habitation, les autres étaient utilisées comme annexes, à savoir, écuries, granges ou étables à moutons. Les exemples les plus

Ci-dessous en haut, une borie isolée de plan rectangulaire avec muret formant enclos, sur la colline des Puits à Apt.

Ci-dessous en bas, une borie rectangulaire du Village noir, à Gordes.

[9] Une borie citerne, située dans le secteur de Baume-sur-Sorgue, avait une contenance de près de 3 m^3. Une autre, dans le secteur d'Eyrolles, mesurait 10 m de longueur, 4 m de largeur et 1,50 m de profondeur, ce qui donnait une contenance de 60 m^3. Elle était alimentée par un point d'eau situé à 100 m au nord-est.

[10] Voir à ce sujet la brochure *Au pays des aiguiers*, de M. F. Morenas. Pour la région du nord d'Apt : Tambours, Vévouil, Travignon, des relevés systématiques ont été faits par l'équipe de Jean-Claude Maurel dans la revue *Alpes de lumière*.

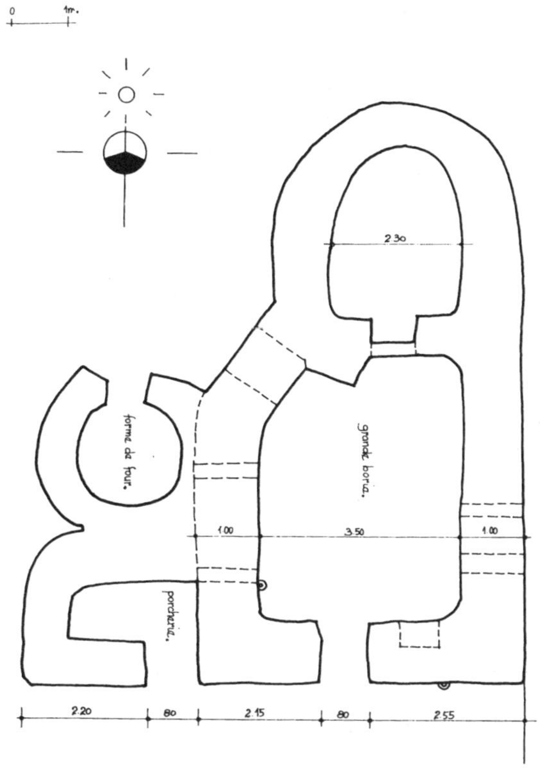

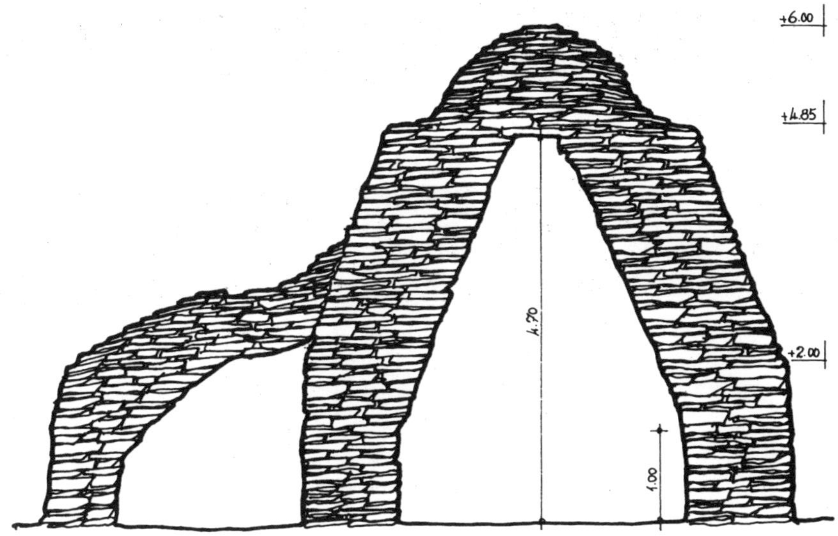

Les dessins montrent l'élévation, le plan et la coupe d'une grande borie bergerie (représentée sur la photographie) aux Claparèdes, près de Bonnieux.

remarquables de ce type d'unité sont situés à Gordes et dans le pays de Sault. À Gordes, on peut citer le groupement des Auzières, qui se compose d'une maison à étage, d'une borie contiguë qui est vraisemblablement d'une date antérieure, d'un four de boulanger et d'une petite borie attenante au four. Cet ensemble est bordé par un mur formant parapet [11]. Au lieu-dit La Garenne, se trouve un autre exemple de groupement avec une aire de dépiquetage d'une surface de 100 m^2 environ. À côté de cette aire, se situe une borie particulière dont les pierres sont calcinées sur une hauteur de près de 2 m. Il est difficile de dire si ces habitations étaient permanentes ou temporaires.

Les bories postes de guet : ces bories constituaient un système de défense et d'observation ; construites ou aménagées par les Vaudois, elles étaient situées à des points stratégiques dominant le paysage. Des meurtrières, largement évasées à l'extérieur, contrôlaient l'activité de l'adversaire. Ces postes ont été ensuite occupés pour l'affût de grives ou de sangliers. Ces cabanes sont de petite dimension. La surface intérieure ne permet qu'à un seul homme de s'y tenir posté.

[11] Rapporté, ainsi que celui de La Garenne, par P. Desaulle.

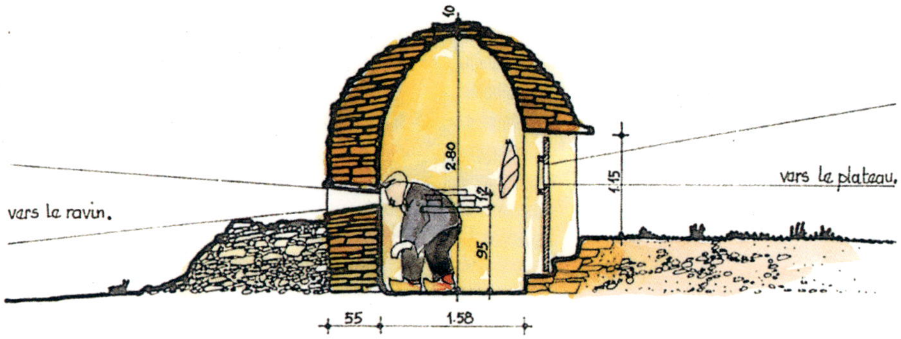

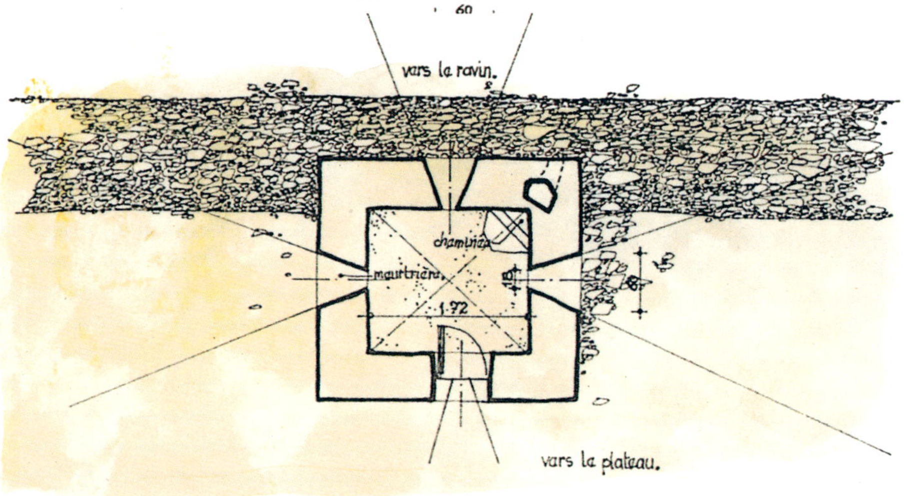

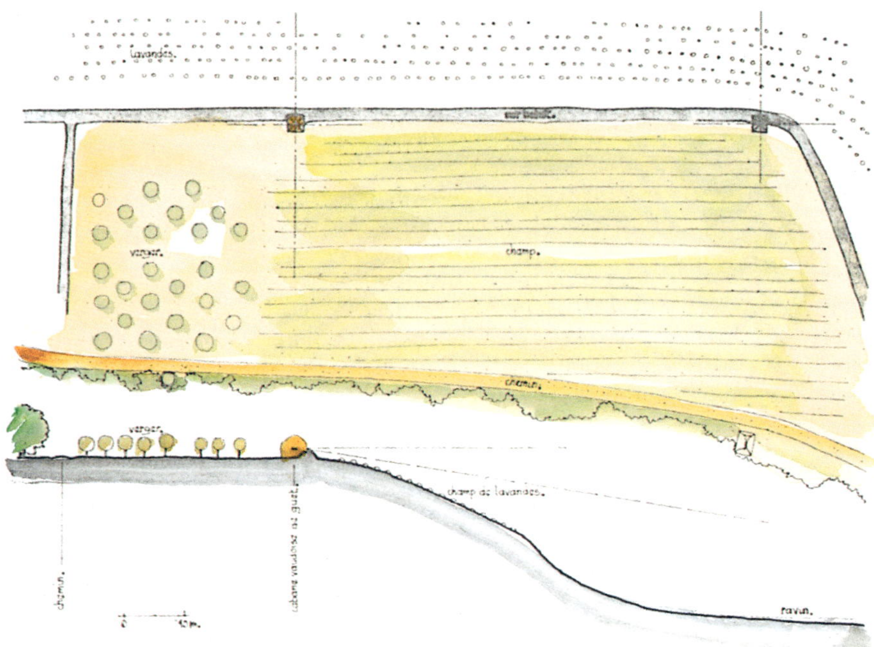

Plan d'implantation, élévation, plan et coupe d'une borie de guetteur aux Claparèdes (Bonnieux) ; vues de son entrée sur le plateau et d'une meurtrière latérale.

Plans

On peut distinguer la borie isolée, la borie « tas de pierres » et le groupement.

Les bories isolées : on les rencontre, assez souvent, sous différents aspects.

Les bories à plan circulaire : ce sont les plus nombreuses [12]. Les diamètres intérieurs de ces bories varient entre 1,25 m et 4 m. À ce type, on peut rattacher certaines bories de plan ovale ou demi-cercle. Ces bories de plan circulaire ont un aspect extérieur qui peut varier, suivant que la coupole est plus ou moins étagée.

Les bories à plan carré ou rectangulaire : le plan peut aller d'une surface très réduite jusqu'à une surface comprise entre 20 et 30 m^2 [13]. Extérieurement, on a une impression de masse considérable alors qu'à l'intérieur, le volume paraît très petit et très ramassé. L'intrados de la voûte ne comporte pas d'arête puisque cela entraînerait une difficulté supplémentaire de mise en œuvre. Le type rectangulaire peut avoir deux pièces en enfilade.

Les bories à plan libre : certaines bories ont des plans intérieurs de forme libre. La technique de la voûte par encorbellement permet, en fait, de couvrir n'importe quel plan intérieur, même de tracé non géométrique.

La borie « tas de pierres » : c'est un cas original. À l'extérieur, ce n'est qu'un tas de pierres aux formes indéfinies ; à l'intérieur, on trouve plusieurs pièces imbriquées les unes dans les autres, comme celle du Mourre Blanc à Lacoste, borie tout à fait étonnante par un aspect extérieur massif, alors qu'à l'intérieur, la hardiesse et l'harmonie de l'assemblage des voûtes rendent cet ensemble unique.

L'ensemble de bories : il s'agit d'un groupement d'édifices reliés entre eux par des ruelles et limités par des murs de clôture. Ces ensembles frappent par l'énorme amoncellement de pierres dressées. Les bories s'intègrent dans une courbe de clôture. On a finalement l'impression d'un village où les groupements constituent des quartiers cachés par des hauts murs : régions de Gordes, zone de Saint-Pons, Rinardas, La Garenne.

Élévation, plan et coupe d'une borie à terrasse à Lacoste (Lubéron).

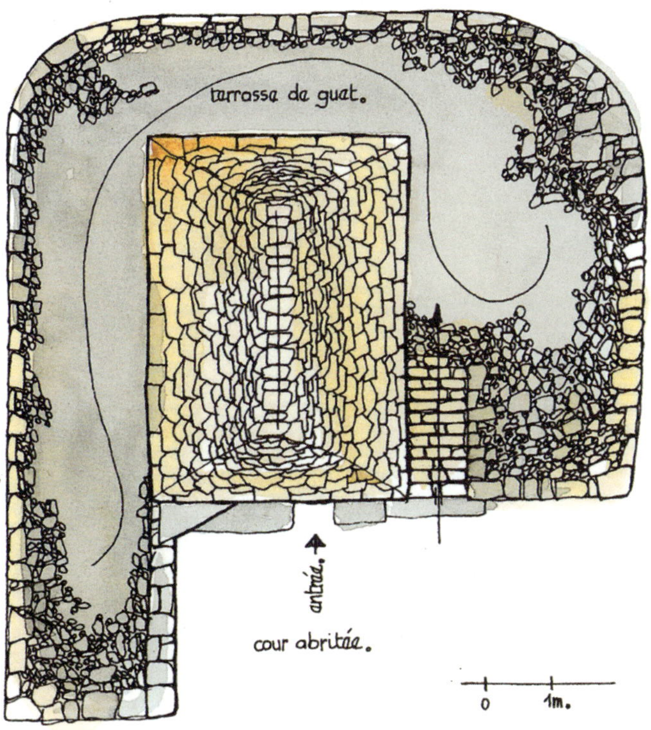

[12] Elles permettent en effet d'obtenir, pour un périmètre donné, la plus grande surface intérieure (environ 25 % de plus par rapport à un plan carré).

[13] La plus grande de ces bories mesure 19 m de long pour 6 m de large et 7 m de hauteur ; elle se situe à Gordes (d'après l'abbé Vernet).

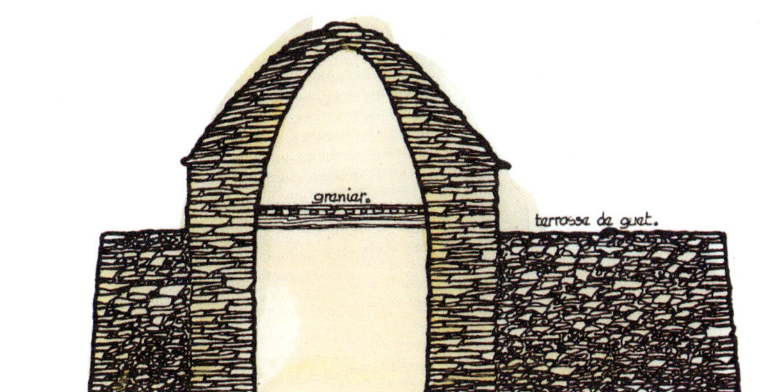

Les techniques de construction

Les matériaux

Sur de nombreux plateaux en Provence, le sol calcaire se clive par plaques minces de petite dimension, souvent très friables. Le matériau de base est trouvé sur les lieux même, constitué, soit par des moellons que l'on trouve à découvert sur le sol, soit par la pierre éclatée provenant de carrières sauvages. Ce moellon se présente sur une épaisseur moyenne de 20 à 30 cm et d'une longueur variable. Quelques-uns sont de véritables plaques de 10 à 15 cm d'épaisseur moyenne pouvant atteindre 1 m de long. Elles portent alors le nom de lauzes ou lauzettes. L'épierrage permettait de libérer le champ de tout son amoncellement de pierres, d'obtenir les lits de terre ou de sable qui se trouvaient habituellement entre les bancs de rochers et de récupérer cette terre arable pour planter l'orge, le blé ou des pommes de terre. Nous reviendrons sur ce travail d'épierrage qui a permis de sortir du champ une quantité énorme de pierres destinées à construire, non seulement la borie, mais également la maison traditionnelle, les restanques, les murs de clôtures, etc.

Le champ est ainsi obtenu par déblaiement de pierres et restitution de la terre[14]. Plutôt que d'amonceler cette pierre n'importe comment, le paysan préférait construire des bories, ou la mettre de côté pour un mas plus important. Le champ, finalement, se trouvait entouré de murs de clôture. Pour l'exécution de la borie, les pierres étaient classées suivant leur épaisseur en différents tas, de manière à être choisies pour assurer exactement l'encorbellement nécessaire à l'assise considérée. Au sommet, les dernières dalles de couverture étaient formées par des lauzes.

Le principe de la voûte en encorbellement

Ce principe de voûte est très ancien puisque des archéologues ont recensé des voûtes réalisées de cette façon, situées en Palestine et datant environ de 2 000 ans av. J.-C. C'est une technique simple qui permet de couvrir de faibles portées par l'encorbellement d'une assise de pierres les par rapport aux autres. On appelle ce procédé « fausse voûte » car les pierres ne sont pas dressées les unes contre les autres d'une manière rayonnante, mais simplement posées par assise avec dépassement de la rangée supérieure sur la rangée inférieure. Cette voûte se monte sans l'usage de cintres ou de coffrages. C'est là son avantage le plus considérable. Il faut que l'encorbellement ne soit pas trop important afin que le centre de gravité de chaque masse de pierres tombe à l'intérieur du polygone de sustentation.

L'examen de ces bories montre (et permet ainsi de les dater) le juste équilibre qu'il y a lieu de trouver entre la masse de pierres et le fruit à donner pour faire entrer le plus possible le centre de gravité à l'intérieur de ce polygone. Quand on accentue le dépassement de chaque lit de pierres par rapport au précédent, la voûte est moins stable et plus ramassée ; il faut diminuer ce dépassement, mais alors la hauteur de la voûte est plus importante, elle nécessite une main-d'œuvre disproportionnée et une quantité de matériaux plus grande. Le cas

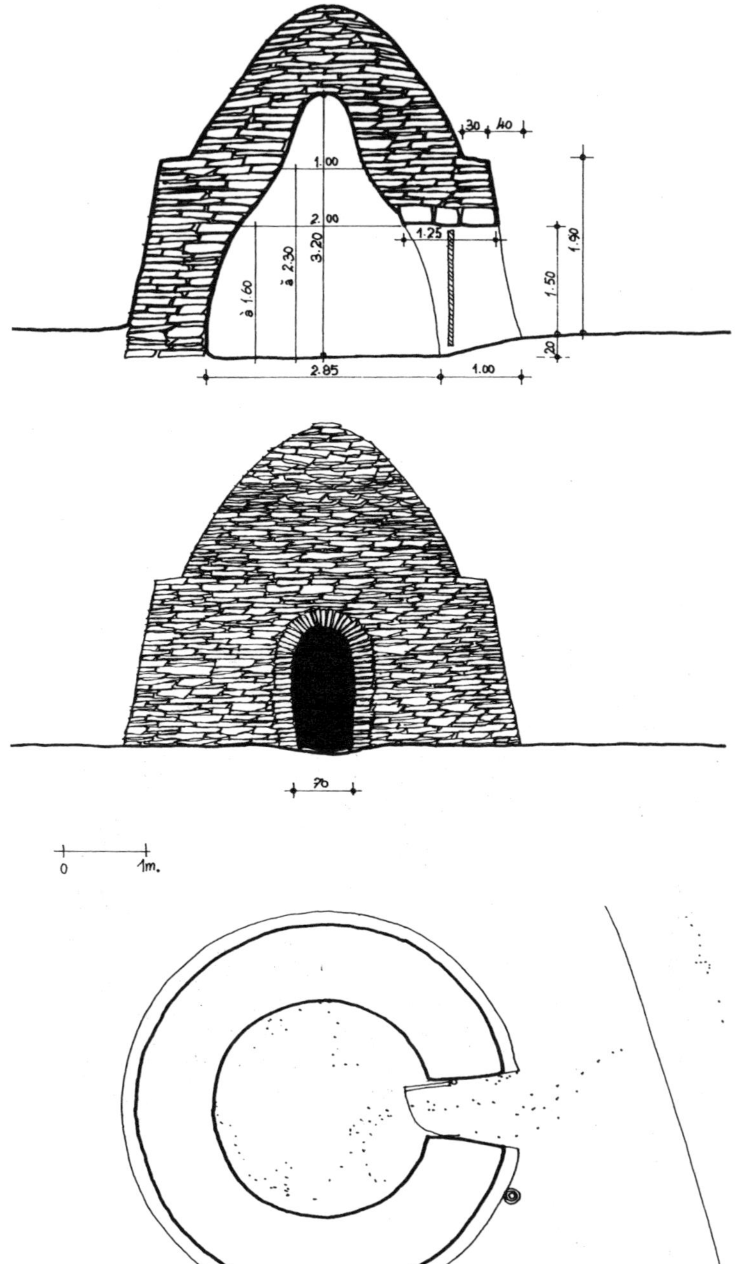

Élévation, plan et coupe d'une borie circulaire isolée des Claparèdes (Bonnieux). Il est à remarquer l'encadrement arqué de son ouverture.

[14] Le plus bel exemple se trouve à Saumane, au quartier de Chaumette, sur un coteau exposé au midi ; un paysan, avec sa famille, a ôté, en une quarantaine d'années, au moins deux mille tonnes de pierres, aujourd'hui rangées sur le bord du champ de 30 ares qu'il avait ainsi pu tirer de la roche (cité par M. P. Martel, « Val de Sault et pays d'Albion »).

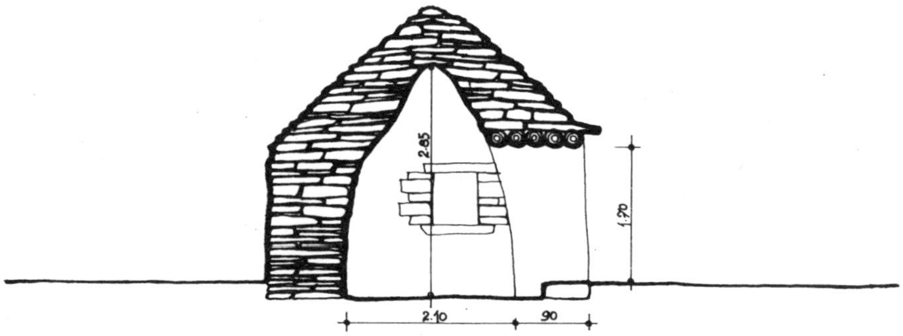

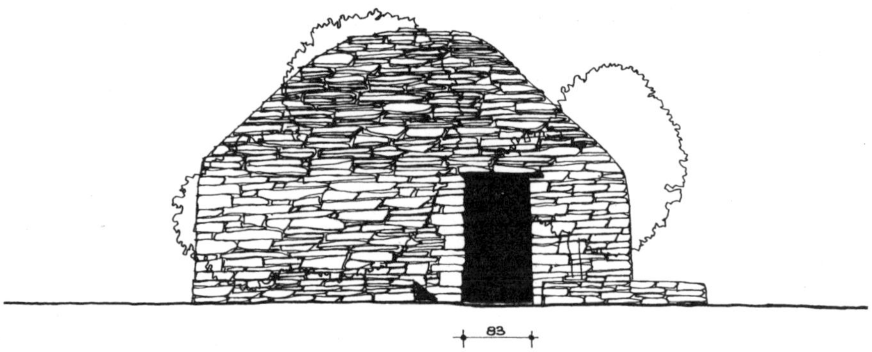

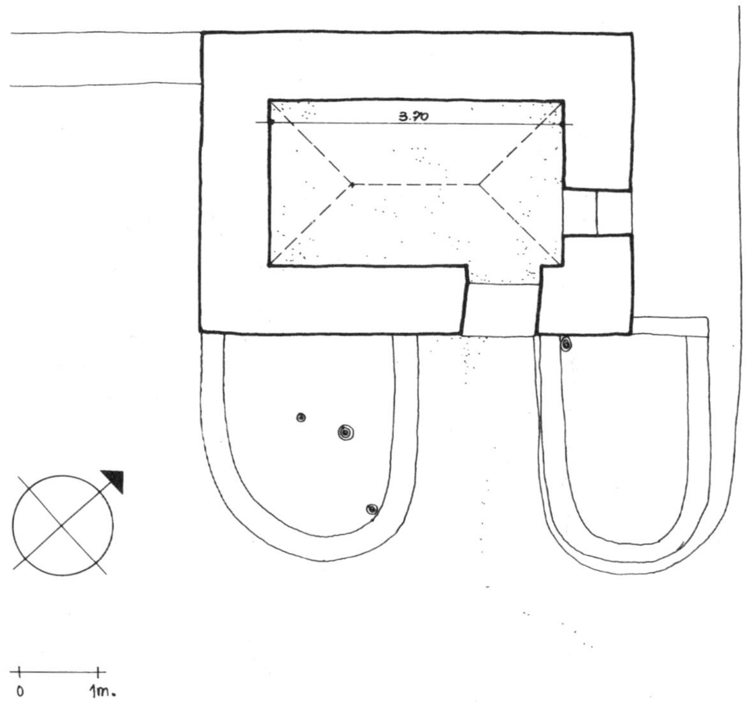

Ci-dessus, élévation, plan et coupe d'une borie isolée rectangulaire, aux Claparèdes (Bonnieux). Ci-dessous en haut, une borie type de P. Martel à Bonne-Chère, Saint-Michel-l'Observatoire. Ci-dessous en bas, une borie isolée de la colline des Puits, à Apt.

parfait est réalisé quand le mur extérieur est vertical sur une hauteur de 2 m environ par rapport au niveau du sol et qu'à l'intérieur, la courbe part du sol. Le centre de gravité rentre nettement à l'intérieur du polygone. Plus on monte, plus la masse de pierres s'allège. Arrivée sur les dernières assises, l'épaisseur est réduite et les dalles sont les unes à côté des autres. À l'intérieur d'une telle voûte, les arêtes ne sont pas marquées alors qu'elles le sont souvent extérieurement. Des arêtes intérieures seraient possibles, mais compliqueraient considérablement la mise en œuvre.

Cette technique est simple, mais sans aucune comparaison avec la voûte en berceau qui nécessite un cintre. Les seuls points qui doivent être surveillés sont le fruit extérieur du mur, le fruit intérieur, de manière à entrer dans la stabilité indiquée. Il faut aussi veiller au chevauchement des joints, afin qu'en les croisant, on rende la maçonnerie plus homogène, plus compacte puisque, ici, on n'a pas recours au liant pour colmater.

L'édification d'une borie

Supposons que nous soyons constructeurs d'une borie : la présence de pierres sèches dictera, bien entendu, le choix de l'emplacement. La solidité du sol ne peut être mise en cause car il s'agit, dans presque tous les cas, du rocher. Le constructeur tracera sur le sol un rectangle de dimension 3 x 2 m, par exemple, mais ayant toutes les possibilités de choisir n'importe quel plan intérieur, comme on l'a vu, même des plans de forme libre. Les pierres seront posées les unes à côté des autres, pour former une épaisseur de 0,60 à 2 m (en général, l'épaisseur des bories est de l'ordre de 1 m).

Une fois le premier rang ainsi placé, les autres rangs seront superposés sans encorbellement jusqu'à une hauteur de 1,80 m à 2 m. Pour permettre une meilleure efficacité dans la stabilité, l'intrados de la voûte pourra commencer

à subir un encorbellement d'une rangée par rapport à l'autre alors que le mur extérieur restera, lui, pratiquement vertical.

Si les pierres sont simplement posées sur un plan horizontal, il est vraisemblable que la construction ne sera pas étanche à la pluie. La solution simple consiste à placer les dalles dans une position légèrement inclinée vers l'extérieur de manière à pouvoir évacuer les eaux pluviales.

À partir de cette arase de 2 m par rapport au niveau extérieur, on pourra souligner ce niveau par une pierre légèrement en saillie. Le mur s'inclinera pour suivre le profil indiqué. Chaque assise se suffit à elle-même et comporte sa propre stabilité. Le constructeur peut donc arrêter la construction quand il le désire. Les dernières pierres ne sont pas nécessaires pour la stabilité de l'ouvrage. Plus il atteindra les parties hautes de la voûte, plus il emploiera la lauze qui est un matériau pouvant supporter de grands encorbellements avec un poids réduit. La terminaison de la voûte sera simplement réalisée en posant des dalles les unes à côté des autres.

Les parois restant perméables au vent, le constructeur cherchera à rendre plus étanche l'intérieur par un garnissage partiel de mortier grossier. Ce mortier sera de couleur rose puisqu'il s'agit d'un mortier obtenu en broyant des morceaux de tuiles (mortier utilisé depuis l'époque gallo-romaine jusqu'au XVIIe siècle).

Ci-dessus, plan de localisation de la borie et de son enclos parmi les restanques à Mourre Blanc.

Ci-dessous, borie de plan circulaire, en dôme sur le plateau des Chapardes.

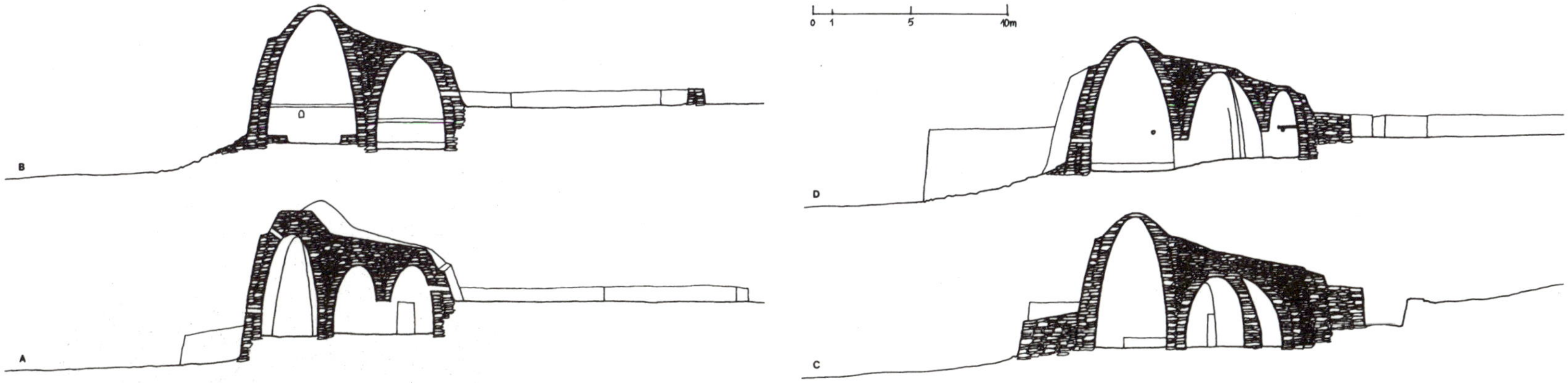

Plan, coupes et vue-perspective intérieure d'une borie à Mourre Blanc.

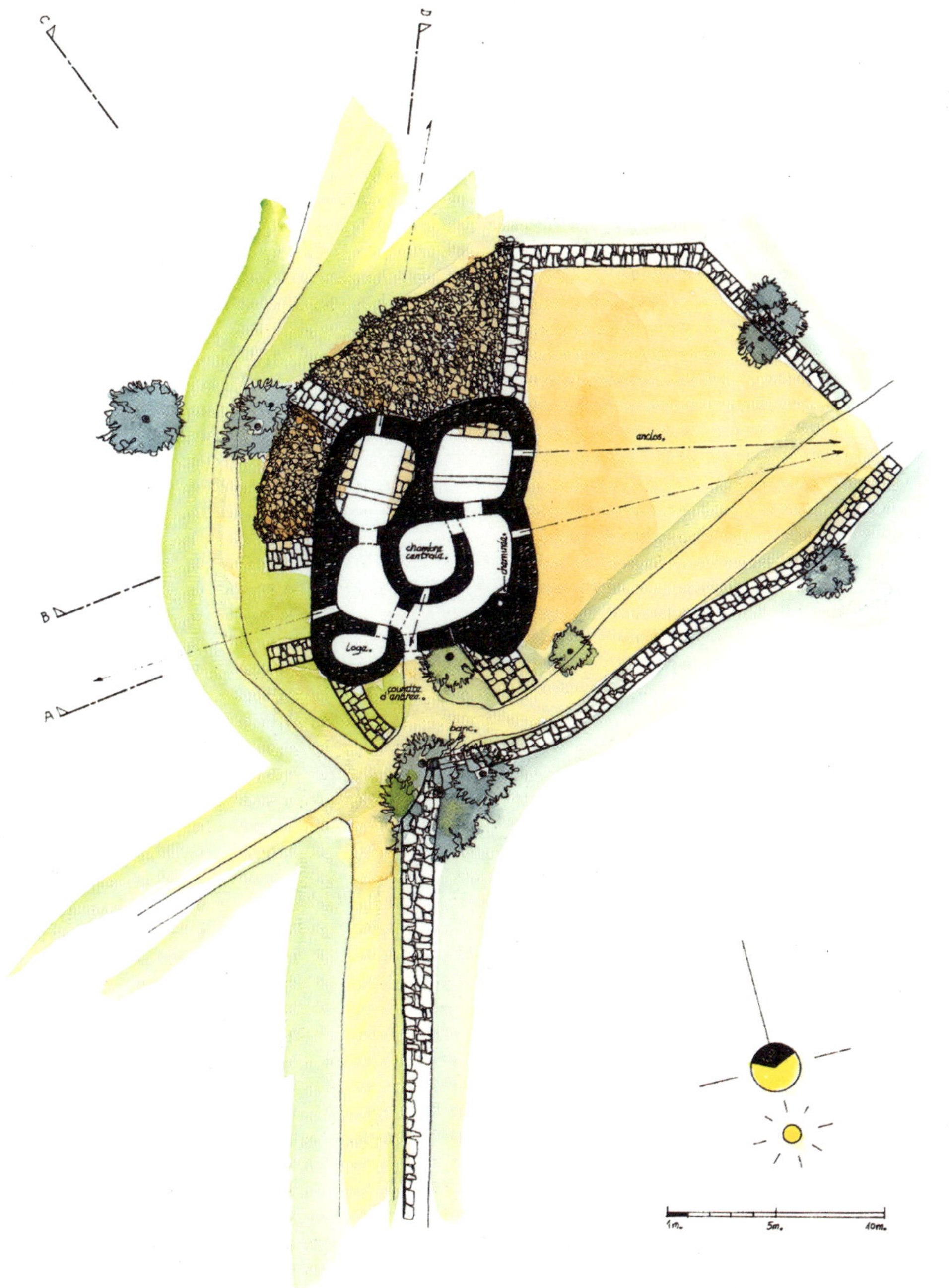

L'examen de certains éléments

Les portes : en général, une borie ne comporte qu'une seule porte, d'une hauteur moyenne de 1,70 m et, pratiquement, aucune ouverture, si ce n'est des ventilations ou des meurtrières. Certaines ont des hauteurs sous linteaux de 1,20 m et même de 1 m. Il est vraisemblable que ces portes, très basses, correspondaient à des abris pour moutons ou pour porcs. Il est toutefois difficile d'expliquer pourquoi cette hauteur extrêmement réduite de passage se retrouve sur pratiquement toutes les bories. C'était peut-être un moyen de mettre en état d'infériorité un agresseur éventuel [15]. Le couvrement de la porte est, soit un linteau monolithe, soit un arc plus ou moins cintré, soit un arc en tas de charge à ressauts. Dans presque tous les cas, les linteaux sont en pierres, extrêmement fragiles, qu'il a fallu soulager en exécutant un arc ou une mitre en décharge. Certains linteaux sont en bois, mais, semble-t-il, pour remplacer le linteau d'origine, en pierre. Les piédroits sont verticaux ou légèrement évasés (cette forme de trapèze paraît plus ancienne). Le niveau intérieur du sol est plus bas que le niveau extérieur. Une dalle de pierre forme seuil.

La ventilation et les meurtrières : les trous ou « meurtrières » constituent une réservation très réduite de l'ordre de quelques décimètres carrés qui, dans un mur d'épaisseur considérable, ne pouvaient apporter, à l'intérieur, la moindre clarté. Ces meurtrières étaient surtout destinées à observer.

Les cheminées : certaines bories comportent des traces de feu dans les angles, mais aucun ouvrage particulier. Il suffisait de lever une pierre du toit pour établir une évacuation de fumée ; quand il y a manteau, il est fait d'une tablette de lauze et ses piédroits en pierre, la cheminée étant du type incorporé.

Les aménagements divers : les aménagements à l'intérieur des bories sont presque inexistants. Dans le cas d'écuries, on peut trouver des mangeoires en pierre. Dans le cas d'habitations, des fours à pain, des pierres d'évier, des bat-flanc servant de lits. Souvent, les bories comportent, à l'intérieur, des niches ou placards, de dimensions assez faibles : environ 30 à 40 cm dans les deux sens. Ces placards sont souvent d'anciennes meurtrières qui ont été obturées partiellement sur la partie externe. À l'extérieur, des enclos de protection contre les loups et les pillards.

Les chemins de ronde : certaines bories ont un chemin de ronde qui fait le tour de l'édifice à une hauteur variable prise entre 0,80 m à 2 m par rapport au niveau du sol. On y accède par une rampe d'accès ou un escalier.

Les escaliers : les bories à étage ne possèdent pas d'escalier intérieur, mais uniquement des échelles. L'étage en bois, en fait une soupente, servait de grenier à fourrage.

La borie nous apparaît comme un abri rudimentaire réalisé à partir d'une technique simple qui permettait au paysan de débarrasser les pierres de son champ au lieu de les stocker en tas. Ce qui frappe, avant tout, c'est la qualité de l'ouvrage, la patience avec laquelle le paysan provençal réalisait cet amoncellement et cette mise en œuvre considérable. Il y a là les plus beaux exemples de murs en pierre sèche.

[15] On peut dire, cependant, que les portes dans l'habitat rural sont à peine plus élevées puisqu'elles atteignent seulement 1,80 m, hauteur établie d'après un homme qui devait mesurer 5 pieds, c'est-à-dire 1,65 m.

Ci-dessus en haut, façade d'une borie isolée du plateau des Claparèdes (Bonnieux). Ci-dessus en bas, ouvertures d'une borie à salles multiples de Gordes.

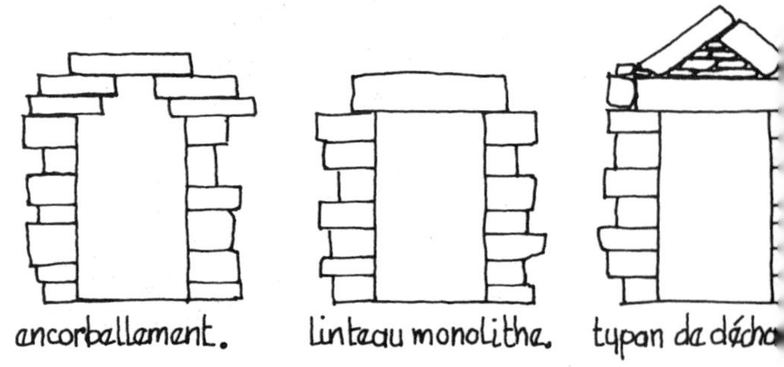

Ci-contre en haut, étude schématique de la stabilité des voûtes en encorbellement. La fausse voûte de la borie se décompose en une partie de couvrement ayant pour poids (c) appliqué au centre de gravité C ; une partie de mur d'assise ayant pour poids (m) appliqué au centre de gravité M. La résultante (g) appliquée au centre de gravité G est le poids total de la partie droite sur la coupe de la fausse voûte. Pour la bonne stabilité d'une telle construction, (c) doit se trouver, en projection, à l'intérieur de l'aire de sustentation ou assise AB. De plus, pour éviter une déformation telle que 3/2 et une rupture éventuelle, ainsi que pour obtenir une meilleure étanchéité aux eaux de pluie, les lits des pierres de la partie en couvrement sont inclinés vers l'extérieur.

Ci-contre, en bas : 1. mur d'assise très épais, encorbellement très important, très mauvaise stabilité ; 2. mur d'assise très épais, couvrement de même épaisseur, encorbellement moins important, mauvaise stabilité (poids important du couvrement) ; 2/1. mur d'assise moins épais, couvrement de même épaisseur, mauvaise stabilité (c en dehors de AB) malgré un poids de pierre moindre ; 3. mur d'assise très épais, couvrement allégé, bonne stabilité ; 3/1. mur d'assise moins épais, couvrement allégé, bonne stabilité, économie de pierres ; 3/2. mur d'assise moins épais, naissance au sol de l'encorbellement intrados, couvrement allégé, bonne stabilité, risque de glissement vers l'intérieur des pierres de couvrement en lits horizontaux (renflement intérieur de la voûte).

Ci-dessous, étude comparative des différents types de portes de bories.

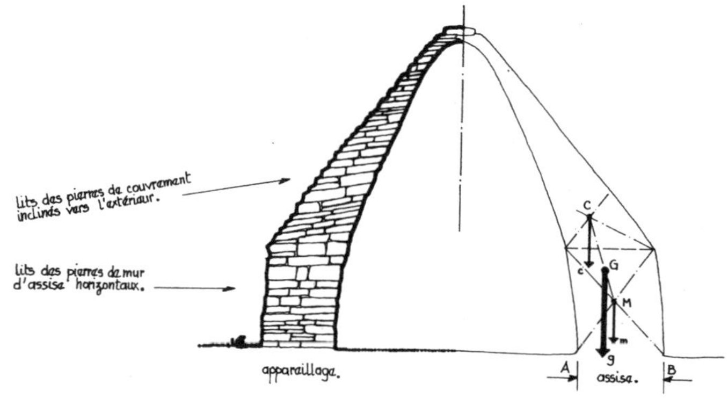

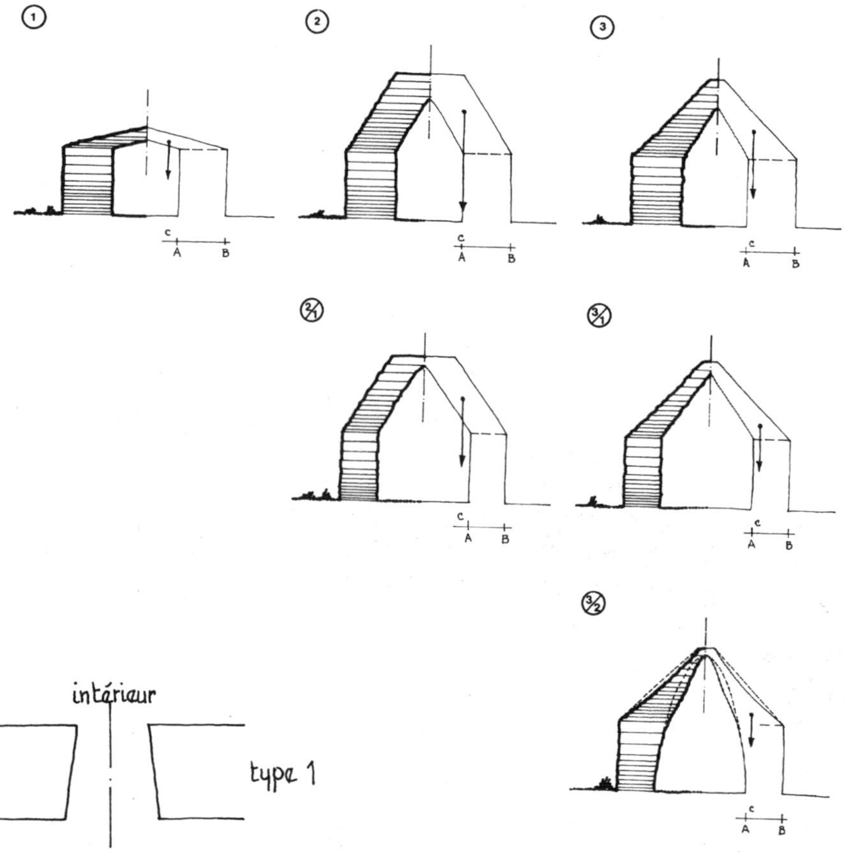

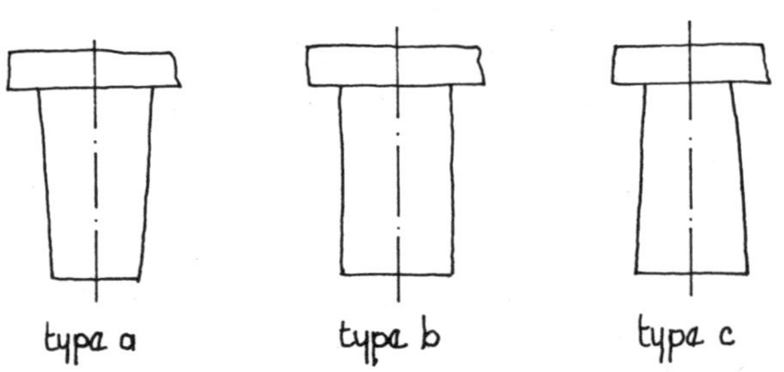

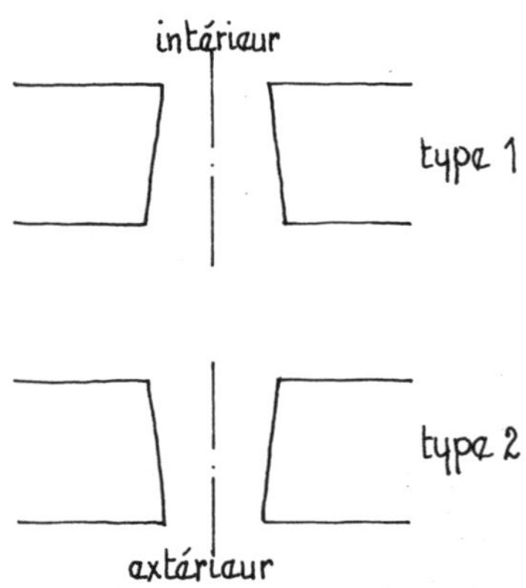

OUVERTURES

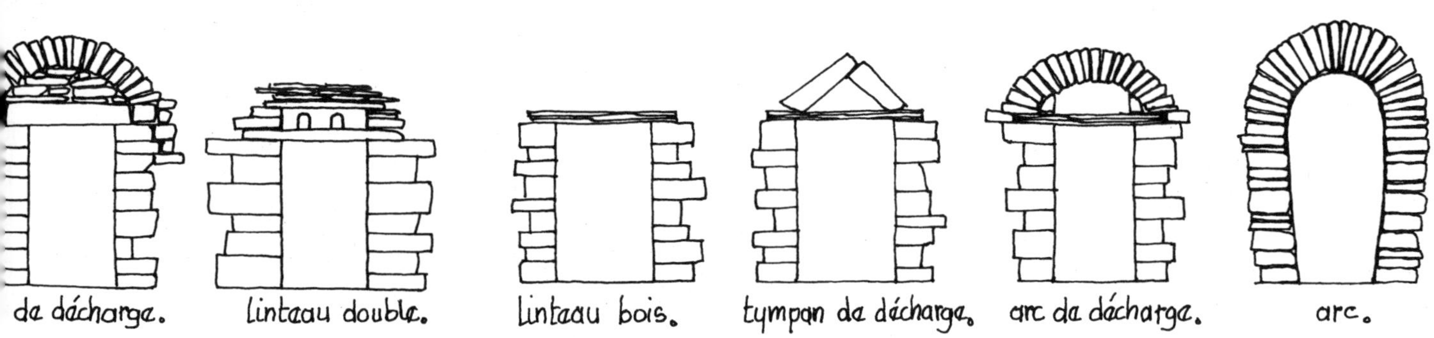

La cabane

Bien différente de la borie est la cabane que l'on rencontre en Camargue. Le mas de Camargue, d'après les descriptions anciennes, telles celle de Quiqueran de Beaujeu et l'enquête de l'archevêque d'Arles en 1635, ne comportait, à cette époque, aucune dépendance : ni étable, ni bergerie ; les chevaux et les troupeaux couchaient, été comme hiver, « à l'enseigne de la belle étoile » ; seuls trouvaient un abri les chevaux de selle du maître.

La cabane, construction extrêmement périssable, s'est imposée à partir du milieu du XVIIe siècle (cabanes des Martellières de Vanens à l'ancien canal du Gaso). Cette chaumière, construite en matière fibreuse végétale (roseaux de marais ou sagno) n'est pas, comme la borie, une annexe de la maison, mais une habitation permanente dans une contrée où manquent, non seulement la pierre à bâtir, mais également la pierre des champs [16]. Ces cabanes étaient donc des bergeries, des remises pour le matériel, ou bien des habitations pour les bergers, les saliniers, les pêcheurs, les vanniers. C'était aussi, et surtout, la cabane de gardian puisqu'il arrivait très souvent que le maître habitât le mas et le gardian-bayle la cabane [17].

[16] Comte de Lanéry d'Arc, *op. cit.* : « De plus, la pierre, dans ces parages, est chose rare ; il faut donc faire plusieurs kilomètres avant de pouvoir ramasser un caillou, tandis que le jonc ne pousse que trop au milieu de ces marécages ».

[17] Il nous paraît intéressant de donner ici quelques indications concernant la vie du gardian : armé d'un *ficheiroun*, il passait sa journée à cheval, assis sur une selle à *troussequin*, le pied dans des étriers grillagés. Lorsqu'était venu le jour de la ferrade (marque au fer rouge), il procédait au triage des bêtes qu'il s'agissait d'écarter de la manade et d'amener dans un enclos (abri vadé). Là, se livrait un combat entre l'homme, descendu de sa monture, et la bête (voir description de Quiqueran de Beaujeu). L'homme saisit le taureau par la corne gauche et, en lui tenant le pied de devant qu'il empoigne de la main droite, le pousse de l'épaule et le barre d'une si rude secousse que « la terre retentit du coup ». Le taureau, maintenu à terre, est marqué comme les brebis d'une *escoussuro* ou *tailladé* à l'oreille et sur le flanc d'une marque indélébile tracée au fer rouge.

À gauche, une cabane de gardian à Romieu (Camargue). Ci-contre, une cabane au mas de l'Amarée (doc. Archives du Roure).

En haut à gauche, un gardian et des femmes de Camargue en costume traditionnel devant leur cabane (doc. Archives du Roure).

En haut à droite, une cabane en bordure du Rhône aux Salins-de-Giraud (extrait du Livre d'or de la Camargue*).*

En bas à gauche, un gardian d'hier (doc. Archives du Roure).

En bas à droite, le gardian Dagan de la manade du mas de l'Amarée (doc. Archives du Roure).

Page de droite en haut, une cabane de sauniers aux Salins-de-Giraud, vers 1930. Aujourd'hui disparue, comme d'autres à Tourvieille, au mas du Poisson, à Salin-de-Badou au mas du Radeau, à Poisvieil, au Maugino, à Bauduc, à l'étang de Meyranne et au marais des Chanoines (cliché F. Benoît).

Page de droite au milieu, cabane de gardian récemment construite, s'inspirant très fidèlement de la cabane traditionnelle.

Page de droite en bas, cabanes des Salins-de-Giraud et leurs annexes, vers 1914 (cliché C. Naudot) ; à l'époque, on en dénombrait vingt-deux.

Par son aspect, sa silhouette très caractéristique, elle s'est autrefois inscrite dans le paysage rural de la Camargue. Maintenant, elle n'existe qu'à de très rares exemplaires [18].

La situation

Ces cabanes pouvaient se répartir suivant un alignement de rues [19], se grouper en hameaux ou être isolées autour des mas. Ces ensembles ont, pour la plupart, disparu. D'abord peu solides, elles demandaient à être reconstruites ; les incendies étaient, pour les habitants, une menace perpétuelle et les compagnies d'assurances refusaient d'assumer des risques trop grands.
Actuellement, on chercherait, en vain, nombre de cabanes qui sont encore marquées sur la feuille de la carte d'état-major, révisée en 1891, telles, par exemple, les cabanes de Bremont qui étaient les plus rapprochées d'Arles, au bord des marais du pont de Rousty. Aux Saintes-Maries, dans la partie ouest

[18] Ces exemplaires sont des restaurations ou des copies. La seule que l'on peut voir aujourd'hui se trouve au musée Arlaten.

[19] C'est le cas, par exemple, d'une ancienne rue des Saintes-Maries, en partie détruite par un incendie, comme le représente une photo prise le jour de la fête du 24 mai, publiée dans l'ouvrage *Livre d'or de la Camargue* (voir « Bibliographie »).

du village, il existait un tout petit quartier de cabanes alignées du nord au sud ; il n'y en avait plus que trois, dont une en ruines, aux alentours de 1914. En Crau, ces cabanes ont disparu plus vite encore qu'en Camargue [20].
Les cabanes du Salin-de-Giraud, groupées en petits hameaux, servaient de demeures pour les saliniers (vingt-deux cabanes).

Les types de cabanes et leur description

Les cabanes servaient essentiellement de logement rustique et souvent peu confortable. Ce type de construction pouvait également servir de bergerie, mais, dans ce cas, les cabanes atteignaient 30 m à 60 m de longueur sur 8,50 m à 10 m de largeur [21]. Des cabanes-hangars, à la fois granges et fenils, existaient aussi [22]. Elles ont, à notre connaissance, entièrement disparu. Pour se faire une idée de ces cabanes, nous sommes obligés de nous reporter aux descriptions d'auteurs, puisqu'il n'en existe plus dans leur disposition originale.

Ces chaumières avaient un plan pratiquement identique. Une habitation de 8 m à 12 m de longueur, sur 4 m de largeur, se terminant par une abside arrondie, tournée vers le nord-est, c'est-à-dire face au mistral : le vent-terrau qui souffle en tempête dans cette plaine [23]. Elle était divisée en deux pièces, la salle commune et la chambre. Ces deux pièces étaient séparées par une cloison de sagno, maintenue par des piquets et des *coundorso*.

La salle commune était éclairée par des lucarnes basses ouvrant sur la toiture et constituées par un châssis en bois. Dans la salle commune, on trouvait la cheminée à hotte montante plaquée au mur maître. Au milieu, une table rectangulaire de bois blanc, des escabeaux et un grand garde-manger à claire-voie pendu à la poutre maîtresse que l'on montait et descendait avec une poulie, protégée de l'attaque des rats par une sorte d'abat-jour tronconique, fixé à la corde.

La chambre, parfois recoupée en deux par une cloison, comportait un mobilier des plus rustiques : un lit à hamac ou, plus souvent, une caisse de bois blanc, la *bresso*, juchée sur quatre piquets et ayant pour matelas un sac de sel de 50 kg bourré de *baunco* (herbes sèches).

Seule, la façade exposée au midi était maçonnée : les façades de retour n'avaient guère plus de 1,50 m de hauteur. Le toit, très en pente, était composé d'un treillis de jonc d'une épaisseur de 0,20 m à 0,30 m. Ces demeures exiguës avaient un prolongement extérieur : un auvent dressé devant la façade

[20] Le village de Cabanes, dans le canton d'Orgon, devait son nom à l'existence de nombreuses cabanes, habitations de bergers, disparues depuis très longtemps (voir statistiques de Villeneuve).

[21] De ce type de bergeries plus ou moins remanié, on peut citer celles de Fielouse, de Rabattun, de la Favouillane, de l'Esquinau (voir photo avant l'incendie qui l'a détruite en 1926). Pour ce type de cabanes-bergeries, nous renvoyons le lecteur au chapitre des bergeries.

[22] « La grande cabane du tréfonds de la savane, vous l'apercevez, étalée comme une macule de sang, au creux de l'herbage, sa toiture rouge vif frange le ciel d'indigo, un gardien en part chaque matin, un saqueton d'avoine au bras. Il cherche les chevaux dans la plaine, les appelle [...] La grande cabane donne par-derrière sur le "bouvan", vaste corral, enclos où l'on parque le bétail. » (E. Chauffard, *Le Bouquet de Saladelle*).

[23] On devait amarrer la poutre faîtière par une corde pour éviter que la cabane soit soulevée par le mistral.

En haut à gauche et ci-contre, élévations latérales d'une cabane de gardian.

Ci-dessus, façade-pignon d'une cabane, à l'abri d'un rudimentaire auvent (doc. Archives du Roure).

du midi et qui abritait un coin en plein air, une table, des bancs où les pêcheurs et le gardian faisaient leurs petits travaux : réparation des filets, tissage des sedans ou longes de cheval en crin à l'aide de la *carrelo* (instrument à poulie), fabrication de multiples engins de pêche et de chasse, etc. [24]. « Voici la hutte camarguaise classique : son couvert de roseaux à deux pentes, qui

[24] Il nous paraît intéressant de donner une description de ces cabanes par A. Daudet (*Trésor d'Arlatou*, 1897) : « L'on arrivait à la cabane, heureusement, et l'installation, le déjeuner rustique devant un grand feu clair de pieds de vigne, de tamaris, rejetaient loin toutes ces infamies. Tandis que Charlon, lambin à table, comme tous les paysans, finissait d'émietter son fromage de cacha à la pointe du couteau, Henri Danjoux inspectait ce singulier pavillon de chasse, type de la maison camarguaise qui allait lui servir de sanatorium : l'unique pièce, vaste, haute, sans fenêtre, au toit, aux murs de roseaux desséchés et jaunis, prenait le jour sur l'immense plaine par une porte vitrée qu'on fermait, le soir, avec de grands volets. Tout le long des murs crépis, blanchis à la chaux, pendaient des fusils, des carniers, des bottes de marais. Sur la haute cheminée de campagne, où s'accrochait le *caleu*, la petite lampe de cuivre à forme antique, quelques volumes dépareillés de la bibliothèque néoprovençale traînaient parmi les vieilles pipes et les paquets de farigoule desséchée, *Mireille et les Îles d'Or* de F. Mistral, *La Grenade entrouverte* d'Aubanel, *La Farandole* d'A. Mathieu, *Les Margueridettes* de Roumanille. Au milieu de la pièce, un mât, un vrai mât, planté au sol, montait jusqu'au toit en pointe auquel il servait d'appui et, dans le fond, deux grands lits-berceaux étaient alignés contre le mur, abrités d'un rideau d'indienne bleu. En face de la cabane, s'entrevoyait la maison du garde, derrière un bouquet de roseaux d'Espagne. Un peu de fumée montait jusqu'au toit juste à ce moment. »

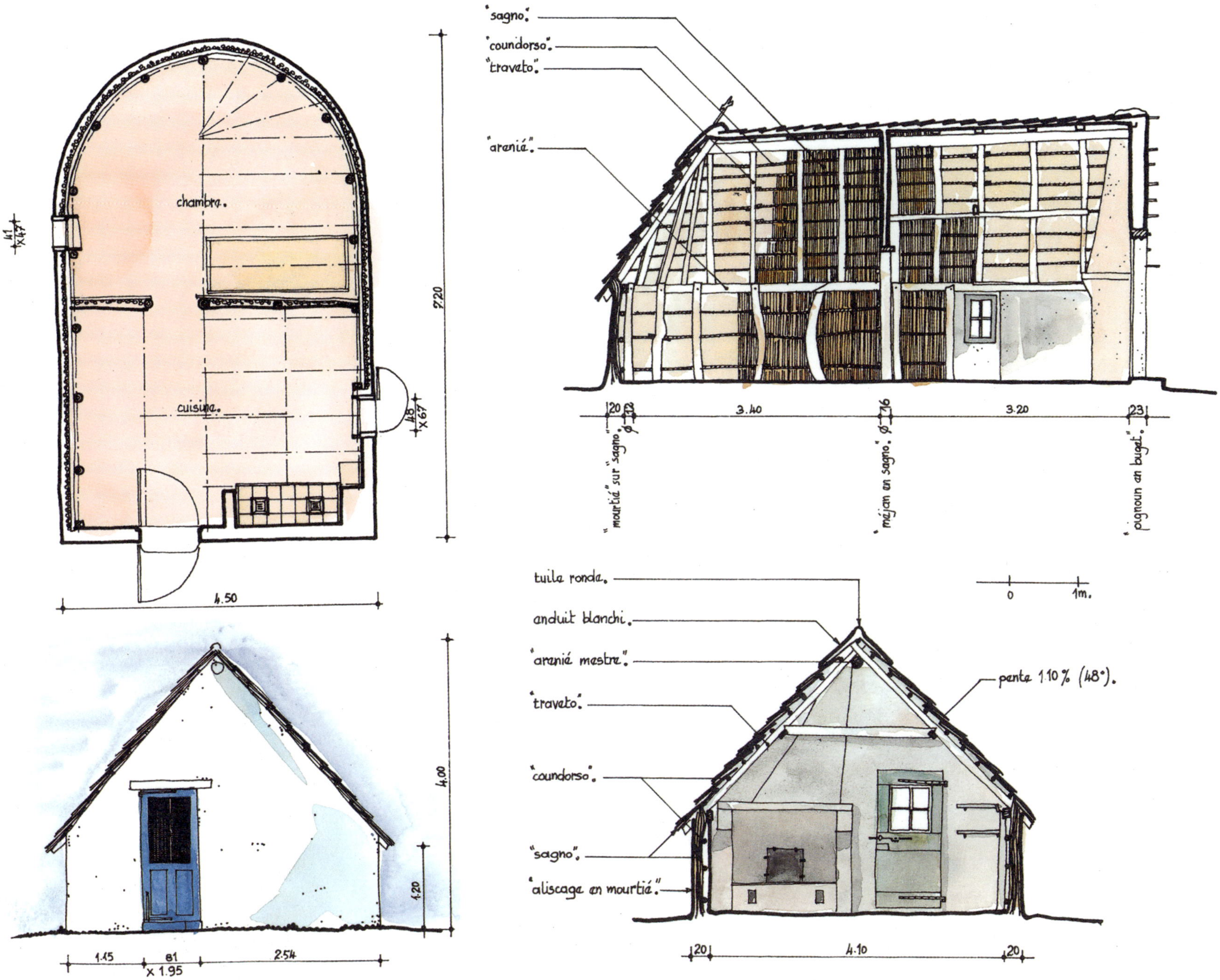

Plans et coupe d'une cabane type.
On y remarque les structures de charpente et les parties maçonnées.

descend jusqu'à terre, lui donne l'air d'un bateau renversé dont une croix couchée par le mistral bénirait l'étrave. C'est la demeure du gardian-bayle. L'intérieur, sans fenêtre, est sombre, étroit, enfermé, on devine pendre au mur, un fusil, des bottes, des verveux (filets de pêcheurs) ; dans le fond de la niche, une cloison de pisé, à mi-hauteur, dissimule les lits. » (E. Chauffard, *Le Bouquet de Saladelles*.) La plupart de ces cabanes étaient à rez-de-chaussée, mais on pouvait rencontrer des cabanes plus importantes avec un étage[25].

[25] La cabane dite de Pailhade, située dans le terroir des Saintes-Maries-de-la-Mer (J. Boyer « Un mas de Camargue au XVIIe siècle », in *Courrier du Parc national de Camargue*), était une construction importante puisqu'elle était élevée sur rez-de-chaussée. Ce dernier se divisait en trois pièces : la

On a essayé, évidemment, de rendre cette construction moins périssable, et la technique de construction s'est au fur et à mesure légèrement modifiée. La cabane arrondie s'est d'abord perfectionnée par le remplacement du sagno par le pisé dans les murs latéraux, et du torchis par une maçonnerie plus grossière. Ensuite, est apparue la cabane quadrangulaire à la charpente et à l'armature plus solides. De petites maisons couvertes en tuiles [26] ont enfin succédé aux autres cabanes sur le même emplacement ; elles étaient à peine plus vastes.

Construction technique

Les matériaux : certaines cabanes étaient entièrement construites en roseaux, c'est le cas de la cabane de Vanens, construite en 1649 (7 m de longueur, 5 m de largeur). La pierre de taille était réservée pour la cloison intérieure à laquelle était appuyée la cheminée qui chauffait la totalité de l'habitation. Murailles et toiture étaient faites avec des roseaux d'une hauteur moyenne de 2 m à 3 m ; une épaisseur de 0,20 m à 0,30 m suffisait pour abriter du soleil, de la pluie, de la chaleur et du froid. Très souvent, un crépissage en plâtre à la chaux donnait à ces murailles plus de solidité et rendait leur protection plus efficace. L'ossature de la charpente était réalisée en bois de saule ou en bois d'ormeau. Seule, la façade sud était en *quéron* [27], pierre de taille provenant des carrières de Fontvieille.

Le volume : le volume général était conditionné par le vent. L'arrière, dirigé face au mistral, était de forme arrondie de manière à permettre au vent de glisser. Cette forme en abside se justifie pour deux raisons : d'une part pour une meilleure pénétration au vent tout en évitant que la cabane ne se soulève – la force du mistral était en effet considérable et ces cabanes, très légères, pouvaient, puisqu'elles n'avaient pratiquement pas de fondations, être emportées – la forme arrondie faisait glisser alors le vent de part et d'autre et n'opposait aucune résistance ; d'autre part, cette forme arrondie avait pour but d'éviter une zone de perturbation qui se serait prolongée au niveau du pignon sud. Ainsi, sur la terrasse, les tourbillons secondaires du mistral ne dérangeaient pas.

La structure : elle était entièrement réalisée en bois. La pièce faîtière, l'*arénié mestre*, prenait appui sur le mur-pignon et, à l'arrière, sur une pièce de bois de section circulaire. Cette poutre faîtière, également de section circulaire, était soulagée en son milieu par le mât qui était pris en général dans la cloison de séparation. Les murs latéraux étaient constitués par une ossature de traverses qui venait, à la hauteur de la sablière, recevoir l'*arénié*. À partir de cette *arénié*, qui fai-

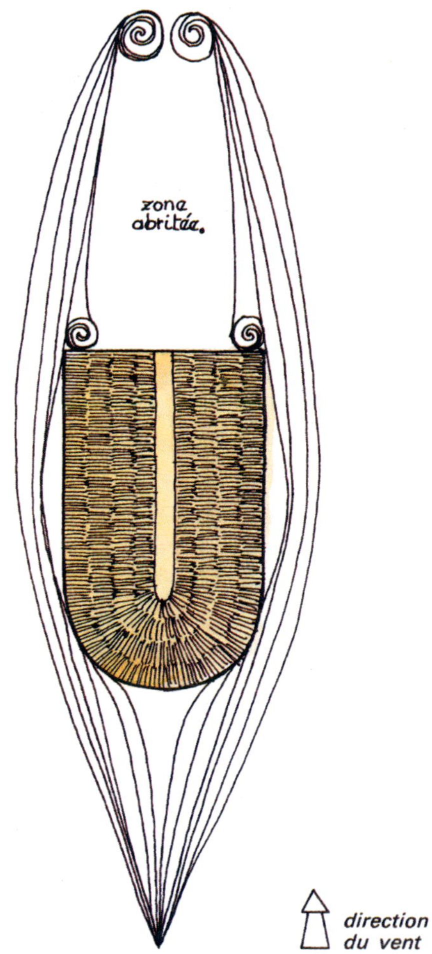

chambre du maître dans laquelle on entrait directement, la cuisine où couchait la servante, puis une autre chambre servant aussi de débarras. À l'étage, on trouvait la fromagerie, le grenier, la chambre des valets et le cellier. Aucune précision n'est fournie sur la nature de cette construction, mais il y a tout lieu de croire qu'il s'agissait bien d'une cabane camarguaise traditionnelle en bois et torchis, couverte d'une toiture en chaume de roseaux et non d'un édifice en maçonnerie car, dans ce cas, les experts ne l'auraient pas désignée sous le nom de « cabane ». La description de la cabane dite de Pailhade est très intéressante car elle présente également un inventaire très détaillé, rédigé en dialecte mixte, du mobilier, de l'outillage agricole, etc. Il s'agit, en fait, d'une petite habitation dont la technique de construction était vraisemblablement identique à celle des cabanes.

[26] Techniquement, la tuile ne permettait pas de couvrir la forme arrière en abside. Aussi, a-t-elle disparu pour être remplacée par une simple façade-pignon.

[27] Il s'agit d'une pierre normalisée de 65 x 65 x 4 cm. On pouvait exécuter cette maçonnerie avec des matériaux de réemploi, cas très fréquent en Camargue.

Page de gauche, en haut et en bas, étude comparative des effets de la mécanique des fluides appliquée à la forme rectangulaire de la maison et à la forme arrondie de la cabane à abside.

Ci-contre, l'intérieur d'une cabane de Camargue en 1875, d'après un ex-voto de l'église des Saintes-Maries (cliché F. Benoît).

sait le pourtour de l'édifice, d'autres traverses, *travesto*, épousaient la pente (48 °) pour s'assembler sur le faîtage. À ces traverses étaient fixés, horizontalement, des branchages flexibles, les *coundorso*, en bois de saule, permettant d'épouser la forme arrondie de l'arrière de la cabane. Sur cette armature, les javelles de roseaux étaient appliquées verticalement sur le clayonnage. Attachées actuellement avec un fil de fer, elles l'étaient naguère avec de la corde ou des liens végétaux. La longue poutre inclinée à 45 ° environ, sur laquelle s'appuyait la pièce de faîtage, dépassait la crête du toit, barrée d'un bâton, de manière à former une croix. Pour éviter l'effet du vent, il arrivait que la poutre faîtière fût amarrée par une corde au sol. Les javelles de roseaux recevaient, à l'extérieur, un enduit à la chaux appelé *aliscage en mourtié*. Cet enduit, de couleur blanche, badigeonné tous les ans suivant l'usage méditerranéen, s'appelle le *cacho-faio*. Les *coundorso* étaient espacés entre eux d'environ 0,50 m. Le point délicat de l'étanchéité entre le pignon et le joint des deux versants de la toiture, était résolu en appliquant une surépaisseur de mortier blanchi à la chaux, et la crête faîtière était protégée par une rangée de tuiles rondes et une couche de mortier qui empêchait les infiltrations d'eau de pluie. Les linteaux des portes intérieures étaient réalisés en bois.

Le revêtement de sol : en général, on utilisait de la terre battue ou un *bétun* [28]. À l'intérieur, les murs étaient crépis à la chaux, comme l'indique la description d'Alphonse Daudet. Les *travesto* étaient apparents ainsi que les javelles de roseaux. Seule, la partie basse était simplement enduite à la chaux et peinte en blanc.

La menuiserie : la séparation de la chambre se faisait vraisemblablement par un rideau en tissu provençal. La porte d'entrée en bois, avec la partie haute vitrée, comportait également une toile contre le soleil et les moustiques, comme le montre la cabane de l'Amarée.

La cheminée et l'aménagement intérieur : la cheminée était le plus souvent adossée au pignon principal (cabane de l'Amarée), très rarement à la cloison

[28] Il s'agit d'une sorte de béton fait avec un mortier de chaux mêlé à des agrégats roulés et bien damés.

(cabane du Clos du Radeau). La souche était vraisemblablement en pierre. La cheminée comportait un potager à deux feux. Au milieu de la pièce commune, étaient placés une table rectangulaire et des escabeaux. Sur les *travesto*, on pouvait fixer différents accessoires pour la manade tels que le *ficheiroun*, longue hampe terminée par un trident, l'*artoulet*, pièce en bois destinée à sevrer les jeunes taureaux de Camargue [29]. À côté de la fenêtre, sur un poteau en maçonnerie, une corne était scellée jouant le rôle de portemanteau.

En général, l'évier (la pile) était situé à l'extérieur, comme le montrent les photos anciennes. La vaisselle et la préparation de la cuisine se faisaient à l'extérieur. De simples étagères de bois offraient un rangement minimum.

L'environnement des cabanes : les cabanes étaient, très souvent, prolongées par une treille, donnant un ombrage complété par quelques arbres, de manière à pouvoir se tenir sur la façade sud (voir à ce sujet la cabane de garde du mas de Cabanes).

Ci-dessus, reconstitution de l'intérieur d'une cabane de gardian au musée Arlaten, à Arles.

Ci-dessous, Joseph d'Arbaud et son gardian-bayle, à l'intérieur de sa cabane du Clos-du-Radeau à Plan-de-Bourg (extrait du Livre d'or de la Camargue*).*

[29] C'est à la fin de la première année que l'on procédait au muselage pour sevrer les taureaux. Ce procédé primitif consistait à serrer dans les naseaux l'*artoulet*, en forme de demi-lune, échancré à la base, se rabattant sur la bouche lorsque le bouvillon essayait de relever la tête pour téter ; l'*artoulet* glissait sur l'herbe lorsqu'il broutait ; il se détachait de lui-même quelques mois après lorsque le sevrage était terminé. De même que les manades de chevaux servaient au foulage des blés, les taureaux étaient employés au travail de la terre et c'est ce qui explique le maintien de leur élevage. Ils étaient au joug pour traîner la charrue. Capturé au lasso, le taureau était accolé à un vieux bœuf robuste, appelé *lou dountaire*, qu'on lui donnait pour « gouverneur ». On lâchait alors l'attelage, le bœuf arrêtant à la voix du conducteur, le taureau sauvage bondissait et, bien souvent, entraînait jusqu'au marais dountaire et araire. Lorsqu'il était assez assagi, il était attelé au joug entre le dountaire et le *sambejaire* ou *simbeu* (l'appelant) jusqu'au moment où il était lui-même substitué au second (voir P. Veran, *Statistiques d'Arles*, 1806). Les bœufs de Camargue étaient donc utilisés pour le labour, mais la difficulté de trouver de bons bovins a fait abandonner cet usage depuis environ quarante ans.

L'habitat principal

Le mas des plaines (habitat à terre)

Le mas de base

C'est l'unité d'habitation, l'exploitation à la mesure de l'homme, de sa famille, la forme la plus traditionnelle et la plus ancienne de l'occupation du site rural [1]. Avec cet outil de base, le paysan produit son blé, son vin, fait son pain, élève quelques chèvres, quelques moutons, possède une basse-cour, deux ou trois cochons, des pigeons. Il n'est tributaire de rien. C'est un exemple extraordinaire d'une vie où l'homme se suffit à lui-même et à ses besoins propres. Pour se procurer l'argent indispensable, le paysan vend une partie de sa récolte. Cette petite maison paysanne a notre préférence. On comprendra que nous lui ayons donné une place privilégiée [2].

(1) On désigne couramment sous le nom de mas la ferme provençale. Au XIXe siècle, on faisait une différence entre le ménage, le mas et la bastide. **Mas ou bastide :** ensemble de constructions de la propriété avec le château ou la maison du maître, ou même, l'ensemble de la propriété. Le mot de mas était employé dans l'arrondissement d'Arles, celui de bastide dans ceux d'Aix et de Marseille. **Ménage :** construction nécessaire à l'exploitation, construction en pierre avec couverture en tuiles, relativement commode et confortable pour l'habitation du fermier avec rez-de-chaussée et parfois un étage (d'après les statistiques de Villeneuve).

(2) En fait, elle correspond par son volume à notre habitat actuel en ordre dispersé.

Mas après restauration dans la région de Sigonce. Exposition au sud avec une terrasse en pierre dominant le paysage.

Le site

Il faut se reporter aux différents plans-masses que nous donnons. Ils font apparaître des renseignements précis, concernant le site général et le site immédiat : l'accès, l'orientation, la disposition des plantations, la présence d'eau, etc.

L'accès : il se fait parallèlement à la façade, rarement de face. Le chemin débouche [3] sur la façade-pignon et passe, ensuite, devant la construction.

La disposition, qui consiste à arriver dans l'axe de la façade principale est réservée, la plupart du temps, aux constructions bourgeoises et nobles [4].

L'orientation : il est intéressant de s'arrêter, ici, sur l'orientation la plus courante. Nous constatons que tous ces mas sont orientés sensiblement nord-sud, avec une légère inflexion à l'est. Cette orientation est permanente et permet de répondre aux différentes contraintes [5] : la façade sud est abritée du mistral qui vient du nord-ouest ; l'exposition au soleil est maximale, la protection contre les pluies dominantes, venant de l'est, est ainsi assurée.

Le volume

Ce qui caractérise avant tout une construction, c'est son volume général. C'est un parallélépipède couvert à deux pentes ; nous l'avons présenté comme un volume simple, peu important, très ramassé. On se demande comment une exploitation rurale pouvait se contenter d'un volume bâti aussi réduit [6]. Ce volume est à étage. C'est encore là une économie de moyens. Pour la même surface de toiture, on dispose de deux niveaux : un étage mansardé avec une hauteur très réduite (quelques centimètres au-dessus de la tête de

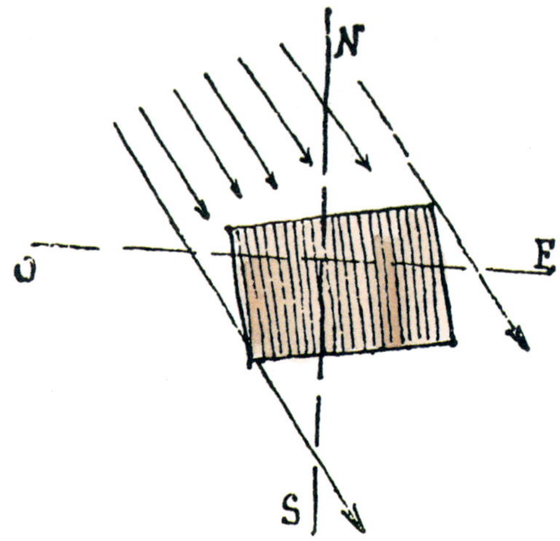

En haut, orientation de la maison provençale d'après Lanéry d'Arc. Au milieu, un petit mas à Chante-Coucou, à Ansoins, dont le pignon est aveugle. En bas, un mas de La Graille, à Cucuron, dont le pignon ouest est dépourvu d'ouverture. À droite, un mas de la région de Lourmarin élevé d'un rez-de-chaussée avec étage, accompagné d'une treille accrochée sur la façade principale.

[3] J. Giono, *Arcadie - Le Déserteur*, 1953. « C'est un chemin qui va de la bonne humeur de celui-là au goût procédurier de celui-ci, qui fait un détour pour s'orienter vers un grand porche, passer près d'une fontaine, qui s'efforce d'avoir toujours à proximité les hangars où il est bon de pouvoir s'abriter en temps d'orage. Il suit presque toujours le tracé des anciennes pistes du temps des colporteurs, diligences, voyages à franc-étrier. J'en connais qu'on voit s'infléchir vers telle petite ferme sans importance désormais mais où vivait en 1784 une jeune femme célèbre par sa beauté et son naïf besoin de vie. D'autres s'approchaient d'un bon vin. Il y a une raison à tous les balancements, les sinuosités ne sont jamais gratuites ; les serpentements ont été décidés après mûre réflexion. Ce détour vous garde du vent, vous fait passer à l'ombre ; cette ligne droite vous emporte le plus rapidement possible hors d'un endroit où il ne fait pas bon s'attarder. »

[4] Cette disposition qu'indique le comte de Lanéry d'Arc dans ce type de mas n'est pas conforme aux exemples que nous avons rencontrés.

[5] « L'orientation est, d'ordinaire, nord et sud avec une légère inflexion vers l'est, de façon à ce que la façade du midi soit à l'abri du mistral, vent qui vient du nord-ouest. Cette inflexion légère du levant n'empêche point de jouir du soleil jusqu'à son coucher. Cette orientation est générale dans toute la région comprise entre les Alpes, la mer et le Rhône, jusqu'à la hauteur de Valence, sauf quelques très rares exceptions qu'on rencontre dans la montagne et qui ont alors quelques raisons d'être particulières pour des nécessités locales. » (comte de Lanéry d'Arc)

[6] Le comte de Lanéry d'Arc a indiqué, lui aussi, à plusieurs reprises, sa surprise concernant le peu d'importance de la maison provençale par rapport aux autres régions qu'il a visitées. Il a noté, pour la façade principale, une dimension de 11 m de longueur sur 8 m de hauteur. Ce modeste volume, il l'explique par la famille très réduite du cultivateur. « Il habitera là avec sa famille, le plus ordinairement ses aides seront ses enfants, lesquels resteront avec lui, travaillant pour son compte, jusqu'à ce que, se mariant, ils quittent la maison paternelle pour prendre à leur propre compte une petite exploitation. Nous ne trouvons pas, d'ordinaire, un grand nombre de bras. Le père et la mère encore dans la force de l'âge, un fils ou une fille robuste et un ou deux enfants qui ne seront un vrai secours pour leurs parents que plus tard ; tels sont, par exemple, les habitants de notre maison. »

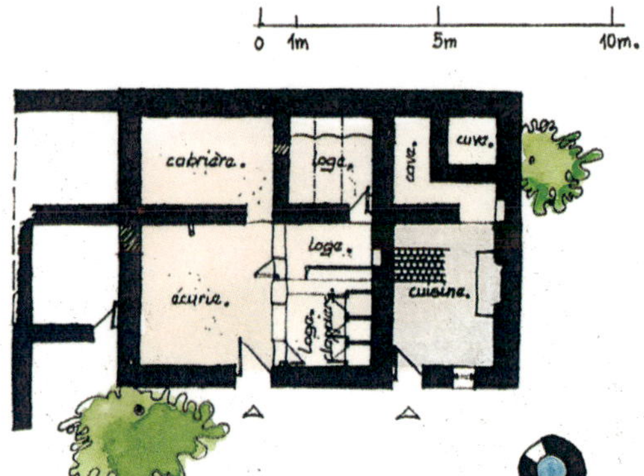

Plan du rez-de-chaussée

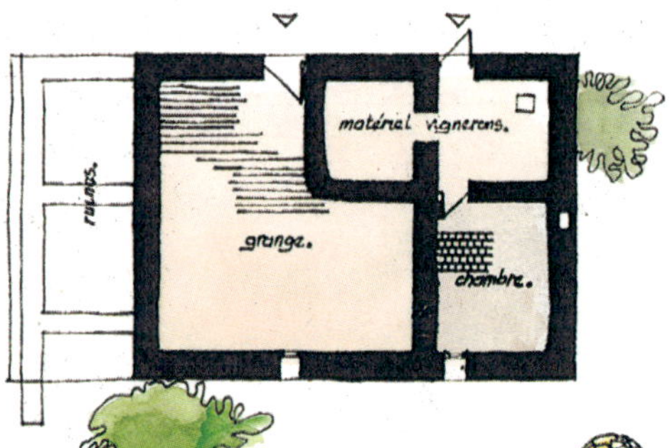

Plan du 1er étage

Plan des toitures

Élévations et plans d'un petit mas de la région de Cucuron.

Élévation sud

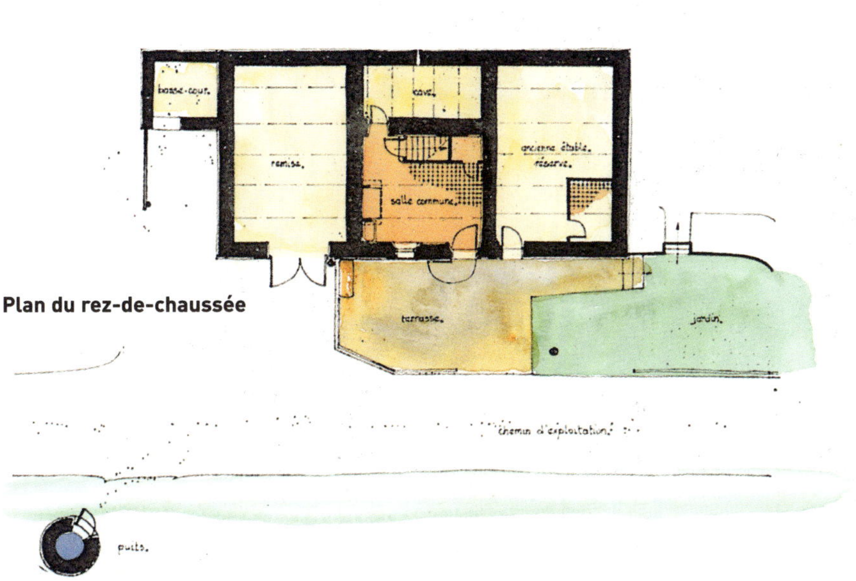

Plan du rez-de-chaussée

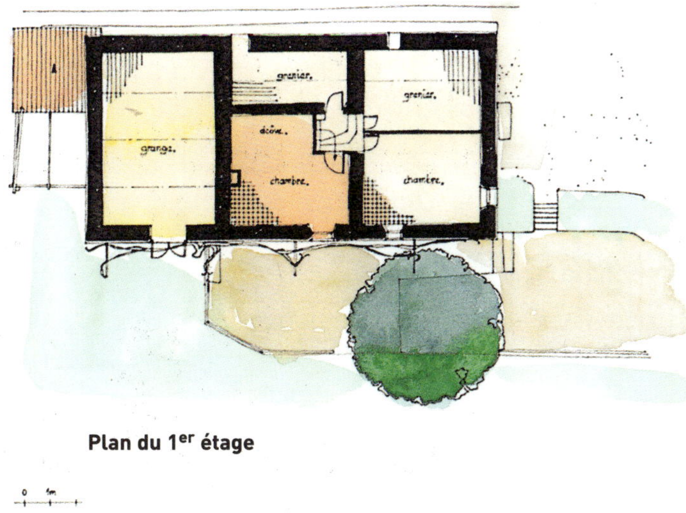

Plan du 1er étage

l'homme), un rez-de-chaussée plus élevé (un peu plus que la hauteur de l'homme et son bras levé). Ce volume principal ne comporte pas de décrochement ; les annexes viennent l'épauler. Il arrive qu'il soit décroché au niveau de la toiture, et alors seulement une partie comportera un étage.

Les limites de ce volume. *La façade sud :* c'est la façade principale, la seule qui soit traitée et qui comporte l'entrée et les ouvertures nécessaires à l'éclairage [7]. *La façade postérieure :* la façade nord est la plus basse possible, la plus enterrée,

Vue générale, élévation et plans d'une ferme, chemin des Lauves, région de Puyricard.

[7] « Il n'y a point de fenêtre du tout, ni au nord, ni au couchant, ni même au levant, car le froid entrerait par-là avec le vent du Nord, la bise, la montagnière ou le mistral ; et il serait très difficile de s'en garantir d'autant, qu'en Provence, les fenêtres ferment toujours très mal… Voilà pourquoi, le plus souvent, il n'y a d'ouverture qu'au midi. » (comte de Lanéry d'Arc).

Plan masse

Élévation sud

Élévation sud

de manière à éviter la prise du mistral. Elle est percée de rares ouvertures servant de ventilation ; quelquefois, une porte accède aux greniers quand la maison se situe sur un terrain en pente. *La façade-pignon à l'est :* c'est un pignon qui fait face aux pluies, donc un pignon pratiquement aveugle.
On connaît la brutalité et la force de la pluie dans cette région. *La façade-pignon à l'ouest :* elle est également fermée, sauf à de très rares exceptions. On peut s'étonner qu'il en soit ainsi car c'est une façade qui reçoit le soleil couchant, c'est-à-dire un soleil qui est moins chaud, mais qui peut encore réchauffer les pièces d'habitation. La pièce commune comporte, en fait, une exposition unique au sud.
La couverture : c'est une couverture à deux pentes (de 40 à 45 °). Il existe également des couvertures à une seule pente, exceptionnellement à quatre pentes. Cette pente moyenne est également une caractéristique importante de la maison provençale. Elle se tient dans un juste milieu pour éviter, d'une part, si elle était trop forte, la chute des tuiles et, d'autre part, si elle était trop faible, que les eaux de ruissellement ne pénètrent. On pense trop souvent que les pentes des toitures provençales sont faibles. Ces pentes sont relativement élevées et marquent vraiment la proportion des pignons.

Le volume est défini : le rapport des pleins et des vides

La répartition des ouvertures a lieu sur la façade sud. C'est sur cette façade que l'on trouve, non seulement la porte d'entrée, mais également les fenêtres, la porte de l'écurie, la porte des remises, la porte des annexes. La répartition se fait d'une manière tout à fait irrégulière, rarement ordonnée et symétrique. De l'extérieur, il semble qu'il n'y ait pas de choix sur le positionnement des ouvertures. Cela n'est pas tout à fait le cas.

Description du plan intérieur

La partie affectée à la vie de l'homme est réduite à l'essentiel. Les autres surfaces, destinées aux animaux et aux remises, sont beaucoup plus importantes. Les dépendances sont surtout occupées par la bergerie, l'écurie ou le pigeonnier. Les animaux sont proches de l'homme ; la production et le matériel aussi. Ce volume réduit oblige à cette promiscuité. Le fonctionnement s'en trouve facilité et les circulations plus réduites [8 et 9].

Façade sud, élévation et plans d'un mas de la région du Canet.

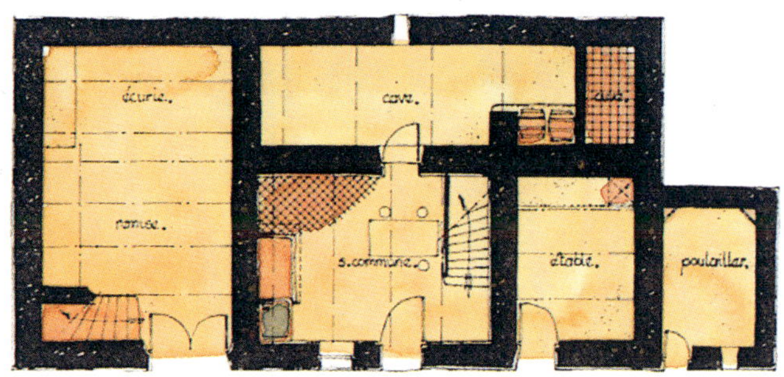

Plan du rez-de-chaussée

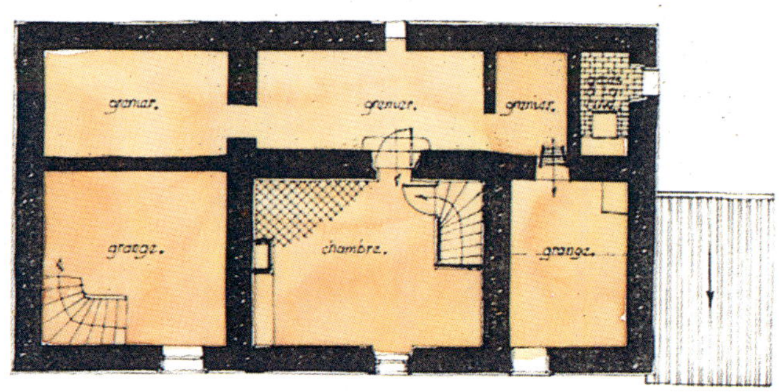

Plan du 1er étage

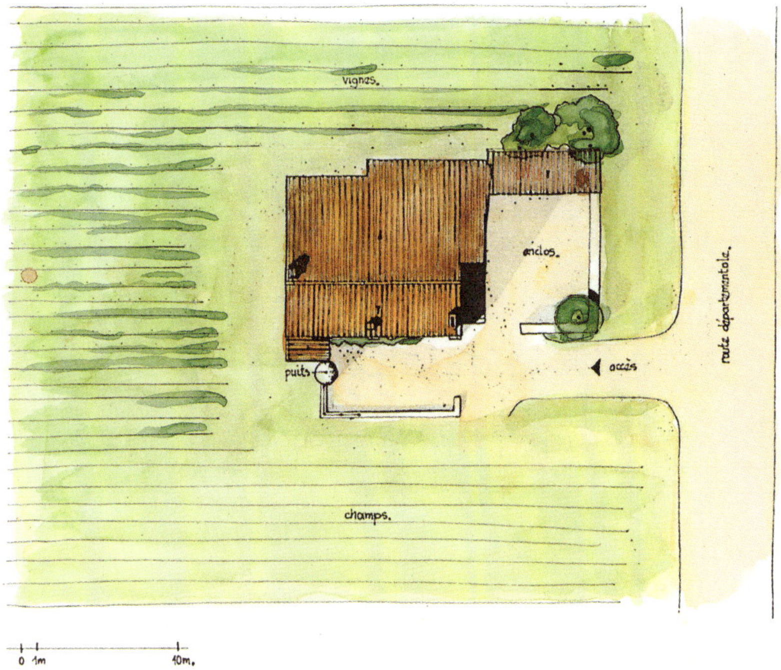

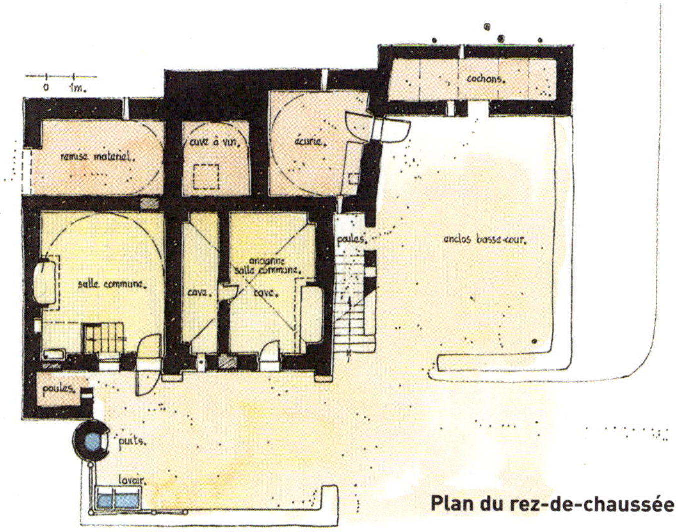

Plan du rez-de-chaussée

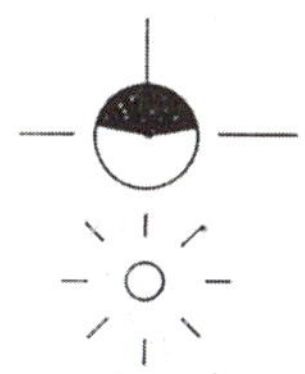

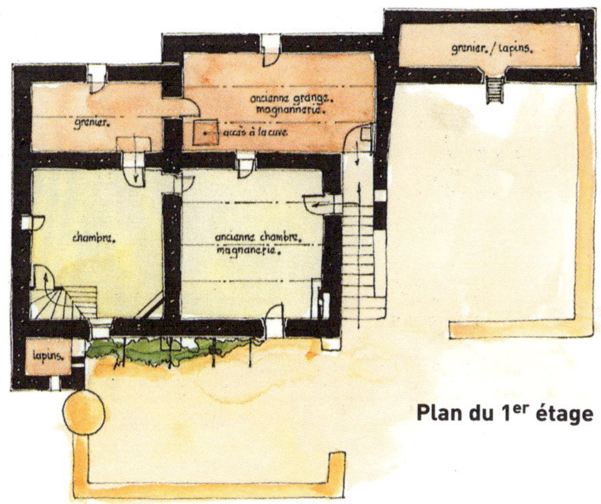

Plan du 1er étage

Plans et élévation d'un mas des plaines de la région de Lauris.

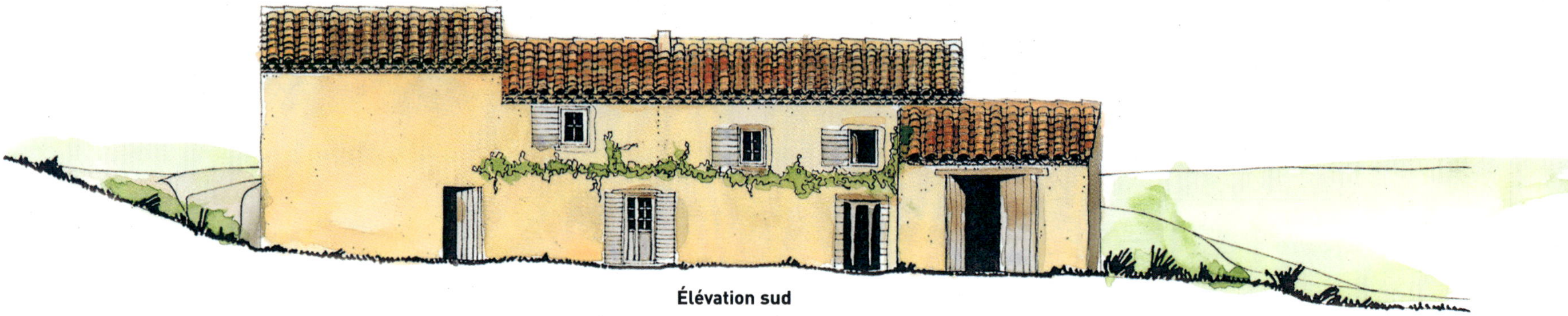

Élévation sud

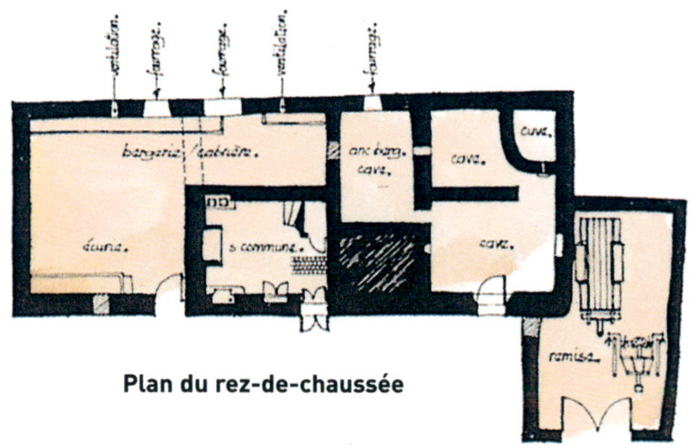

Plan du rez-de-chaussée

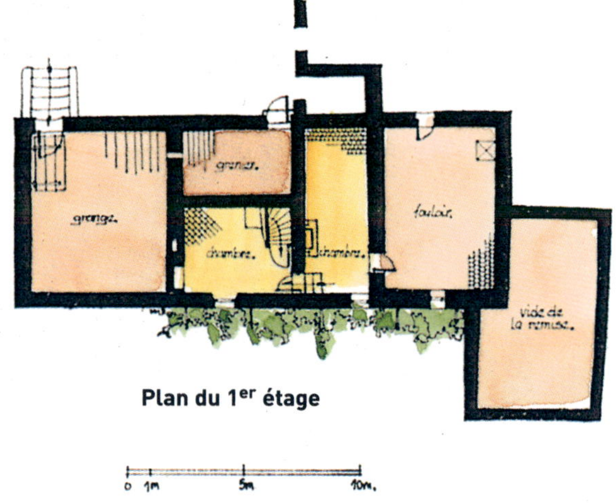

Plan du 1er étage

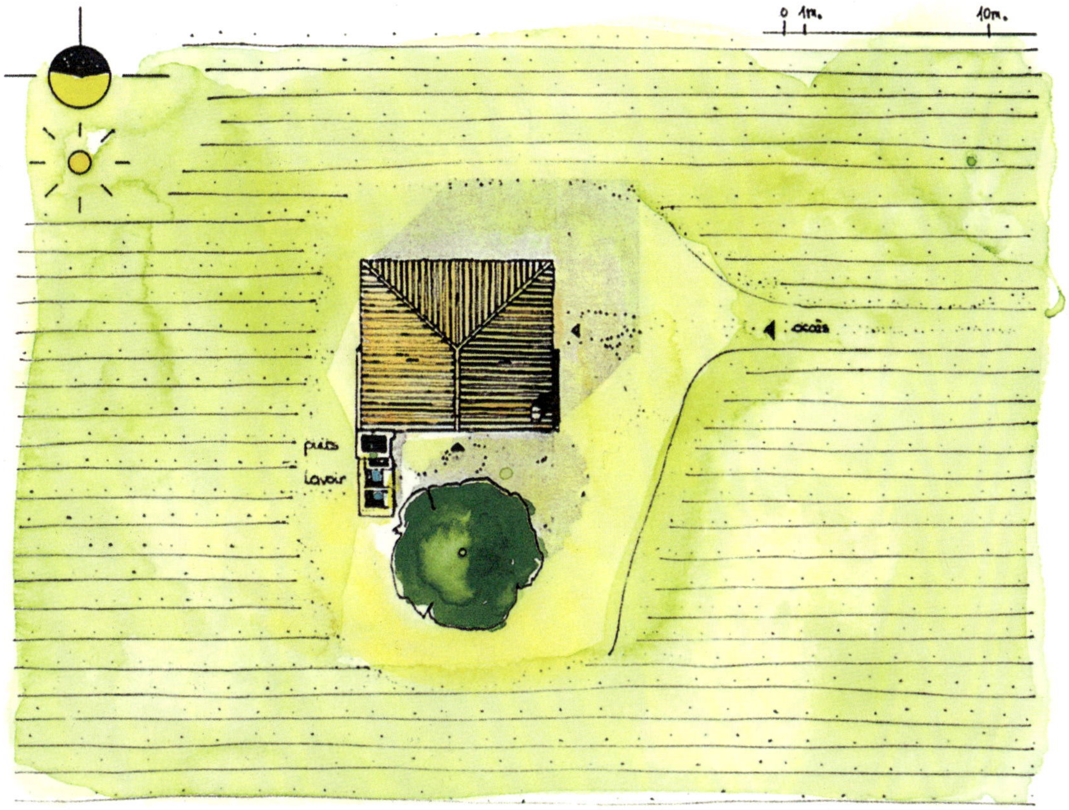

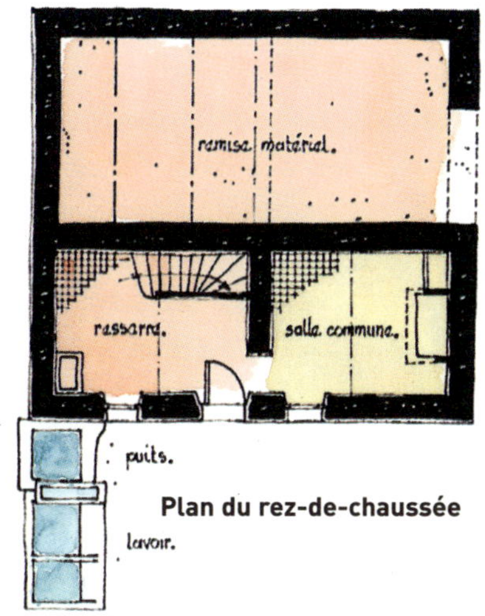

Plan du rez-de-chaussée

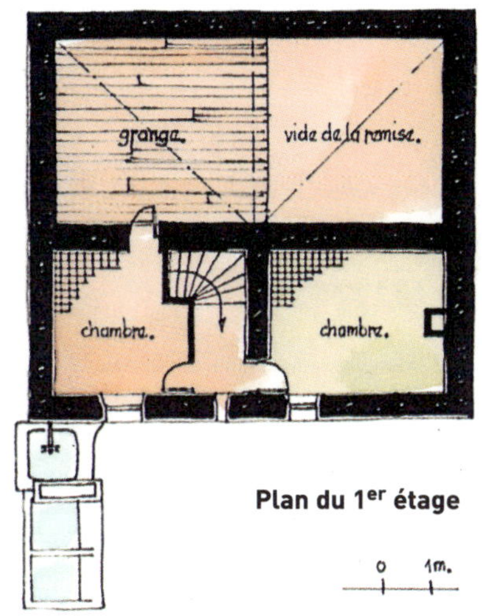

Plan du 1er étage

Plans et élévations d'un petit mas de Puyricard, avec façade-pignon au sud.

Page de gauche, un mas du quartier des Briands à Cucuron : plans, élévation et coupe ; détails de l'entrée de la cave sur la façade sud, de l'accès à la grange au nord.

Le logement de l'homme : au rez-de-chaussée, la pièce à vivre, à la fois pièce où l'on se tient, pièce de repos où l'on fait la cuisine, où l'on se chauffe, où l'on se lave... En fait, c'est une pièce unique. À l'étage, chambre du père, chambre de la femme, mais de proportions exiguës [10].

Le logement des animaux : l'écurie abrite un ou deux mulets, quelques chèvres, quelques moutons. À côté, dans un bâtiment accolé, ou quelquefois séparé, la loge à cochons (un ou deux, la basse-cour) ; une partie des annexes est affectée en superstructure ou pigeonnier [11].

Le logement du matériel : il s'agit d'une remise en appentis dans laquelle se rangent les charrettes, la charrue, les tombereaux.

Le logement de la production : le fenil et la paillère sont au-dessus de l'écurie, le grenier sous la toiture pour remiser les sacs de blé et graines. La cuve à vin est située au rez-de-chaussée, mais l'accès se fait à l'étage.

L'examen de ce plan intérieur permet donc de constater que cet habitat est à l'image d'une vie odonnée et fonctionnelle. Cette disposition, bien que répéti-

En haut, la façade sud d'une petite ferme à Mallemort.

Au milieu, la façade sud d'un mas de plaine des environs du Tholonet, abritée d'une treille.

À droite, élévation et plans d'un petit mas de la région de Cabries.

[8] M. Mauron nous donne une description du mas dans lequel elle a passé son enfance : « En bas, la grande cuisine des gens, l'écurie des bêtes et la grande salle où, en hiver, on triait et rangeait les épinards, poireaux et laitues pour le marché. À l'étage, les chambres, les greniers, celui à grains, celui du foin, l'un mesurait sur la faim le nombre de bêtes, l'autre sur notre faim à nous, mais tous deux mesuraient très large de façon que personne ne se sentit limité ou gêné tout en ignorant l'artifice et la corruption de l'argent. » M. Mauron donne la description du mas des plaines.

[9] Il nous paraît intéressant de donner la description d'un mas faite en 1760 par les visiteurs de l'Ordre de Malte qui venaient de bâtir sur leur terre de Mallemort (cité par R. Livet dans *Archives départementales des Bouches-du-Rhône, Fonds de Malte*). L'édifice apparaît comme un petit mas très solide en pierre à chaux et sable, les coins et les ouvertures des fenêtres et des portes, en pierre de taille. En façade, il mesure 8 canes de long et 3 canes de largeur (soit 16 x 6 m). Il est couvert d'un toit à deux pentes en briques et tuiles par-dessus soutenu d'un boisage en poutres neuves de sapin ; il comprend : au rez-de-chaussée, à droite, une cuisine avec cheminée et ayguier en pierre, avec une dépense sous les degrés (escalier) ; à gauche, un cellier attenant et une écurie à la suite avec un râtelier au-dessus, relié par un escalier très solide en pierre, une grande chambre (la seule), un grenier à blé, au-dessus du degré, et un grenier à foin très vaste (au-dessus de l'écurie, probablement), le tout prenant jour à midi ; derrière, au nord, une bergerie de 5 canes de long sur 10 pans de large (10 x 5 m) garnie de portes et de fenêtres peintes en rouge ; devant le mas, un puits garni de pierres de taille avec une pile pour abreuver les bestiaux ; une aire de pavés de cailloux de 10 canes au carré (20 m de côté).

[10] « Examinons le rez-de-chaussée. La porte rectangulaire ouvre sur un corridor étroit au fond duquel nous apercevons un escalier. La façade est percée, à gauche, d'une fenêtre, à droite, d'une porte cochère : c'est l'écurie qui contient un mulet, une chèvre, et dans laquelle on remisera bien des choses encombrantes, telles que les charrues, les bêches, les pioches et autres instruments aratoires, la provision de melons et potirons. Des files d'oignons, de gousses d'ail entrelacées par leur paille, des pommes-d'amour (tomates) sont pendues au mur ou au plafond. Au premier étage, à gauche et au centre, deux fenêtres vitrées sans volets extérieurs, ni intérieurs, à droite, au-dessus de l'écurie, une large fenêtre en bois plein, à double battant, surmontée d'une poulie extérieure, nous indique le grenier à fourrage. » Le comte de Lanéry d'Arc indique trois chambres dont une réservée aux femmes, l'autre au maître de céans, la troisième étant occupée surtout par des sacs de blé, d'avoine, etc., bien qu'elle puisse servir de chambre. Il trouve également, à l'étage, un grenier. Dans les annexes, il indique le hangar pour la charrette, ainsi que le lapinier, le poulailler, la loge à cochons et l'aire à dépiqueter.

[11] Inventaire déposé le 7 février (M. Arnaud, *Histoire d'une famille provençale*, Marseille, 1884) : « L'étable comptait deux bœufs, une jument avec un poulain mâle d'un an, un âne, une ânesse avec son poulain âgé de dix-huit mois, une truie de trois ans, deux autres truies d'un an, trois pourceaux, quatorze brebis pleines, trois agneaux de sept à huit mois et un bélier. Il n'y avait pas de poule ». Un autre inventaire établi en 1435 aux bastides de Jourdan : « Dans l'étable, il y avait quatre bœufs de labour "arrachi", une ânesse, un ânon, un verrat, une truie de deux ans, trois truies de trois ans et, dans la basse-cour, vingt poules ».

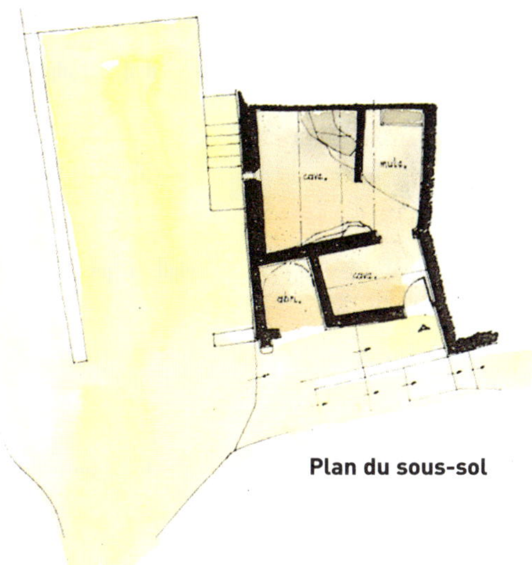

Plan du sous-sol

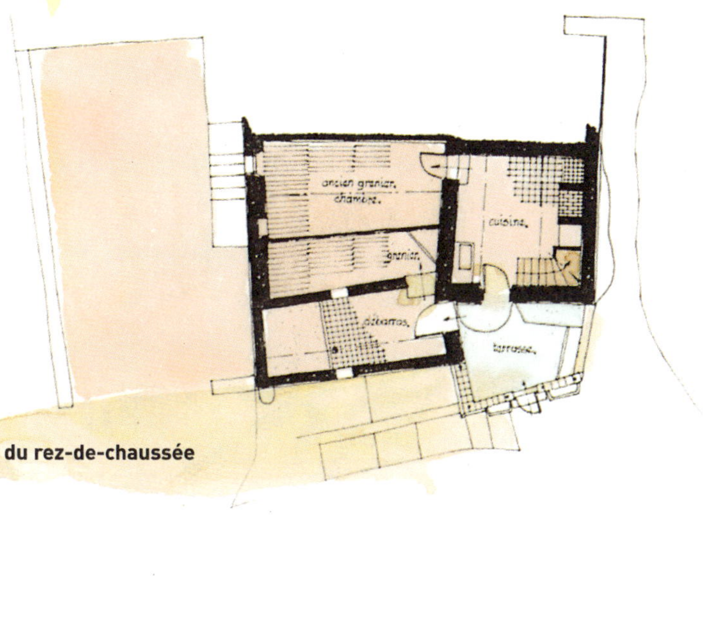

Plan du rez-de-chaussée

tive dans ses grandes lignes, n'est jamais reconduite d'une façon identique. Il n'y a pas un plan qui soit intégralement reproduit sur un autre mas, même si celui-ci est situé tout à côté. À ce fonctionnement plus que simple, le paysan va naturellement ajouter des agencements différents, une note originale qui personnalisera son mas.

Les exemples des plans intérieurs que nous donnons, pris dans des régions distinctes, permettent mieux que de longues explications de s'en rendre compte.

Le mas de Manson, à Saint-Rémy-de-Provence ; plans et élévation, vue de la façade sud.

L'hygiène et le confort

À quelques rares exceptions, il n'est plus possible maintenant de rencontrer des mas qui aient gardé leur disposition d'origine. Si la pièce commune a été maintenue, nous la trouvons transformée par la suppression de la cheminée, le remplacement du sol en terre cuite par du *granito*. Le paysan actuel a fait table rase de tout ce qui pouvait lui rappeler un décor antérieur. Avant ces transformations radicales, la maison était déjà considérée comme relativement hygiénique et confortable par rapport à d'autres maisons rurales du reste de la France. De plus, les petits propriétaires d'autrefois étaient beaucoup moins exigeants pour leur logis que les habitants des bourgs et des villes[12].

La surface d'éclairement est très réduite. On se méfie du soleil. Les pièces sont dans une demi-obscurité. Seule, la pièce à vivre comprend une porte d'entrée souvent pleine, mais généralement ouverte en été, et une fenêtre[13]. Chaque chambre ne comporte qu'une ouverture. Dans les autres annexes, le renouvellement de l'air se fait par des petites ventilations. Une treille, tout le long de la façade, protège du soleil. Les sols sont facilement lavables car ils sont en carrelage (mallonné). Les enduits intérieurs reçoivent plusieurs couches de badigeon. Il était de tradition de refaire les peintures une fois l'an. Il n'y avait aucune commodité à l'intérieur ; on allait dehors.

L'eau et le feu

Les mas sont alimentés suivant leur localisation par des puits, par des citernes ou par des sources. L'eau est distribuée à la pile qui se situe dans la pièce à vivre. L'unique cheminée de la pièce à vivre sert aussi bien au chauffage qu'à la cuisine. Un potager, à un ou deux feux, indépendant ou intégré à celle-ci, facilite la cuisine sur la braise. Il est rare que les chambres comportent une cheminée.

[12] Comte de Lanéry d'Arc : « À Salon, on montre comme une curiosité une ferme remontant à deux siècles. Quand on la visite et quand on la voit si basse, si sombre, avec ses portes arrondies dans le haut, on ne se prend pas à regretter le confort d'autrefois. Nos paysans sont logés comme des princes en comparaison de leurs aïeux ».

[13] « La porte, constamment ouverte, à partir du début des chaleurs, était remplacée par une porte mobile en grossière toile de sac, laissant pénétrer l'air tout en fermant le passage au soleil, à la poussière, aux mouches et aux moustiques, véritable fléau, parfois, dans ces plaines. L'usage des portes, munies d'un épais grillage, protection plus efficace contre les insupportables insectes, tend à se généraliser, mais il faudra grillager les fenêtres qui ne le sont pas. » (*Encyclopédie départementale des Bouches-du-Rhône*).

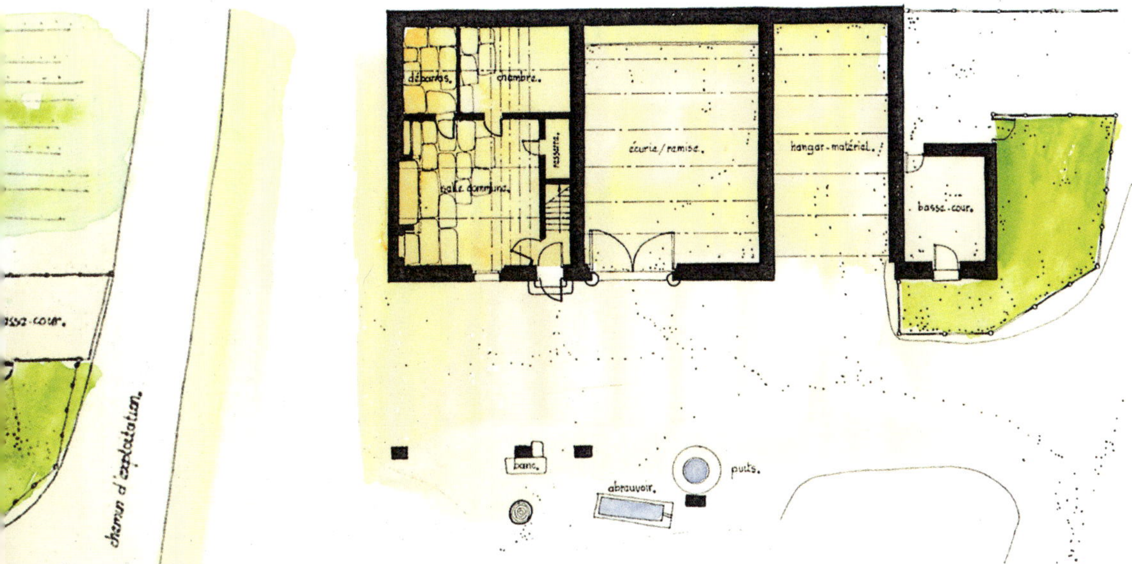

Plan du rez-de-chaussée

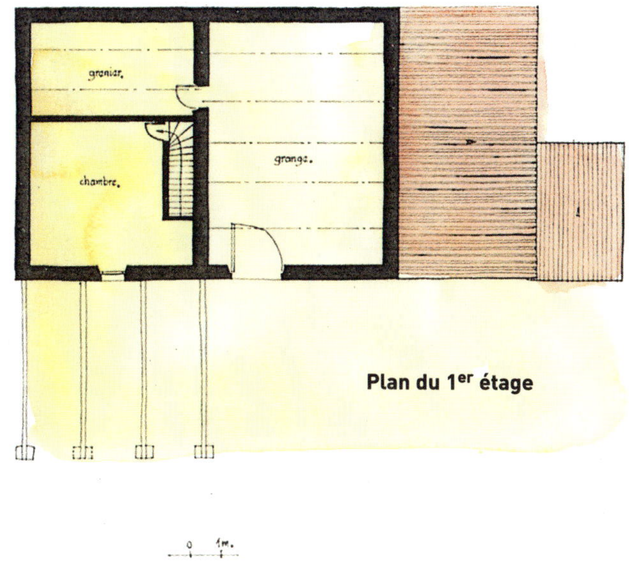

Plan du 1er étage

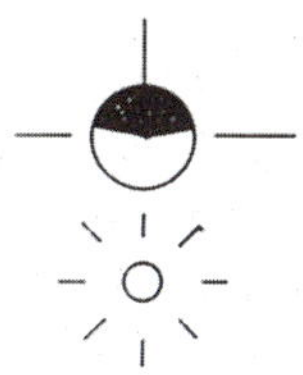

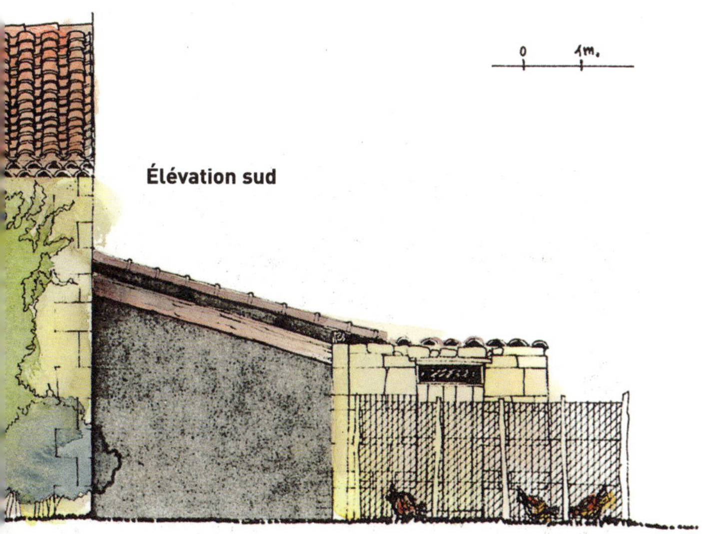

Élévation sud

La construction

Les fondations sont réduites au minimum. En effet, dans presque tous les cas, la construction est assise sur le rocher. Les murs extérieurs et les refends sont faits avec des pierres prises sur les champs avoisinants. La pierre de taille a été utilisée le moins possible. Le cloisonnement est en plâtre avec une ossature en bois. La couverture est en tuiles canal sur un support en bois. Chaque ouverture comporte des volets pleins. Les menuiseries intérieures sont des portes à panneaux. Les revêtements des sols sont, en général, mallonnés pour les pièces d'habitation et, quelquefois, pour les greniers. Les parties réservées aux animaux sont en terre battue. Les plafonds et les faux plafonds sont en cannisse avec du plâtre.

Les détails extérieurs

Aucune recherche de décoration n'apparaît, si ce n'est un cadran solaire. Le débordement de la toiture est chaque fois assuré par une génoise. Quelquefois, on trouve un élément de récupération pour orner la porte.

L'environnement

Le mas comporte une terrasse devant la façade sud, constituée par un espace plat et ombragé. Cette surface est traitée en gravier avec des parties en calade. Des clôtures peuvent exister pour limiter un jardin potager ou un accès particulier, plus pour suggérer, accompagner, que pour clore réellement. Le mobilier extérieur consiste en un ou deux bancs, une table en pierre, des niches extérieures. À côté du puits, des abreuvoirs pour les animaux et un bac pour laver le linge.
Chacun des mas que nous avons abordés nous a frappés par sa personnalité, par l'ambiance propre qui y régnait. Cela montre bien l'individualisme du paysan provençal. D'une échelle très ramassée, celle de l'homme, c'est un habitat premier où rien n'est gratuit, où tout a sa fonction et sa place dans la vie de l'homme.

Les adaptations et les extensions

Le mas de base des plaines s'adapte aux contraintes régionales et à la personnalité de ses occupants. Un bon exemple de cette faculté est donné par les mas situés dans la plaine de Châteaurenard, entre la chaîne des Alpilles et le lit de la Durance.

Un exemple d'adaptation du mas de base : la grange (région de Châteaurenard)

Cette plaine comtadine comporte un mas (grange), maison de petits paysans venus s'installer dans cette région au XVIIe siècle et surtout au XVIIIe siècle, à la suite de la création d'un lotissement municipal. En effet, la municipalité, pour apaiser ses créanciers, a du vendre, par petits lots, différents terrains communaux qui ont été parfaitement irrigués depuis la création du canal des Alpines. Une culture maraîchère intensive s'est ainsi développée, du fait également de la présence du chemin de fer qui pouvait desservir les gares de Saint-Rémy et d'Eygalières. Les petites propriétés d'une surface très réduite (d'une trentaine d'ares à 2 ou 3 ha) étaient disposées à côté des roubines et séparées par des haies de cyprès ou des haies de roseau, de manière à éviter les effets du mistral. La construction des mas se situerait entre 1820 et 1850. La plupart des propriétaires que nous avons rencontrés nous ont cité leur grand-père comme celui qui a construit la maison.

Le plan intérieur

La partie habitation est occupée, au rez-de-chaussée, par une salle commune, relativement importante (de l'ordre de 20 m^2), comportant la grande cheminée en pierre sur un panneau et la pile avec la pompe à eau. La porte d'entrée s'ouvre à droite, en poussant ; elle est obturée par une moustiquaire qui s'ouvre, elle, dans l'autre sens. On trouve une petite entrée et l'escalier qui monte droit aux chambres. La salle commune est séparée de cette entrée par une porte assez large, semi-vitrée, très souvent placée en biais pour agrandir l'entrée. La disposition de l'escalier, desservant l'étage, séparé de la salle commune, semble s'être imposée pour beaucoup de constructions, mais elle n'est pas générale. Dans un mas d'Eygalières, au lieu-dit Les Campabé, on nous a indiqué qu'un escalier en pierre existait à l'angle de la salle commune. Ses marches étaient très hautes, d'environ 29 cm. Pour des raisons de commodité, cet escalier a été supprimé. Quelquefois, la salle commune donnait accès à une chambre située à l'arrière.

Dans le quartier de Confignes, on retrouve pratiquement la même disposition. C'est le cas, par exemple, de l'ancien mas Isidore Nicolas (un escalier central d'une seule volée dessert les chambres, une porte en biais dégageant un peu plus l'entrée ; pile et pompe manuelle placées près de la fenêtre) [14]. Toutefois, ce mas a subi de nombreuses transformations : l'ancienne cuisine a été convertie en pièce de débarras. À côté, on a construit une autre partie dans le même alignement, mais avec un décrochement de toiture abritant le nouveau logement. Ce mas comportait un appentis, couvert en tuiles mécaniques,

[14] Une pierre de la porte de ce mas porte l'inscription « 1806 ».

Ci-dessus, une grosse ferme à Saint-Michel-l'Observatoire avec une cour intérieure donnant sur la façade sud et un pigeonnier en forme de tour intégré dans les toitures.

Ci-contre, un mas de la région de Saint-Revest-de-Bion en cours de restauration. Il a été construit en plusieurs tranches, ce qui explique les décrochements de volumes et de toitures.

mais dont la face-pignon était obturée par un mur de roseau fixé sur rondins verticaux. La cuisine était très souvent revêtue de dalles en pierre, appelées « bards ». Dans le mas de Manson, ces bards ont des dimensions de l'ordre de 0,50 m à 1 m. Ils sont en place et s'avèrent d'un entretien relativement facile, d'après le propriétaire. Les chambres étaient mallonnées (terre cuite de dimension importante : 24 x 24).
Ces mas sont caractérisés extérieurement par la disposition quasiment constante des ouvertures sur la façade principale. À côté de la porte d'entrée, et parfois jumelée avec elle, s'ouvre la porte de l'écurie [15]. Celle de la remise, couverte d'un arc surbaissé avec des claveaux de pierre d'une stéréotomie soignée, est nettement séparée. Au-dessus de celles-ci, de larges ouvertures permettent de rentrer le fourrage. Dans la région d'Eygalières et dans les propriétés les plus importantes, la bergerie se situe dans la partie nord de la construction. C'est le cas, par exemple, de la ferme du mas du Moulin, qui possède actuellement un troupeau de cent cinquante bêtes et un enclos à l'extérieur [16].

Les matériaux

La pierre de taille s'impose dans tous les encadrements d'ouvertures de fenêtres. Les carrières proches de Saint-Rémy, d'Eygalières, sur le flanc nord des Alpilles, ont permis très facilement cette extraction. De ces carrières, on extrayait également des piliers monolithes, servant pour les treilles et les puits. Le matériau de base était la pierre ramassée dans la montagne au moment où le paysan nettoyait son champ. Au lieu-dit Les Campabé, le propriétaire d'un mas nous a indiqué que son grand-père avait mis deux ans pour charrier les pierres à pied d'œuvre (d'une distance d'environ 5 à 6 km).

L'environnement du mas

La treille est, ici, très différente de celle qu'on peut rencontrer dans d'autres régions. Elle est constituée par des arcades métalliques qui viennent prendre appui, d'une part, sur la façade et, d'autre part, sur des pierres monolithes assez hautes. Quelquefois, ces arcs s'appuient sur des soubassements également en pierre formant bancs.
L'accès de la construction se fait donc parallèlement à la façade, en passant sous cette treille, dallée en pierre. La terrasse extérieure est, ici, tout à fait délimitée. Tout à côté, le puits, avec ses piliers et sa margelle en pierre monolithe, alimente aussi les lavoirs et les abreuvoirs.
Étant donné le niveau de la nappe phréatique, il n'était pas nécessaire de descendre très profondément. À partir de ce puits, une pompe actionnée de la cuisine permettait d'obtenir de l'eau directement à l'ayguier situé à l'intérieur de la pièce.

[15] Voir le chapitre consacré aux façades, en particulier du mas Neuf à Eygalières, du mas des Mauniers, du mas de la Lone.

[16] Le propriétaire du mas de Manson à Saint-Rémy nous a indiqué que, pour l'élevage des moutons, il était nécessaire que la propriété fasse au moins trois hectares de manière à produire également de la luzerne ; actuellement, il n'est pas question d'acheter le foin qui est beaucoup trop cher ; il faut le récolter soi-même.

Vue-perspective de la façade, élévation et plans d'une ferme des environs de Vernègues.

Plan du rez-de-chaussée

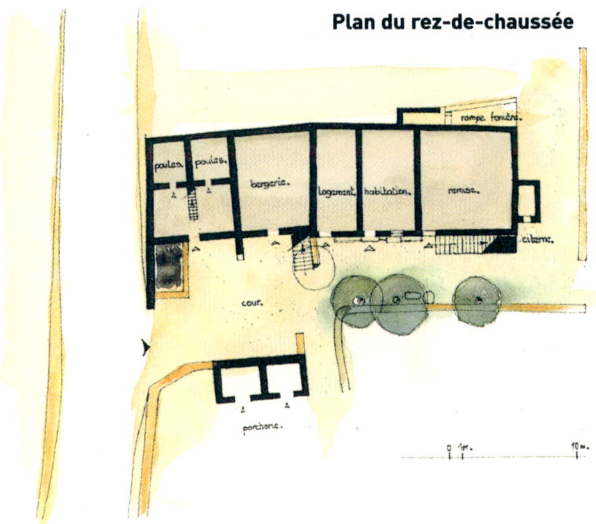

Élévation sud

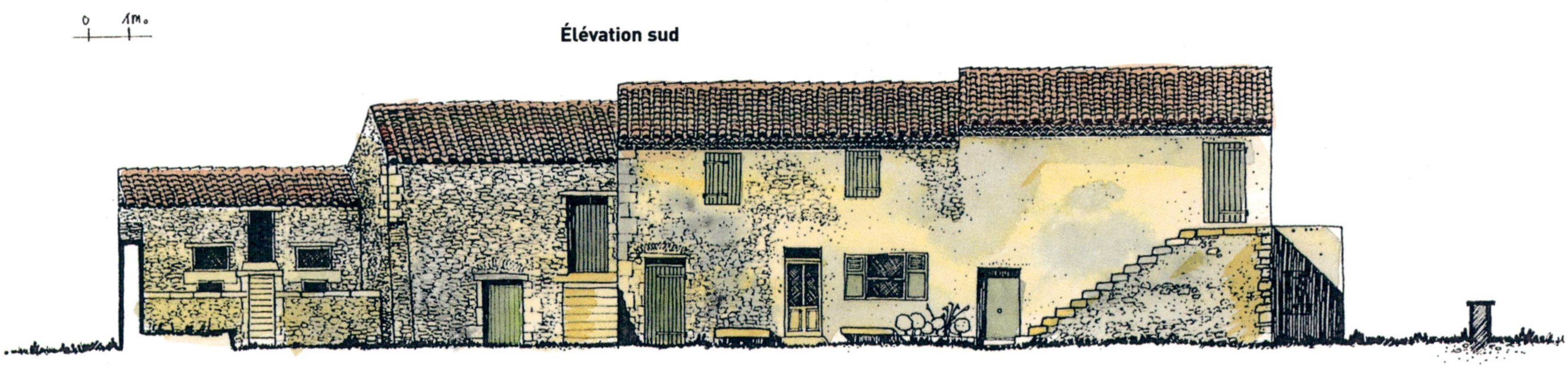

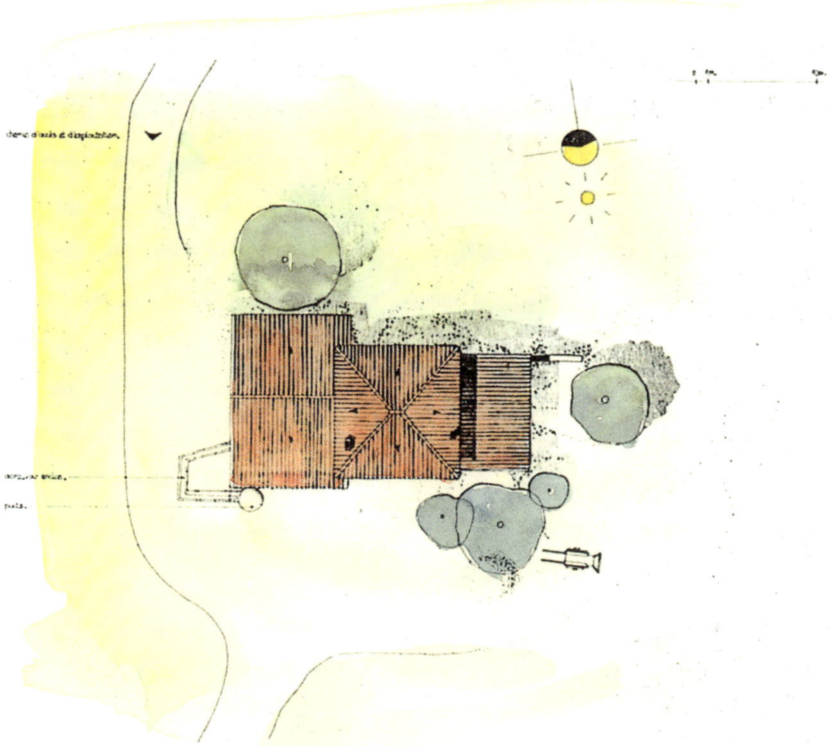

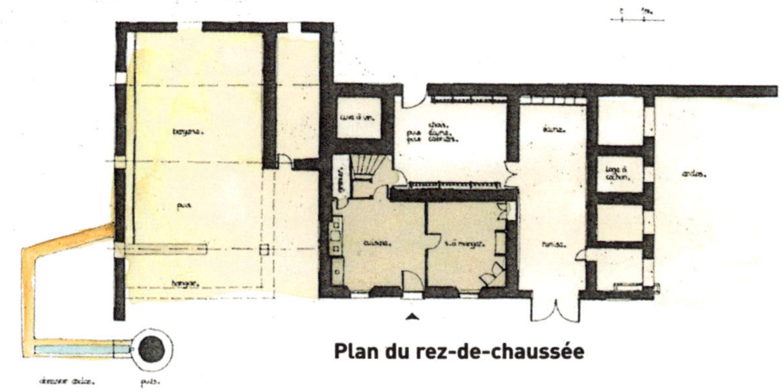

Plan du rez-de-chaussée

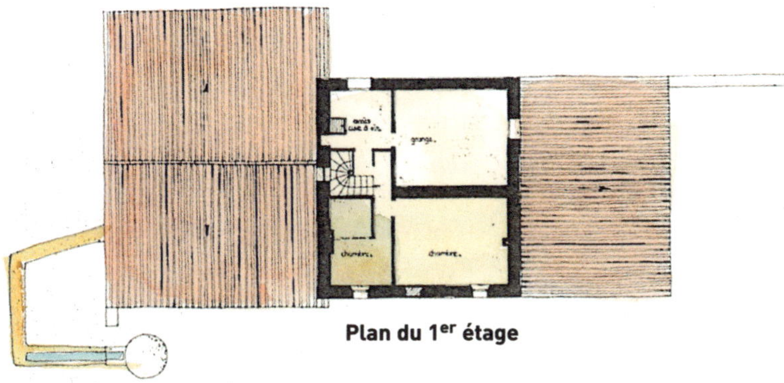

Plan du 1er étage

Ferme du Pégouiller à Fuveau ; élévation, plans et vue de la façade sud.

Élévation sud

Élévation sud

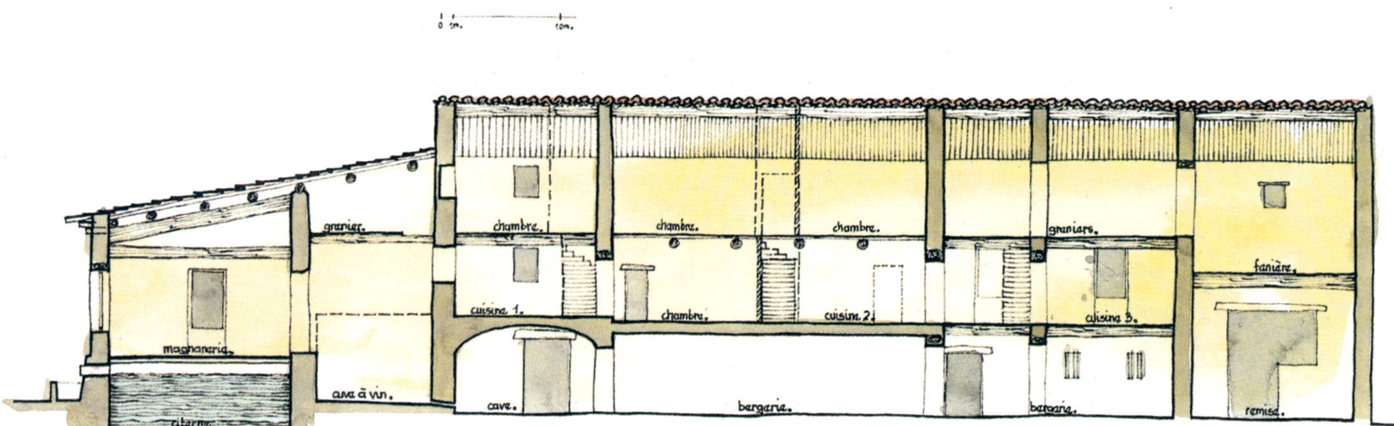

Coupe

Élévation nord

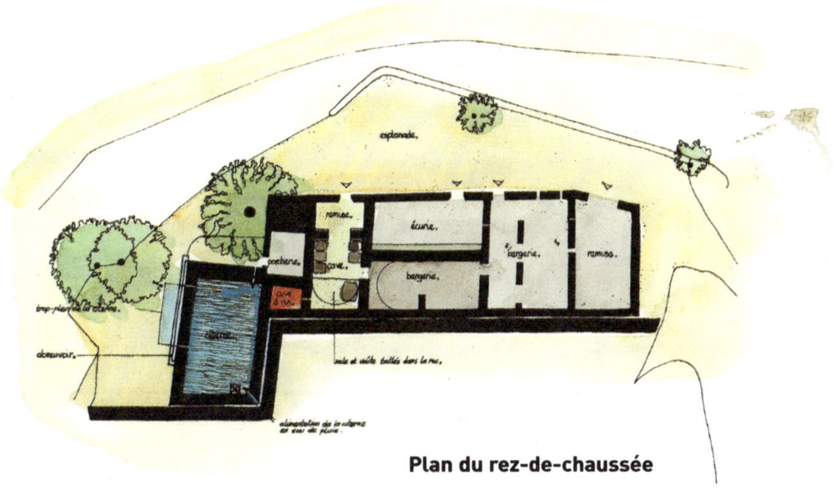

Plan du rez-de-chaussée

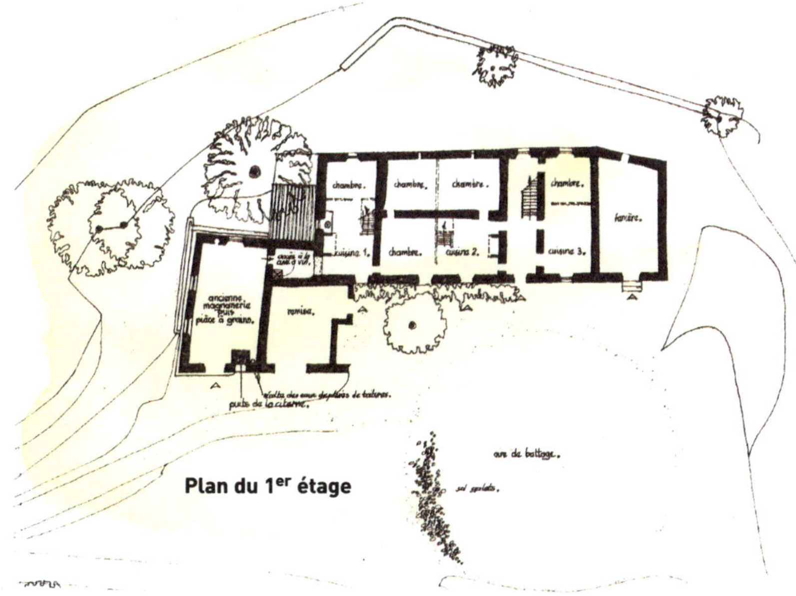

Plan du 1er étage

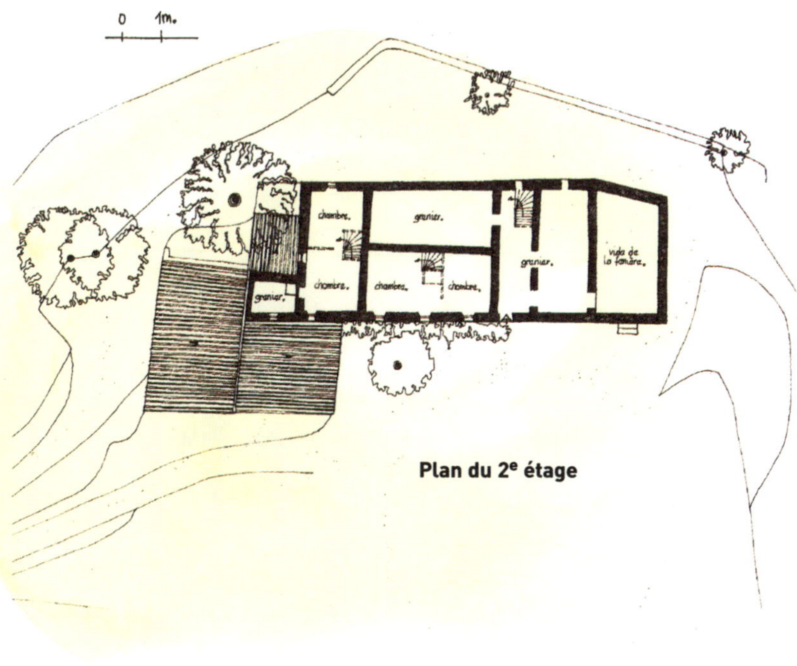

Plan du 2e étage

À gauche et à droite, élévations, plans et coupe d'une ferme du domaine de Jaumaresse à Châteauvert.

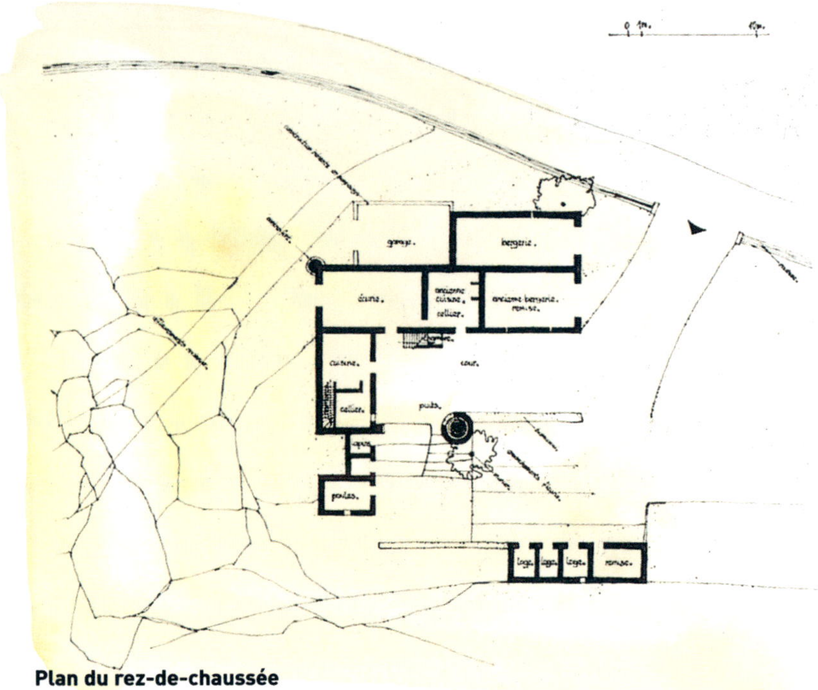

Plan du rez-de-chaussée

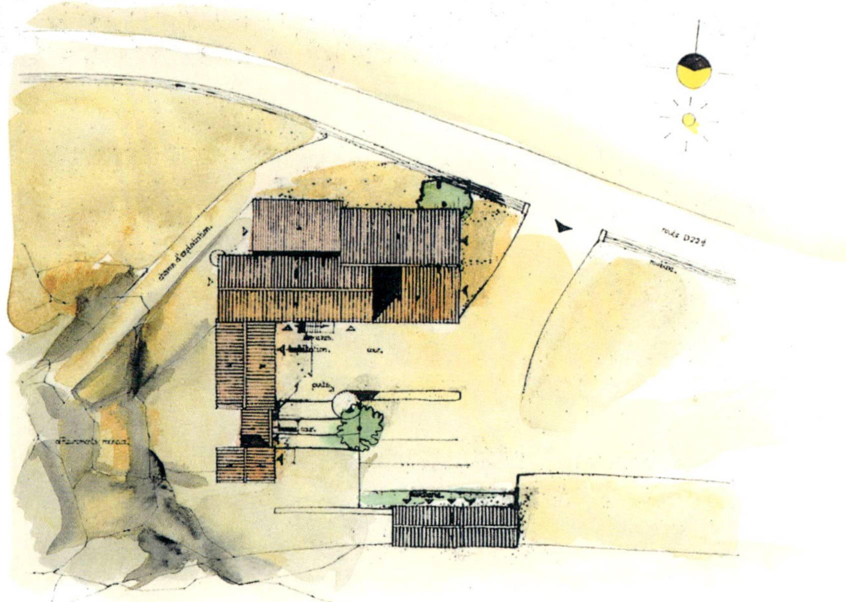

À l'extérieur, on trouve quelques marronniers, des micocouliers, situés plein sud, et, à côté de la treille, des haies de cyprès, de roseaux, un enclos pour les poules.

Plans et vue de la façade sud des bâtiments en L d'un mas à Avon, dans les environs de Vernègues.

À droite, vue du porche d'entrée, élévation et plans d'un mas à cour fermée à Bonnieux.

L'extension du mas de base

Le mas de la plaine de Châteaurenard ne semble pas avoir subi une grande évolution. Ce n'est pas le cas pour la plupart des mas que nous rencontrons en Provence. Le mas, en effet, constitue souvent un point de départ à partir duquel de nombreuses variantes se créent. Dans le mas de base, le volume est simple, sans rupture de faîtage. Mais le petit propriétaire peut être amené à s'agrandir, le petit mas que nous connaissons ne lui suffisant plus. Il cherche d'abord à en étoffer le volume, d'un côté ou de l'autre, et la masse, parfaitement définie à l'origine, se prolonge par des toitures de longueurs inégales. Quand il n'a plus la possibilité d'agrandir ainsi, il recherche, suivant la nature du terrain, sa déclivité, la possibilité d'un déploiement par accolement d'autres volumes. Ce déploiement est soit linéaire (sur un front), soit orienté de façon à se refermer.

Le déploiement linéaire

Le bâtiment s'ordonne sur une ligne générale face au midi. Il se présente comme un volume très long, sans dominante, dans lequel les tranches rapportées sont à la même hauteur que le volume d'origine, ou, au contraire, comme une suite de volumes dans une hiérarchie décroissante.

Le déploiement en parti fermé

Pour des raisons multiples (surface du sol, barrière au mistral), le paysan a décidé de rompre l'alignement. Cela donne la cour fermée avec ses intermédiaires : parti en L et parti en U. La disposition en cour fermée est évi-

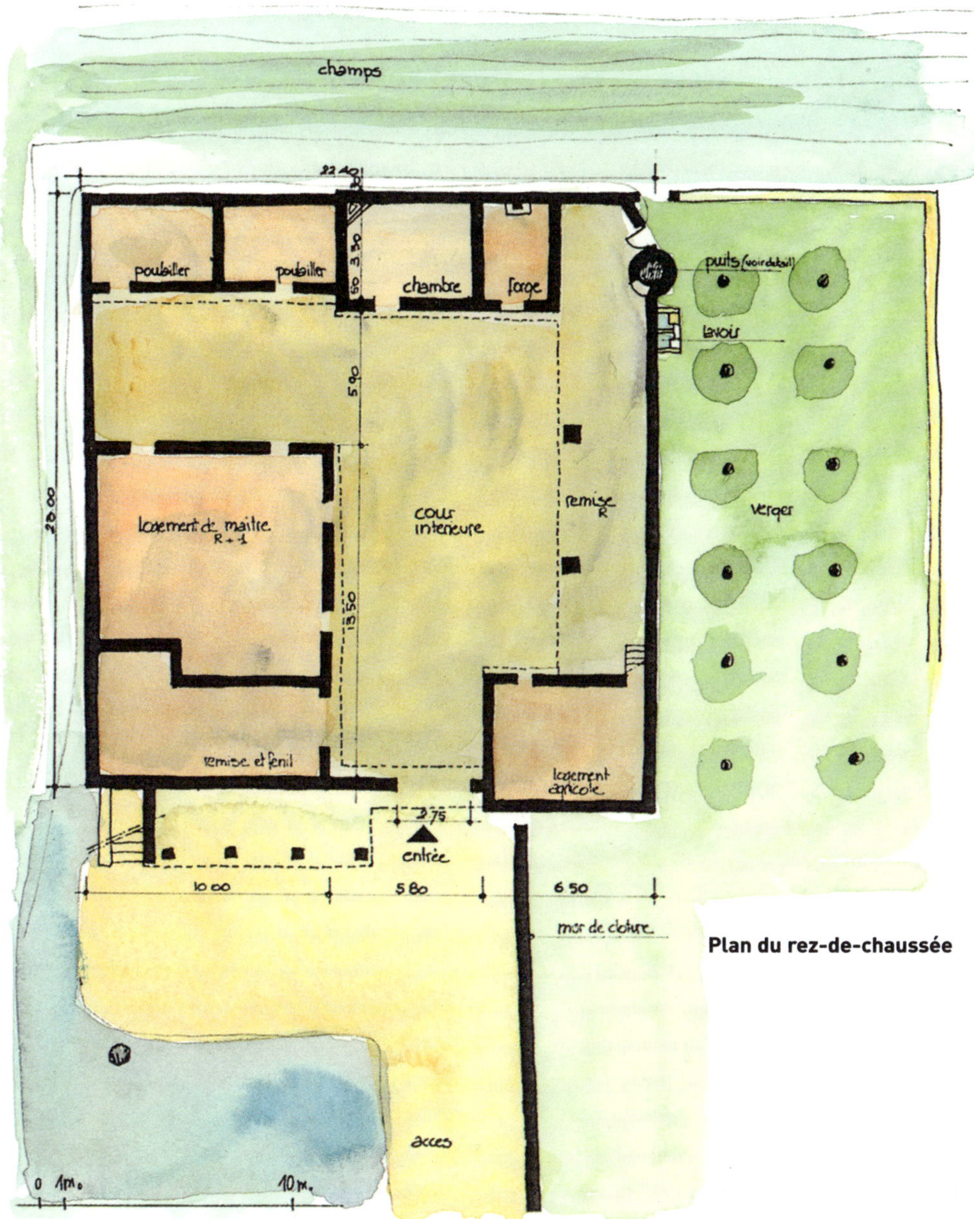

Plan du rez-de-chaussée

demment plus fréquente quand il s'agit de grosses propriétés où, par nécessité, de nombreuses annexes et dépendances étoffent les volumes principaux, permettant à cet espace de se refermer sur lui-même. Ce parti en cour fermée crée une ambiance générale assez particulière où se définit, cette fois, un espace intérieur. Le volume principal occupe une façade de cette cour, entourée par les dépendances accolées les unes aux autres. Cette cour peut être également limitée par un mur de clôture. Un porche marque l'entrée et des passages desservent l'extérieur, le potager, l'aire à dépiqueter, le puits, etc.

À gauche et à droite, vue générale, plans et coupe du mas des Petitons à Oppède.

Un exemple de mas en cour fermée dans la région du nord du Lubéron

Dans cette plaine, où domine essentiellement la vigne, les volumes d'une manière générale étaient répartis pour former une cour intérieure. Le schéma de ce type d'habitat se retrouve au sud d'Oppède, autour de Robion, de Coustelet, de Cabrières-d'Avignon : un volume principal à un étage, des remises, des dépendances permettent de fermer la cour. Généralement, un porche fermé par une porte comportant deux vantaux en bois en garde l'accès. Dans cette région, de nombreuses dispositions de voûtes ont été adoptées pour le rez-de-chaussée, notamment voûtes d'arêtes ou voûtes en berceau.

Certaines remontent à la Renaissance. C'est le cas, par exemple, des Petitons à Oppède-le-Vieux. Le rez-de-chaussée comprenait la pièce commune, l'entrée avec l'escalier principal qui, de ce fait, était indépendant de la pièce commune ; à l'étage, les chambres, le fenil, situé juste au-dessus de l'écurie, les greniers. Dans des cas assez rares, on peut trouver un étage supplémentaire avec une répartition des chambres identique (c'est le cas de la Crémade à Oppède).

Dans le mas de la Lauve, à Cabrières-d'Avignon, la pièce commune est voûtée, une grande cheminée en plâtre occupe un panneau. Le potager était, à une certaine époque, situé à côté de la cheminée, puis il a été déplacé dans la souillarde (appelée ici la « patouille »). Il a été ensuite démoli. Cette patouille, dépendante de la salle commune, a été transformée, pendant un certain temps, en chambre du grand-père.

L'écurie est contiguë. Les mulets et les chèvres y cohabitent. Les bœufs étaient attachés à la crèche (mangeoire) par l'intermédiaire de fiches.

Au-dessus des mangeoires, il y avait un espace dans le plancher pour descendre directement le foin dans le râtelier. À côté de l'écurie, les poulaillers, les clapiers ; de l'autre côté de la cour, la porcherie et la bergerie avaient une importance moyenne. Au-dessus, la magnanerie (très importante dans cette région).

La présence de nombreuses carrières permettait d'employer la pierre de taille pour les encadrements d'ouvertures et les chaînes d'angles. Les sols des cours étaient faits, à la fois, de revêtements en pierre pour les seuils et de grosses calades. Le sol des pièces communes était également dallé de « bards ». Les porches d'entrée étaient très soignés, construits en claveaux de pierre et ornés, assez souvent, de blasons.

Plan du rez-de-chaussée

Plan du 1er étage

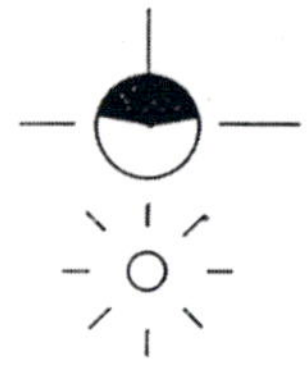

Plans, élévations et coupe du mas de la Crémade, à Oppède. La photographie montre la façade sud, sur cour.

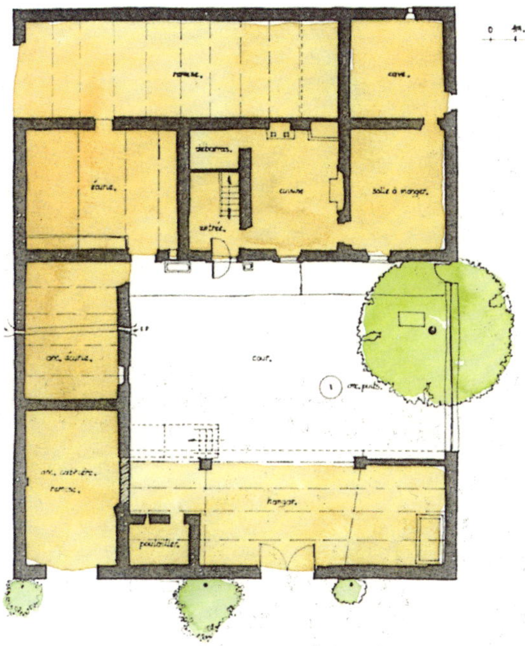

Plan du rez-de-chaussée

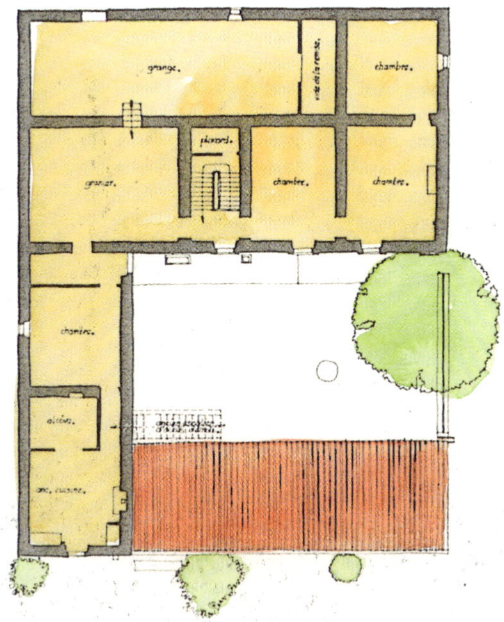

Plan du 1er étage

Plan du 2e étage

Le mas des pré-Alpes (habitat en hauteur)

Le mas despré-Alpes se différencie du petit mas des plaines. Il s'agit, là aussi, d'un habitat à la mesure de l'homme, travaillant avec sa famille en économie fermée. Mais le site, l'altitude déjà marquée (800 à 1 000 m) [17], la pente du terrain, l'implantation sur des plateaux rudes (plateau d'Albion, de Valensole), imposent une architecture plus ramassée, plus en hauteur. En plaine, l'habitat s'étale, se déploie en suivant les lignes générales du terrain. Il ne souffre pas d'une texture de terrain difficile, il a les pieds dans les labours. Dans la région des pré-Alpes [18], l'habitat correspondant prend un caractère beaucoup plus dur, plus tassé, plus renfermé, plus sauvage, agressif même. Dans l'habitat de plaine, la seule contrainte était l'économie des moyens.

Ici, la déclivité du terrain, la rigueur de l'hiver et toutes les solutions pour s'en garantir s'ajoutent à cette contrainte, encore accrue, car la condition du montagnard est plus pauvre, le travail plus rude, la crainte, l'isolement et le problème de l'eau plus accentués. Plus on monte (au nord du plateau d'Albion, vers Sault), plus l'habitat se resserre pour devenir défensif et sécurisant. Il y a, bien sûr, une zone de transition où on hésite à conserver le parti de la plaine pour adopter celui de la montagne. Ainsi, sur le plateau d'Albion, à Vachère, l'habitat est encore apparenté à celui des plaines, mais, au Contadour, il est nettement plus austère, plus prenant : pourtant, à peine 50 km les séparent.

La dualité entre la « maison à terre » et celle « en hauteur » [19] existe dans le massif montagneux de la Provence occidentale. Il faudrait dresser une carte de ce type de mas préalpin car, dans la vallée de la Durance, jusque dans la région de Forcalquier (à Villemus, Lincel, Vachère, Dauphin, Mane), le type à terre se maintient. Les fermes sont recroquevillées dans leur solitude [20]. Les contacts ne sont pas fréquents. Le pays est d'accès difficile, les chemins sont dégradés. Tout confine à un isolement plus ou moins complet. La société agricole n'est pas la même non plus. Le journalier, qui est occupé au travail des vignes et des oliviers dans la plaine, n'a plus ici sa raison d'être. Sans main-d'œuvre passagère, le paysan et sa famille sont encore plus seuls.

Ci-contre, un mas de la région de Mane avec son entrée caractéristique en forme de porche, desservant la pièce commune à l'étage.

Ci-contre, une ferme de la région de Vachère avec sa cour fermée vue depuis le sud.

[17] On peut sans doute s'étonner de nous voir faire la différenciation plaine-zone des pré-Alpes, alors que, pour la région considérée, la différence d'altitude est de l'ordre de 700 à 800 m. Il y a là cependant, sur le plan de l'architecture, une distinction assez nette que nous essaierons de montrer dans les relevés. De toute façon, il n'est pas dans notre intention de faire des distinguos trop systématiques : il y a de nombreux ensembles construits dans la zone des pré-Alpes qui ont tout à fait l'allure et les dispositions rencontrées en plaine et inversement.

[18] Il s'agit, en partie, du département des Alpes-de-Haute-Provence : région du plateau d'Albion, entre le Ventoux et la montagne de Lure. Environs de Forcalquier, plateau de Valensole, plan de Canjuers.

[19] La principale différenciation entre ces deux types est le logement entièrement à l'étage, dans le cas de l'habitat en hauteur, et, au contraire, au rez-de-chaussée (pièce commune) et étage (chambres) dans le cas d'habitat à terre.

[20] « Ces petites maisons, tout à fait semblables à des morceaux de sucre, ont toutes les caractéristiques des habitations solitaires destinées à un seul habitant, je dirai même mieux, un seul homme. Cette architecture (simplicité extrême : quatre murs blanchis à la chaux à l'intérieur et à l'extérieur et un toit) ne parle ni de femme, ni de famille. Ni de foyer, d'ailleurs. Tout à fait le contraire du *home* anglais [...] Le seul luxe, ici, est l'ombre et la sieste. Les quatre murs et le toit font de l'ombre ; c'est tout ce qu'on leur demande (et la sieste, on l'a dans la poche). » (J. Giono, *Ennemonde et autres caractères*, 1968).

Le caractère de l'homme de la montagne est éloigné de celui de l'homme de la plaine[21] : « Le paysan de la montagne, en tant qu'homme, n'a pas son esprit au niveau du cœur : si on excepte une partie des propriétaires qui vont passer une partie de l'année dans la montagne, le reste des habitants, sous le rapport de l'instruction, comme celui des mœurs, paraît appartenir à un autre siècle. » (cité par M. Agulhon.)
Outre les hommes, les modes de culture, là aussi, diffèrent. C'est un pays essentiellement d'élevage avec quelques cultures de céréales[22]. Notre paysan-propriétaire ne peut se comparer à celui des plaines. Nous ne sommes pas étonnés de le voir habiter dans des masures souvent très rudimentaires et même misérables[23]. Les inventaires du mobilier, établis pour des ventes et conservés dans les archives notariées, indiquent qu'il était plus que sommaire. Les procès-verbaux d'affouagements témoignent aussi d'un habitat très misérable[24]. L'estivage des troupeaux venus du Sud se situait dans les hautes vallées montagnardes, dans la haute vallée de l'Asse et dans la montagne du Vercors.

Le mas de base

L'orientation

Elle n'est pas, ici, aussi systématique que dans le mas des plaines. On trouve des orientations principales à l'ouest, à l'est. Le régime des vents, les microclimats modifient, dans de nombreux cas, l'orientation principale du mistral.

Le volume

Le volume, ici, est rarement semblable à celui rencontré dans le parti « plaine ». Même quand la masse construite est limitée (cas de la Sofranie), on cherche à former une cour, à se garantir contre le froid, à se refermer ; très rarement, on s'offre sur un seul front. De plus, la déclivité du terrain conduit forcément à des solutions nettement plus désarticulées. Le volume a tendance

Vue générale, élévation et plan du mas Piolan à Fontienne. Détails de la descente des eaux pluviales et de l'entrée de la citerne.

21 « L'esprit public ne peut être qu'excellent, la simplicité et la dureté des mœurs créent un "bon esprit". On est soumis aux lois, dévoué au gouvernement ; quoique pauvre, on paie actuellement l'impôt. Par contraste avec la basse Provence, qui, elle, donne des tracas, des remous, des revendications, la montagne est, par contre, un pays relativement facile à administrer. »

22 L'élevage a joué un rôle considérable dans la haute Provence. L'hivernage forcé des bêtes conduit, pratiquement à toutes les époques, à une occupation, par le bétail, de toutes les vallées de la haute Provence. L'hivernage conduisait les moutons dans les régions montagneuses ainsi que les brebis et les chèvres, et même le porc pour l'engraissement ; il était généralement court, puisqu'il commençait en octobre et prenait fin à des dates variables, soit Noël, soit l'Épiphanie, soit, le plus souvent, le 15 janvier.

23 L'ouvrage de J. Giono, *Ennemonde et autres caractères*, permet de se rendre compte de cet état. Le comte de Lanéry d'Arc, aussi, le remarquait dans son enquête.

24 Rapporté par M. Collier : en 1698, à Feissal, les pauvres habitants n'auraient eu que des cabanes faites avec de la terre grasse, quelques-unes enduites de plâtre, la plupart couvertes de chaume, et ils habitaient pêle-mêle avec les vaches, les ânesses et quelques brebis. En 1774, à Courchons, les gens auraient vécu dans des tanières. En 1774-1775, au Fugeret, la situation n'apparaît guère meilleure : les habitations auraient encore une forme de cabane ou, pour mieux dire, de chaumière construite en pierre sèche et couverte seulement de paille. Pendant le XVIIIe siècle, de nombreuses maisons étaient encore recouvertes de paille et de chaume. Il faut attendre le cours du XIXe siècle pour voir ce matériau remplacé par des couvertures d'ardoise ou par des couvertures de tuiles. Le retard est donc considérable par rapport à l'habitat des plaines qui, pendant le XVIIIe siècle, avait déjà atteint son plein épanouissement.

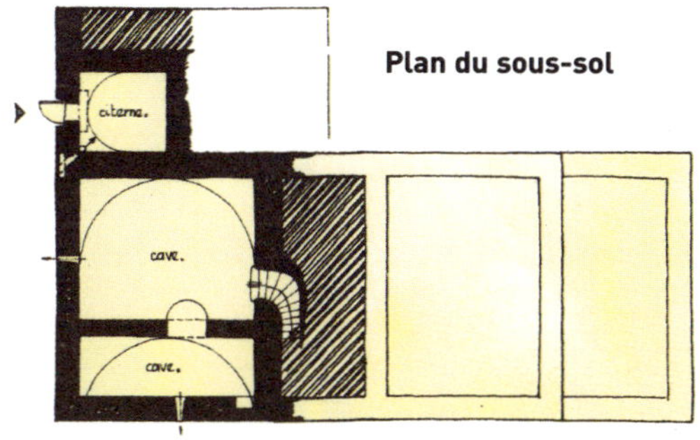

Plan du sous-sol

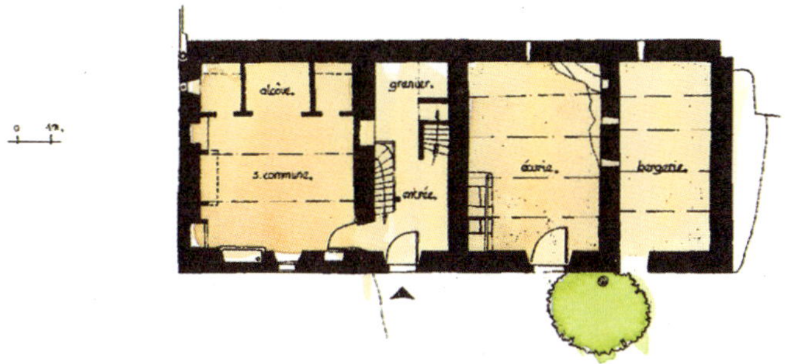

Plan du rez-de-chaussée

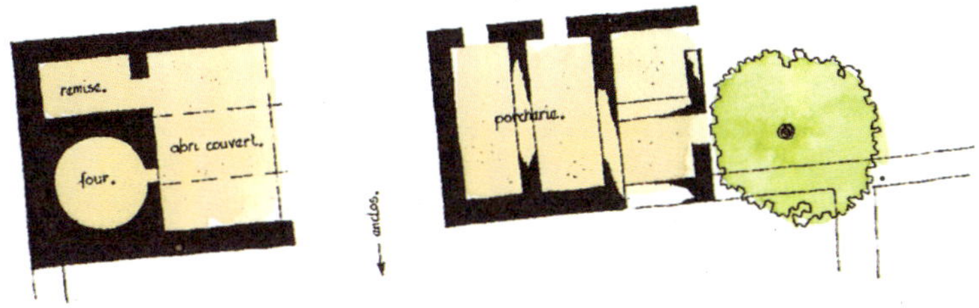

Plan du 1er étage

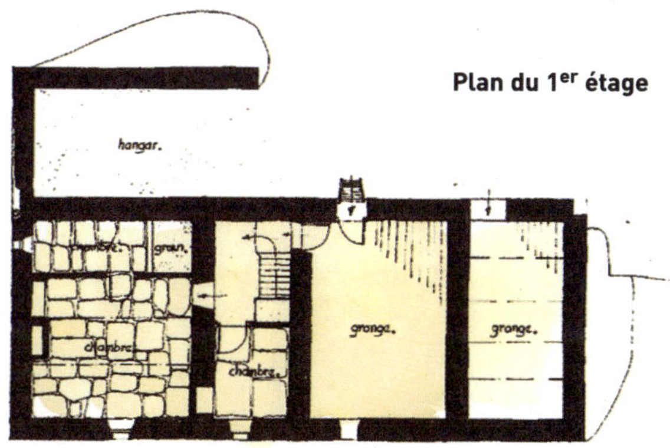

Plan du 2e étage

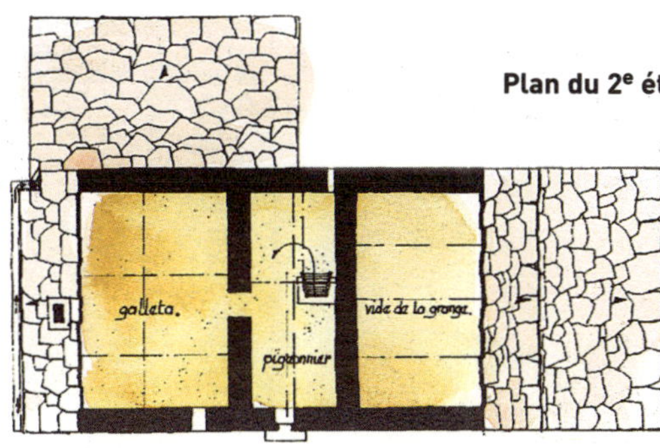

Ci-dessus, ci-dessous et à droite, élévation, vues, plans et coupe d'un mas des environs de Mane, caractéristique de la région. L'entrée se situe au premier étage, sous le porche.

Plan du sous-sol

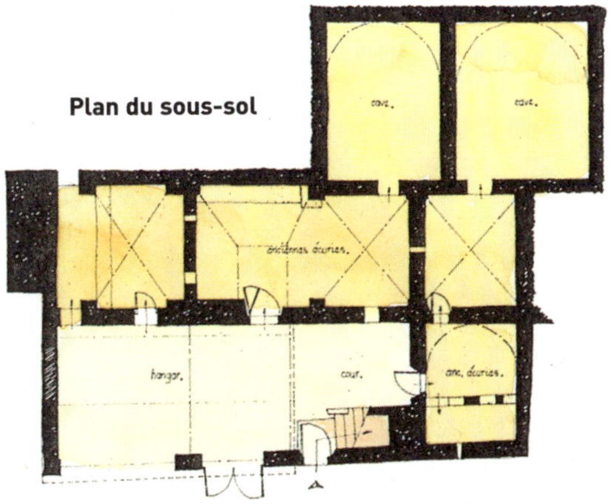

Plan du rez-de-chaussée

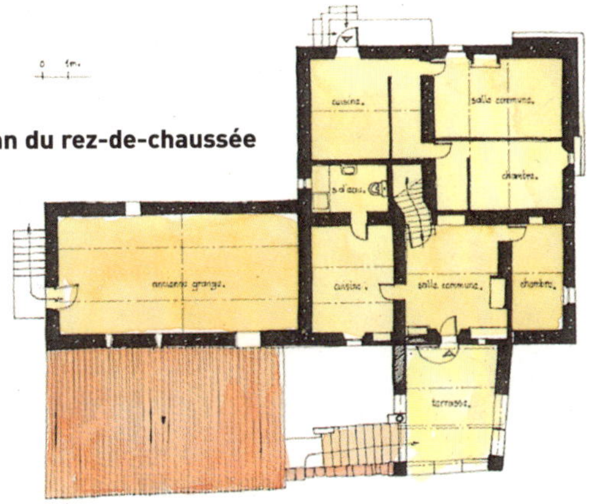

Plan du 1er étage

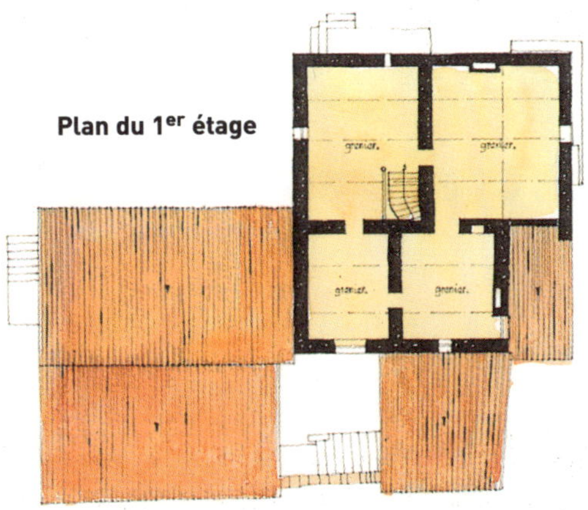

à se resserrer, à se morceler, et les bâtiments à être accolés autour d'un espace plus ou moins fermé. Les masses sont contraintes à s'accrocher un peu comme elles le peuvent. La maison avec un toit à double pente, que nous avions presque toujours rencontré dans le mas des plaines, n'existe plus ici avec autant de répétition. Certaines fois même, le mas est composé de plusieurs volumes distincts les uns des autres (exemple de la ferme de Lautin à Fontienne dans laquelle les granges, la remise à fumier, la bergerie et la loge à cochons sont nettement séparés).

Les habitations ont tendance à se grouper pour former de petits hameaux [25]. Cette volonté est manifeste dans toute la région autour de Sault, Saint-Christol, Banon. Le montagnard, s'il n'habite pas le village, cherche à se fixer dans ces groupements où plusieurs familles exploitent la même propriété.

Il faut atteindre le pays de montagne pour retrouver une masse, un volume rectangulaire et défini ; c'est le cas, par exemple, de l'Embrunais, dans la

[25] Le phénomène « hameaux », dans la région des pré-Alpes, serait très intéressant à étudier car il donne des groupements de volumes particulièrement variés où l'on retrouve, pour chacun d'entre eux, le pigeonnier trapu et sévère, la cour intérieure, le porche et, quelquefois même, une chapelle. Chaque habitant du hameau a, pourtant, sa parfaite indépendance. Il mène une vie semi-collective entre l'habitat isolé et l'habitat groupé des villages. Les différents hameaux de Dauban, près de Banon, en sont un bon exemple.

0 1m.

Élévation sud

région de Seyne, de la vallée du Verdon, de l'Ubaye. Ici, la tendance horizontale l'emporte à nouveau sur la poussée verticale.

La disposition intérieure

Deux dispositions existent. L'une est abordée plus facilement que l'autre, suivant la déclivité du terrain et l'importance accordée aux annexes et aux animaux :

Soit un parti original : un premier niveau dans lequel nous trouvons uniquement les animaux et les annexes, cave, pailler de plain-pied avec la route d'accès, niveau de transition, très souvent voûté et qui absorbe la déclivité. On trouve également l'écurie, la bergerie, la cabrière et toute une série de dépendances. Au-dessus, la partie d'habitation avec la pièce commune et, quelquefois, une chambre qui lui est rattachée. Au dernier niveau, les greniers et les chambres. C'est donc un habitat à trois niveaux. L'accès au niveau 2 se fait par un escalier extérieur qui débouche sur la *terrassou*, appelée aussi *pountin*, avec une avancée très caractéristique du toit formant auvent et soutenue par des piliers de pierre ou des colonnes de bois, des montants métalliques ou même des colonnes de récupération. Cette disposition se trouvera dans le hameau.

Soit un parti semblable à celui rencontré dans la région des plaines (mais avec toutefois certaines modifications) : premier niveau avec habitation et annexe plein sud, au-dessus, chambre et greniers. Ici, les pièces sont plus nombreuses, de dimensions plus grandes. On a l'impression que, pour y subsister en économie fermée, il faut plus de bras. La description faite, en 1885, de ce type de construction, par Lanéry d'Arc, nous paraît tout à fait conforme aux habitats que nous avons vus : « Dans la maison, la disposition des pièces pourra être la même que celle de la plaine, mais les pièces seront plus nombreuses, de plus grandes dimensions. On y accède par une porte basse et cintrée ; après avoir monté deux ou trois marches, on entre dans un grand corridor obscur au fond duquel est un large escalier de pierre montant à l'étage. La cuisine est immense, peu claire et enfumée ; les poutres du plafond en sont devenues absolument noires car les fenêtres sont, ici, plus petites et on y fait plus de feu ; la température étant bien autrement rigoureuse en montagne qu'en plaine, et le bois n'y coûtant que la peine de le ramener. L'odeur qui y règne est aussi tout autre que celle de la maison des plaines : les émanations du suint nous rappellent que l'étable est voisine. La grande cheminée a un foyer très bas et le potager, au lieu d'être à la hauteur de la ceinture, est à peine à un pied du sol. Tous les meubles sont en noyer, attestant de longs et loyaux services ; le plus bel ornement de la pièce est, sans contredit, l'énorme horloge adossée à la muraille, dont la porte vitrée laisse voir un immense balancier en cuivre repoussé allant et venant majestueusement. Au premier étage, les chambres sont nombreuses et vastes. Elles ouvrent toutes dans le corridor, trois ou quatre de chaque côté, mais plusieurs sont inhabitées et il n'y a guère que les chats qui y pénètrent de temps à autre par un trou rond ménagé à cet effet dans les bas de portes ; dans toutes les fermes provençales, les chats sont nombreux. Les gens ont l'air d'être un peu perdus dans cette grande bâtisse, vieille, poudreuse, triste et froide. Elle est d'autant plus glaciale en hiver qu'elle est percée de fenêtres et de portes, indifféremment, sur toutes les façades ; et la nuit, on entend le vent du nord (tramontane) gémir

sourdement en traversant la maison de part en part. Les dépendances de la ferme sont, à peu de choses près, les mêmes que dans la plaine ; mais plus vastes aussi car les habitants de la ferme sont plus nombreux. L'écurie contiendra deux ou trois mulets, un âne ; le poulailler sera mieux garni et un vol de pigeons blancs habitera une sorte de tourelle circulaire placée à côté de la ferme. Ces animaux, quoique domestiques, vivent en complète liberté, presque à l'état sauvage, et nécessitent l'usage du fusil quand la ménagère veut confectionner un salmis. »

Selon ces deux schémas, l'homme vit, soit au-dessus des animaux, soit à côté. On comprendrait plus facilement que ce soit la disposition de l'homme à côté des écuries qui ait été, le plus souvent, adoptée. C'est pourtant celle de l'homme au-dessus qui semble l'emporter, avec l'escalier extérieur. Un escalier intérieur aurait été plus commode, évitant de sortir pour nourrir et soigner les bêtes [26]. L'explication est donnée par la longue évolution de cet habitat au cours des siècles. Le parti de l'homme coexistant à côté des animaux s'est imposé aux XVIIe et XVIIIe siècles [27]. L'étable était une dépendance de l'habitat : on y travaillait, on y mangeait, mais on n'y couchait point [28] : la chambre était au-dessus. Par la suite, pour avoir plus ses aises, l'homme vivra à l'étage et entraînera avec lui la création d'une salle commune à ce niveau. Comme l'escalier d'accès n'a pas été prévu, on le réalisera à l'extérieur et il sera plaqué sur la façade.

Entre l'homme et l'animal, c'est une longue évolution dans la coexistence : d'abord l'homme vit avec l'animal sous le même toit et dans la même pièce [29], puis s'en sépare pour le mettre dans une pièce à côté de la salle commune, puis lui trouve un logement indépendant sous le même toit, et, enfin, le place à l'écart, dans une construction spéciale bien à part. La pièce à vivre paraît moins haute de plafond, moins bien éclairée que dans le mas des plaines. Elle comporte des éléments constants, à savoir : la cheminée, le potager et l'ayguier. De nombreux placards et niches sont réservés sur le pourtour de la pièce. Des alcôves peuvent trouver place sous l'escalier intérieur ou dans le prolongement de la pièce et permettre d'abriter un lit.

Le logement des animaux

Au rez-de-chaussée se situe la bergerie. Quelquefois, les loges à cochons sont à l'extérieur de la construction. La bergerie occupe ici une place très importante. Certaines fois, elle est même l'élément principal et accapare pratiquement toute la masse construite. L'écurie, également, a une surface assez considérable. Le pigeonnier est de rigueur.

Exemples de mas avec accès par l'étage, sous un porche. La toiture couvrant le porche est la prolongation de la toiture principale.

[26] Pour la ferme de la Verdette, cet escalier intérieur existe avec la disposition homme sur animaux et cela vient de la déclivité du terrain par rapport à l'orientation sud.

[27] M. Villeneuve-Bargemont (cité par M. Collier) indique que «l'usage général est de passer la soirée et même une partie de la journée d'hiver dans les étables à vaches. Cet usage était suivi dans les meilleures familles ». Le même auteur précise un peu plus loin : « Les pauvres demeurent dans les étables à vaches ».

[28] Voir Thivot, *La Vie privée dans les Hautes Alpes vers le milieu du XIXe siècle*, pp. 112-113.

[29] J. Thibaud, riche propriétaire, comme le montre l'inventaire de ses biens établi en 1429, possédait une truie qui ne logeait pas dans l'étable, mais dans la pièce où se situaient plusieurs meubles inventoriés, entre autres le pétrin (Arnaud).

La production

La place est plus importante pour emmagasiner la paille, le foin, les grains, les semences, que dans l'habitat de plaine. Il faut, en effet, dans la solitude de l'hiver, pouvoir subsister plus longtemps. Souvent, les chemins sont rendus impraticables par la neige.
Le grenier à grains est à l'étage. La grange pour le foin et la paille est au rez-de-chaussée et abritée par un simple prolongement de la toiture sur la façade arrière, reposant sur de gros piliers en pierre de forme circulaire. De ce fait, elle est en plein-vent et plus exposée que dans le mas des plaines où elle se situait à l'étage, au-dessus des animaux.

L'hygiène et le confort

L'hygiène était particulièrement déplorable pendant le XVIIe et le XVIIIe siècle. Il faut attendre le XIXe siècle pour voir quelques signes de progrès. La cuisine est présentée, souvent, comme une pièce très vaste, enfumée, où les mouches pullulent en été comme en automne et qui n'a, en fait d'ouverture, qu'une toute petite fenêtre aux vitres minuscules. Aux poutres noircies du plafond, sont pendues les provisions de lard et de saindoux fondu dans des vessies ou des petites corbeilles tressées en paille. « Du parquet, monte une odeur infecte. C'est qu'au-dessous, le rez-de-chaussée est occupé par l'étable et qu'une mince épaisseur de bois crevassé seule l'en sépare. »
Un rapport sur la situation sanitaire du canton de Saint-Paul, en 1848, précise : « L'habitant des montagnes vit, en général, dans des conditions hygiéniques déplorables, il naît dans une écurie ; il y a passé son enfance et la moitié de sa vie quand il est adulte ; on peut dire que c'est son séjour de prédilection, obligé qu'il est de rechercher un abri contre le froid extrême. »[30]
Les surfaces d'éclairement, très réduites, s'ouvrent sur la façade sud. On ne réserve, pour les pignons et la façade nord, que des meurtrières jouant plus le rôle de ventilation que d'apport de lumière. On utilisait pendant le XVIIe et le XVIIIe siècle, et même au milieu du XIXe, uniquement des carreaux de papier huilé pour garnir la plupart des fenêtres. Il n'y avait aucune commodité à l'intérieur ; quelquefois, une fosse avec un abri était raccrochée en appentis sur un pignon.

L'eau et le feu

En pays de montagne, très souvent, la citerne résolvait le problème de l'eau. La construction en comportait plusieurs ; la récupération se faisait par l'intermédiaire de gouttières en bois, identiques aux gorges assalières. Le puits était également utilisé. Certaines constructions comportaient, à la fois, une citerne et un puits. À partir de cette citerne ou de ce puits, l'eau était transportée par baquets jusqu'à la pile de la pièce à vivre. Cet évier se situait à proximité immédiate de la cheminée et non plus dans la souillarde ou dépendance, comme c'était le cas dans le petit mas des plaines. Le chauffage consistait en un feu dans l'unique cheminée de la pièce commune.
À la fin du XVIIIe siècle, les premières mentions de poêle apparaissent dans certains documents (nous étudierons plus en détail ce problème de chauffage

Élévation sud

[30] M. Collier, *La Vie en Haute Provence de 1600 à 1850*, Digne, 1973.

et son évolution dans le chapitre consacré au feu). L'éclairage était extrêmement faible et se réduisait, pendant le XVIIe et le XVIIIe siècle, aux bougies, chandeliers ou lampes en fer-blanc. La lessive était faite dans la bugadière, très souvent installée à l'intérieur de la pièce commune : l'étendage du linge se faisait à l'air libre, sur les champs.

La construction

D'une manière générale, le principe de construction utilisé est le même que pour le mas des plaines avec plus d'austérité et moins de recherche. Les fondations sont réalisées, dans la plupart des cas, sur le rocher. Les pièces du rez-de-chaussée sont plus souvent voûtées que dans les constructions de plaine.
Les murs extérieurs et les refends sont montés avec des pierres que l'on trouve sur place ou des pierres éclatées provenant des carrières voisines. Ces moellons sont extraits et posés par des artisans locaux. La pierre de taille n'existe pratiquement pas. Très souvent, les murs extérieurs restent en pierre apparente car la rigueur du climat empêche l'enduit de tenir et, finalement, le gèle le décolle, laissant la pierre découverte.
Le cloisonnement est fait en plâtre, sur une ossature en bois. La charpente est en bois provenant des alentours immédiats du chantier. L'élément de la couverture est la tuile ronde. À une certaine époque, elle était en chaume [31]. Certaines constructions portent encore aujourd'hui des couvertures en lauze [32]. Toutes les fenêtres comportent une fermeture. Les sols sont en général mallonnés ou simplement en bois. La pièce commune est souvent dallée de pierre, voire de carreaux de ciment ; dans d'autres pièces, sont utilisées des briques plates. À l'extérieur, pavage en pierres plates et calades.

Le mobilier

L'ameublement se réduisait, dans la salle commune, à une table, un petit buffet, quelques chaises, l'horloge ; dans les chambres, à un lit à deux places, une armoire, une table de nuit et des étagères. Ces maisons isolées possédaient des « caches », un lieu sûr pour resserrer ce que l'on avait de précieux, à l'abri des regards et des fouilles indiscrètes. Ces caches étaient placées dans l'épaisseur de la maçonnerie, dans une marche, derrière la plaque de cheminée et, quelquefois, un dispositif à ressort maintenait une pierre ou un panneau qui en gardait jalousement l'entrée [33].

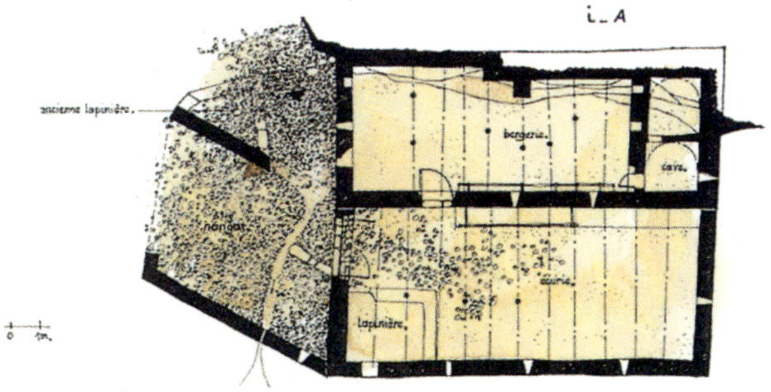

Plan du sous-sol

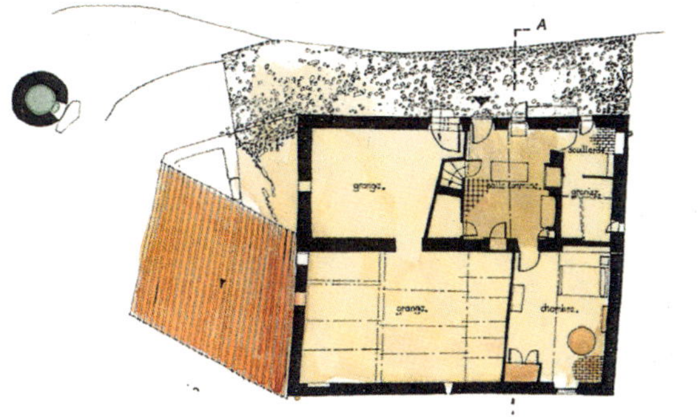

Plan du rez-de-chaussée

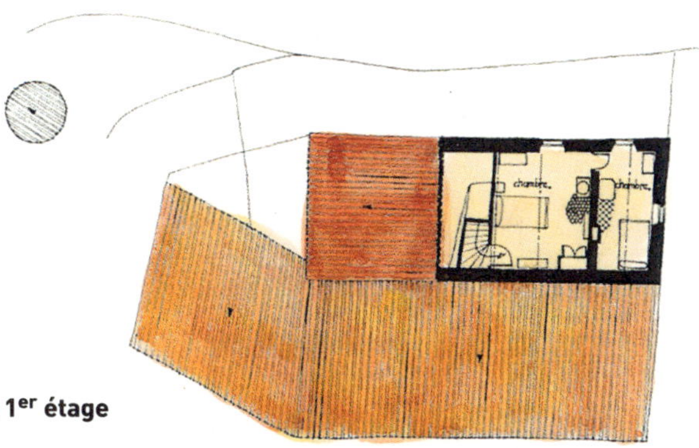

Plan du 1er étage

Plans, élévation, vue de la façade nord et coupe du mas de La Verdette, à Dauphin.

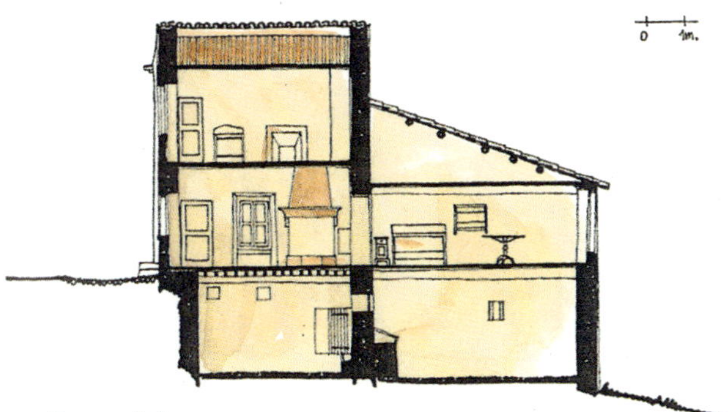

Coupe A.A.

[31] Couverture assez répandue encore au début du XIXe siècle dans les parties nord du département, les régions isolées et particulièrement pauvres.

[32] En particulier, les bergeries du plateau d'Albion.

[33] J. Giono, *L'Iris de Suse*, 1970. « Je sais comment on dépiste une cache. J'en ai déjà déniché plus de cinquante (vides ou presque), dans les bois, dans les collines, dans les rochers, dans les fermes, les étables, les granges et même une qu'on ne soupçonnait pas chez la mère Lambert, rue Fontaine à Aix, en pleine ville. Je sais ce qu'il faut chercher : il faut chercher les vieilleries, les vieux mas, la partie ancienne des maisons. Pourquoi ? Parce que, dans l'ancien temps, il fallait soigneusement resserrer ce qu'on possédait. On avait toujours un placard truqué, une cheminée rapportée, un parquet à éclipse. Quand les placards, les cheminées et les parquets furent éventrés, il fallut faire du gobelet ; on a manigancé des ressorts, des poulies et des jolies jointures. Ici, c'est précisément les jolies jointures que je cherche [...] La Sambuque et sa dégaine, dans leur désert, dénotent plutôt une cache à jointure [...] La partie la plus vieille de la Sambuque est précisément cet escalier en colimaçon. C'est là qu'il faut chercher. »

L'environnement

Dans certains de ces mas, la salle commune se prolongeait par une terrasse située à l'étage. Le dégagement, devant la maison, était très souvent limité. Aucune clôture n'existait. Sur la façade sud, se situaient parfois un ou deux bancs de pierre, une table. Un dallage extérieur en pierre ou en cailloux, quelquefois, une calade, mais limitée, permettaient d'éviter la boue.

L'évolution : variante

Le caractère évolutif du mas des plaines se retrouve, ici encore, plus accentué. Un habitat pauvre a ce pouvoir de se réaliser par petites étapes pendant plusieurs siècles. Les tranches de construction sont plus limitées ; le temps pour s'agrandir, se refermer autour d'une cour, est plus long. Chaque mas pourrait être étudié, ici, sur le plan de son évolution et montrerait la ténacité d'une lignée de paysans dont une génération a augmenté le volume bâti d'un appentis, de quelques mètres de bergerie. Par exemple, au grand Gabion, au nord-est du Revest-des-Brousses, nous avons noté cinq ou six agrandissements, rajouts, pour finalement obtenir une cour fermée parfaitement proportionnée.

L'habitat, tout à fait modeste, a subi, lui aussi, des transformations [34]. Cette évolution est caractérisée, cette fois, par manque d'espace par l'abandon du déploiement linéaire. On cherche à se refermer d'abord sur un parti en L, puis sur une cour partiellement fermée ou complètement entourée de murs.

L'habitat en cour fermée

La cour est étroite, de forme irrégulière avec des différences de niveaux. Des plaques rocheuses montrent que l'on a eu des difficultés pour l'assurer. Ce type de disposition se rencontre un peu partout dans le sud et l'ouest du département des Alpes-de-Haute-Provence. La plupart de ces fermes ont, pour origine, un corps de bâtiment rectangulaire, groupant, au rez-de-chaussée, les bergeries, étables et écuries et, à l'étage, le logis et les granges. Des bâtiments annexes ont été construits peu à peu pour délimiter une cour. Ce type a été observé notamment à Castellane, à Digne, à Oraison, dans le canton des Mées, à Vachères, dans le canton de Riez, à Puimoisson, sur le plateau de Valensole, dans le canton de Banon, de Forcalquier, à Dauphin, à Manosque, à Saint-Vincent (canton de Saint-Étienne-sur-Jabron), à Céreste (canton de Reillanne), à Cruis (canton de Saint-Étienne-les-Orgues), à Redortiers (canton de Banon). Cette construction possède, dans chacun des cas, la bergerie, avec très souvent la grange au-dessus, des écuries importantes, une habitation à un ou plusieurs niveaux, un fournil avec four, citerne, loge à cochons. Sur le plateau de Valensole, la bergerie, voûtée avec pilier central, est séparée de l'habitation par l'écurie.

Les bâtiments sont assez bas dans la direction du sud, afin de ne pas faire trop d'ombre dans la cour. Les pentes des toits convergent vers l'intérieur de manière à récupérer l'eau de pluie. La cuisine-salle commune est de plain-pied avec la cour. Le four à pain se situe derrière la cheminée. La cave et la « tine »

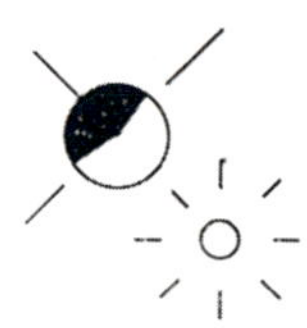

Le mas des Bois à Valensole : élévations, plans, vues de l'ensemble des bâtiments de l'ouest et du sud et détail du four en appentis.

[34] Voir à ce sujet la Sofranie, *Étapes de la construction*.

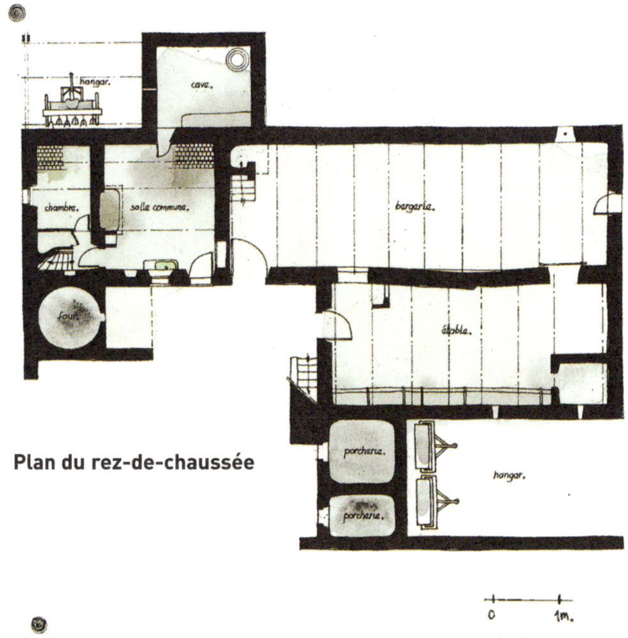

Plan du rez-de-chaussée

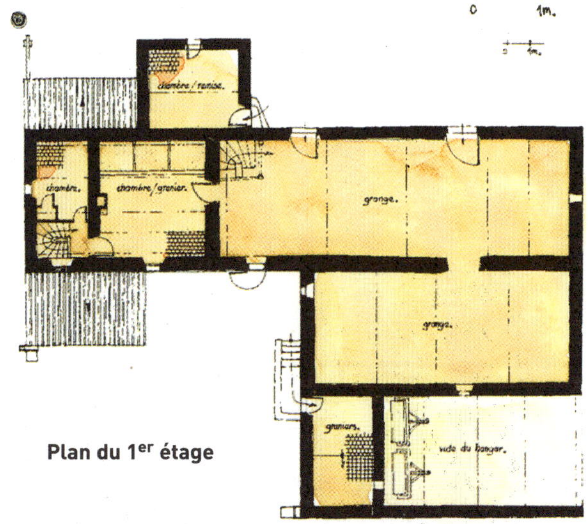

Plan du 1er étage

Plan du rez-de-chaussée

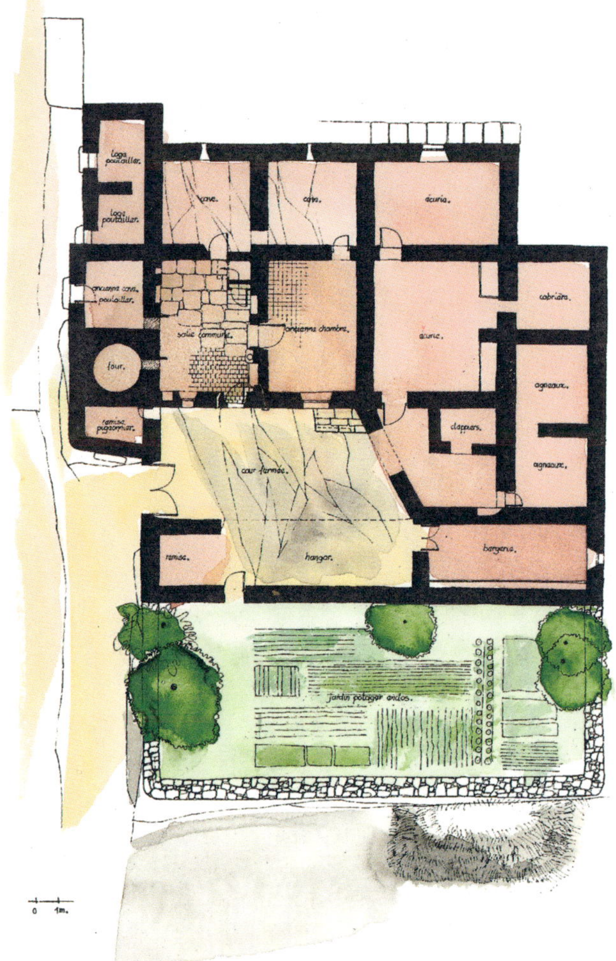

Plans, coupe et élévation du mas à cour fermée de La Lave à Vachères. L'ensemble des bâtiments vu du sud, détail de l'entrée de l'écurie et de la perspective des bâtiments.

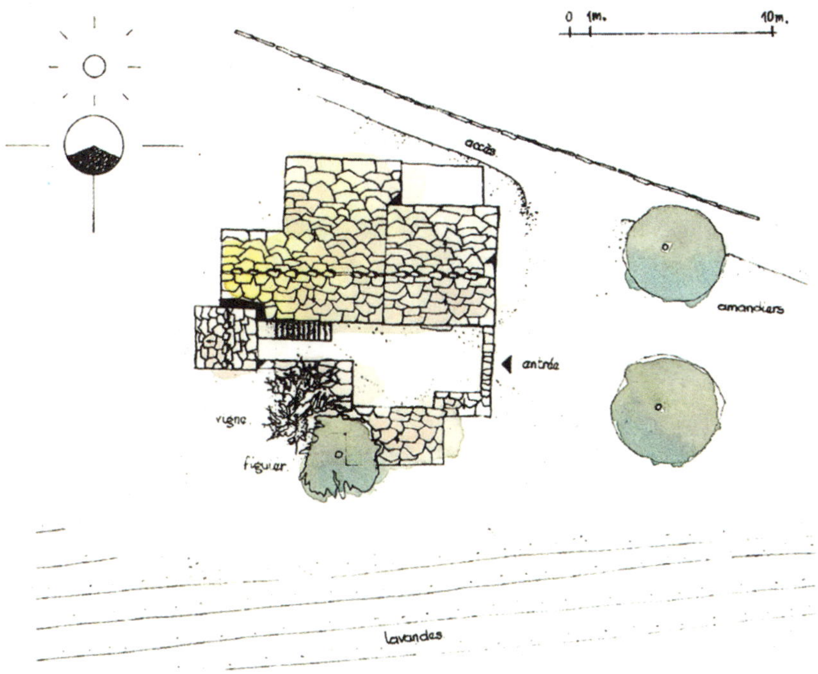

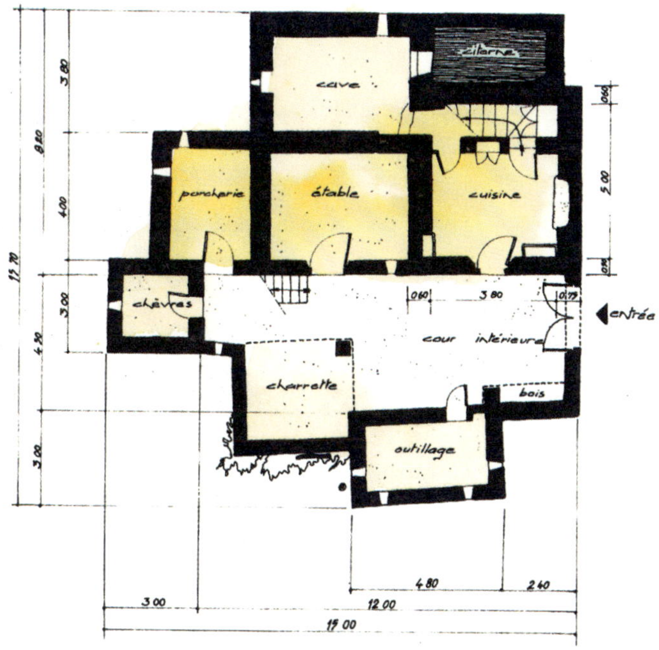

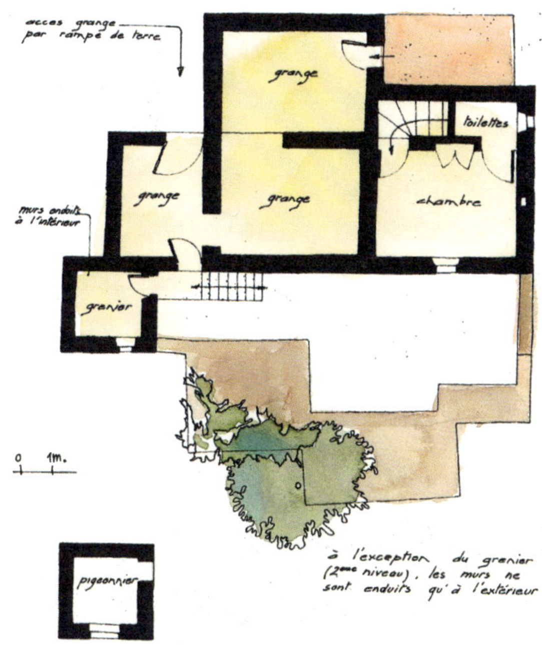

Élévations est et ouest et plans du mas à cour fermée de la Sofranie à Sigonce (environs de Forcalquier).

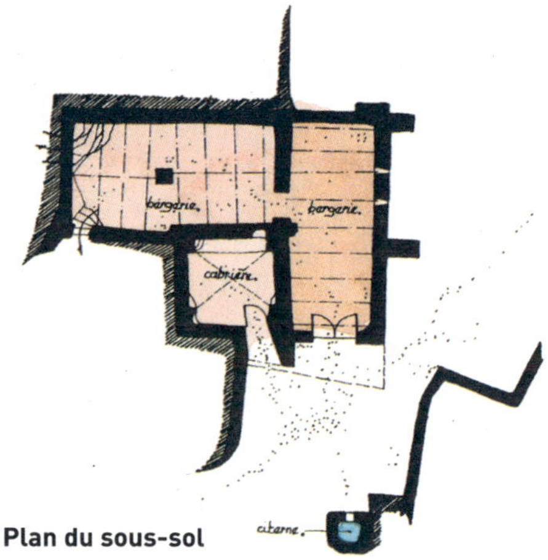

Plan du sous-sol

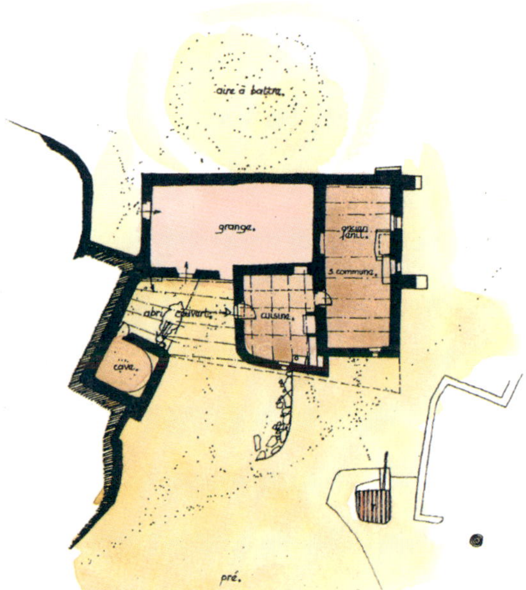

Plan du rez-de-chaussée

Plan du 1er étage

Plans des Graves, au Contadour. Ensemble des bâtiments vu depuis la route d'accès, la citerne, l'entrée de la bergerie.

Le mas Les Martins au Contadour.
Plans et vue des bâtiments depuis
le portail de la cour ; escalier sur
la cour et plan d'accès au fenil.

Plan du rez-de-chaussée

Plan du 1er étage

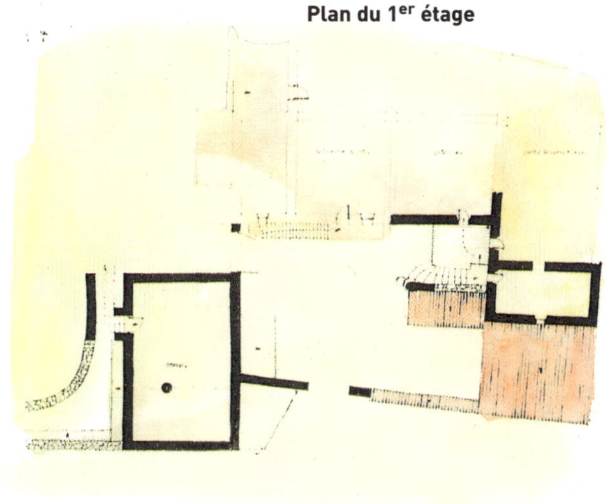

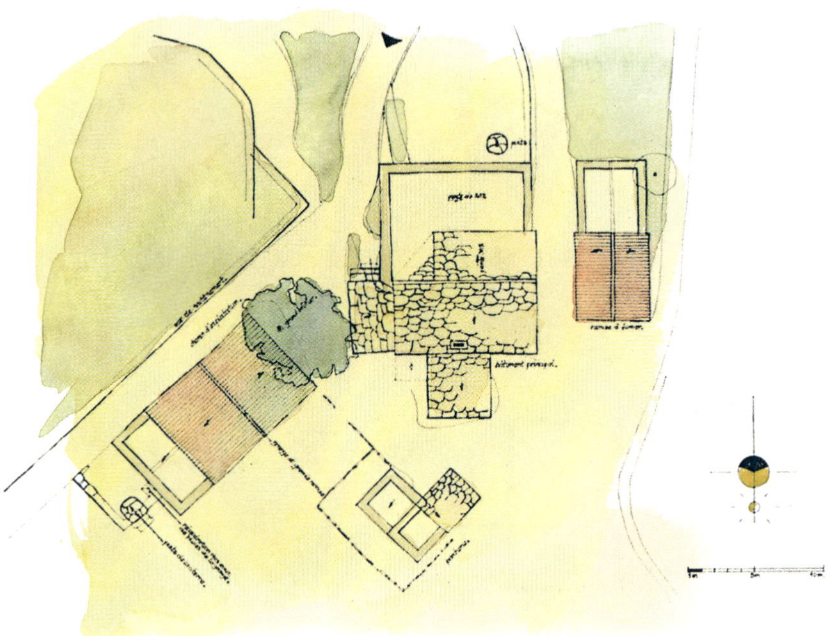

Plan du sous-sol

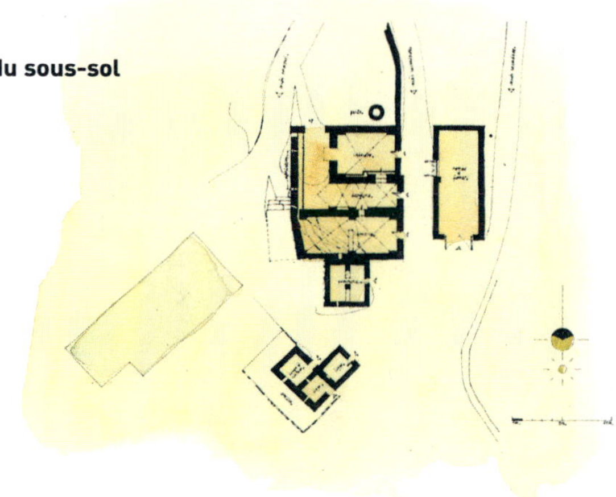

Plan du rez-de-chaussée

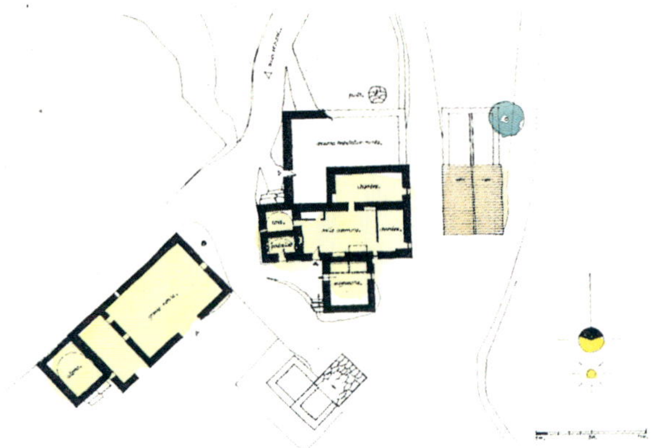

Plan du 1er étage

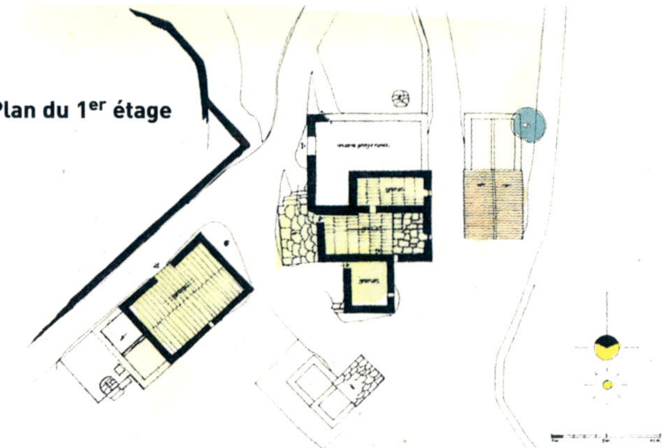

À gauche et ci-dessus, le mas Lautin à Fontienne. Plans des bâtiments reconstitués et de l'état actuel des lieux, coupe et vues des bâtiments d'habitation.

(où fermente le raisin) se situent entre la cheminée et l'évier. Les chambres sont à l'étage, l'accès se fait par un escalier extérieur. Le pigeonnier, de volume assez haut, marque l'entrée de la cour.

L'habitat en volume éclaté

C'est un cas assez intéressant, mais rare, où la ferme est composée de plusieurs volumes dissociés. Pour des raisons, surtout topographiques, on a préféré avoir des volumes indépendants. Nous donnons, ici, un exemple assez remarquable, à Fontienne.

L'HABITAT RUCHE

C'est une disposition assez particulière d'un habitat semi-collectif, constitué par une juxtaposition de constructions [35].
Les logements viennent entourer, en quelque sorte, les bâtiments agricoles qui se resserrent autour d'un espace suivant un parti en U. Ils ont été implantés en se servant d'un décrochement, d'un appendice, et sans souci d'ordonnance.
Il y a un ensemble de pièces les unes à côté des autres ou en profondeur dans l'épaisseur du bâtiment ; on passe d'une fonction à une autre sans lien logique et sans souci du volume. Cet habitat, qui a subi d'infinies transformations, appartient à plusieurs propriétaires. La ferme du Coffre à Pertuis en est l'exemple type : autour du mas de base, plusieurs familles de la même lignée sont venues se fixer.
Nous donnerons une place réduite à ce type d'habitat car il conduit à une résultante architecturale évidemment peu satisfaisante. L'exemple que nous étudions permet, toutefois, de donner une idée de cet habitat original qui, pour ressembler au hameau, en est cependant différent. En effet, si tous deux ont pour origine un mas, le hameau reste un habitat du type groupé ouvert préfigurant le village, tandis que le mas ruche , au contraire, témoigne d'un stade d'évolution abouti de l'habitat dispersé.

[35] D'après R. Livet, ce type se rencontre dans la région de Forcalquier, développé à partir d'une cour souvent fermée ; dans la région vinicole de la Cadière, mais, cette fois, sans la présence de cour.

Hameau des Proches-Bastides à Lourmarin. Vue générale sur son exposition au sud.

Plans et vue de l'entrée de la cour du mas du Coffre à Pertuis ; élévation des bâtiments de la façade sud, vue d'un autre ensemble de locaux de cet habitat ruche depuis la façade est.

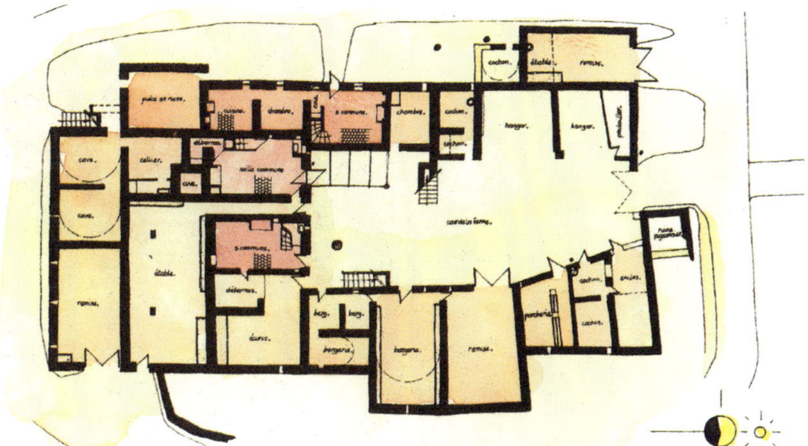

Plan du rez-de-chaussée

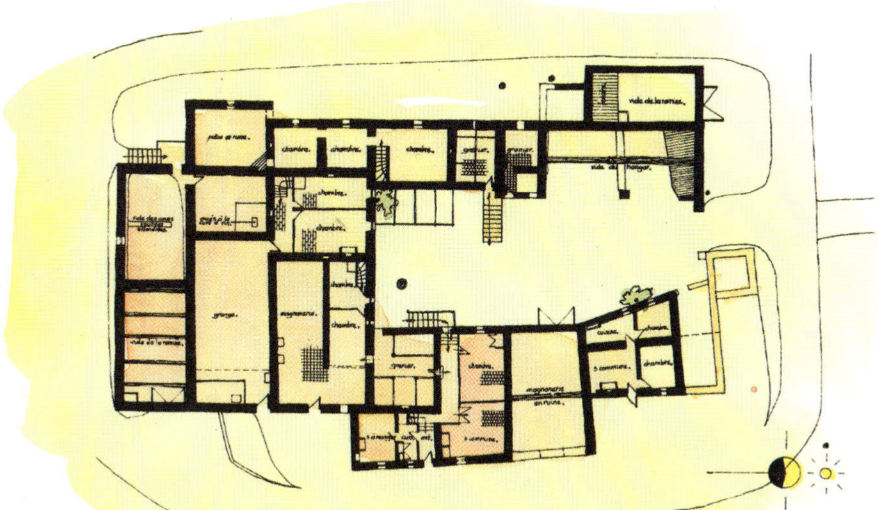

Plan du 1er étage

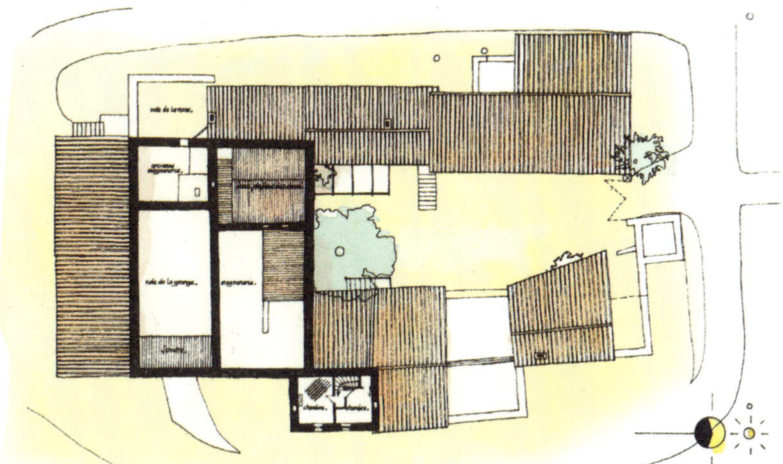

Plan du 2e étage

Plan des toitures

Le domaine [36]
La localisation et la structure

Le domaine est un habitat considérable. Son propriétaire possède une surface exploitable de plus de 50 ha. Certains domaines comportent le logement du maître et une trentaine d'habitats permanents. Dans le haut Var, des propriétés de 2 000 à 3 000 ha occupent une centaine de personnes. En Camargue, des mas exigent, pour leur exploitation, 300 à 400 individus.

Pour le mas d'une certaine importance (correspondant à une propriété d'environ 20 ha), nous avons analysé un type d'habitat au volume modeste où le logement de l'homme était austère, simple ; les bâtiments d'exploitation souvent réduits à leur plus simple expression. Ici, les bâtiments paraissent imposants, la masse construite considérable, le logement du maître se présente comme un « petit château », les bâtiments d'exploitation se suivent dans une ordonnance sans fin.

Il est difficile, voire impossible, de ranger ces types d'habitat dans un classement. Très souvent, certains d'entre eux ont gardé des vestiges de l'époque féodale, de la Renaissance, etc. Il n'est pas rare de voir le logement du maître dans un reste de construction fortifiée avec des tours d'angle, des échauguettes, des pigeonniers dans des tours de guet, etc.

En Provence, où se trouvent ces grands domaines ?

Ils occupent 90 % environ de la superficie exploitable dans les régions de Camargue et de Crau et peuvent atteindre des surfaces de l'ordre de 400 à 1 000 ha. Les communes d'Arles, de Saint-Martin-de-Crau, de Fos, de Miramas, d'Istres, de Fontvieille, ont leur terroir occupé entre 76 et 98 % par des exploitations de plus de 60 ha. Dans ce paysage rural, c'est donc le domaine qui prédomine. Dans les autres régions, la proportion est légèrement plus réduite. La grande exploitation occupe un espace plus étendu, mais réparti d'une manière inégale. On peut voir des communes où ces exploitations envahissent 80 % des terres, à côté d'autres où le pourcentage descend au-dessous de 50. On peut citer, dans la région aixoise, les communes de Jouques, Vauvenargues, Saint-Marc, Saint-Antonin, où les proportions dépassent 80 %. Dans le haut Var, les communes de Châteauvert, Esparron, Ollières ; dans une partie des Alpilles, les communes d'Aurons, Lamanon, les Baux, cette proportion dépasse 50 %. Sur les plateaux, en particulier ceux de Valensole, de Saint-Christol, du pays d'Apt, les domaines sont, là aussi, considérables.

Les éléments constitutifs et la disposition générale

Le domaine doit permettre de répondre, d'une façon générale, aux besoins suivants :

Le logement du maître : trois possibilités sont présentes. Le maître vit au milieu de ses gens et occupe une partie de mas. C'est le cas, notamment, de nombreux mas en Camargue et en Crau, région du pays d'Arles [37]. Le maître,

Ci-dessus, domaine à cour fermée, à Pertuis (cliché Inventaire général).

Ci-dessous, le mas de la Grande Rougnouse, en Camargue.

[36] Le terme « domaine » ne se dit pas fréquemment en Provence. On dit plus souvent « campagne ». C'est donc une propriété assez importante où l'on s'attend à trouver le logement du maître et les communs. On appelle aussi « mas », dans la région de Camargue, de véritables domaines.

[37] F. Mistral, dans *Mémoires et Récits*, nous donne une description de ce type où le maître vit avec ses gens. Il appelle sa maison natale tantôt bastide, tantôt mas : « La vieille bastide où je naquis,

tout en vivant sous le même toit, a son habitation séparée et ne se mêle pas aux gens de l'exploitation. Le maître habite une bastide, un château ou toute autre construction de caractère noble ; l'exploitation est distincte et le caractère de son architecture demeure rural.

Les autres logements : quelle que soit la formule adoptée, à côté du logement du maître, il y a le logement du régisseur ou de l'intendant qui peut faire éventuellement l'objet d'une construction séparée ; le logement des ouvriers en petites maisons séparées ou, au contraire, dans des chambres ou dans des dortoirs (comme c'est le cas dans la Crau et dans la Camargue) ; les bâtiments pour les animaux sont distincts (des écuries très importantes, des bergeries pour un nombre de têtes allant jusqu'à plusieurs centaines, voire plusieurs milliers) ; la production (stockage des fourrages, des graines ; en particulier, présence de tout un complexe vinicole avec cuves, pressoirs, etc.) ; le matériel (des remises et des hangars importants pour loger les outils aratoires et de transport).

L'ordonnancement des volumes [38]

Comme nous l'avons examiné pour le mas, deux tendances opposées existent en Provence :

L'ordonnancement des volumes dans un déploiement linéaire a priori sans limite : les volumes s'ajoutent les uns à côté des autres et forment un front qui peut être impressionnant, dans une même orientation. Une dominante se fait sentir dans laquelle se situe le logement du maître, encore accentuée par le caractère du décor et de la toiture à quatre pentes.

L'ordonnancement des volumes se fait suivant un parti fermé : le cas de la cour se rencontre dans pratiquement toutes les régions de Provence, mais d'une manière ponctuelle. On peut s'étonner, dans le cas du domaine où on a besoin de créer de nouvelles extensions, de voir cette disposition exister car elle contient ses limites. Le parti linéaire astreint, par contre, à de longues distances entre les différentes fonctions.

Le mas camarguais

En Camargue, de nombreux éléments différencient les constructions de celles du reste de la Provence. Il n'est pas surprenant de voir ici un habitat très particulier. Tout d'abord, le paysage est exceptionnel ; il s'agit d'un sol essentiellement plat et sablonneux, coupé par des étangs dont la superficie peut être très importante (étang de Vaccarès). La végétation est réduite à sa plus simple expression [39]. Le

Ci-dessous, le petit mas camarguais des Cigales.

en face des Alpilles, touchant le Clos-Créna, avait, comme le mas du Juge, un tènement de quatre paires de bêtes de labour avec son premier charretier, ses valets de charrue, son pâtre, sa servante (que nous appelions la tante) et plus ou moins d'hommes au mois, de journalières ou journaliers, qui venaient aider au travail, soit pour les vers à soie, les sarclages, pour les foins, pour les moissons ou les vendanges, soit pour la saison des semailles ou celle de l'olivaison. Quand, pour dîner ou pour souper, les hommes, l'un après l'autre, entraient dans le mas et venaient s'asseoir, chacun selon son rang, autour de la grande table avec mon Seigneur-Père qui tenait le haut bout, celui-ci, gravement, leur posait des questions et des observations sur le troupeau et sur le temps et sur le travail de jour, s'il était avantageux, si la terre était dure ou molle ou en état. Puis, le repas fini, le premier charretier fermait la lame de son couteau et, sur le coup, tous se levaient ».

[38] Dans le cas des volumes séparés entre le logement du maître et l'exploitation, nous rappelons que nous ne traiterons, ici, que la partie rurale de l'exploitation.

mistral, que rien n'arrête, est le maître incontesté, ne rencontrant, dans cette plaine immense, aucun obstacle [40]. Cependant, on trouve des terres à pâture, des prés et de la vigne, également des céréales, du fourrage et maintenant le riz. L'élevage des troupeaux, des chevaux sauvages avec ses manadiers et ses gardians, l'élevage des moutons dont les troupeaux atteignent plusieurs milliers de têtes, constituent l'essentiel de l'exploitation courante. De nombreuses constructions ont un passé historique important : le mas d'Agon est connu dès le XIe siècle. Le mas du Juge l'est depuis 1315, sous le nom de Riquier. Le mas Thibert apparaît dans les textes en 1235, etc. [41].

La disposition générale

On rencontre les deux dispositions suivantes : le déploiement linéaire sur un seul front avec des éléments en avancée comme le pigeonnier (comme le mas du Fiélous et le mas de Saint-Germain) ; le déploiement, mais avec une volonté de se refermer, parti en U très ouvert, ou, au contraire, fermé (comme le mas du Tort, le mas du pont de Rousty, le grand mas d'Avignon, etc.).
À côté du cœur du domaine formé par la partie d'habitation, les bâtiments d'exploitation se répartissent séparés ou accolés. Il s'agit, en particulier, des écuries, des hangars de matériel, des hangars à fourrage, de la partie vinicole, du pigeonnier et des bergeries [42].

[39] « Les terres cultivées, délaissées, nous voici en plaine de Camargue sauvage. À perte de vue, parmi les pâturages, des marais, des roubines luisent dans les salicornes. Des bouquets de tamaris et de roseaux font des îlots comme sur une mer calme. Pas d'arbres hauts. L'aspect uni, immense de la plaine, n'est pas troublé. De loin en loin, des parcs de bestiaux étendent leurs toits bas, presque à ras de terre. Des troupeaux dispersés, couchés dans les herbes salines ou cheminant serrés autour de la cape rousse du berger, n'interrompent pas la grande ligne uniforme, amoindris qu'ils sont par cet espace infini, d'horizon bleu et de ciel ouvert. Comme de la mer unie, malgré ses vagues, il se dégage de cette plaine un sentiment de solitude, d'immensité accrue par le mistral qui souffle sans relâche, sans obstacle, et qui, de son haleine puissante, semble aplanir, agrandir le paysage. Tout se courbe devant lui. Les moindres arbustes gardent l'empreinte de son passage en restant tordus, couchés vers le sud dans l'attitude d'une fuite perpétuelle. » (A. Daudet, *Les Lettres de mon moulin*, 1869).

[40] Le comte de Lanéry d'Arc rapporte qu'un train sur la nouvelle ligne d'Arles à Saint-Louis, dont on n'avait pas suffisamment serré les freins, avait fait 40 kilomètres sans locomotive, uniquement poussé par le vent.

[41] Liste des principaux mas camarguais : le mas de Saint-Hubert au plan de Bourg ; le mas de Mandrin, qui avait acquis ce relais dans la commune d'Arles par acte du 4 novembre 1608 (cette construction fortifiée était capable de soutenir un siège) ; le mas d'Icard avec la cabane de la Demoiselle ; le mas de l'Étourneau au plan de Bourg ; le mas de Saint-Bertrand, de disposition très allongée ; le mas de Peauduré ; le mas d'Agon, connu dès le XIe siècle ; le domaine de Rey : considéré comme caractéristique des vieux mas de Camargue modernisés et adaptés aux exigences d'une agriculture intensive, issu du démembrement de l'ancien et très vaste domaine de Boché ou de Boschon, situé à l'extrémité nord de l'île de Camargue ; le mas du Juge ; le mas Thibert ; le mas du Gageron, cité en 1260 ; le mas Méjanes, mentionné dès 1048 (il a été vendu aux Templiers en 1240 pour la somme considérable de 43 000 soles raymondins) ; le mas de Grisseuille ; le mas de Boisverdun ; le mas du Grand-Malusclat, bâtiment refermé en U, avec, au centre, un puits et un abreuvoir ; le mas du Peint, avec une tour à treille ; le mas de la Commanderie ; le grand mas d'Avignon, bâtiment en U, avec un pigeonnier-tour ; le mas du Fielous, bâtiment linéaire avec pigeonnier, remise, hangar ; le mas de Saint-Germain avec pigeonnier-tour et une remarquable écurie ; le mas de Mandon ; le mas de Merles ; le mas du Tort, considéré comme un des mas tout à fait caractéristique, actuellement en restauration ; les Bastiers ; le mas du Rougnouse, à côté du Grand Rhône ; le mas du pont de Rousty ; le mas de Signoret ; le mas d'Augery ; le mas de la Belugue.

[42] « Le mas sera bâti sur la hauteur gazonnée et la porte de frêne qui défend au nord s'ouvrant tout l'été au souffle du large brillera l'hiver au feu de flambée. À main droite, et tournant l'arrière au

L'habitation

Le centre du domaine est occupé par l'habitation, construction très souvent classique, à la fois logement du maître et logement du bayle fermier. La façade ordonnancée est remise au goût du jour au cours des siècles avec un traitement soigné de la pierre dans les moulures, des corniches, des encadrements d'ouvertures, des frontons de portes, un piédroit, etc. Très souvent, l'ordonnance est marquée par une symétrie : la porte d'entrée, le balcon et sa porte-fenêtre à l'étage sont sur un même axe. À l'intérieur et au centre est situé l'escalier monumental en pierre avec rampe pleine maçonnée ou en ferronnerie. Le rez-de-chaussée est redécoupé en deux parties. De chaque côté, deux pièces à vivre très généreusement dimensionnées, l'une pour le fermier, l'autre pour le maître, chacune comportant une cheminée, les dépendances, dépôts, souillardes. Les cuisines permettent de recevoir un personnel nombreux qui vient prendre ses repas servis par les femmes. À l'étage, une série de chambres en enfilade. Très souvent, cette partie centrale n'a plus rien de rural, mais se présente plutôt comme une demeure noble qui se serait adaptée à une fonction rurale. Le maître habite avec son fermier. Un simple couloir les sépare. Un exemple de ces façades ordonnancées est donné par le mas de Saint-Germain [43] ou le mas de Fiélous.

Les animaux

Le pigeonnier : ce sont peut-être les plus beaux pigeonniers en pierre de taille. Ils sont, soit intégrés au bâtiment (mas de Bastière : tour Renaissance qui a trouvé cette nouvelle destination), soit, au contraire, marqués par une dominante en toiture. La masse du pigeonnier peut affirmer l'extrémité d'une aile, c'est le cas du mas du pont de Rousty. Le pigeonnier peut être également un volume à part, sans liaison avec les volumes d'ensemble (mas de Saint-Germain).

L'écurie : dans le cas de mas importants, l'écurie est traitée à part. Les plus belles écuries sont en Camargue. On sent que ce bâtiment fait partie intégrante de la vie du mas [44]. Les chevaux de selle sont destinés à être montés, notamment par les gardians pour surveiller le troupeau de taureaux [45].

La bergerie : elle est totalement séparée du reste du volume construit. Elle est particulièrement vaste, pouvant recevoir 1 000 à 2 000 têtes. La transhumance

Ci-dessus, ensemble de bâtiments agricoles aux environs de Banon.

À gauche, façade du mas de Bastières, en Camargue.

mistral, nous construisons, pour le troupeau, la grande bergerie de roseaux pour défendre les agneaux de l'averse et de la rosée, les pâtres attentifs ferment le portail. À gauche, nous disposons la cour pour la manade, l'étable, au milieu, garnie de ses harnais avec ses couchettes de paille où les valets, las des soupers, s'étendront pour la nuit. Puis, quand tout sera prêt et la façade crépie, en versant le vin cuit selon les glorieux usages sur le faîte du mas, nous planterons en mémoire un rameau de fin bois et de laurier fleuri. » (J. d'Arbaud, *Les Chants palustres*).

[43] Il nous a été indiqué que la façade de ce mas datant de la fin du XVIIIe siècle avait été plaquée sur l'ancienne, à la manière d'un décor, à une distance d'un mètre.

[44] Au mas de Merle, en 1949, le cheptel comprenait : cent cinquante taureaux, dix chevaux de selle, mille deux cents moutons.

[45] Les taureaux vivent en liberté totale ; la parturition se fait en plein marais. Les taureaux et les vaches sauvages sont mélangés. Les taureaux sont maintenus dans les limites de la propriété par les gardians. Ils sont loués pour les courses. La nuit, les taureaux ne sont pas gardés : ils couchent au bord des marais ou le long des routes. Les chevaux de selle sont destinés à être montés par les gardians qui passent leurs journées à tour de rôle autour du troupeau. Certains chevaux de trait sont destinés aux champs.

se fait de juin à octobre. En hiver, les moutons ne sortent pas de la bergerie le matin car la plaine est trop humide.
Les animaux de la basse-cour sont en liberté dans la journée. Il y a des cochonniers et des clapiers. Quelques ânes vivaient, autrefois, avec les moutons, accompagnant le troupeau pendant la transhumance.

La production
Très souvent, la partie de vinification est accolée aux bâtiments anciens. La vendange est traitée de deux façons, soit montée par des chaînes au niveau supérieur des cuves que l'on atteint par une passerelle, soit pressée au sol et montée par pompe dans les cuves. Le vin est mis en fût et tenu en cave.
Dans le hangar et dans les greniers, la distribution du fourrage aux chevaux se fait par des abat-foin, au-dessus des râteliers. Les grains sont rentrés à l'intérieur du bâtiment. Pour éviter les risques d'incendie, les bâtiments qui abritent le fourrage sont dissociés du reste de la construction. Des cabanes-hangars, à la fois granges et fenils, à toiture de sagno, existaient jadis. Elles ont disparu.

Le matériel
On trouve des hangars considérables, capables d'abriter le matériel et répartis soit en cour, soit en alignement, exposés au sud.

Ci-dessus, les écuries du mas de la Belugue.
Ci-dessous, le pigeonnier du mas du Tort.
À droite, élévation et plans du mas camarguais du Pont de Rousty, détail du pigeonnier (d'après les documents du parc naturel régional de Camargue).

Les matériaux de construction et la construction
Les composants
Le sol de la Camargue ne possède aucune pierre propre à la construction. Le seul matériau est le roseau appelé « sagno » [46]. Il est donc nécessaire de transporter la pierre de taille des carrières de Fontvieille ou d'Arles, par le Rhône, sous des formes normalisées : le *quéron*, le *bugé* ou *mié-bugé*.
Le bois n'existe pratiquement pas ; il faut, là aussi, le faire venir à grands frais. Avec le sagno, sont édifiées la cabane de gardian et les bergeries.
La construction est particulièrement soignée. On est loin de l'économie de moyens du petit mas des plaines. La maçonnerie est entièrement montée en pierre de taille, à savoir, murs de façade, murs de refend, mais aussi les cheminées, etc. La façade est richement moulurée ; nous donnons quelques exemples de la qualité de cette architecture. Les planchers sont en bois avec de grosses poutres équarries et des chevrons de section rectangulaire. La couverture en tuiles bâties sur des mallons de couvert repose sur des rondins dont une face a été sciée.

Hygiène et confort
Ici, on est logé comme dans un hôtel particulier. On y trouve tout le confort du début du XIXe siècle auquel le progrès moderne a ajouté le chauffage et l'électricité. Les pièces sont plus éclairées qu'ailleurs.
Les sols sont pavés en pierre, d'un entretien facile ; les pièces du rez-de-chaussée possèdent des dépendances. Un lieu d'aisance est installé sur le

[46] Le sagno fait l'objet d'un commerce avec la Hollande et la Belgique qui s'en servent pour réaliser leurs toitures en chaume. Le sagno est coupé par les « sagniers » ; c'est le garde-champêtre qui partage les communs entre les sagniers.

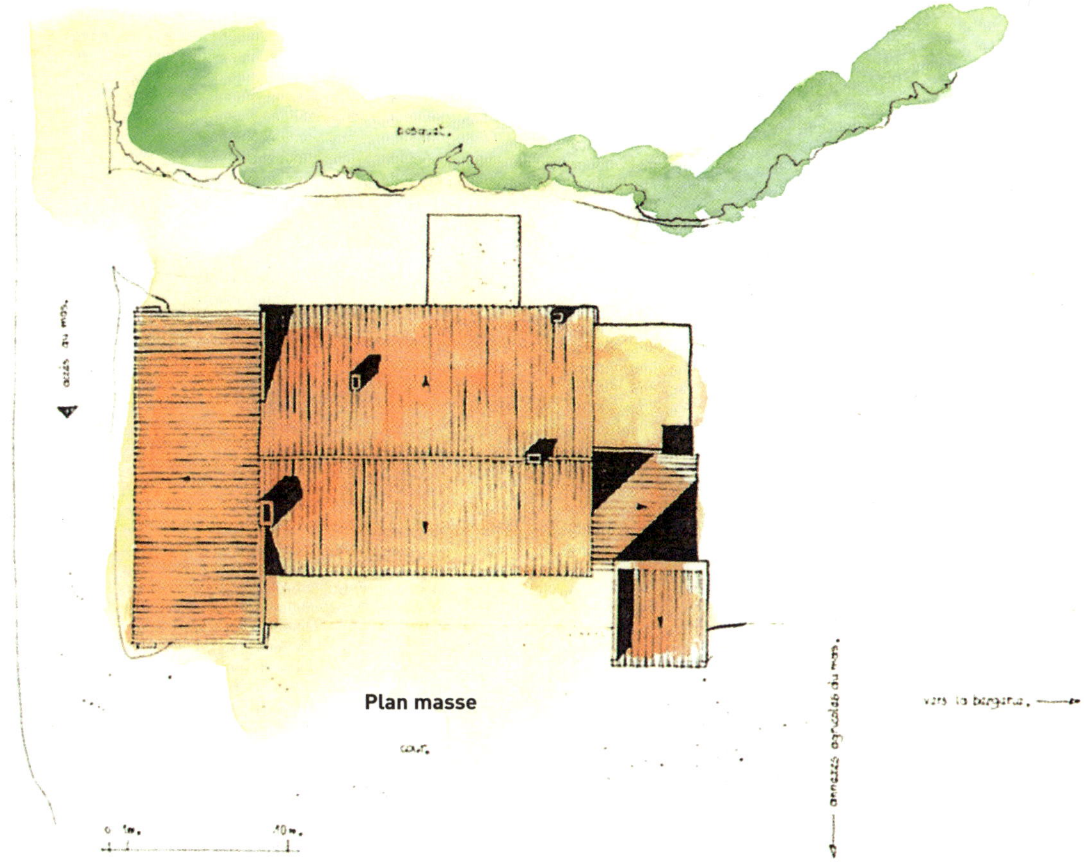

Plan masse

Plan du rez-de-chaussée

Plan du 1er étage

Façade sud

palier d'étage, mais, très souvent, il en existe un autre, extérieur, près du fumier.

La défense contre les animaux nuisibles et les moustiques est assurée par des stores aux fenêtres, des moustiquaires à guillotine pratiquement à toutes les ouvertures.

L'eau et le feu

Les puits sont situés sur la façade sud et comportent des norias pour remonter l'eau. Un abreuvoir et une pile en pierre sont placés à l'extérieur, pour le lavage du linge.

Dans chaque cuisine, une pile pour la vaisselle, à l'intérieur d'une armoire en maçonnerie avec, au-dessus, des rayonnages (ayguier). L'évacuation se fait à travers le mur, les eaux usées se répandant librement ensuite. Les cuisines sont très importantes avec leur grande cheminée du type « alcôve » aux « joues » très saillantes qui supportent une poutre. C'est ici que l'on trouve les plus belles cheminées en pierre de toute la Provence. Quelquefois, le conduit est adossé au mur extérieur en *mié-bugé*. L'entrée du four à pain est située sous la hotte [47]. À l'intérieur de la cheminée, une potence soutient les chaudrons.

Lorsque le potager était en retour par rapport à la cheminée, il était dit potager « à la marseillaise » (quatre feux). Au contraire, lorsqu'il était en continuité directe avec la cheminée, il était appelé potager « provençal ».

Le mobilier

La cuisine : le mobilier était extrêmement riche : une grande table avec des bancs, une horloge, un vaisselier, une commode, un buffet, une armoire.

Les chambres : elles étaient meublées d'une grande armoire, des lits en bois, etc.

Les façades : ordonnance et décoration

Outre la génoise soulignée par un bandeau en pierre, la décoration est obtenue par le jeu des moulurations de pierre, des encadrements de portes-fenêtres et de fenêtres. Généralement, un badigeon à la chaux est appliqué sur toute la longueur de la façade sud, sur une hauteur de 2 m (c'est-à-dire la hauteur que l'on peut atteindre le bras levé). Il est d'ailleurs assez surprenant de voir ces constructions nobles avec un soubassement ainsi peint en blanc. Dans la partie supérieure, la pierre reste apparente.

L'environnement

Tout indique le vaste domaine. Devant l'habitation, ce sont des allées majestueuses, une grande terrasse avec jardin de fleurs, quelquefois un parc ou une composition de végétaux et, parallèlement, une aire de distribution et de stockage. Très souvent, à proximité du mas, une pinède dans la partie nord-ouest. Il n'y a pas de séparation entre la terrasse et l'espace des activités agricoles : le troupeau de moutons la traverse, les chevaux sont à côté. C'est dans la non-ségrégation des espaces extérieurs que la vie du mas camarguais est la plus significative.

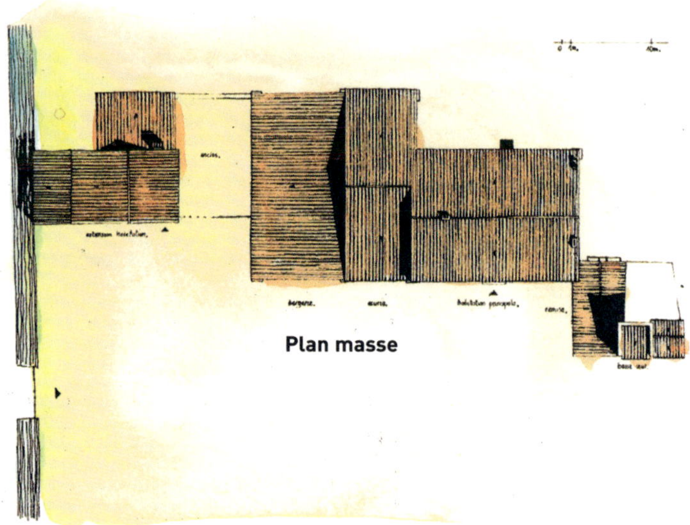

Plan masse

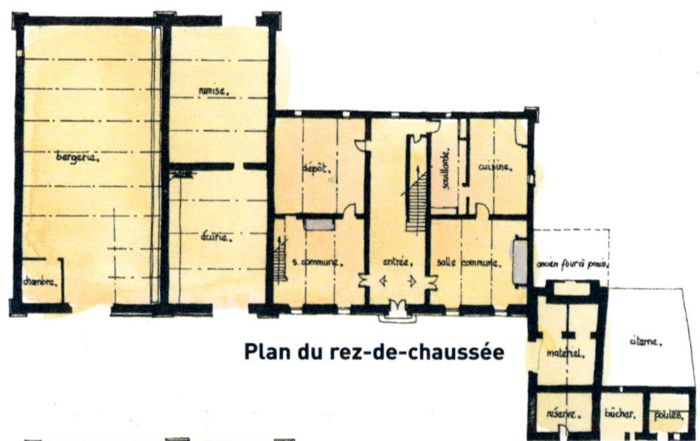

Plan du rez-de-chaussée

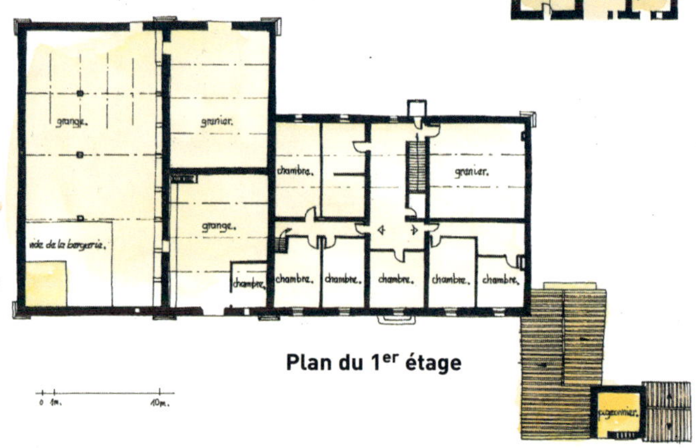

Plan du 1er étage

[47] Voir le bel exemple de boulangerie et de four à pain au mas de Saint-Germain.

Ci-contre et ci-dessus, façade et plans du mas du Tort, en Camargue.

Ci-dessous, façade sur cour du mas de Saint-Germain, en Camargue.

Les mas de Crau

Étant donné la proximité de la Camargue, les mas de Crau vont avoir de nombreuses dispositions analogues. Mais, ici, la présence de l'eau et des étangs est inexistante. Le sol est plat, balayé par le mistral ; la terre est, avant tout, une terre de pâture pour les moutons.

L'histoire de ces mas remonte aussi loin que celle des mas de Camargue, mais ils sont moins pittoresques [48] ; ils ont moins inspiré la curiosité des érudits. Le mas des Guigou est cité en 1269. Le mas de la Joyeuse-Garde (commune de Mouries), appartenant à Quiqueran de Beaujeu, date du XVe siècle. L'occupation des terres a commencé par l'installation du berger Peyron Raphel, qui obtient de l'archevêque d'Arles, en 1546, une concession de 300 sétères de terres vastes au pays d'Arlaban. Le mas de Raphel a donné son nom au quartier, aujourd'hui parsemé de mas individuels et couvert de prairies irriguées.

La culture typique est le foin ; l'élevage des moutons est très important. Grâce à une nouvelle irrigation, la Crau est en train de se transformer radicalement et il n'est pas surprenant d'y voir des hectares de vergers. L'habitation rappelle celle de la Camargue, mais avec un parti moins riche et des contraintes plus sévères [49].

La disposition générale

L'habitation du maître et celle du fermier sont dans un bâtiment comportant un étage. En bas, les cuisines, celles des hommes et celles des fermiers ; les chambres sont au-dessus.

Les animaux

Les bergeries : elles sont attenantes à l'habitation, mais sans communication. La transhumance a lieu de juin à octobre [50]. L'hiver, les moutons sont en Crau et ils se nourrissent de maigres *coussous*. Ils sont maintenus dans la bergerie, le matin, comme en Camargue. Les soins sont alors donnés. L'après-midi, les moutons sont en plaine, sauf les jours de grosse pluie ou de neige. Lorsque le *coussous* est devenu rare, on porte en plaine une « tirasse » de foin.

L'écurie, l'étable et la basse-cour : on trouve aussi l'écurie des chevaux avec les abreuvoirs extérieurs, quelques vaches en stabulation totale pour le lait

[48] En particulier, ils n'ont pas gardé le caractère féodal que l'on retrouve si souvent en Camargue. Mas plus pauvres où la pierre de taille n'a pas pu, aussi facilement, s'imposer.

[49] Liste de mas de Crau les plus importants : le mas de la Joyeuse-Garde ; le mas de Raphel ; le mas de Paul : la superficie des terres est d'environ 150 ha, le cheptel comprenait huit cents à mille têtes de moutons, cinq chevaux, une vache, un cochon (1950) ; dans le vieux mas, se trouvaient la cuisine du fermier, le four à pain, les cuves à vin pour la vinification, l'écurie-étable pour les chevaux et les vaches, le poulailler, le clapier, le garage au matériel, les anciens greniers et quatre chambres ; le mas de la Tapie, une propriété d'environ 189 ha, avec le vieux mas, une bergerie attenante au mas, des hangars maçonnés, métalliques ou en bois, une ancienne bergerie et une nouvelle dans la plaine avec le logement du berger ; l'ensemble des bergeries pouvait abriter jusqu'à trois mille moutons ; les bâtiments sont en longueur pour offrir la plus large façade au soleil ; ce mas comprend trois noyaux de vie : les fermiers, les journaliers et les bergers ; les trois groupes mangent séparément ; le forgeron habite près du mas.

[50] Au mas de la Tapie, on n'abritait que les mères avec leurs agneaux. Au départ pour l'alpage, trois mille moutons se rassemblaient à la Tapie. Là, le troupeau était coupé en deux groupes : l'un allant sur Montélimar, l'autre sur le Lautaret.

Plan masse

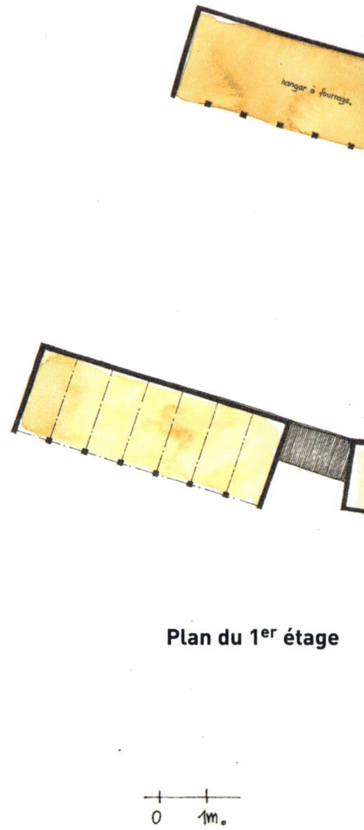

Plan du 1er étage

Elévation, plans et vue du mas de la Tapie, en Crau.

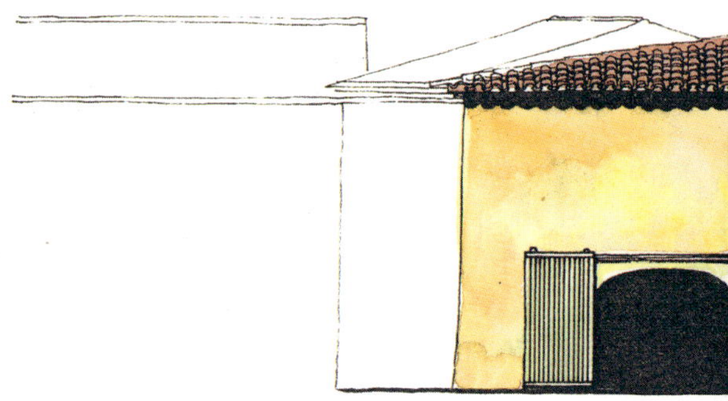

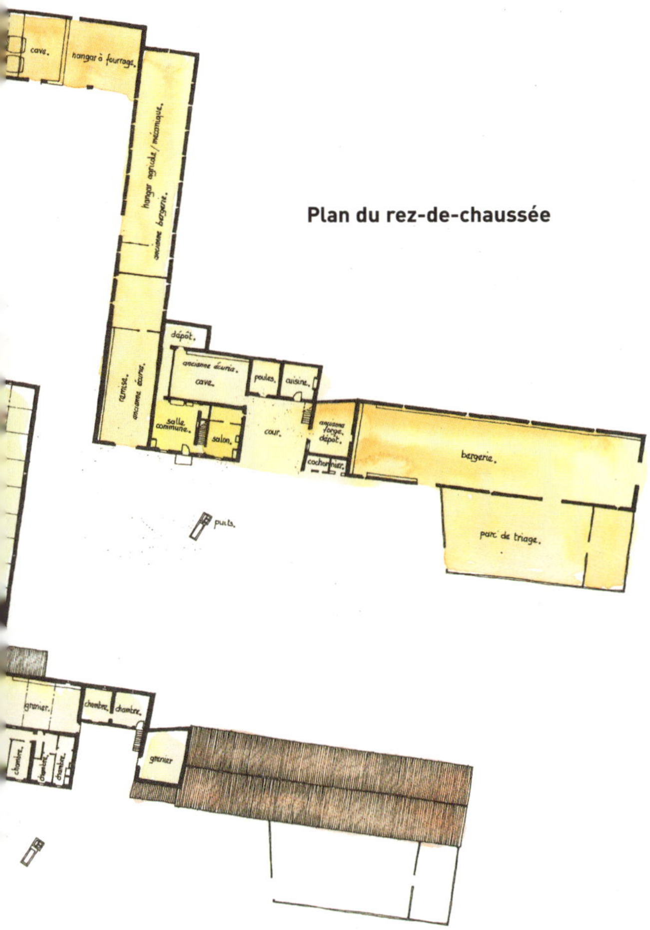

Plan du rez-de-chaussée

nécessaire à la consommation de la ferme, quelques ânes pour accompagner les troupeaux transhumants, quelques cochons et une basse-cour.

La conservation des récoltes, des semences et du matériel

Au-dessus de la bergerie, des greniers considérables peuvent recevoir jusqu'à 25 t de fourrage. On trouve quelques caves vinicoles, mais très réduites, uniquement pour les besoins du personnel. La vinification se fait dans des cuves en maçonnerie. Le matériel est rangé dans des hangars et des locaux désaffectés.

Les matériaux de construction et la technique

Le problème du matériau de base se pose avec plus d'acuité. En effet, le transport de la pierre de carrière et son coût élevé pour des constructions modestes rendent prohibitif ce matériau. Il n'y a plus le Rhône pour le transporter. On est amené ainsi à faire appel à des matériaux pauvres que l'on trouve sur place, mais qui nécessitent une mise en œuvre patiente et, finalement, d'un résultat moins bon : ce sont, essentiellement, le galet et la terre.

Les galets : avec les galets sont montés les murs extérieurs et les murs de refend. Ces murs peuvent atteindre 0,50 m d'épaisseur ; il y entre trois ou quatre feuillets de galets qu'il faut maintenir, liaisonner par des boutisses de pierre. Si le mortier est de mauvaise qualité, il y a tassement. Dans la construction en galets, le liant a une très grande importance, étant donné la forme du matériau. Extérieurement, les galets sont disposés en *opus spicatum*. Cela nécessite une main-d'œuvre très chère. Une maçonnerie en pisé utilisée pour certaines constructions est plus économique.

La pierre : provenant de Fontvieille, elle s'emploie pour les encadrements des baies, les chaînes d'angles, les piles et pour les parpaings de murs destinés à la liaison des galets. Quelquefois, dans une même construction, se trouvent employés en façade le galet pour les soubassements, la pierre pour les parties hautes.

La technique de couverture : elle est sensiblement la même que celle utilisée pour la Camargue, à savoir : tuiles canales avec mallons de couvert. Très souvent, les hangars sont recouverts en tuiles mécaniques plates.

Les revêtements : les sols sont mallonnés. La paillasse de l'évier et le potager sont revêtus de carreaux en terre cuite vernissée posés au plâtre.

La décoration extérieure et son ordonnance

Ici aussi, la génoise est présente. On voit également de grandes ouvertures, souvent dans la partie habitation pour la façade principale, mais avec un traitement moins classique qu'en Camargue. On trouve pourtant des

fenêtres avec des encadrements en pierres moulurées, des portes d'entrée avec entablement de pierre. Un parti d'ordonnance symétrique se fait, là aussi, remarquer. Dans la polychromie, la partie basse est souvent peinte à la chaux, de même que l'entourage des principales ouvertures [51].

L'hygiène et le confort

En été, les volets des chambres sont complètement tirés. Ils sont tenus par l'espagnolette. La défense contre les animaux nuisibles est assurée par des portes moustiquaires du type guillotine, obturant les fenêtres spécialement des cuisines et, si possible, des autres pièces. Les cuisines sont blanchies par la fermière ; pour cela, il faut déplacer les meubles. Les sols carrelés sont lavés. En général, il n'y a pas de W.C. On va dehors ; quand on est malade, on use d'un seau hygiénique. À l'extérieur des calades permettent d'éviter la boue.

L'eau et le feu

L'eau : elle est fournie par un puits à chaîne et par un système de pompe manuelle à l'intérieur de la cuisine. À l'extérieur, deux piles, l'une pour la lessive, l'autre servant d'abreuvoir. Dans la cuisine, l'évier monolithe est en pierre, avec une partie évidée en quart-de-rond pour poser la cruche. L'évacuation de la pile se fait librement après avoir traversé le mur par un conduit en tuile ronde.
Le feu : en général, la cheminée est d'aspect assez monumental. On n'utilise pas de crémaillère, mais une potence comme en Camargue. On remarque une plaque foyère en fonte. Le potager est ordonnancé « à la marseillaise » et les quatre feux sont surmontés d'un mallonnage brun rouge vernissé. Les portes des cendriers sont en fer, peintes en noir. Dans les autres pièces, pas de cheminée, à part dans les autres cuisines, situées au rez-de-chaussée [52].

L'environnement

Les aménagements faits dans le mas de Camargue à des fins de villégiature et de décor n'existent pas ici. Les surfaces extérieures sont traitées pour le fonctionnement et le charroi des véhicules : grande aire de terre battue damée par le passage incessant, soumise à la poussière et aux assauts du mistral. Très peu de végétaux, quelques barrières de cyprès.

Le domaine en cour fermée

Les exemples de mas camarguais et de Crau répondaient à un parti nettement linéaire avec des variantes pour se refermer suivant un U très ouvert ou, au contraire, un peu plus prononcé. Mais aucun de ces domaines n'était en cour réellement fermée. Or, il existe en Provence de nombreux domaines où l'organisation s'est faite autour d'une cour. On a vu, surtout dans les mas des pré-

[51] Au mas de la Tapie, le badigeon coloré de la façade est rose avec encadrement des baies en blanc. Une rosace est située au-dessus de la porte d'entrée.

[52] Dans le mas de la Tapie, le propriétaire, le maître fermier, les journaliers et permanents mangent dans la cuisine où sont disposées deux tables : les patrons et les hommes. Les quatre bergers devant sortir le troupeau en hiver, à 11 h 45, mangent, seuls, à un premier service.

Exemples de mas à cour fermée : en haut, entre Reillanne et Vachère ; en bas, dans la région de Lauris.

Alpes, cette volonté s'affirmer. C'est malgré tout une entorse aux principes du domaine qui demandent plutôt des dispositions où les bâtiments puissent s'ajouter, s'agrandir sans fin. Car, pour les grosses propriétés, se refermer ainsi, c'est forcément limiter leur développement.
Dans ce type de domaine, les volumes s'organisent donc autour d'une cour bordée de murs de clôture reliant entre eux les bâtiments. On entre dans cette cour, plus ou moins majestueuse, par un porche. Cette disposition, si elle est limitative, permet toutefois aux différentes parties de l'exploitation d'être en rapport direct, ce qui diminue les circulations ; de plus, le fermier peut ainsi tout surveiller. Ce parti fermé reste assez limité en Provence [53]. Sans doute, a-t-il été recherché pour ses qualités défensives à une époque où la fixation en plaine n'était pas dépourvue de danger. De nombreuses fermes, en Provence, ont encore gardé des éléments fortifiés, tels que tour d'angle, meurtrières, échauguettes (bergerie d'Ollioules, mas de Brunel...).

La localisation

Ce type se rencontre surtout dans la plaine du Rhône, en Argence au Trébon (mas de Payan, de la Roque, de Lanzac, de Paradé, de Brunet) ; dans le Lubéron, région de Bonnieux et de Cucuron et, également, autour de Manosque ; dans le pays d'Aix, région des Maures (bastide de Jacarelle, près de Puget) ; dans la région riche du Comtat, autour de Mallemort, de Carpentras.

La disposition des bâtiments

La cour est de dimensions relativement importantes ; elle est en partie dallée, ou simplement en terre battue. Autour est disposée l'habitation dont la façade est orientée plein sud. Tout à côté, se situent l'écurie, les hangars, la bergerie.
Sur l'autre façade est implantée la basse-cour, avec les cochons, le poulailler, le clapier. Très souvent, on trouve aussi un logement supplémentaire, des ateliers de forge, etc. Dans le mas du Trébon, l'écurie est surélevée ; les bêtes y accèdent par une rampe d'accès : ce cas est assez fréquent dans les zones où l'on craint des inondations.

La ferme jouxtant la bastide

Comme on l'a vu dans la partie historique, la bastide est, pour une classe privilégiée de la société, non seulement une résidence secondaire, mais aussi une exploitation grâce à la présence, plus ou moins proche, d'une véritable ferme. Il n'y a donc plus, comme dans les mas de Camargue, d'occupation sous un toit commun à la fois du propriétaire et du fermier. La bastide, où réside seul le maître, se présente comme un bâtiment isolé, généralement imposant avec une couverture à quatre pentes. Sa façade ordonnancée est traitée dans le goût noble de l'époque [54]. Quelquefois, il y a mitoyenneté entre le logement du maître et celui du métayer ; cela dépend du caractère de la bastide : certaines,

[53] Souvent, les paysans, interrogés à ce sujet, sont contre le principe de la cour fermée. Ils aiment avoir la vue aussi bien sur les bâtiments que sur les terres.

54 L'étude des bastides nécessiterait, à elle seule, un ouvrage à part. Il n'est pas étonnant de constater que l'exploitation est à une certaine distance du logement du maître, pas trop cependant pour que l'on puisse témoigner ainsi de l'intérêt que l'on porte à l'activité rurale.

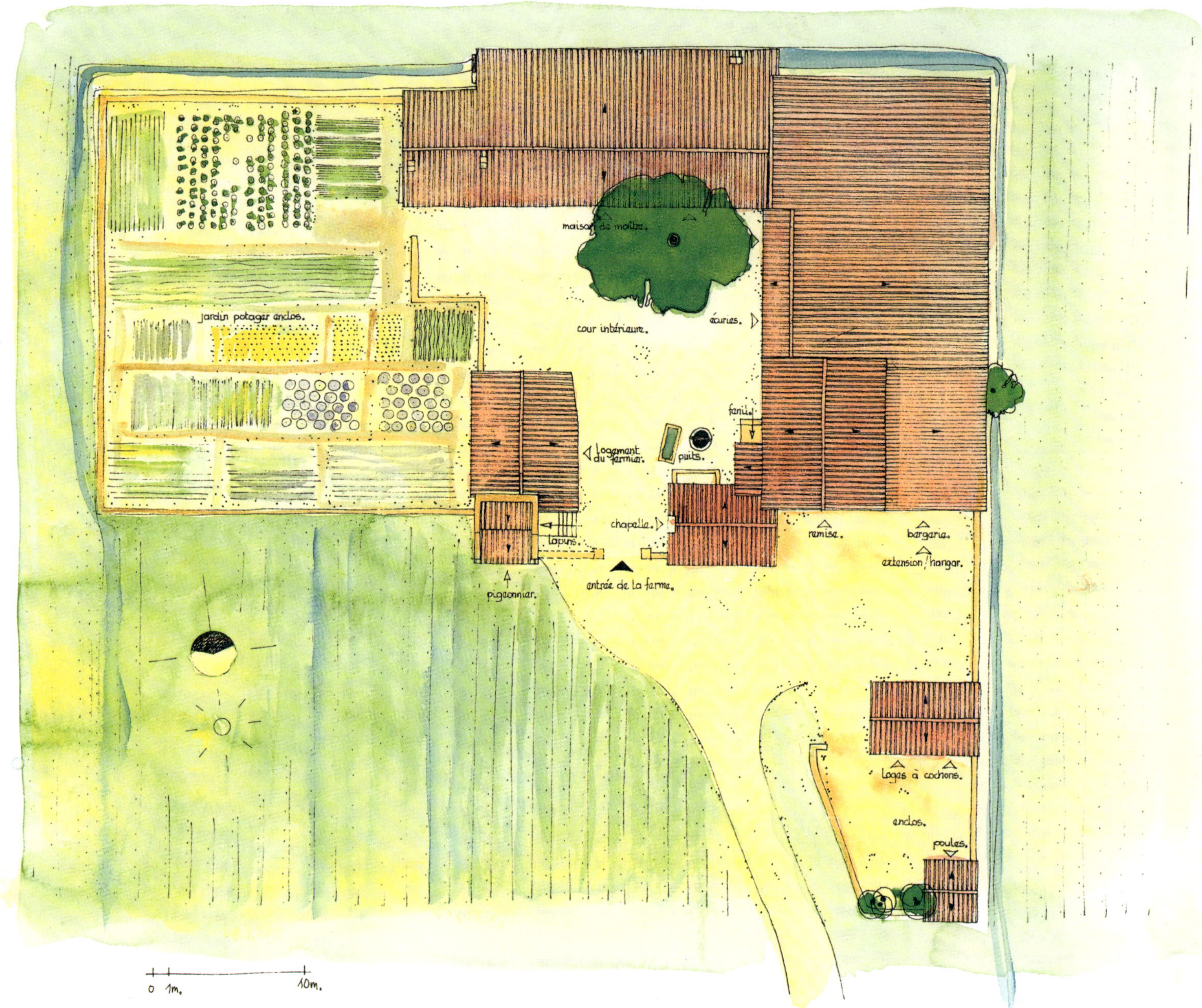

Plan masse

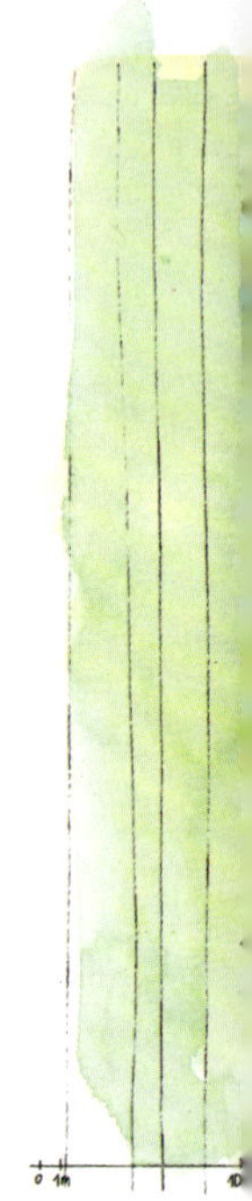

celles extrêmement maniérées du XVIIIe siècle, n'auraient pu souffrir la proximité de vulgaires bâtiments ruraux.

La répartition des activités

La répartition entre ces deux activités bien distinctes ne s'enferme pas dans un cadre préétabli :

• Les bâtiments ruraux jouxtent la bastide et sont comme le prolongement de cette dernière pour respecter l'exposition plein sud. C'est le cas d'Ayguebelle à Lambesc : on passe devant le logement du métayer pour accéder au château. C'est le cas, également, des Roucas, près de Cucuron, où il y a deux accès indépendants ; de la bastide de la Siboune à Saint-Loup… Pour la Bargemone, la partie cave vinicole jouxte la maison du maître ; les écuries sont dans le même alignement. Seule la bergerie constitue un volume à part.

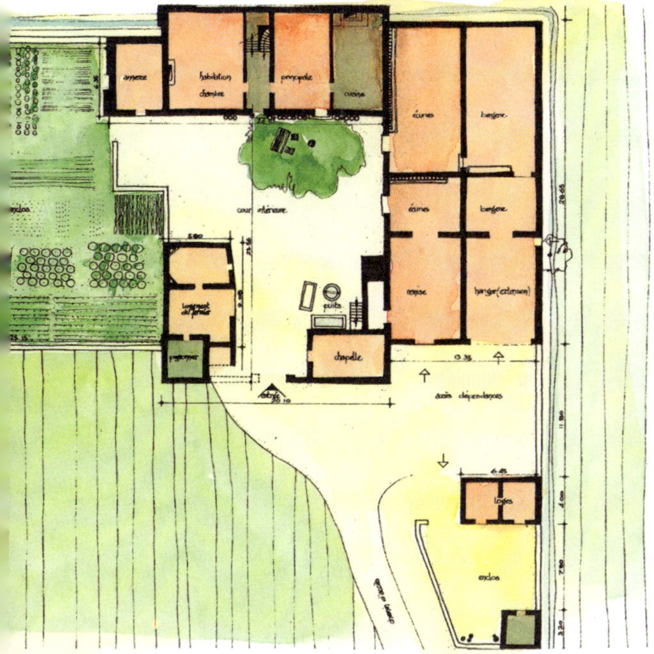

Plans et vue du domaine des Treillas, à Puyricard.

• Les bâtiments ruraux jouxtent la bastide mais sont orientés vers une cour ou un centre d'intérêt nettement différencié. C'est le cas du Seuil (région d'Aix-en-Provence) où le logement du maître est orienté vers une terrasse et un parc, alors que les bâtiments ruraux sont sur la façade est.

• Les bâtiments ruraux sont nettement séparés de la bastide. C'est le cas de la bastide du Grand Plan, dans la région de Rognes. C'est également le cas de la bastide de Ribbe, quoique la partie exploitation soit très proche de la partie maître.

En même temps que la bastide, les bâtiments ruraux subissent des transformations importantes. L'histoire d'une bastide, quand on se penche sur ses archives, dénote des suites de modifications, des agrandissements, qui, souvent, ont occupé un siècle ou deux [55]. Il peut arriver également que la bastide elle-même soit transformée entièrement en exploitation rurale, c'est une forme décadente qui se fait sentir dans des constructions où le propriétaire n'a plus que la ressource d'exploiter lui-même son domaine.

Le logement du métayer

Très fréquemment, ce logement se situe à proximité immédiate de celui du maître. On sent que le maître veut être suffisamment près pour surveiller et avoir sous les yeux son métayer. Le ménage [56] s'occupe de l'entretien de la bastide. Le logement est beaucoup plus vaste et mieux aménagé que celui qu'on a rencontré jusqu'à présent. Il profite, en quelque sorte, par conta-

[55] Exemple de la bastide de Ribbe (M. Demians d'Archimbaud, Diplôme d'études supérieures, Faculté d'Aix-en-Provence). « La famille de Ribbe, originaire de Cucuron, se fixe à Rognes. Isabeau de Ribbe fait don à son fils d'une propriété de 7 hectares au lieu-dit de Roubert ou de Grès. C'est l'exploitation rurale qui s'organise la première. Les deux pièces voûtées primitives sont remplacées par une vaste ferme avec un portail sur la cour et un four à pain. La famille de Ribbe ne s'y installe pas. Elle vit au village de Rognes où elle s'est fait construire une belle habitation. La situation sociale de la famille s'est améliorée : Sauveur Augustin est nommé, en 1742, trésorier général de France, en Provence. Un de ses petits-fils est conseiller en cour d'appel d'Aix. Vers 1835, l'exploitation n'a plus rien de commun avec le mas initial entouré de ses 7 hectares, mais ce n'est toujours qu'une exploitation où le maître et sa famille ne résident pas. L'épidémie de choléra en 1839 oblige de Ribbe et sa famille à fuir la contagion et à commencer la construction d'une maison d'habitation à côté de la ferme. Les inconvénients apparaissent vite : la salle à manger ainsi que plusieurs chambres donnent sur la cour d'où montent les odeurs des porcheries. La bergerie, elle-même, est trop proche. Le séjour de Charles de Ribbe sur ses terres lui fait comprendre que la ferme, elle-même, est mal distribuée et qu'elle est trop petite pour le domaine. La bergerie est alors reconstruite derrière les bâtiments et devient le centre d'une série de constructions rurales, de dépendances : remises, écurie, poulailler, fromagerie, pigeonnier, loges à cochons au-dessus desquelles s'allonge le grenier pour la paille et le foin. La maison d'habitation elle-même est transformée : on organise une terrasse à la place de l'ancienne cour de ferme. Les deux portes-fenêtres du grand salon sont ouvertes ; l'escalier est refait, la salle à manger agrandie, ainsi que le vestibule et toute une série de chambres installées au deuxième étage. La source, qui coulait dans le domaine, insuffisante et irrégulière, fut tarie très vite. En 1821, une autre source s'épuisa de nouveau. En 1837, un puits est creusé ; on fut obligé d'en refaire un, en 1869, sans amélioration bien sensible. Ce ne fut qu'en 1884 que l'arrivée de l'eau du canal du Verdon mit un terme définitif à cette pénurie. Le domaine fut très prospère avec ses vignes, ses terres, ses oliviers, ses prés auxquels se sont ajoutés quelques hectares de bois et de garrigue. Cet exemple de modification dans le temps d'un tel ensemble n'est pas unique, mais on peut dire que, pratiquement, toutes les bastides et les types de grands domaines ont subi un processus d'évolution sensiblement identique. »

[56] Propriété Icard à Saint-Barnabé (rapporté par R. Livet) : « Le bâtiment du "mégier" occupe 30 canes carrées (120 m^2). Il comprend au rez-de-chaussée, cinq pièces : salle d'entrée, cuisine avec cheminée, dépense, potager, pile, trois chambres dont une avec alcôve. À l'étage, deux chambres ».

Plan masse

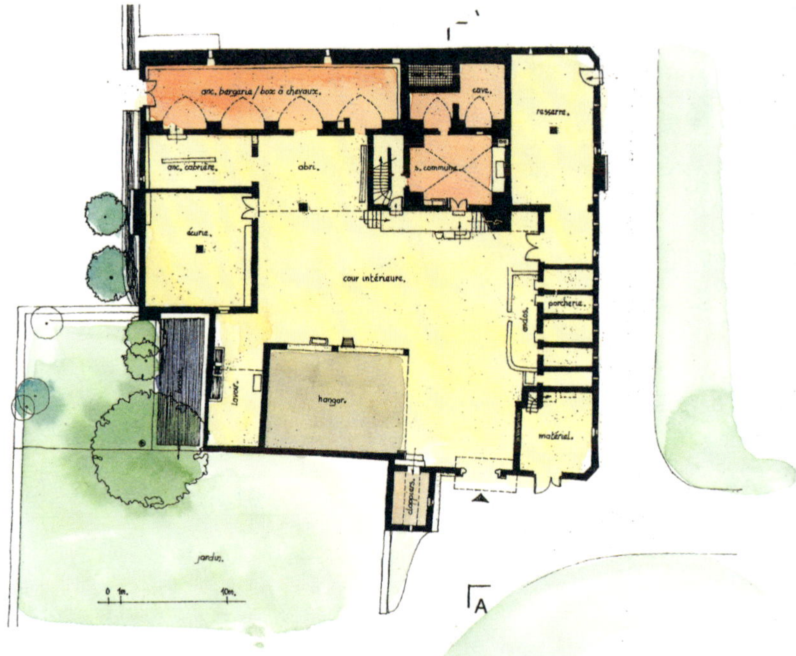

Plan du rez-de-chaussée

Plan du 1er étage

Élévation sud, coup et plans du domaine du Grand Couturas, à Vaugines.

gion, du caractère spacieux et de la qualité d'aménagement qui est propre à la bastide. Certaines pièces sont lambrissées avec des moulures de plâtre. Les portes sont moulurées ; les cheminées, vastes, avec un souci de décoration. C'est le cas du bâtiment du *mégier* de la propriété Icard à Saint-Barnabé. C'est également celui de la propriété de « l'émigré Clastier », à Sainte-Marthe [57]. Mais, quelquefois, le logement n'est pas aussi confortable. Nous le voyons dans l'exemple de la ferme de Cabanes [58]. Cependant, le

[57] Le logement du paysan se compose de trois pièces au rez-de-chaussée, carrelées de briques communes, et de quatre pièces au premier étage avec les dépendances, remises, écurie, cellier, carrelées en briques, une pièce en façade, pour la lessive ; au-dessus, un grenier à foin. À côté, le poulailler, le colombier et deux loges à cochons.

logement du métayer est, la plupart du temps, spacieux et a un nombre de pièces assez considérable.

Les dépendances : les bâtiments agricoles

Elles sont construites avec des matériaux de qualité et des aménagements que l'on a rarement l'habitude de rencontrer chez le paysan propriétaire. La qualité de la maçonnerie avec l'abondance de la pierre de taille appliquée aux encadrements de fenêtres et de portes-fenêtres, la qualité des menuiseries, des ferronneries, etc., indiquent que des principes d'économie n'étaient pas nécessaires. Les bergeries, les pigeonniers, les écuries, témoignent d'un certain goût dans leur décor pour ne pas dépareiller le luxe de l'ensemble.

[58] Ferme de Cabanes (rapporté par d'Estiennes de Saint-Jean dans *Le Paysan métayer de la basse Provence*, 1888) : « La maison de ferme, dite "le ménage", qu'habite la famille est séparée du château par la basse-cour et une ruelle qui la prolonge. Cette maison carrée, bâtie en pierre, comporte deux étages et un rez-de-chaussée ; sa façade est exposée à l'ouest. Au rez-de-chaussée, élevé de cinq marches au-dessus du sol, se trouve la salle commune où se fait la cuisine [...] La cuisine communique avec l'écurie par le palier de l'escalier et quelques marches pour rejoindre le sol. L'escalier, sous lequel est un cabinet-dépense, aboutit au premier à un couloir donnant accès dans deux chambres : l'une carrée, blanche, assez bien tenue, de 4 m de côté, est celle des époux ; l'autre, de 5 x 3,60 m, réservée aux étrangers, possède un grand placard et une cheminée. Toutes deux ont une fenêtre sur la façade. Leur hauteur est de 2,90 m ».

Élévation sud

Coupe A.A.

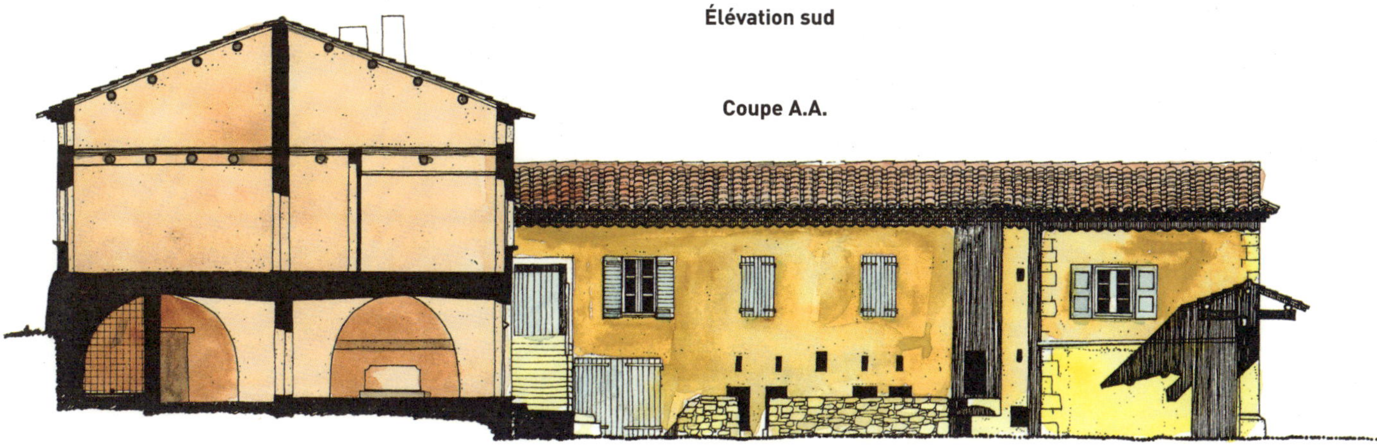

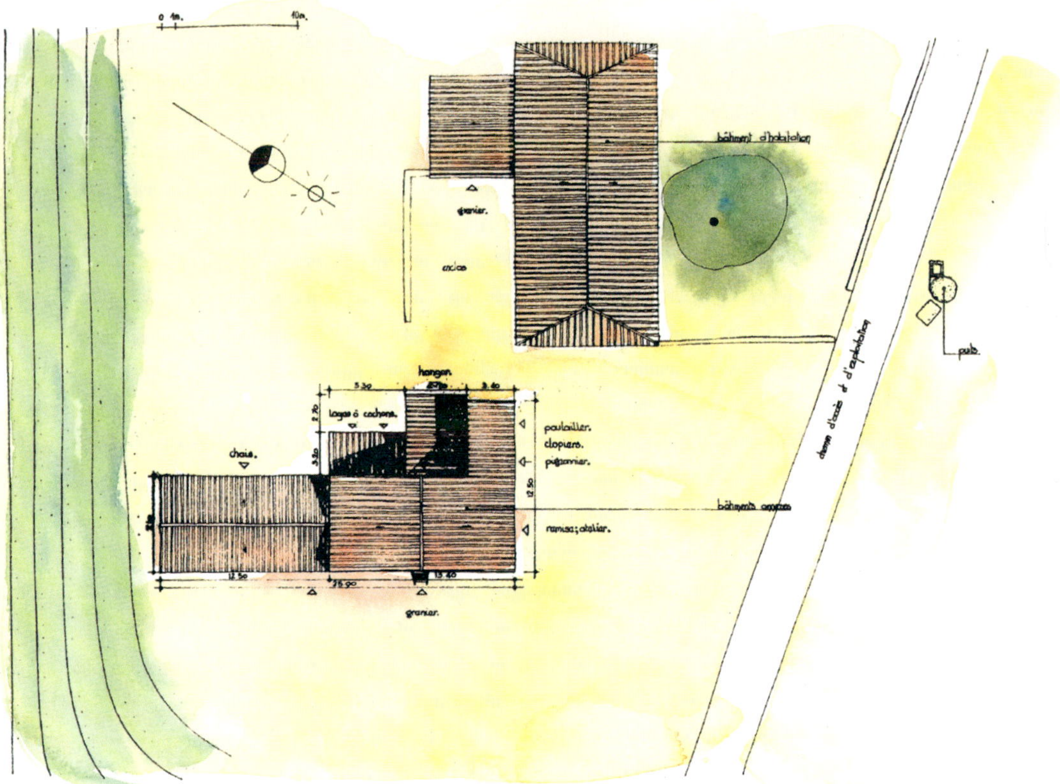

Ci-dessus et ci-dessous, plan d'ensemble de la bastide du Grand Plan, à Rognes, et des différents niveaux de ses annexes.

Ci-dessus : en haut, une bastide fortifiée à Vachères ; en bas, vue générale de la bastide de Ribbe à Rognes et de ses bâtiments agricoles. Ci-dessous, bastide et sa ferme dans les environs d'Aix-en-Provence (cliché Inventaire général).

Page de droite en haut, domaine dans la région de Mane.

Page de droite en bas, domaine dans la région de Mouries.

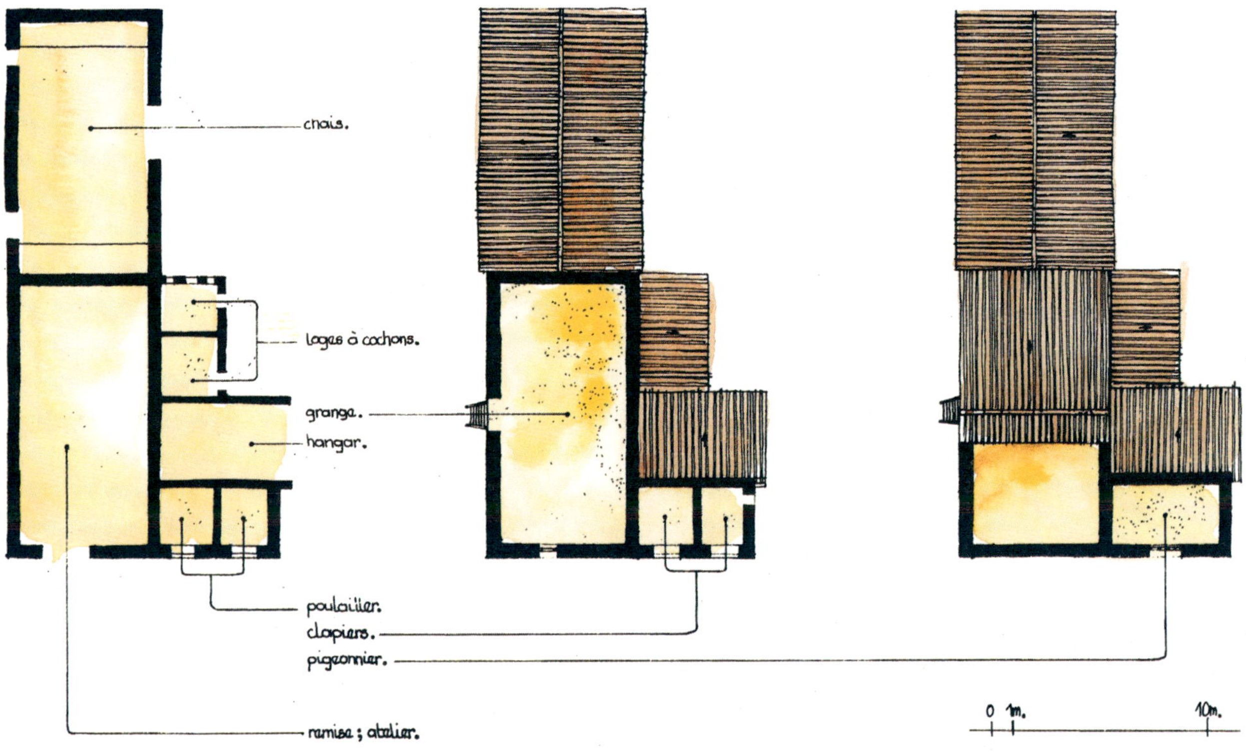

Les espaces

À gauche, cuisine provençale traditionnelle avec ses ustensiles de cuisine. Ci-dessous au centre, vues sur le potager et sur la pile. Ci-dessous en bas, les carreaux rouges sont des émaux de Salernes (photographies de Christophe Duranti).

L'intérieur pour l'homme

L'examen des plans intérieurs nous a permis de montrer le peu de place réservé à l'homme dans le volume général. On préfère laisser de l'espace pour ce qui va servir réellement à l'exploitation, à savoir : le logement des animaux, l'abri du matériel, la remise pour la production… L'espace de l'homme et de sa famille se réduit à la salle commune et à la chambre à coucher : la salle commune est le centre de la vie du paysan, c'est l'endroit où il « reste », où son épouse passe le plus clair de son temps ; la chambre à coucher, occupée uniquement la nuit, a une importance très limitée, et elle est la seule pièce chauffée du logement (certaines chambres, cependant, comportent des cheminées, mais ce sont des cas très rares). Contrairement aux habitudes en usage dans d'autres régions, on ne dormait pas, en Provence, dans la pièce commune, tout au moins à partir de la fin du XVIIe siècle. Cependant, dans certaines constructions des pré-Alpes, il arrive que l'on puisse coucher à côté de cette pièce lorsqu'une alcôve a été aménagée sous l'escalier intérieur.

La salle commune

Elle est la pièce essentielle de la vie provençale : à la fois cuisine, salle à manger, lieu de réunion de la famille et des amis où l'on se tient pour les veillées. C'est également par cette pièce que l'on accède au reste du logement puisqu'elle distribue fréquemment les chambres par l'escalier intérieur et donne accès aux communs. Il est, en effet, très rare de rencontrer une entrée séparée qui distribue les pièces du rez-de-chaussée et de l'étage [1]. Bien que de dimensions réduites, elle est fonctionnelle ; les éléments nécessaires à la vie de tous les jours y ont leur place. Dans les domaines, et particulièrement dans les mas camarguais, elle devient beaucoup plus spacieuse, pour permettre au maître et à sa nombreuse domesticité d'y prendre leur repas. Nous donnons quelques exemples de relevés de cette pièce essentielle en commençant par ceux montrant des dimensions restreintes.

[1] On rencontre quelquefois, dans les petits mas, une entrée séparée : c'est notamment le cas pour les mas des régions de Châteaurenard. L'entrée, fréquente dans le cas de constructions plus importantes, n'existe pas quand il s'agit de volumes réduits.

La description générale

Dans toutes les fermes que nous avons visitées, il est pratiquement impossible de voir encore la pièce commune dans son état ancien. Elle n'a gardé que son volume et subi des dégradations importantes qui ne permettent pas de se rendre compte de l'aspect initial [2]. Pour la reconstituer, il faut faire appel à certaines descriptions anciennes et visiter l'ensemble qui figure au musée Arlaten. Écoutons Lanéry d'Arc découvrir la pièce commune d'un petit mas :

« À gauche du petit corridor, nous trouvons la porte de la cuisine. Si nous y pénétrons, nous voyons une pièce assez spacieuse où l'on se tient d'ordinaire et qui sert, non seulement de cuisine, mais de salle à manger et de salon (4,50 m sur 4 m, et 4 m de hauteur) [3]. Tout y est d'une très grande propreté ; peu de meubles, une table rectangulaire en bois blanc ou en olivier, quelques chaises, un buffet dans lequel se trouvent posées quelques assiettes de faïence blanche qui montrent des fleurs de couleurs crues décorant leurs fonds. Contre la muraille, dans des cadres simples, deux ou trois images grossières dont les brillantes couleurs, bien plus que le sujet et la finesse de l'exécution, ont attiré les yeux de l'acheteur…

« Le fond de la pièce est occupé, en majeure partie, par le fourneau en maçonnerie dont le potager est recouvert de carreaux aux larges briques rectangulaires vernissées d'un beau jaune d'or ou d'un rouge éclatant… Un feu de bois d'amandiers ou d'oliviers, c'est-à-dire de menues branches dont on allège les arbres chaque année, est constamment allumé du matin au soir. Au centre du fourneau, lequel est garni à cet effet, deux plaques de fonte placées à angle droit, l'une horizontale et l'autre verticale. Ce modeste feu fume bien plus qu'il ne flambe ; mais il suffit pourtant à la fort simple cuisine de nos gens. »

Pour la description de la salle commune des mas camarguais, écoutons Villeneuve (*Statistiques*) : « La porte d'entrée donne d'abord dans une pièce qui sert tout à la fois de cuisine et de salle à manger. Celle-ci est, la plupart du temps, sans fenêtre, et ne reçoit du jour que par la porte. Une large cheminée, dont le foyer est ample et dont la plaque à fleur de terre est proportionnée à la flamme des broussailles, est destinée à la nombreuse famille qui doit y trouver place pendant l'hiver. Quelques chaises sont contre le mur. Un buffet découvert enfoncé dans une niche appelée escudelier contient la vaisselle de terre et d'étain. »

Pour la description de la pièce commune d'une ferme jouxtant la bastide, nous pouvons nous reporter à la description de la ferme de Cabanes, située sur les collines des bords de la Durance, dans la Trevaresse (une vingtaine de kilomètres au nord d'Aix-en-Provence) : « Au rez-de-chaussée, élevée de cinq marches au-dessus du sol, se trouve la salle commune où se fait la cuisine. Cette salle, où poules et chiens ont libre accès, est en conséquence assez malpropre, les murs en sont fort noirs, l'ouvrier n'ayant pas demandé, lors de son entrée, qu'on les blanchisse. Elle a 8 m de long sur 5 m de large et 3,20 m de hauteur. Sa longueur est diminuée par le vaste manteau de la cheminée sous

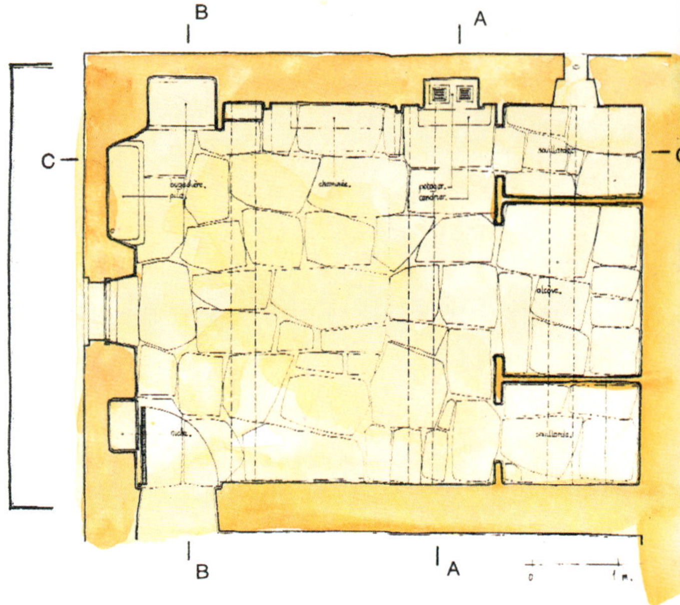

Plan de la salle commune

Vue en coupe de la pile

Vue en coupe de l'alcôve

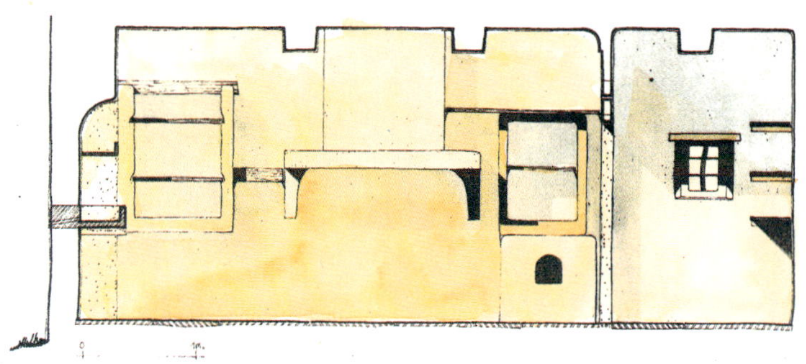

Vue en coupe de l'ensemble cheminée et potager

[2] Nous avons, toutefois, visité quelques fermes qui ont gardé tout à fait authentique leur salle commune. Il faut citer les fermes du Moulin à La Rochegiron, le mas de Manson à Châteaurenard, etc.

[3] Il y a ici, sûrement, une erreur d'impression car cette pièce ne fait jamais 4 m de hauteur. *L'Encyclopédie départementale des Bouches-du-Rhône* avait d'ailleurs déjà mentionné cette erreur. Elle trouvait que ce dernier chiffre était très exagéré.

lequel on s'abrite en hiver et auquel sont adossés, d'un côté l'évier, de l'autre la dépense. La cuisine communique avec l'écurie par le palier de l'escalier et quelques marches qui vont rejoindre le sol. »

Nous trouvons donc dans chacun de ces exemples de pièce commune des éléments fixes, tels que la cheminée, le potager, et des éléments mobiles.

Dans l'examen de cette pièce, ce qui nous a frappés avant tout, c'est l'impression de sérénité qui s'en dégage. La pièce est parfaitement structurée ; ses proportions sont simples. L'homme est enveloppé d'un volume qui lui « colle bien », qui le rassure, le sécurise… La vie s'est établie là avec la régularité du temps. Il n'y a pas de volume séparé, de coin [4], mais un volume général où

[4] À notre époque, la salle de séjour est partagée, au contraire, en différents espaces : coins à manger, coin cuisine, coin feu, coin séjour, etc.

À gauche, la salle commune du mas Piolan à Fontienne : plan, élévation et vues en coupe de la cheminée, du potager, la pile et de la bugadière, l'alcôve et les souillards.

Ci-contre, la salle commune d'un mas de Cucuron ; plan, élévation et coupe de la cheminée et de son placard-niche.

Plan de la salle commune

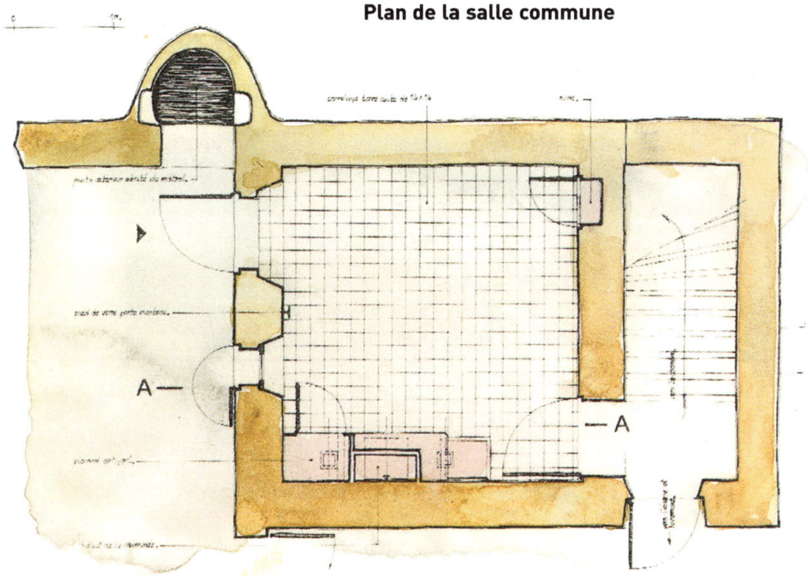

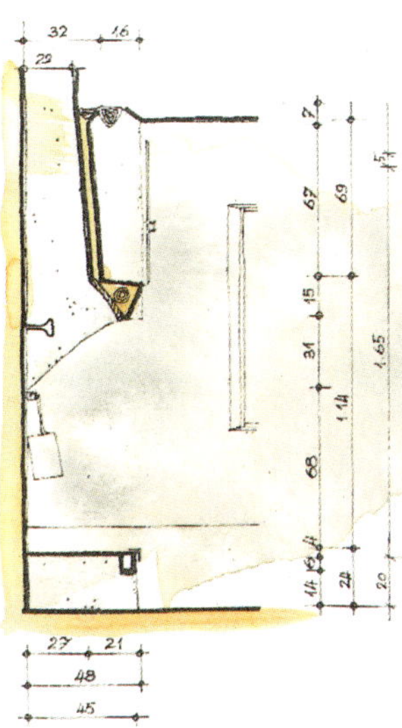

Vue en coupe de l'âtre

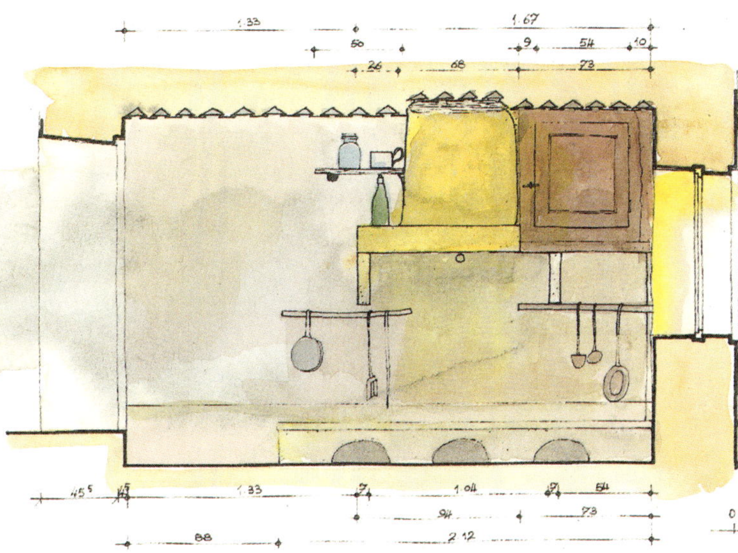

Façade de l'âtre

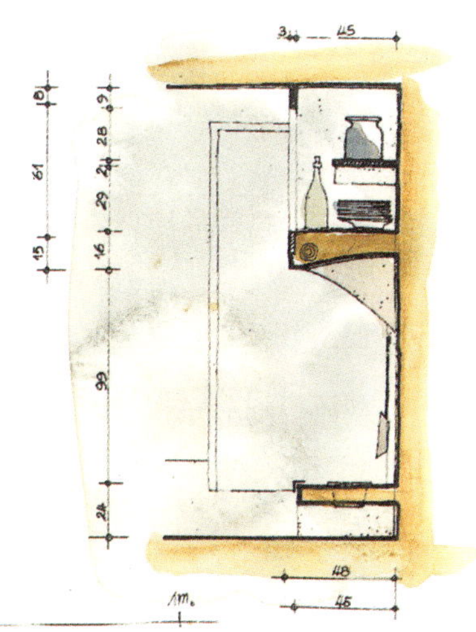

Vue en coupe du placard au-dessus de la cheminée

tout acte de la vie domestique se fait en commun. Chaque chose nécessaire et utile se trouve disposée dans un ordre logique : place pour accrocher son vêtement, sa casquette, rangement pour la vaisselle et les aliments. Des niches ou des placards fermés sont intégrés dans la maçonnerie, de manière à réduire le plus possible le mobilier et, ainsi, à ne pas encombrer [5].

Les dimensions et les proportions

Dans le mas, cette pièce est de dimension réduite. On se demande comment on pouvait faire toutes les activités de la vie domestique dans cette pièce unique, où, également, il était possible de faire la lessive ; au printemps, on y étendait même les châssis pour les vers à soie. Cette pièce occupait une surface de l'ordre de 16 m^2. Il faut atteindre les grosses propriétés pour qu'elle fasse de 20 à 30 m^2, sans jamais être exagérée dans ses dimensions. Nous donnons ici quelques surfaces prises pour certaines salles communes dont le relevé est porté dans cet ouvrage ainsi que la surface d'éclairement :

Localisation	l (m)	L (m)	Surface (m2)	Se(*) (m2)	Nature de l'éclairement (les portes pleines sont considérées ouvertes)
MAS DES PLAINES					
Mas de Manson (13)	4,80	5,30	25,44	0,128	1 fenêtre + 1/2 porte d'entrée qui donne dans l'entrée
Pécouillet (13)	3,80	4,24	16,11	0,185	1 fenêtre + 1 porte
Rognes (13)	3,00	3,00	9,00	0,185	1 porte
Le Coffre (13)	3,30	6,00	19,80	0,103	1 porte
Le Canet (13)	3,90	4,25	16,57	0,157	1 fenêtre + 1 porte
Les Briands (84)	3,20	4,20	13,44	0,167	1 porte
La Graille (84)	3,00	3,20	9,60	0,170	1 fenêtre + 1 porte
Le Coustelet (84)	3,00	3,80	14,44	0,143	1 fenêtre + 1 porte
MAS DES PREALPES					
Les Bois (04)	4,40	5,20	22,88	0,100	1 porte + 1 fenêtre
Piolan (04)	4,20	4,40	21,48	0,036	1 fenêtre
Le Moulin (04)	3,55	5,20	18,46	0,132	1 fenêtre + 1 porte

(*) Surface d'éclairement = Surface d'ouverture/Surface de la pièce

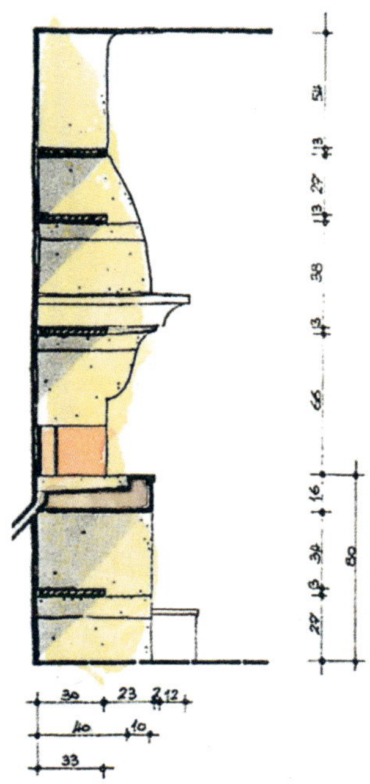

Vue en coupe de la pile

Façade de la cheminée

[5] Le film *Angèle* se déroule, en grande partie, dans la salle commune. On voit le valet (Fernandel) prendre ses repas à la table avec le « maître », servi par la « maîtresse ». L'ambiance qui s'en dégage est tout à fait conforme à la vérité.

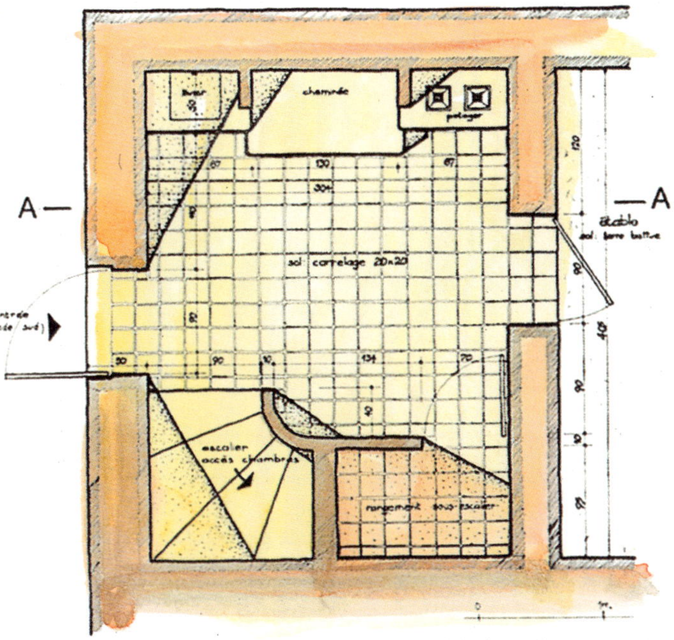

Plan de la salle commune

Salle commune d'un mas de la région de Rognes : plan et coupes de la cheminée et du potager.

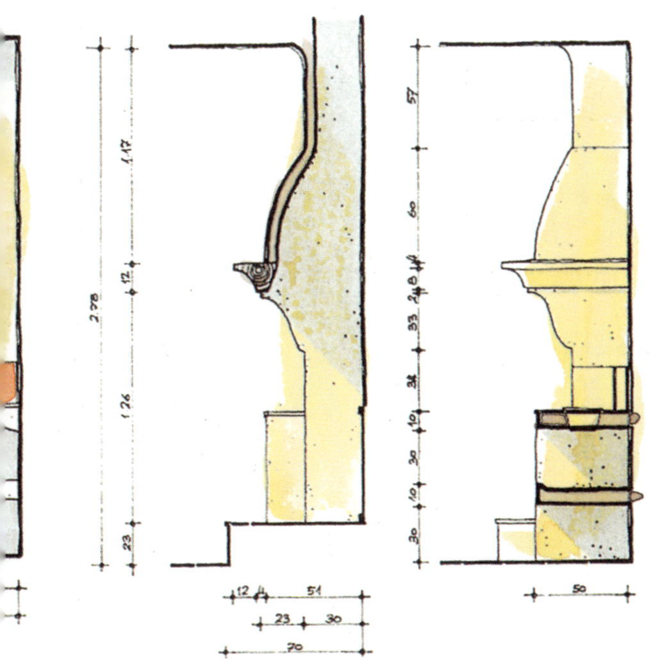

Coupes montrant l'âtre associé à deux potagers

La hauteur de cette pièce était comprise entre 2,30 m et 3 m, très souvent proche d'une hauteur de 7 pieds (2,24 m). Les tracés régulateurs que nous avons faits pour certaines d'entre elles permettent de se rendre compte que la proportion était sensiblement carrée ou rectangulaire : le nombre d'or et, quelquefois, le double carré, des proportions extrêmement simples. Parfois aussi, à côté de la surface du tracé harmonique de 5 pieds (1,65 m), il y avait une zone de dégagement qui permettait d'accéder à l'escalier. Dans cette pièce, toutes les hauteurs étaient calculées en fonction des dimensions d'un homme de 5 pieds (1,65 m). Nous donnons, à ce sujet, des exemples précis.

L'éclairage et la ventilation

De nombreux auteurs ont indiqué que cette pièce était, en général, très sombre. Ils ont même été surpris de voir que la pièce était complètement enfumée du fait du mauvais tirage de la cheminée. Nous nous apercevons que la surface d'éclairement est très variable par rapport au volume intérieur.
Dans le mas des plaines, la surface d'éclairement moyenne est de l'ordre de 0,15 m^2 ; dans celui des pré-Alpes, la moyenne est de 0,089 m^2, soit 42 % plus faible [6].
En général, cette pièce était éclairée, d'une part, par la porte, et, d'autre part, par une ou deux fenêtres. Cette porte pouvait être simplement pleine ou, au contraire, constituée de deux éléments : l'un jouant le rôle d'un volet extérieur et l'autre vitré. Souvent, l'été, la porte pleine était ouverte et l'obturation se faisait simplement par un sac de toile de jute ou par moustiquaire. Pendant cette période également, les volets de la fenêtre étaient maintenus fermés à l'espagnolette [7]. L'hiver, la porte pleine était fermée et la lumière venait uniquement des fenêtres. La pénombre régnait dans la pièce où un feu de cheminée était constamment allumé. Le paysan n'avait pas le goût d'une pièce trop éclairée, étant donné qu'il passait son temps à l'extérieur de la maison.
On aurait tort de croire que toutes les pièces communes étaient sombres. Certaines, au contraire, étaient parfaitement éclairées grâce à des fenêtres relativement importantes. Les exemples de façades que nous donnons montrent bien ce souci d'éclairement. Suivant les régions de Provence, cette surface d'éclairement était très différente [8]. Pour les mas des plaines, ce rapport va de 0,103 (Le Coffre à Pertuis) jusqu'à 0,185 (Le Pécouillet à Fuveau).

[6] Dans les logements modernes, le rapport moyen de la surface d'éclairement est de 1/6, soit 0,170 m^2, ce qui correspond à une surface d'éclairement 10 % plus importante que celle du mas des plaines et 47 % de plus que le mas des pré-Alpes. Il faut indiquer que nous avons considéré la porte comme étant ouverte, que celle-ci soit pleine ou partiellement vitrée.

[7] « La porte, constamment ouverte à partir du début des chaleurs, est remplacée par une porte mobile en grossière toile de sac, laissant pénétrer l'air tout en fermant le passage au soleil, à la poussière, aux mouches et aux moustiques, véritable fléau parfois dans ces plaines… L'usage des portes munies d'un épais grillage, protection plus efficace contre les insupportables insectes, tend à se généraliser, mais il faudrait protéger les fenêtres qui ne le sont pas. » (*Encyclopédie départementale des Bouches-du-Rhône*).

[8] On s'est souvent interrogé sur le peu d'éclairement des pièces communes et des chambres. À cela il y a plusieurs raisons. Des raisons d'économie : un vide coûte plus cher qu'un plein, il exige une menuiserie et un vitrage qui sont des produits manufacturés. Des raisons techniques : un linteau en bois ou en pierre ne peut avoir une portée trop importante ; une fenêtre à deux vantaux aura une largeur qui ne pourra être supérieure à 1,10 m (voir proportions de l'ouverture) ; chaque vantail comporte une rangée de carreaux ; une deuxième rangée indiquerait une ouverture plus large. Des raisons psychologiques : le paysan passe le plus clair de son temps à l'extérieur.

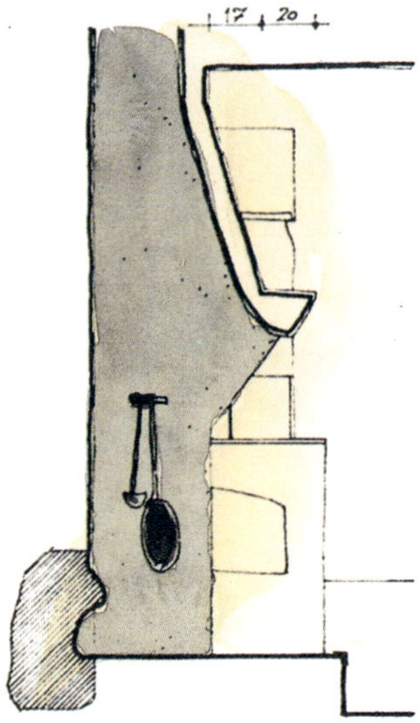

Vue en coupe partielle de l'âtre

Façade de la cheminée

Coupe partielle de la pile

Vue de la façade de la porte d'entrée, du placard et de la pile

Plan de la salle commune

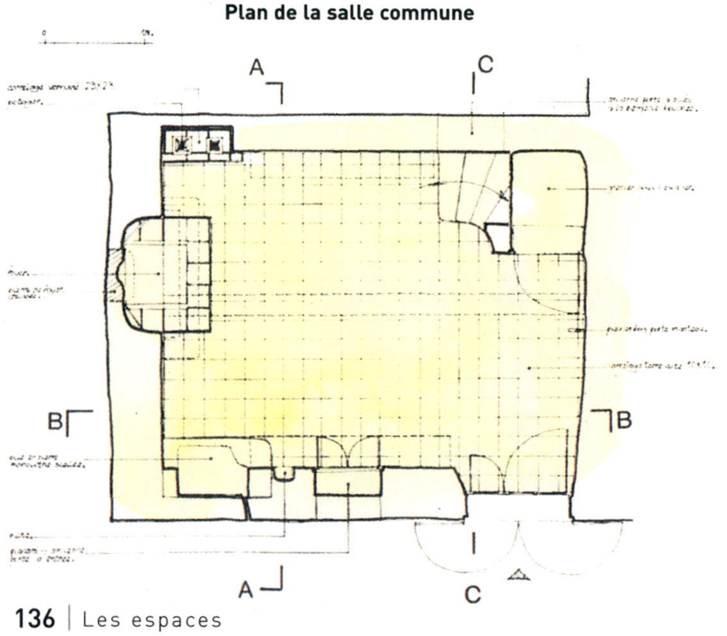

Vue en coupe du potager et du départ de l'escalier montant à l'étage

Plan de la salle commune

Façade de la cheminée

Vue en coupe de la cheminée montrant la pile

À gauche, salle commune d'un mas du quartier des Briands, à Cucuron : plan, élévations et coupe de la cheminée, du potager et de la pile. Ci-dessus et ci-contre, salle commune à la ferme du Moulin à La Rochegiron : plan et élévations de la cheminée et de l'évier. Ci-dessous, le coin évier de la salle commune de la ferme du Moulin.

La distribution

De l'extérieur, on entrait directement dans la pièce commune ; à partir de cette pièce, un escalier intérieur permettait d'accéder à l'étage. C'est le cas le plus fréquent. Mais, quelquefois, l'escalier partait de la souillarde ou « dépense », arrière-pièce dans laquelle se trouvait, éventuellement, la pile, accompagnée de ses rangements [9]. Trois solutions sont présentées : l'escalier dans la salle commune ; l'escalier dans la souillarde ; l'escalier séparé de la salle commune (entrée…). D'après l'examen des plans et des fonctions, la pièce commune, la distribution à l'étage, l'accès aux annexes ou l'accès aux animaux sont autant de solutions différentes.

Les composantes architecturales

Le plancher

Le plancher était, dans la plupart des cas, revêtu de « mallons » ; c'est le revêtement traditionnel de carreaux en terre cuite [10]. Ces carreaux avaient des dimensions très variables allant du petit élément hexagonal, la tomette, au

[9] « Au fond de la cuisine, une pièce exiguë contient l'évier et la pile pour le lavage de la vaisselle et sert, en même temps, de débarras pour les ustensiles. Si la maison est dépourvue de couloir d'entrée, c'est ici que s'ouvrira la cage de l'escalier… La cuisine est sans communication avec l'écurie. » (*Encyclopédie départementale des Bouches-du-Rhône*).

[10] « Cette pièce, comme toutes celles de la maison d'ailleurs, est carrelée avec des larges briques plates, carrées, autrefois d'un beau rouge brun, mais dont l'éclat a été bien vite terni par le frottement des pas. » (comte de Lanéry d'Arc).

« pied carré ». Nous donnons, dans le chapitre réservé aux revêtements de sol, des précisions concernant ces dimensions et cette nature de sol.

Dans les cas les plus modestes, les sols étaient simplement constitués d'un béton : *bétun*. Pour des raisons d'économie, et pour ne pas avoir à faire appel à des produits manufacturés, le sol pouvait être traité en larges dalles de pierre appelées « bards ». Cela se rencontre, notamment, pour certains mas de la région d'Arles, de Tarascon, de Saint-Rémy et également dans les Alpes-de-Haute-Provence [11].

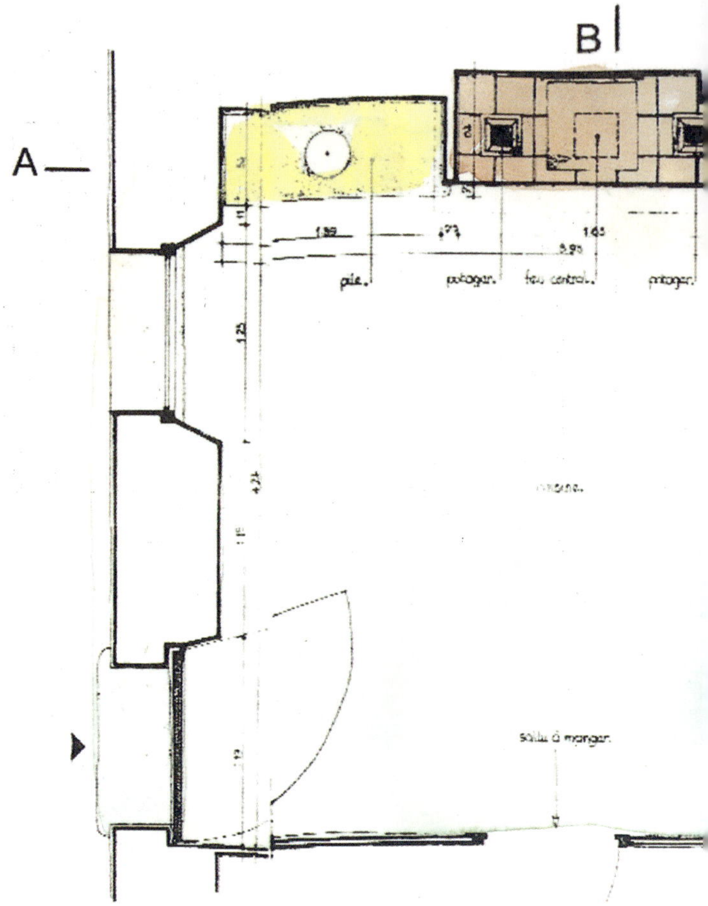

Le plafond

Cette pièce avait un plafond structuré par des poutres en bois, le plus souvent revêtues de plâtre. Quelquefois, les poutres étaient laissées dans leur état naturel ; elles se détachaient alors nettement en brun sur le fond blanc du plafond.

Les revêtements de murs

En général, les murs étaient blanchis à la chaux. Un soubassement, d'environ 0,70 m à 1 m, courait sur tout le pourtour de la pièce, d'une teinte légèrement plus foncée, sorte de plinthe très haute. Quelquefois, les murs étaient badigeonnés à l'ocre jaune ou dans un ton bleu très clair. C'est la ménagère qui était chargée de refaire régulièrement ce badigeon au lait de chaux, opération qui se répétait tous les ans et pour laquelle elle était obligée d'enlever tout le mobilier de cette pièce [12].

Les installations fixes

La cheminée

La cheminée était l'élément important de la pièce (nous lui consacrerons une étude détaillée dans la partie feu). Chaque salle comportait une cheminée qui symbolisait le foyer ; c'était là où la famille se réunissait ainsi que les amis [13]. L'âtre était vaste et accueillant. Souvent, la porte du four à pain était accessible de l'intérieur de cette cheminée. Dans les mas, ces cheminées étaient, en général, en plâtre ; elles étaient constituées par une hotte, un manteau faisant saillie et des montants légèrement en débord. Pour les grandes salles des

Façade de la cheminée et de la pile

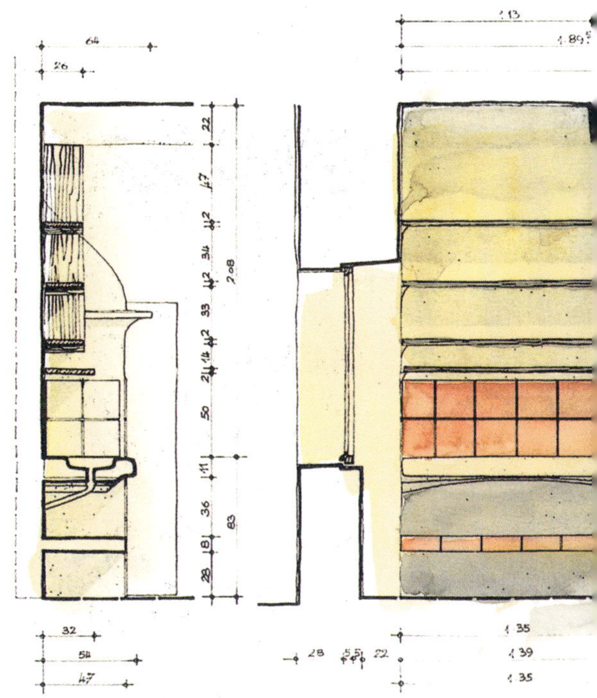

[11] *Encyclopédie départementale des Bouches-du-Rhône.*

[12] Blanchissage (d'après Gallicy père, *Maison rustique ou recueil de tout ce qui peut servir au ménage de la campagne*, 1720) : « Prenez de la chaux vive en fleur, passez au tamis de soie, détrempez-la dans l'eau, ajoutez-y des cailloux de rivière plutôt blancs et une médiocre quantité de vert, le tout mis en subtile poussière avec un peu de bourre blanche, tout cela étroitement mêlé et longuement battu avec une grosse spatule de bois, jusqu'à ce que ces matières soient bien incorporées ensemble et comme mortier, assez ferme, rendu propre à être appliqué avec la pointe de la truelle. Lorsque cette composition est sur le point d'être appliquée sur la muraille fraîchement crépie de beau mortier ordinaire, l'on met cette composition dans un vase et y mettant quelques blancs d'œufs bien battus et remués ensemble, vous la projetez avec la pointe de votre truelle sur la muraille préparée aussi vivement qu'il se pourra, attendu qu'elle s'endurcit vite ». Un autre blanchissage était conseillé avec l'huile de noix, du chanvre haché et de la graisse de chèvre ou de bouc…

[13] « C'est au mas, en grande partie, que se fabriquaient les nouvelles, devant le feu de cheminée, entre le café chaud, le vin blanc frais, parmi les rires, puisque nous étions le premier public, que sur nous le Sauvage essayait ses chants et ses dires. Chacun avait sa part dans cette œuvre : histoires, sobriquets pour les gens mis en scène, qui citait des proverbes et qui aiguisait ses critiques » (M. Mauron, *Lorsque la vie était la vie*, 1971).

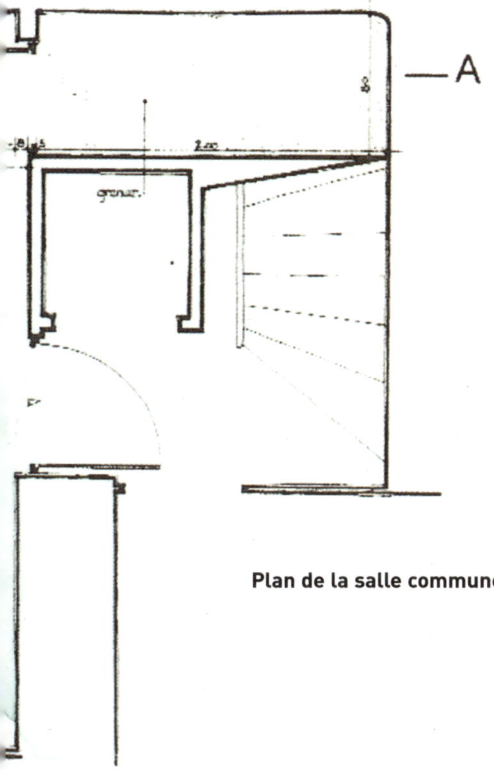

Plan de la salle commune

domaines, les cheminées étaient réalisées en pierre ; le manteau formait, très souvent, une alcôve, à l'intérieur de laquelle s'abritait l'archi-banc et, derrière lui, le banc où s'asseyaient les jeunes suivant une hiérarchie rigoureuse [14]. Dans cette cheminée, le feu était allumé toute la journée. À l'intérieur, une longue potence mobile servait à accrocher la crémaillère, *lou crémascle*, terminée par un double crochet de suspension pour régler la hauteur de la marmite. À cette cheminée était très souvent adjoint le potager.

Le potager

Nous donnons, pour cette installation fixe, toutes les caractéristiques dans le chapitre « Le feu ». C'était un large fourneau en maçonnerie qui permettait de récupérer la braise de la cheminée pour la placer à l'intérieur de grilles où l'on posait les poêlons pour la cuisine. Le potager ne servait pas tout le temps : c'est surtout dans la cheminée que l'on faisait la longue cuisson (la soupe de pommes de terre, la daube, etc.).

L'évier

Dans de nombreux cas, l'évier (la pile) se trouvait à l'intérieur de cette pièce commune, mais était quelquefois placé dans la souillarde ou dépense juste derrière cette pièce. On se servait de cet évier, notamment, pour le lavage des assiettes.

[14] Dans cette pièce, la tradition était scrupuleusement respectée et on célébrait un certain nombre de travaux qui donnaient lieu à des fêtes et à des réunions de famille. C'était, en particulier, la lessive et le décoconage des vers à soie. La vie patriarcale se manifestait dans tous les actes de la journée. À table, les femmes aidaient les servantes, debout, préparant les mets et servant le maître, les fils et les valets. Le maître commençait à manger le premier et donnait le signal de la fin du repas en fermant son couteau. À la veillée, le maître était sur l'archi-banc ; seuls pouvaient s'asseoir les vieillards et le propriétaire de la métairie en visite. L'hiver, après le repas du soir, se faisait la lecture en commun : vie de saints ou gros livres de religion égarés dans le mas. Puis, la prière dite, on allait se coucher.

Plan de la salle commune du mas Le Pécouiller à Fuveau ; élévation et coupes de la cheminée à double potager et de la pile.

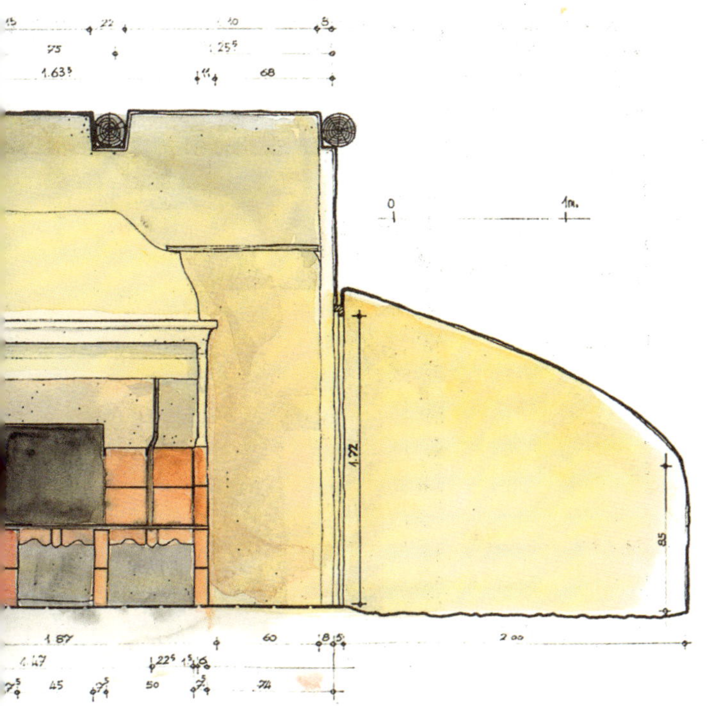

Vue en coupe du potager

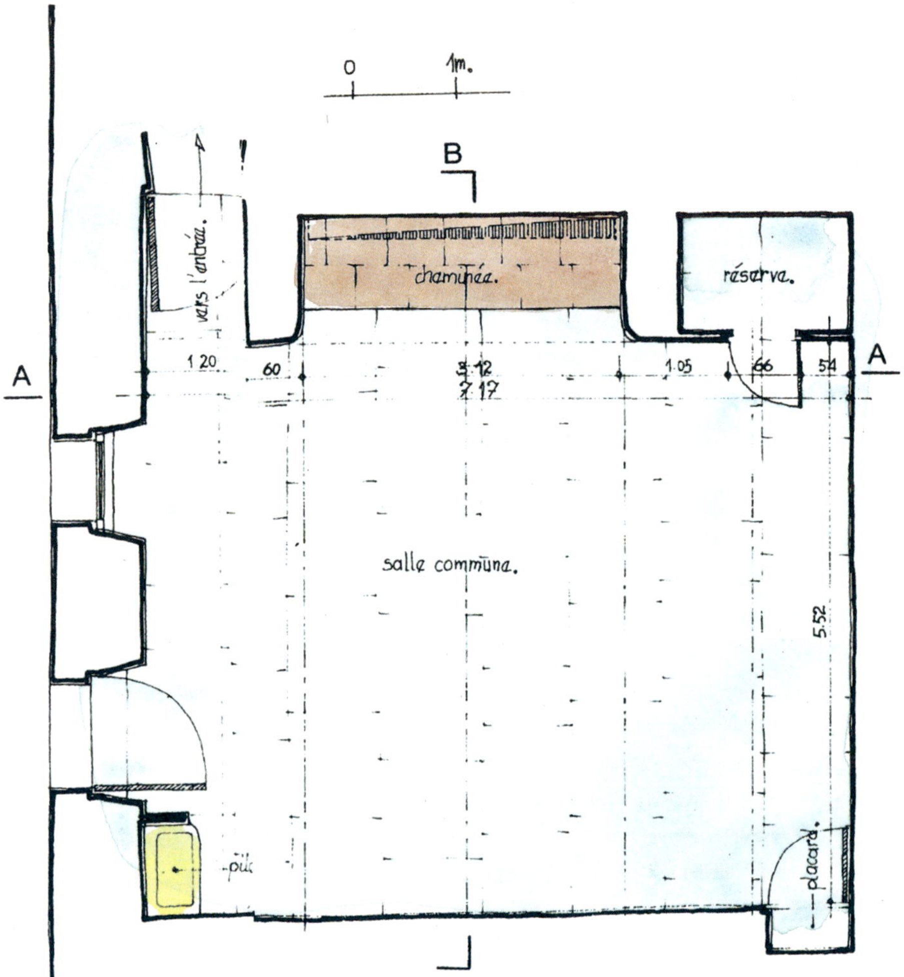

Plan de la salle commune

La salle commune du mas de la Grande Rougnouse en Camargue. Vue de la cheminée en pierre ; plan, élévation et coupe de la salle avec sa cheminée.

Façade de la cheminée

Vue en coupe de la cheminée

Cette pile était le plus souvent près d'une fenêtre, mais sans liaison directe avec la cheminée ou le potager. Des étagères en bois, situées au-dessus et reposant sur des taquets eux-mêmes en bois, permettaient soit d'égoutter la vaisselle (*ayguie*), soit de ranger les poêlons de terre cuite, les pots rouges ou jaunes (*toupin*), les marmites, quelquefois les assiettes de faïence et les cruches vernies d'un vert éclatant.

Les niches et les placards

Chacune de ces pièces comportait un certain nombre de placards qui étaient maçonnés, soit sous forme de niche ouverte, soit, au contraire, fermés par des portes en noyer. À l'intérieur de ces niches, on faisait durcir le fromage de chèvre ; on y tenait également l'huile d'olive. Très souvent, elles étaient équipées d'étagères en bois, prises dans la maçonnerie, reposant sur des taquets en plâtre. Quelquefois, ces niches étaient simplement fermées par un rideau. Outre ces rangements, il arrivait, dans les petits mas, qu'il y eut des pièces de bois ou des pieds de verre scellés dans la maçonnerie pour servir de portemanteaux. On trouvait également des étagères en bois reposant sur des fiches scellées dans le mur. Ces rangements fixes étaient nombreux et bien dimensionnés de manière à réduire, au maximum, le mobilier.

Les installations mobiles

La cuisine provençale était garnie d'un mobilier bien typique : meubles de formes souvent harmonieuses, patinés par le temps, qu'on peut voir dans les curieuses reconstitutions du musée Arlaten qui rassemble un très riche mobilier traditionnel du pays d'Arles. Cet ameublement n'existe pratiquement plus ; il a été sacrifié, banalisé et remplacé par des meubles en formica.

Le mobilier du mas

On y trouvait les meubles essentiels : un buffet à crédence ; un vaisselier, très souvent un meuble d'appliques composé d'étagères placées au-dessus du buffet ; une table en noyer ou en bois blanc, avec des chaises ou des bancs ; la panetière, mais dans certains cas seulement.

Au-dessus de la table était suspendu le porte-salaisons (jambon, saucisson, lard et autres viandes salées et fumées), dispositif circulaire en métal.

La salaison était quelquefois accrochée directement aux poutres en bois. On trouvait également la claie plate en roseaux (canisse) où l'on posait les pêches et autres fruits pour les conserver quelque temps, et à laquelle on accrochait les grappes de raisin. Cette claie était commandée par des cordes roulant sur des petites poulies qui permettaient de l'abaisser ou de la relever à volonté. Très souvent, chaque corde était traversée par une bouteille dont le fond était enlevé de manière à faire une protection pour les rats.

Il faut également noter que tout un mobilier, nécessaire lorsqu'on faisait le pain à la maison, a disparu dès qu'on a pris l'habitude d'aller acheter son pain à la boulangerie [15].

[15] Sous Louis XV, dans les grandes familles, on pétrissait encore à la maison. Si les citadins avaient pris l'habitude d'acheter leur pain à la boulangerie, il n'en était pas de même à la campagne où il était de bon ton de manger le pain de son blé, pétri par soi-même. On se servait encore du blutoir et du pétrin au début du XXe siècle.

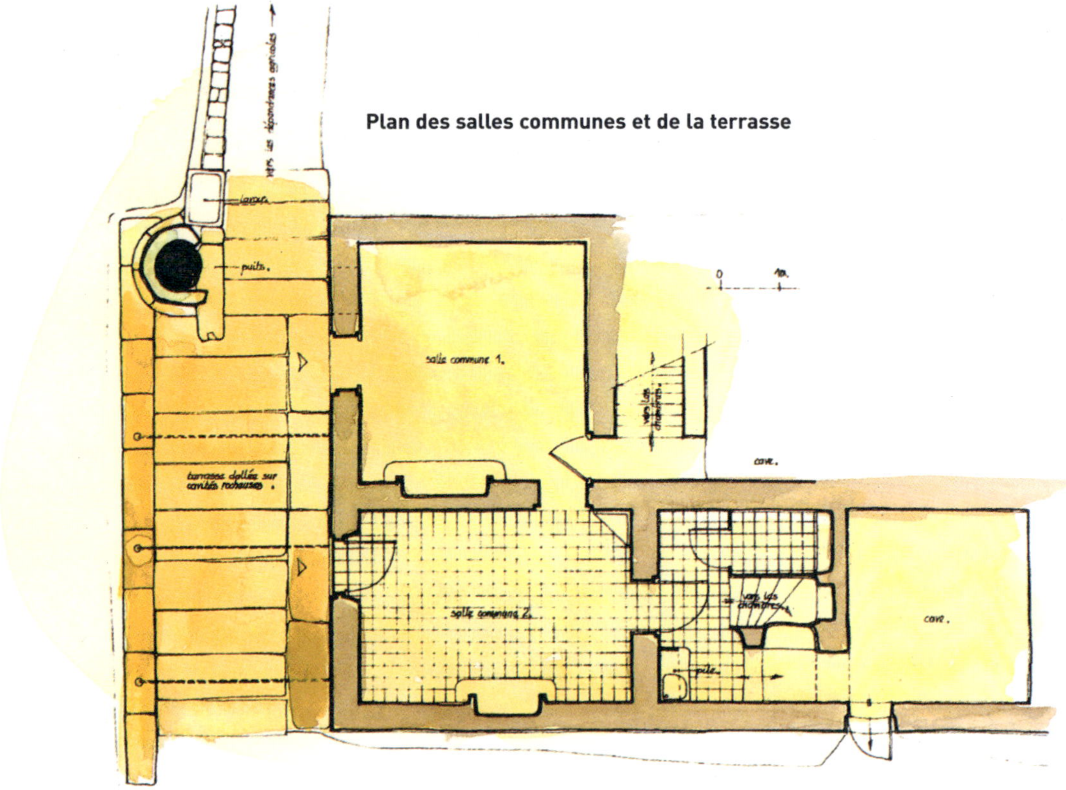

Plan des salles communes et de la terrasse

Ci-dessus et à droite, reconstitution d'une pièce commune montrant la cheminée, les ustensiles traditionnels. Collection musée Arlaten, musée départemental d'ethnographie, Arles.

En haut à gauche, plan partiel du mas Les Giraud à Pertuis, avec ses deux salles communes et son puits en terrasse.

Le mobilier d'un mas important

Le mobilier était plus soigné et également beaucoup plus diversifié. On pouvait trouver des buffets à crédence, mais également des buffets à deux corps (assez rares). Il y avait plusieurs vaisseliers ou *escudiés* : le *terraio* ou *eguié* pour les poteries et la vaisselle, l'estagnie pour les étains, le verriau pour la verrerie ; il y avait également le blutoir et le pétrin. Le blutoir était un grand coffre de bois blanc qui était logé dans la cave ou dans le grenier. Le pétrin était constitué par une auge évasée vers le haut, de forme rectangulaire, supportée par quatre pieds. Parfois, le pétrin était superposé à un buffet bas à deux vantaux et à deux tiroirs, qui servait de garde-manger [16].

Les décorations et les imageries

« Les murs qui présentent des vides étaient aussi ornés de longues bandes de papier où sont peints avec des couleurs tranchantes des régiments d'infanterie ou de cavalerie, l'histoire de saint Joseph, celle de l'Enfant Prodigue. La place d'honneur était destinée à la peinture de la naissance de Jésus-Christ. Cette image était vénérée et entourée d'une guirlande de laurier. Une petite lampe était suspendue devant elle. Une corniche en bois qui l'accompagnait soutenait deux chandeliers, quelques fleurs et le blé de la Sainte-Barbe. On achève la décoration avec quelques poignées d'épis de blé, des

[16] Au retour du four, les boules de pain étaient rangées à l'abri des bêtes et des poussières dans un coffre. Souvent, le fond de ce coffre était à claire-voie et l'on recueillait, pour le poulailler, dans un tiroir, les miettes de pain. Ces huches étaient en noyer sur pieds chantournés. Au XVIIIe siècle naquit la panetière, cage rectangulaire suspendue au mur par deux crochets, dont trois faces étaient à claire-voie.

rameaux chargés de cocons et quelques brins d'immortelles. C'est le visage tourné vers ce simple monument que la famille réunie récitait en commun la prière du soir. »[17]

Sur la cheminée étaient disposés des pots de couleur à la décoration primitive qui contenaient le sel, le poivre, la farine, les épices et autres ingrédients usuels de la ménagère. Sous le long manteau pendait, intérieurement, une pièce d'étoffe à carreaux blancs et bleus, toujours scrupuleusement, propre qui guidait la fumée vers l'intérieur de la cheminée et cachait le linteau.

On trouvait également le râtelier qui contenait les fusils de chasse et quelques instruments de culture, tels que faucille, faux, vans, cribles et paniers pendus sur les murs ou accrochés aux étagères.

Un chaudron de cuivre, souvent orné, était disposé sur l'étagère en face de la porte ; c'est dans ce *peirou* qu'on faisait le vin cuit et les confitures.

Dans quelques mas de la vallée de la Durance, on voyait naguère, suspendu à la muraille, le brusc[18], caissette de bois dans laquelle on posait les enfants au maillot pendant que les parents étaient occupés.

L'évolution de la pièce commune

C'est surtout dans le chauffage et la préparation de la cuisine que les premières modifications ont été apportées. Le potager et l'antique crémascie sont peu à peu remplacés par une cuisinière en fonte et par un banal poêle consommant de l'anthracite ou du coke. Pendant un certain temps, la cuisinière n'a été employée que pendant les froids de l'hiver, la crémaillère suffisant, le reste de l'année, aux besoins de la cuisine. Ensuite, la hotte et le potager ont été démolis ; on n'a conservé que le conduit de fumée auquel on a relié la cuisinière qui fonctionne maintenant au mazout.

Au cours du XIXe siècle, cherchant à calquer son mode de vie sur la classe bourgeoise, le paysan ne se contente plus de la salle commune, mais cherche, dans son mas, à récupérer une nouvelle pièce qui fera office de salle à manger, surtout utilisée quand il recevra le « beau monde ». La pièce commune, si on y mange encore quotidiennement, est devenue simple cuisine ; elle possède tout le confort moderne : évier en porcelaine, à la place de la pile, meubles en formica, sol en *granito*. S'il y a déplacement de l'habitation dans une construction neuve, la pièce commune achèvera sa destinée en débarras.

Les chambres à coucher

La disposition générale

Les chambres à coucher, dont le nombre et la disposition sont variables, sont toutefois assez nombreuses pour éviter la promiscuité. On a vu que, dans la plupart des cas, les chambres étaient situées à l'étage, avec exposition au midi. Les chambres de la mère de famille et de ses filles se situent, en général, au-dessus de la cuisine. Le père dispose d'une petite chambre en façade, entre celles-ci et le grenier, en face du palier de l'escalier. Généralement, le père fait chambre à part. Quant aux garçons et aux valets, ils se contentaient autrefois

[17] *Statistiques de Villeneuve*.

[18] Autrefois en écorce de liège.

de la paille du grenier où les reléguait, jusqu'à leur mariage, l'usage traditionnel. Par la suite, ils pouvaient avoir leurs lits dans une petite pièce qui existe parfois en arrière de la principale, éclairée par l'unique fenêtre de la maison donnant au levant ou au couchant [19].

Reconstitution de la table traditionnelle lors de la veillée de Noël avec les treize desserts. Collection Museon Arlaten, musée départemental d'ethnographie, Arles.

Les composantes architecturales

Les murs sont simplement crépis au plâtre, de même que les plafonds, et reçoivent un badigeon ocré ou un lait de chaux. Les boiseries des portes et des fenêtres sont revêtues d'une légère couche de peinture claire. Le sol est mallonné, comme la pièce commune. Les plafonds sont mansardés et comportent un faux plafond. La chambre comportait très rarement une cheminée : le chauffage était uniquement assuré par le soleil [20]. L'été, pour s'en protéger, on entrebâillait les volets que l'on maintenait par l'espagnolette. Les fenêtres étaient garnies de rideaux souvent coquets. Il n'y avait point d'eau dans ces chambres. L'homme faisait sa toilette en bas, dans la salle commune, ou tout simplement dehors, alors que la femme se lavait à l'étage, dans une cuvette avec l'eau d'un broc en porcelaine.

Le mobilier

De manière générale, le mobilier était restreint, plus important et plus traditionnel dans la chambre des femmes. Là, on trouvait un ou deux lits, quelques chaises, une table, une commode, une grande armoire. Dans un coin, le berceau qui avait servi à élever les enfants. Un placard, refermé par un rideau, complétait l'ameublement et quelques images pieuses, souvenirs de premières communions, formaient, avec la corbeille de la mariée, toute l'ornementation. Comme décoration, il faut également citer le miroir, *loumirau,* dont la mode s'est répandue au XVIIIe siècle.

Le lit (la *litocho* ou *chalit*) était constitué par un grand cadre en bois, posé sur quatre pieds dont les montants se prolongeaient au-dessus. La literie était simplement composée d'une paillasse bourrée de paille, posée sur un châssis de planches ou un châssis tendu de toile ou de corde. Pour la couvrir, une courtepointe doublée à l'intérieur d'une garniture de coton et de plumes.

La garde-robe, armoire massive également décorée, était, en fait, l'armoire de mariage apportée en dot par l'épousée.

Le berceau était une caisse ajourée de noyer, de mûrier, de bois léger ou d'osier, posé sur deux patins arrondis qui permettaient de lui donner une légère oscillation. Pour habituer l'enfant à se tenir debout, on le mettait dans une « caisse » de forme pyramidale ou dans le *courrieu,* cadre à roulettes qu'il entraînait dans sa marche. Quelquefois, on suspendait le berceau sur un tréteau et il était ainsi élevé à la portée de sa mère, qui pouvait le bercer.

[19] « Les garçons vont coucher dans le grenier à fourrage, quand celui-ci, toutefois, ne renferme ni foin, ni luzerne, récemment coupés, ce qui leur occasionnerait de violents maux de tête. Ils s'enfoncent dans la paille, tout habillés, roulés simplement dans un drap après avoir quitté leurs chaussures. Quand on a besoin d'une chambre pour un étranger qui passe la nuit, le père lui-même cède volontiers la sienne et se réfugie dans la paillère. » (M. Lanéry d'Arc).

[20] L'hiver, par grand froid, on chauffait le lit avec la grande bassinoire en cuivre remplie de braises chaudes.

La chambre du maître était beaucoup plus simple et comportait un mobilier rudimentaire : un lit, une table et quelques chaises. « La troisième porte, celle qui se trouve en face de l'escalier, est celle de la chambre du maître de céans (2,50 m x 2 m), encore plus simple que l'autre (celle de la mère), mais plus encombrée car on y a entreposé les sacs pour la semence prochaine ; sur la fenêtre sèchent des graines de courges et de melons. Pas de cheminée, ici non plus : le soin calorifique est laissé au soleil : on sait qu'il ne fera que rarement défaut. » (comte de Lanéry d'Arc).

Le grenier et la cave

Les aliments étaient stockés dans des greniers situés au même niveau que les chambres ou dans des caves. Dans les greniers, sur des claies, étaient étalés des figues blanches, les raisins clairette, quelques melons, les olives attendant d'être salées ou d'être mises à la picholine pour passer l'hiver. Le long des murs, quelques petites courges, des files de tomates, les fruits, notamment les pommes. On plaçait également les sacs de blé, d'avoine, les paquets de graines potagères en attendant la saison propice.
Dans la cave, on serrait au garde-manger les jambons, les saucissons et les fromages [21].

Les commodités

Il n'y avait point de commodités dans les maisons. Les lieux (le *pati*) étaient indépendants de l'habitation, réduits, en général, à un faible abri en claie de roseaux (*canisso*), près de la fosse à purin et à l'ombre d'un bosquet. Quand on était malade, on se servait d'un seau hygiénique. Quelques mas camarguais comportaient, sur le palier d'étage, un WC, simple trou dans un siège avec une fosse perdue.

Les rites attachés à la maison

Les talismans

Lors de la construction de la maison

C'est au début des travaux que le premier rite était parfois accompli en scellant, au moment de la pose de la première pierre d'angle, une bouteille renfermant le procès-verbal de la cérémonie [22].
Au moment de la terminaison de la couverture, on suspendait, au faîte, une branche de laurier ou d'olivier [23].
À l'intérieur des murs, on plaçait des talismans pour se protéger du mauvais œil : flacon de verre, œufs, un galet vitrifié, *la piero veirenco*, qui était noyé

[21] La provision d'oignons et de gousses d'ail était pendue dans l'écurie.

[22] « J'ai fait reconstruire à neuf une grande partie du bâtiment et, entre autres, toute l'aile du levant. Vous vous rappelez, mes enfants, comment fut posée la première pierre de l'angle. Nous mîmes, en dessous, une bouteille renfermant le procès-verbal de cette cérémonie. » (*Livre de raison, vie domestique, ses modèles, ses règles* ; d'après des documents originaux par Ch. de Ribbe, 1877.

[23] « Puis, quand tout sera prêt et la façade crépie, en versant le vin cuit, selon les glorieux usages sur le faîte du mas, nous planterons, en mémoire, un rameau de fin bois et de laurier fleuri. » (Joseph d'Arbaud). Cette coutume existe encore de nos jours. Elle donne lieu à une réunion entre le maître de l'ouvrage et les entrepreneurs ; à cette occasion, on débouche une bouteille de pastis à la place du vin cuit…

dans la maçonnerie, mais qu'on plaçait parfois sur le faîtage d'une manière visible. Cette pierre avait également pour but de préserver les maisons de l'incendie et de l'orage.

Il y avait aussi, contre les mauvais sorts, le *man sado*, signe imprimé dans le crépi d'une maison ou sur une porte ; le *casso diable*, fruit du chardon, affectant, tératologiquement, la forme crucifère ; le mille-pertuis, en bouquets disposés en croix ; l'os et l'ivoire.

La protection des portes

Plus spécialement, la porte d'entrée était protégée par un objet brillant ou une assiette creuse, scellée sur le linteau. La porte de l'écurie était protégée par la présence d'une chouette ou d'une orfraie, écartelée et clouée ; également, par le chardon magique à trois branches.

La protection des autres bâtiments que la maison

La cabane de gardian comportait la *calaire*, croix à la poutre faîtière, formée par des cornes de taureaux. La bergerie avait droit aussi à des protections spéciales, étant donné que, très souvent, le berger provençal était considéré comme une sorte de féticheur, avec des pouvoirs mystérieux [24]. À Miraval, par exemple, pour symboliser la fécondité, une tête de bélier avait été sculptée grossièrement sur un pilier en maçonnerie. Pour protéger le troupeau de la clavelée, on usait de la *peiro de la picoto*, variolite tachetée du lit de la Durance, appelée aussi « pierre de crapaud » ou « pierre du *véré* » (venin) ; cette pierre était tenue dans les mangeoires ou suspendue avec la sonnaille. Également, très souvent, le chardon magique était cloué sur la porte [25].

Les vertus des plantes

À côté de ces talismans, certaines plantes avaient une vertu faste : le sorbier, par exemple, au contraire du micocoulier, qui passait pour un arbre de mauvais augure. Le figuier, arbre des ruines, était également un arbre maudit. C'est à un figuier que Judas se serait pendu. Cependant, dans la région marseillaise, on ne manque pas de planter un figuier en construisant une maison (peut-être y a-t-il, là, un souvenir des passages de l'Ancien Testament où il est dit que chacun devra vivre dans sa maison, à l'ombre de sa vigne et de son figuier ?) [26].

Ci-dessus, la salle commune du mas de Saint-Germain en Camargue et sa cheminée de pierre. À droite, la salle commune du mas de l'Amarée (cliché Archives du Roure).

[24] « Le berger provençal, comme le féticheur africain, n'est pas seulement un magicien, un "tempestaïre", qui, par certaines paroles secrètes, peut commander aux nuées et à l'orage de s'éloigner du troupeau, c'est aussi un médecin et un botaniste qui, sur des points, pourrait apprendre aux savants des villes ce que la nature ne révèle pas dans les laboratoires, ni dans les livres, c'est-à-dire les vertus et les propriétés des plantes médicinales quand elles sont cueillies dans les conditions qui varient selon les saisons, selon les heures et même selon les lieux où elles poussent, selon la direction du terrain, l'ensoleillement et la disposition même de l'esprit et de l'humeur de l'herboriste. » (*Guide de la Provence mystérieuse*, Édition Tchou).

[25] « Rien ne symbolise mieux, d'ailleurs, cet univers étrange que le chardon magique, cloué dans la bergerie, signe chaldéen des troupeaux et des chars solaires, emblème du Pôle et que l'on a retrouvé au Sahara, comme sur les broderies basques et sur une dalle de la grotte de la Source, dans les collines de Gordes. » (*Guide de la Provence mystérieuse*).

[26] *Encyclopédie départementale des Bouches-du-Rhône*.

Se protéger de la foudre

Pour la protection contre la foudre, le folklore est, ici, très riche. La tradition indique que la foudre laisse des traces matérielles sur son passage : les *peiro de tron*, nom sous lequel on désignait des hachettes polies, des outils, des flèches en silex. Il était dit, également, que ces pierres de tonnerre prenaient leur forme tranchante ou aiguë pour germer et sortir de terre. En conséquence, on plaçait ces pierres pour se protéger dans les fondations, sous le manteau de la cheminée, dans les mangeoires des animaux. La tradition indiquait également que certaines plantes n'étaient jamais frappées par la foudre : l'olivier, la germandrée, la joubarde des toits.

Les rites de la vie et de la mort

L'arrivée ou le départ

Au long de la vie, ce sont aussi certains signes qui vont apparaître et s'inscrire, soit dans l'habitat, soit dans le mobilier. Tout d'abord, prendre acte d'habitation dans un lieu, c'est « pendre la crémaillère » (*crémascle*). Changer de domicile, c'est, au contraire, « déplacer le crémascle » [27].
La porte des fiancés ou des jeunes mariés est parfois ornée de bouquets ou de croix d'épis.

La mort

La mort, dans une maison, donnait lieu à une série de rites qui étaient les suivants : aussitôt la mort survenue, on ouvrait les fenêtres pour que l'âme puisse quitter, sans obstacle, sa demeure terrestre. On aspergeait le corps d'eau bénite et on l'habillait de ses plus beaux vêtements. Puis on recouvrait avec des draps les glaces et tous les autres objets brillants qui pouvaient refléter l'image du défunt. C'est ainsi qu'on renversait, notamment, les chaudrons de cuivre sur leurs étagères. On garnissait de chiffons les battants des portes et l'intérieur des fenêtres afin qu'aucun bruit ne se fasse entendre dans la maison. Les horloges étaient arrêtées. Dans les campagnes, on se réunissait autour de la vaste cheminée (même si le feu n'y était pas allumé), comme si le départ du mort resserrait davantage autour du foyer ceux qui restaient [28 et 29].

[27] « Item dit que, quant aucun des dits sujets avait fait quelque crime, et que le baily du dit seigneur le voulait punir et faire venir en justice, pour échapper la punition icelui mal fait, il changeait le crémascle (crémaillère) de sa maison et se disait être, par ce moyen, sous la juridiction du dit Poncellet et on semblables faisaient quand le Baille et officier du dit Poncellet les voulait punir ; tellement que, par les dits moyens, les dits sujets, n'étaient jamais punis et les seigneurs n'avaient aucun profit ni enrôlements de la juridiction. » (Archives départementales des Bouches-du-Rhône, Cédule en 1543, cité par Arnaud).

[28] *Encyclopédie départementale des Bouches-du-Rhône.*

[29] « Mort d'un patriarche », par Frédéric Mistral in *Mémoires et Récits* : « Mon père… rendit son âme à Dieu. Ah, quel moment ! On relève, sur sa tête, les draps. Près du lit, ce grand lit où, dans l'alcôve blanche j'étais né en pleine lumière, on alluma un cierge pâle. On ferma à demi les volets de la chambre, on manda au laboureur de dételer tout de suite. La servante, à la cuisine, renversa sur la gueule les chaudrons de l'étagère. Autour des cendres du foyer qu'on éteignit, toute la maisonnée, silencieusement, nous nous assîmes en cercle. Ma mère était au coin de la grande cheminée et, selon la coutume des veuves en Provence, elle avait, en signe de deuil, mis sur la tête, un fichu blanc et, toute la journée, les voisins, les voisines, les parents, les amis, vinrent nous apporter les saluts de condoléances ».

L'eau et le feu

L'EAU

La sécheresse est une des caractéristiques du climat de la Provence. Cette région reçoit pourtant, comme nous l'avons indiqué, une quantité d'eau aussi importante que Paris, mais répartie bien plus irrégulièrement dans le temps. Même si les précipitations augmentent avec l'altitude, elles sont absorbées par le sol perméable et déplacées par le relief. Aussi le problème de l'eau s'est-il toujours posé au paysan provençal, qui devait obligatoirement le résoudre s'il voulait fixer un habitat.

Une fois l'eau captée, il fallait encore s'occuper de son transport jusqu'au point de puisage. Dans les plaines intérieures de la Provence, la hauteur de la nappe phréatique permettait très souvent de forer un puits et d'obtenir ainsi la quantité d'eau voulue. Le cas le plus propice était évidemment la présence d'une source, sous réserve qu'elle eût un débit suffisant. Sur les plateaux désertiques, la seule solution possible était de recueillir l'eau des pluies dans des citernes. On allait même jusqu'à percer des « mines » à l'intérieur du rocher pour récupérer l'eau par suintement. Pour des raisons obscures, les puits pouvaient brusquement être à sec et les sources se tarir. La lutte n'était jamais définitivement close.

Ci-dessus, fontaine du village de Puyvert, adossée à une maison rurale.

Ci-dessous et à droite, un puits ouvert à margelle circulaire aux Treillas (Puyricard) : plan et coupe.

La recherche de l'eau

Elle était avant tout un problème individuel, chaque construction avait sa solution sans être dépendante d'une distribution générale. De nombreuses fermes ont fait appel à plusieurs dispositifs pour assurer leur alimentation en eau : sources et puits, puits et citernes, plusieurs puits, des solutions mixtes donc, avec des dispositifs d'appoint pour le cas où les premiers se révéleraient insuffisants. Il faudra attendre le début du XIXe siècle pour voir des solutions collectives résoudre globalement ce problème.

La source

Les premières fermes, implantées sur les vestiges des villas gallo-romaines, étaient généralement alimentées à partir de sources, captées et connues, pour la plupart, depuis l'Antiquité. De la possession de cette richesse découlait la création des grands domaines. Certaines sources étaient utilisées d'abord pour l'irrigation des terres et seulement après pour l'usage domestique. Il en existe également qui n'ont jamais été captées et qui n'ont pas entraîné de construction rurale. La découverte d'une source était quelquefois transmise comme un secret de génération en génération à l'intérieur d'une même famille, car c'était un bienfait trop précieux pour le faire connaître à d'autres [1]. Il ne faut donc pas s'étonner si les sources ont toujours fait l'objet d'une mythologie populaire et d'une vénération matérialisée par des oratoires ou des pèlerinages sur le lieu même de leur jaillissement [2].

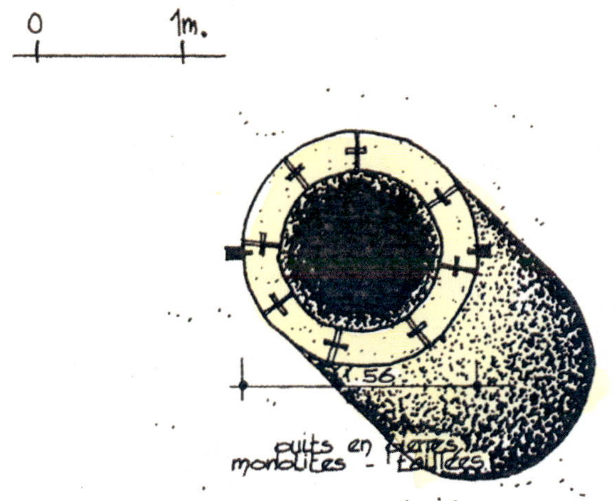

[1] Voir, à ce sujet, l'ouvrage de M. Pagnol, *Le Château de ma mère*, 1959.

[2] L'origine de ces sources ou « bonnes fontaines » a donné lieu à des légendes. Par exemple, la source pérenne qui coule à l'intérieur de la Sainte-Beaume a été produite, dit-on, par les larmes de Madeleine. Ces sources ont des vertus miraculeuses qui se rattachent, soit à l'amour, soit à la guérison. L'eau de la

Le captage

On peut distinguer deux sortes de sources : celles qui débouchent en plein air sur un accotement rocheux ; celles qui sont souterraines. Les premières ne nécessitaient aucun ouvrage particulier. Très souvent, une citerne à ciel libre était le premier réservoir dans lequel l'eau se déversait. Dans le cas de sources souterraines, il était nécessaire de réaliser un ouvrage plus ou moins important, d'une contenance de plusieurs dizaines de mètres cubes. Cette marmite était complètement enterrée ; l'accès se faisait par une trappe située au point haut, à la manière d'une cheminée. À partir de cette marmite, une galerie souterraine prenait naissance à une certaine hauteur et conduisait à un premier réservoir. De là, une galerie enterrée, réalisée en voûtes de pierres, dans laquelle on pouvait marcher en se recroquevillant, conduisait l'eau à une série de fontaines dont chacune était alimentée par la résurgence de la précédente, et, finalement, à un réservoir-pompe ; l'eau était ensuite stockée dans le château d'eau ; la distribution se faisait alors, par gravité, dans tout le domaine.

Le transport

Très fréquemment, quand il s'agissait d'une source importante, l'eau était transportée dans des galeries souterraines de volume assez grand pour permettre la circulation et la visite des installations. Des regards de visite étaient également disposés, à intervalles réguliers, de manière à faciliter l'entretien. La Bargemone, à Saint-Cannat, était alimentée par une source située à plusieurs kilomètres de la route nationale. Le transport de l'eau s'effectuait par un aqueduc souterrain également visitable en certains endroits, véritable galerie voûtée d'une construction soignée.
Suivant le profil du terrain, des aqueducs aériens étaient quelquefois nécessaires. Cette disposition était moins valable car le curetage du canal devait être fréquent. À Pontèves, à partir de la source située au nord-est du hameau, un canal d'alimentation à ciel ouvert rejoignait le canal de Verdon. Dans le cas de grandes propriétés, on n'hésitait pas à transporter l'eau sur plusieurs kilomètres. L'eau était enfin stockée dans les réservoirs à partir desquels des machines élévatrices permettaient une distribution générale aussi bien pour l'irrigation que pour les besoins domestiques par l'intermédiaire de petits canaux à ciel ouvert : « les roubines ».

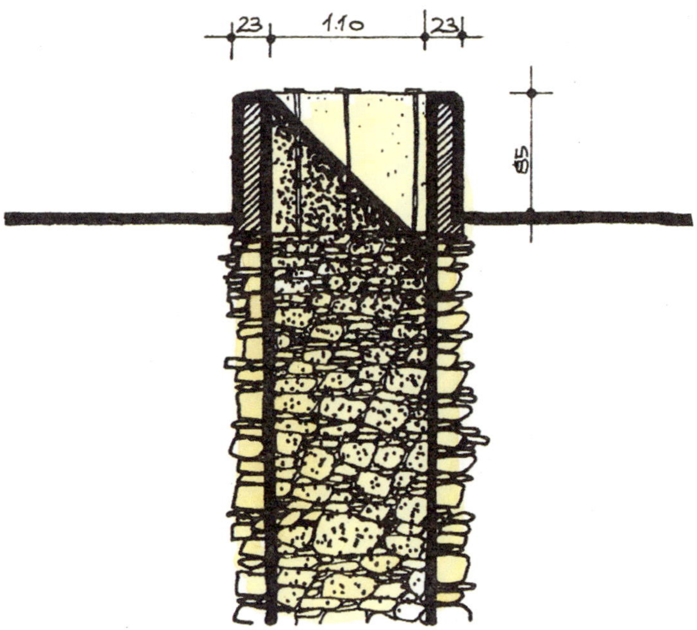

Le puits

Le puits est beaucoup plus fréquent que la source ; il permet de rapprocher de l'habitat le stockage de l'eau. C'est une construction assez coûteuse dont la profondeur moyenne, de l'ordre de 10 m, peut aller jusqu'à 25 ou 30 m. Dans la zone maraîchère de Châteaurenard, ces profondeurs étaient réduites et n'atteignaient que 4 ou 5 m. Étant donné la présence de la nappe phréatique, le puits est resté pendant très longtemps le mode de captage de l'eau le plus utilisé dans l'habitat rural de moyenne importance. Chaque petit mas des plaines comportait son puits, voire même deux puits.

Sainte-Beaume est bonne pour les maux d'yeux, elle fait croître la chevelure, donne un teint clair et rend désirable ; l'eau de Saint-Cer à Puyloubier guérit de diverses maladies et, en même temps, fait marier les filles. Même transportée à distance, l'eau de ces sources gardait ses vertus.

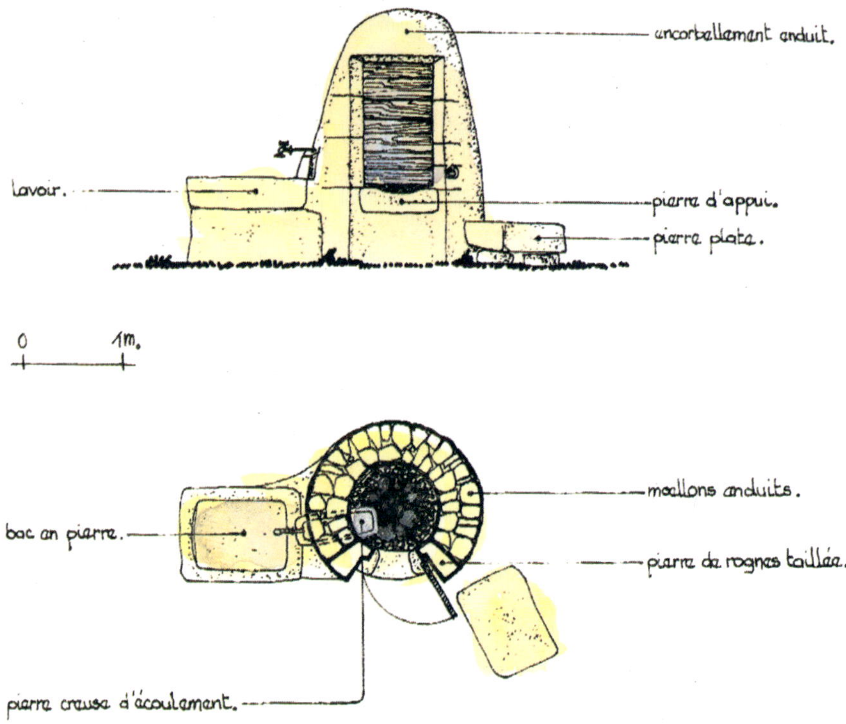

LA PROBABILITÉ ET LA DÉTECTION DE L'EAU

Avant même le début de la construction de la ferme, il était nécessaire de forer le puits. L'expérience et l'observation ont permis de déterminer quelques probabilités : on est à peu près sûr de trouver de l'eau dans un vallon ou un lieu dominé par des hauteurs très voisines, ou sur le flanc d'un coteau au fond duquel il y a des sources visibles ; on trouvera fort difficilement de l'eau si on creuse dans une plaine très éloignée des coteaux, ou sur le penchant d'un coteau opposé à celui où se trouvent des sources visibles, ou qui n'en offre d'aucun côté. Les circonstances locales et la nature du terrain modifient plus ou moins ces règles établies par la science populaire.

Il fallait encore pouvoir évaluer avec une certaine précision la profondeur à donner au puits [3]. Très souvent, on faisait appel à un sourcier pour déterminer la hauteur de la nappe ou le passage d'un lit d'eau. Celui-ci traversait le terrain avec une branche formant un Y dont il tenait les deux extrémités. Suivant la force avec laquelle sa baguette vibrait dans ses mains ou se tordait, il pouvait en tirer quelques renseignements plus ou moins précis.

POSITION PAR RAPPORT À L'HABITAT

On cherchera évidemment à placer le puits le plus près possible de la construction de manière à éviter un transport et des machines élévatrices.

Les puits à l'intérieur de la construction : c'est un cas assez rare, mais qui s'est rencontré quelquefois. Sans doute, l'agrandissement de la construction a englobé un puits, autrefois extérieur.

En haut à gauche, élévation et plan d'un puits fermé au Grand Plan, à Rognes. Ci-dessus, un puits dans un mur de cabanon : vue-perspective et plan. Ci-dessous, un puits isolé et fermé, à Rognes : élévation et plan.

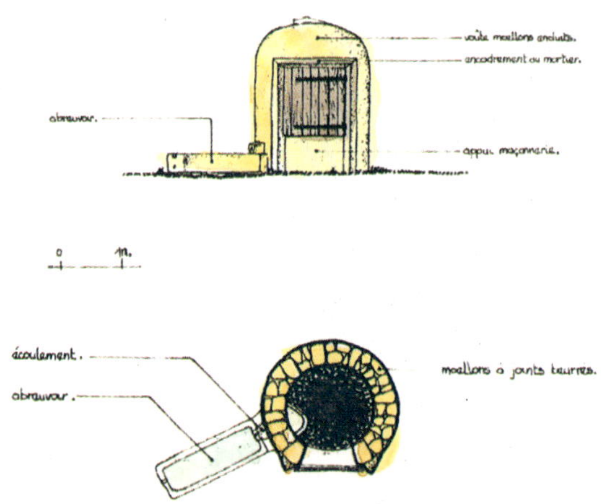

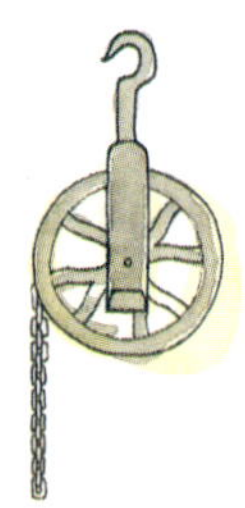

[3] Nous devons à M. de Perthuis une formule générale assez compliquée pour essayer de déterminer cette hauteur en fonction de la hauteur de source, etc. (F. de Mauremont.)

En haut à gauche, le puits du mas du Petit Telle, sur le plateau de Valensole. En haut au centre, un puits sur le plateau des Claparèdes à Bonnieux. En haut à droite, un puits isolé de la région de Cucuron.

Au milieu à gauche, le puits sur socle de pierre d'un petit mas de la colline des Puits, près d'Apt. Au milieu au centre, un puits isolé et une cuve monolithe à Alleins. Au milieu à droite, un puits isolé entre Tourves et Bras.

En bas à gauche, un puits à Fontienne. En bas au centre, un puits de la région d'Apt. En bas à droite, un puits des environs de Forcalquier.

Ci-dessus, le puits sur terrasse à la ferme des Giraud, à Pertuis.

Ci-contre, un puits à double ouverture intégré dans le mur d'une remise, à Bonnieu : élévation et plan.

Le puit mitoyen à la construction : le puits fait corps avec la construction et sa masse participe au volume général de l'habitation.

Le puit devant la façade sud : c'est le cas le plus fréquent, notamment pour les petits mas. Il est situé dans la zone d'activité extérieure, à proximité immédiate de la salle commune. Il faut faire quelques mètres pour pouvoir tirer de l'eau.

Le puit en pleins champs : il arrive, malheureusement, assez fréquemment, que le puits ne puisse être associé à l'environnement immédiat de la construction. Il est en plein champ, ou, même, situé à plus de 50 m, voire 150 m. C'est le cas, par exemple, sur le plateau du Cengle au sud de la Sainte-Victoire, d'une ferme construite sur une pente où la roche affleure ; le puits maçonné est creusé à 150 m de là, dans une dépression visiblement plus humide et d'ailleurs cultivable.

Les types

Il existait deux sortes de puits : le puits fermé et le puits ouvert.

Les puits fermés : c'étaient les plus fréquents ; une voûte en maçonnerie couvrait la margelle et empêchait l'évaporation pendant les journées d'été ; elle évitait également l'intrusion de tout déchet. En général, les puits fermés étaient en pierre. Ils avaient soit une forme en coupole, soit une forme rectangulaire, soit encore une forme indéfinie. Il existait aussi des puits simplement couverts avec un abattant en bois.

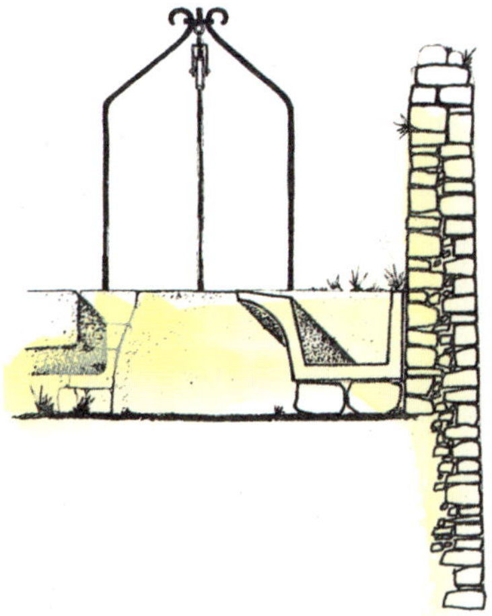

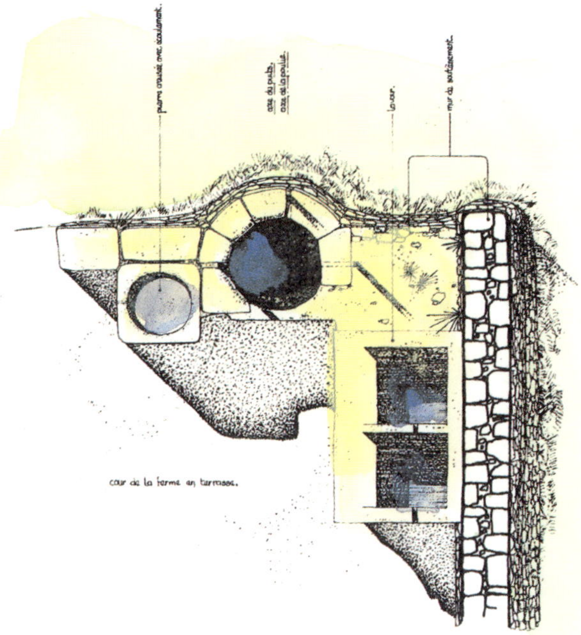

Ci-dessous, un puits dans le mur de la terrasse du mas des Giraud, à Pertuis.

Ci-dessus, plan de situation, coupe et plan d'un puits intégré à un mur de soutènement de la cour d'un mas à Puyricard.

Coupe AA

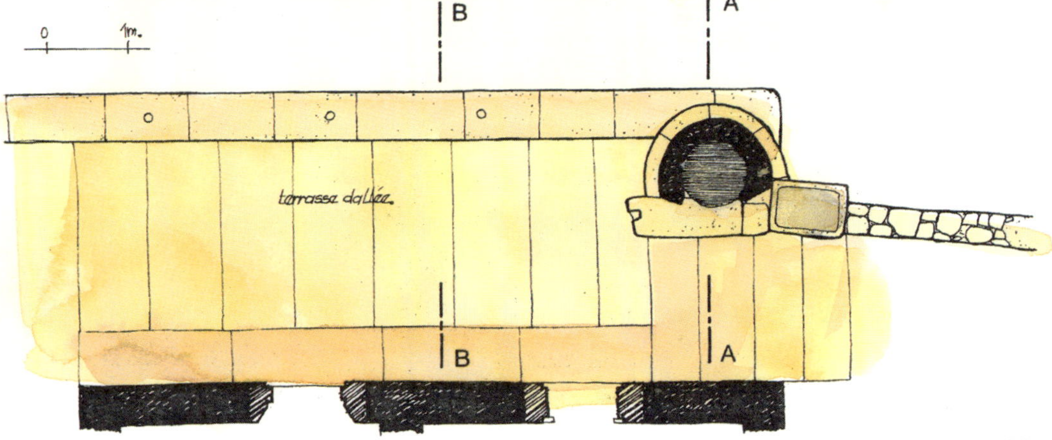

Coupe BB

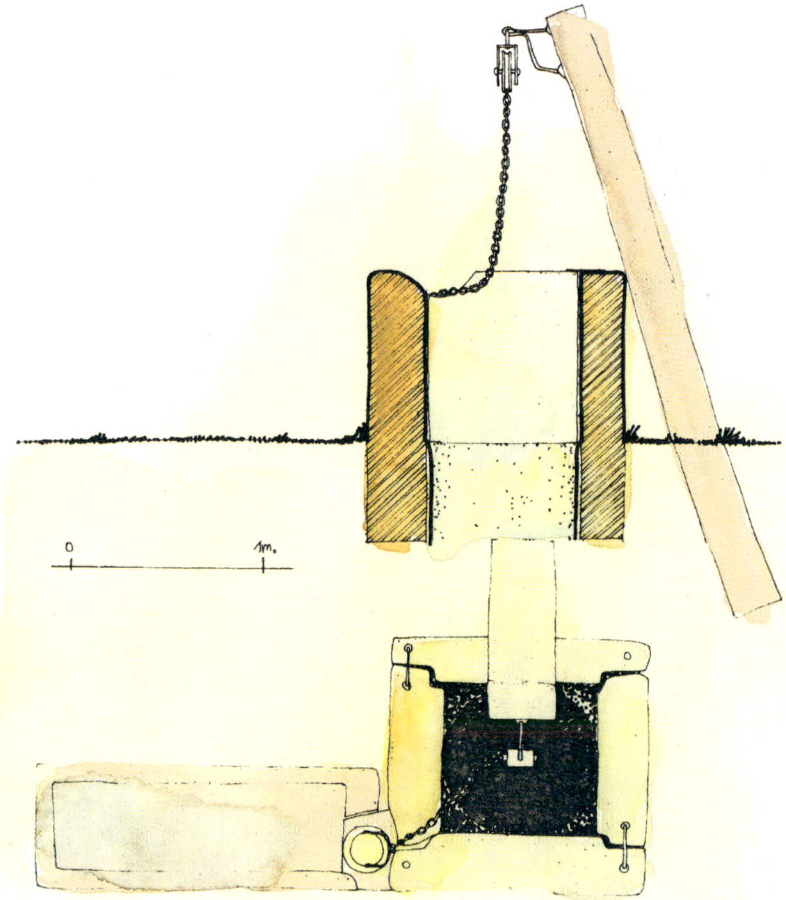

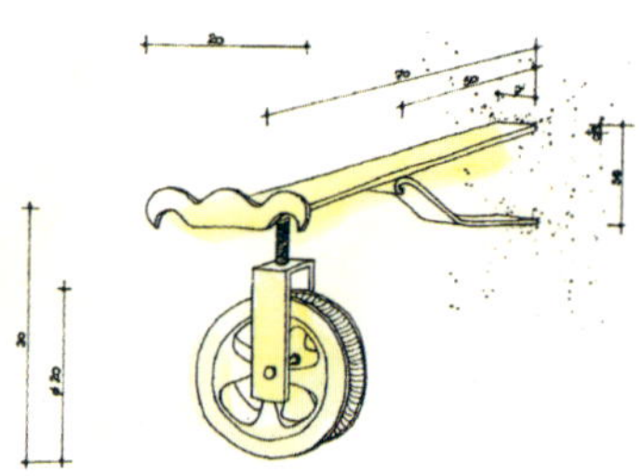

Ci-dessus et ci-contre, plan, coupe et vue d'un lavoir-abreuvoir jouxtant le puits d'un petit mas de plaine, à Eygalières. Ci-dessous, situation et plan d'un puits fermé, au Grand Plan, à Rognes.

De gauche à droite : un puits pris dans un mur dans un mas du quartier de La Graille, à Cucuro ; le puits du mas du Coffre, à Pertuis ; le puits d'un petit mas à Chante-Coucou, près d'Ansouis ; un puits près de Simiane, La Rotonde ; un puits de la région de Tourves.

Ci-dessous, vue et coupe d'un puits isolé, en talus, au jas de Puyvert.

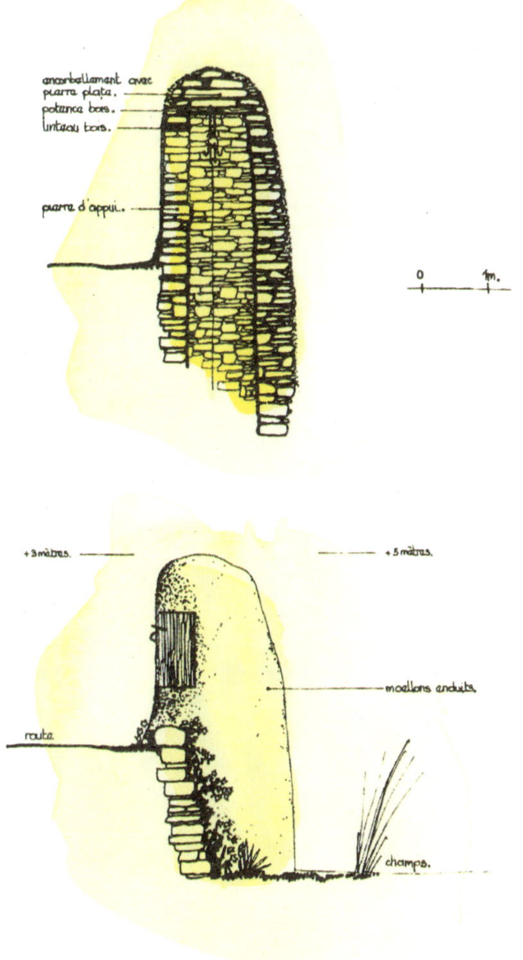

Les puits ouverts : pour ces puits, un dispositif de ferronnerie était mis en place sur la margelle pour supporter la poulie ; quelquefois elle était suspendue à une pierre monolithe.

La construction

On creusait ordinairement le puits en forme circulaire ou elliptique. Si, dans l'excavation, on trouvait le roc ou un tuf très solide, et que ce fond était jugé capable de supporter le poids de la maçonnerie, on établissait directement le revêtement ; sinon, on creusait entièrement le puits et on plaçait au fond un rouet de charpente en enfonçant le niveau le plus possible à l'aide de la « demoiselle » ; on élevait sur ce rouet la maçonnerie du puits [4].

La margelle

Elle était de forme circulaire ou rectangulaire. C'était très souvent un ensemble de pierres monolithes ou une maçonnerie de pierres avec un rebord en pierres dures. Elle était d'une facture soignée et émergeait du sol sur une hauteur de 0,80 m à 1 m. Le rebord de la pierre était usé profondément par le frottement de la chaîne ou de la corde.

La citerne

Beaucoup plus fréquente qu'on ne le pense, la citerne est le dernier recours, en Provence, pour posséder l'eau. Dans certaines régions, la citerne était indispensable : c'est notamment le cas du plateau de Saint-Christol, du plateau d'Albion, du pays de Sault. C'est le cas également d'une bonne partie du Lubéron, du plateau de Valensole [5], du plateau jurassique entre Rians et Saint-Maximin, du plateau de la Nerthe, à l'ouest de Marseille. Le sol calcaire absorbe les eaux de pluie ; la rareté des couches marneuses et argileuses fait disparaître complètement les eaux d'infiltration. Dans ces régions, une ferme

[4] En Provence, le puisatier était chargé de ce travail. Non seulement il construisait des puits, mais il était employé également pour leur nettoyage, leur curetage, etc.

[5] Au lieu-dit « Petit-Saint-Jean », deux citernes ont été construites : l'une voûtée au niveau du poulailler, l'autre sur la façade nord, couverte d'une dalle de ciment armé, avec puits en briques enduites de ciment.

pouvait comporter deux à trois citernes localisées pour récupérer toute l'eau des toitures.

Il arrive fréquemment que la citerne soit un élément d'appoint de la source et du puits. En effet, de début juin à fin septembre, les pluies sont rares, la température élevée ; les sources diminuent alors de débit, les nappes baissent dans les puits. Il est donc nécessaire de disposer d'un volume d'eau, certes réduit, mais que chaque propriétaire peut utiliser à sa guise. En outre, lorsque l'alimentation se fait à partir d'un canal d'irrigation, il est indispensable d'avoir un bassin permettant de stocker le volume dont on a besoin durant les périodes de chômage du canal.

L'alimentation

Les gouttières : la citerne est alimentée par les eaux de ruissellement de la toiture, recueillies par des gouttières creusées dans des troncs d'arbres du même type que les gorges salières (*assaliaires*) destinées à donner le sel au troupeau. Très souvent, par ce jeu de gouttières, on ne récupère l'eau que d'une seule partie de la toiture, le reste est perdu [6].

Les aiguiers : la citerne peut être remplie par les eaux de ruissellement du terrain. C'est le cas des aiguiers : citernes creusées dans le roc, au bas d'une large dalle servant de collecteur d'eau, et recouvertes par une borie destinée à garder à l'eau sa fraîcheur et à en écarter les feuilles mortes et la sauvagine. Les citernes de ce type abondent entre le pays d'Albion et les monts du Vaucluse.

Les bassins : les citernes sont alimentées par un canal ; il s'agit alors de bassins. Depuis le Moyen Âge, on a vu les canaux se multiplier. Les terres riveraines peuvent disposer d'un ou plusieurs modules, c'est-à-dire d'une certaine quantité d'eau donnée à intervalles réguliers. Le propriétaire doit, à date précise et pendant le temps imparti, remplir sa citerne avec l'eau du canal. S'il ne se conforme pas strictement à ses droits, les propriétaires voisins s'en rendent compte.

La position par rapport à l'habitat

Très souvent, la citerne est intégrée à l'habitat. Elle peut alors occuper un volume plus ou moins important. À Jaumaresse, toute une partie du rez-de-chaussée a été aménagée en citerne. Elle fait partie intégrante de la construction. Au Contadour, les Martins, la citerne, d'une capacité de 30 m^3, est intégrée à la loggia. Actuellement, elle est utilisée par l'intermédiaire d'une pompe à main pour l'alimentation du bétail. Dans la ferme du Piolan, à proximité de Fontienne, la citerne, située au niveau des caves, est accessible par la façade ouest ; particulièrement soignée, elle est recouverte d'une voûte. L'alimentation se fait par une descente d'eaux pluviales, encastrée dans la maçonnerie. Certaines citernes sont, au contraire, à l'extérieur du bâtiment et se présentent alors comme des puits.

L'utilisation de la citerne a donc permis le peuplement de nombreux terroirs provençaux, qui, sans cela, seraient restés désertiques. Les défricheurs du

[6] Dans certaines bergeries, aux Fraches, où le problème de l'eau était particulièrement aigu, les toitures étaient disposées pour former un chêneau à l'extrémité duquel l'eau était récupérée. On peut également indiquer que certaines toitures étaient uniquement faites pour la récupération de cette eau de ruissellement : c'est le cas du jas de Bernard à l'Hospitalet.

Ci-dessus, un puits à balancier, à Saint-Christol. À droite en haut, un canal creusé dans la roche pour la récupération des eaux du plateau supérieur à Chantebelle. À droite en bas, entrée de mine creusée dans le roc, pour le stockage des eaux à Chantebelle, près de Buoux-Sivergues. Ci-dessous, la descente des eaux pluviales vers la citerne, au mas Piolan, à Fontienne. Ci-contre, le puits et la citerne du mas Lautin, à Fontienne.

XVIe et du XVIIe siècle ont bâti des citernes dont les restes se trouvent aisément parmi les ruines des mas qu'on découvre dans nos garrigues. Encore actuellement, des citernes sont construites à côté de certains mas ou cabanes.

LA CONSTRUCTION

La citerne a généralement une forme de bonbonne en pierre ou, exceptionnellement, en briques. Intérieurement, elle est revêtue d'un ciment imperméable et non gélif. Dans le cas de citernes d'eau à boire, il faut que celles-ci soient parfaitement entretenues et l'intérieur est blanchi à la chaux. Il faut aussi noter qu'une citerne, construite sous la pièce centrale de la maison, présente l'avantage de pouvoir alimenter la pile par l'intermédiaire d'une pompe manuelle.

Les mines

On appelle mine une galerie horizontale creusée dans le rocher et destinée à recueillir l'eau de suintement. Celle que l'on trouve à Chantebelle (dans la région d'Apt) est remarquable : creusée à la base de la falaise, elle mesure 30 m depuis l'entrée de la combe de Lourmarin au Coupé de Murs. Elle est divisée en bassins successifs qui se rétrécissent de moitié à mi-longueur. Des rigoles sont creusées dans le rocher de chaque côté de la paroi pour permettre la canalisation de l'eau et ensuite son écoulement dans les bassins [7].

Les machines élévatrices

Il fallait monter l'eau depuis l'intérieur du puits ou de la citerne à la surface pour l'utiliser sur la margelle, ou, au contraire, la déverser dans des canaux.

L'énergie animale

C'était la « noria » ou *pouso-rago* (puits à roue) [8] qui était la plus utilisée pour élever l'eau des puits ou des citernes. Un engrenage, mu par un âne ou un mulet, faisait tourner une chaîne sans fin : la roue (ou *luno*) dont les godets de terre cuite ou de fer blanc montaient l'eau et la déversaient dans une auge. Ce type de noria était utilisé dans de nombreux pays méditerranéens. Pour les mas de Camargue, il était même obligatoire.

[7] Exemple d'adduction d'eau à Chantebelle (rapporté par le « Cahier de Chantebelle ») : « L'adduction d'eau commençait à la base de la falaise, à l'est de la bastide, pour se terminer dans la cour intérieure de l'habitation. D'abord, la construction d'un mur, surmonté d'une rigole qui recueillait l'eau et l'amenait dans une fontaine où l'on pouvait remplir un seau, puis dans une mine de 25 m de long qui recevait également les suintements profonds fournissant l'eau potable. De cette mine et toujours entre les deux couches de calcaire, une saignée conduisait le trop-plein jusqu'à un trou de faible diamètre, qui donnait dans une vaste pièce creusée dans la pierre et dont l'entrée se trouvait dans la cour intérieure de la maison, sous l'actuel dortoir. Il s'agissait d'une ancienne citerne, ayant perdu sa destination première, dont la roche stratifiée formait une caisse de résonance exceptionnelle. Deux puits complètent l'ensemble, constituant des réserves et facilitant l'arrosage ».

[8] « La noria tournait ainsi, notre mulet en savait quelque chose, menant la ronde, parfois, un bandeau sur les yeux contre le vertige cruel. Réel visage de la vie. Car ce qui coulait et courait du bassin, c'était cette vie pour le jardin, les bêtes, l'herbe qui redressait la tête pour la nuit. » (M. Mauron, *Lorsque la vie était la vie*).

L'énergie éolienne

Au début du XXe siècle, l'éolienne [9] est un procédé très répandu dans de nombreuses régions en Provence, dans les sites éventés.

L'énergie de l'homme

Le puits à balancier : sorte de bascule élévatoire en bois, le *toumbolevo* ; une extrémité plongeait dans le puits, l'autre branche était formée par un contrepoids et permettait ainsi plus facilement de monter l'eau. Certains de ces puits existent encore en Provence dans la région du plateau d'Albion.

La pompe à main : très fréquemment, à l'intérieur de la pièce à vivre était disposée une pompe manuelle à pistons qui, une fois amorcée, permettait de pomper l'eau du puits et de l'amener ainsi jusqu'à la pile. Certaines pompes fonctionnent encore de nos jours dans la région de Châteaurenard.

Les seaux et les chaînes : c'est, évidemment, le cas le plus courant. Au-dessus du puits, on suspend une poulie dans laquelle on fait passer une chaîne ou une corde à laquelle on attache un seau.

La distribution

Outre la roubine, petit canal généralement cimenté qui permettait l'adduction d'eau aux terres à irriguer, de nombreuses canalisations existaient pour transporter l'eau d'un puits à un autre, d'une citerne à une fontaine, etc. Ces cana-

En haut à gauche, une ferme avec son éolienne dans la région de Cucuron.

Ci-dessous, lavoir dans une propriété rurale avec sa barre ronde en bois sur laquelle on battait le linge.

[9] « Le vent a été une des premières sources d'énergie utilisée par l'homme. L'énergie éolienne, indéfiniment renouvelable et qui n'engendre aucune pollution, a deux défauts majeurs : elle est aléatoire et discontinue dans le temps, puisque la vitesse du vent varie brusquement de 0 ou de quelques kilomètres à l'heure à plusieurs dizaines de kilomètres à l'heure ; elle est inégalement distribuée dans l'espace : les zones privilégiées étant les étendues marines, les zones côtières et certaines plaines dégagées et quelques régions montagneuses. Chaque aérogénérateur doit être calculé en fonction du site où il doit être installé. Sa puissance nominale, c'est-à-dire la puissance maximale que donnera l'engin, est établie pour une vitesse du vent choisie suivant les fréquences locales de celui-ci. Les aérogénérateurs peuvent, cependant, rendre des services appréciables. Une installation complète (hélices, mas, multiplicateur de vitesse, générateur, redresseur et batterie de stockage coûtent environ 60 000 F, plus les taxes). Une petite société française, Aérowatt, calcule et fait construire (brevet déposé en 1966) des appareils dont une grande partie pour l'exportation. » (*Le Monde*, le 20 novembre 1974)

Ci-dessus, une fontaine associée à une treille.
En haut à droite, de gauche à droite et de bas en haut : dans le village de Bonnieux, deux vues d'une fontaine adossée jumelée avec un lavoir sur lequel deux dauphins en vis-à-vis forment un motif décoratif que l'on rencontre souvent en Provence, sculpté dans la pierre, dans le bois ou dans le plâtre ; village de Bonnieux ; lavoir monolithe à Banon ; fontaine extérieure au mas du Moulin-bas à Aubenas-les-Alpes.

lisations pouvaient être soit creusées directement dans le rocher, soit réalisées avec des éléments de terre cuite, soit exécutées en pierre [10].

Les points de puisage pour l'homme

La pile

L'homme puisait l'eau sur la pile placée à l'intérieur de la salle commune ou dans la souillarde. La pile était constituée par une pierre monolithe assez épaisse dont nous donnons les principaux exemples. Cette pierre comportait une cavité peu profonde pour retenir l'eau ; également, un orifice d'écoulement et, souvent, un évidemment en demi-cercle pour poser la cruche.
Une fois le seau plein d'eau placé sur la margelle, la solution la plus rudimentaire consistait à remplir une cruche en terre cuite que l'on amenait ensuite

[10] Par exemple, à Chantebelle, de la grande mine partait une canalisation en pierre taillée passant sous la terrasse, ressortant à mi-hauteur de soutènement et descendant de *bancao* en *bancao* arroser le jardin. Les parties verticales étaient composées de deux longues pierres dont l'une était posée à plat dépassant le bord de la restanque, le conduit qui la traverse, ressortant dans la partie libre de sa face inférieure ; l'autre, percée de part en part, dans le sens de la longueur, placée dessous, dressée, recevait dans un logement, creusé en son sommet, la partie mâle aménagée. Une canalisation du même type se trouve à Bonnieux.

sur la pile à l'intérieur de la maison. Par la suite, on a placé une pompe manuelle pour éviter ce transport, ou un robinet alimenté à partir d'une caisse à eau. La pile était l'unique point d'eau de l'habitation : on y faisait, non seulement la vaisselle, mais également sa toilette.
Quelquefois même, il n'y avait pas de point d'eau à l'intérieur, mais simplement le puits (cas, par exemple, des cabanes de gardian).

Le lavoir et l'abreuvoir

Il était rare que le puits soit seul. Très souvent, il était accompagné d'un lavoir, abreuvoir, et même d'une fontaine. Le puits était un centre important de vie. L'accompagnement végétal était étudié pour que le puits reste à l'ombre. Le lavoir était fréquemment taillé dans un bloc de pierre monolithe. Par exemple, le lavoir en pierre de Mane, de 2 m de longueur, comportait un bac à laver avec un coussinet et une auge de rinçage pouvant être couplés ou utilisés séparément. La ferme de Notre-Dame à Banon a également un très beau lavoir monolithe.
À partir du puits étaient disposés des abreuvoirs pour les animaux. Ils occupaient une position rayonnante pour que, à partir de ce point, on puisse les alimenter avec un minimum de déplacement.

Les solutions modernes

Une solution collective est maintenant apportée au problème de l'eau : grâce aux travaux énormes d'irrigation de la Durance, aux réservoirs d'eau, tels que celui de Serre-Ponçon, tout un réseau de distribution a été établi à partir du canal de Provence. Le paysan actuel moderne a donc, sur son terrain, une borne ou un compteur sur lesquels il peut tirer l'eau nécessaire à l'irrigation et, éventuellement, à ses besoins domestiques.

Le feu

La maison est avant tout le foyer, c'est-à-dire un abri qui contient le feu. En Provence, prendre possession d'une habitation, c'est suspendre le *crémascle* à l'intérieur de la cheminée. C'est un signe d'occupation, une coutume locale qui a pris force de loi. Le feu sert non seulement au chauffage, mais également à la préparation de la cuisine, à la cuisson du pain, à la lessive et à l'éclairage.

La cheminée

Les premiers exemples de foyer intérieur que nous avons rencontrés dans l'habitat celto-ligure montrent que le feu se faisait au centre de la pièce, dans un endroit légèrement enfoncé dans le sol ou dans un trou, mais qu'il n'y avait pas de conduit. Un simple orifice dans la toiture permettait à la fumée de s'en échapper. La cheminée n'était donc pas un élément particulier, mais un simple âtre, un coin de feu ; un feu à flamme libre et sans tirage, qui constituait un danger d'incendie permanent. Quand le foyer accoté fait son apparition, il constitue un élément intégré à la construction. Il change même la silhouette de la maison par la présence de la souche plus ou moins élevée qui domine la toiture.
La partie de l'habitation la mieux adaptée à ces fonctions est naturellement les murs-pignons ou les murs de refend – c'est-à-dire les murs maîtres

Ci-dessus, des abreuvoirs disposés à l'abri d'un mur incurvé, auprès d'une bergerie de la Crau, près de Salon-de-Provence.
Ci-dessous, un abreuvoir et un puits dans la cour du mas de la Belugue, en Camargue.

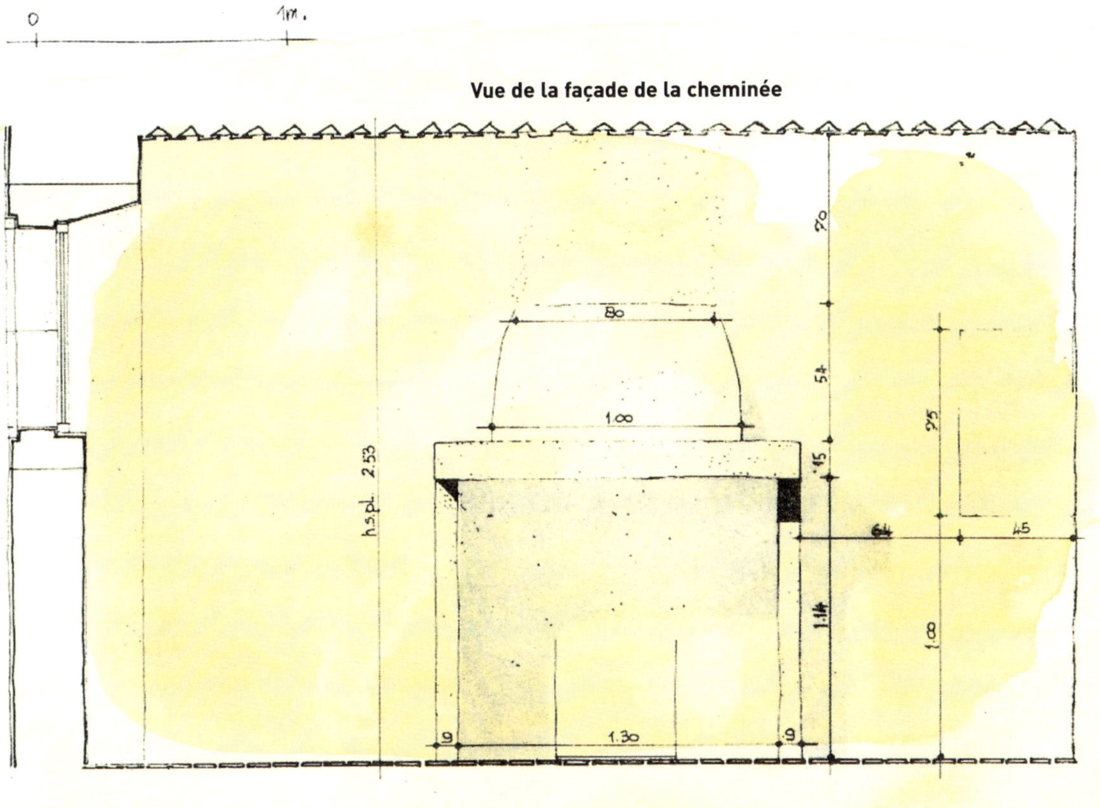

En haut à droite, élévation et coupe d'une cheminée engagée, en plâtre.
Ci-dessous, un âtre provençal (cliché de J. Roubier).

capables de recevoir cet ouvrage. Un conduit de fumée adossé, d'une section étudiée, permet un tirage suffisant [11]. Ensuite, vraisemblablement aux XVIIe et XVIIIe siècles, apparaît le potager, élément maçonné adjoint à la cheminée, et sur lequel on fait véritablement la cuisine. Il est toujours possible de faire cuire à petit feu dans la cheminée par l'intermédiaire de crémaillères ou de potences. On utilise les braises prises dans le foyer pour les placer sur la trémie du potager et, au-dessus, les casseroles ou les plats en terre cuite sont posés sur une grille métallique. Sous le potager, on recueille les cendres qui servent à *colar la bugade*, autrement dit à faire la lessive. Très souvent, le conduit d'évacuation, plus ou moins coudé et ouvert dans sa partie intérieure, permet à la fumée de s'échapper et de conserver ainsi les viandes que l'on entrepose dans une pièce, quelquefois, à part. À la cheminée aussi est quelquefois ajouté un élément de rangement, fermé par une porte en noyer, dans lequel on peut mettre certains aliments à l'abri de la gelée, comme l'huile d'olive.

Dans certaines régions de la Provence, les poêles font leur apparition au début du XIXe siècle ; ils s'imposent peu à peu, et ce n'est qu'au milieu du XIXe siècle qu'on voit apparaître les fameux poêles en faïence de Moustiers. Vers le milieu du XIXe siècle, l'évolution paraît terminée : le poêle-cuisinière, bas sur pattes, trapu, trône inévitablement, raccordé au conduit de fumée de la cheminée. Ce poêle marche au charbon. Aujourd'hui, on le remplace par la cuisinière au mazout ou électrique.

[11] En Provence, les cheminées sont réputées ne pas tirer correctement mais enfumer. Pourtant, certaines, qui sont l'œuvre d'un maçon particulièrement habile, ont un tirage excellent.

La position

L'implantation de la cheminée par rapport à la pièce commune a été mentionnée dans les relevés des mas ou des domaines que nous avons donnés. L'examen de ce plan permet de fixer sa position par rapport à l'entrée, toujours au sud : elle est adossée au mur est ou ouest, très rarement sur le panneau du fond, jamais sur le mur de façade sud ; le panneau qu'elle occupe ne comporte pas de fenêtre et elle est éclairée sur le côté.

Les dimensions, les conduits et les sections

Au début du XIXe siècle, on donnait certains principes pour la bonne construction des cheminées, de manière à éviter, autant que possible, les inconvénients de la fumée et obtenir le plus de chaleur avec le moins de combustible. Pour la cheminée de la salle commune, on donnait 5 à 7 pieds de largeur (1,24 à 1,60 m), 2 pieds à 2 pieds et demi de profondeur (0,64 à 0,80 m), 3 à 5 pieds de hauteur au-dessous du manteau (1,00 à 1,65 m). Il était noté qu'une cheminée placée vis-à-vis d'une porte fumait. La meilleure position était au milieu de la partie étroite de la pièce et vis-à-vis des croisées qui, rarement ouvertes, ne pouvaient occasionner que peu de courant d'air. Mais comme ordinairement, les cheminées se plaçaient sur le côté, il fallait au moins avoir soin de les adosser au mur de refend.

On distinguait dans la cheminée deux parties principales : le foyer et le tuyau. La construction du tuyau n'était pas de moindre importance. On devait s'approcher le plus possible d'une pyramide tronquée. Le tuyau se composait lui-même de deux parties : la partie inférieure, appelée hotte, qui, du foyer, se termine au plafond de l'appartement ; et la partie supérieure, nommée souche. On a trouvé que, dans les grandes cheminées, la base de la souche devait avoir environ 30 pouces de largeur sur 10 à 12 pouces de gorge (0,80 m x 0,30 m) et son extrémité supérieure 28 pouces de largeur sur 8 pouces de gorge (0,76 m x 0,22 m) ; dans les moyennes, à la base : 30 pouces de largeur, 8 à 10 pouces de gorge (0,80 m x 0,20 m), vers l'extrémité, 26 pouces de largeur et 8 pouces de gorge. Les dimensions de la hotte étaient ainsi déterminées : à sa naissance, elle avait celles du foyer, à son extrémité, celles de la surface de la souche.

La nécessité de ménager le passage d'un ramoneur donnait aux cheminées de fortes dimensions dans la gorge. On les réduisait cependant quand le nettoyage du conduit pouvait se faire par fagots ou tout autre moyen de ce genre. On observait aussi que les tuyaux dévoyés étaient moins exposés à fumer que les perpendiculaires, mais il fallait éviter de leur faire faire des arrêts trop aigus, qui devenaient des réceptacles de suie et d'ordures, sujets à de graves inconvénients [12].

Dans tous ces ouvrages, le conduit de fumée était placé, en général, dans l'axe de la cheminée ; il était de section importante et sortait directement en toiture. Très souvent, il s'est maintenu ; la cheminée a été démolie. Quelquefois, on a percé la hotte pour retrouver le conduit et y engager le tuyau de poêle.

[12] Il faut également noter les textes concernant les cheminées de M. le Comte de Runfort ainsi que les conseils de M. Cointreaux qui préconisaient différents traitements pour améliorer le fonctionnement de la cheminée, en particulier le rehaussement du foyer. En 1812, M. de la Chabeaussière a donné un « excellent mémoire » à la Société d'encouragement concernant les dispositions de grilles pour brûler la houille ou du charbon de terre.

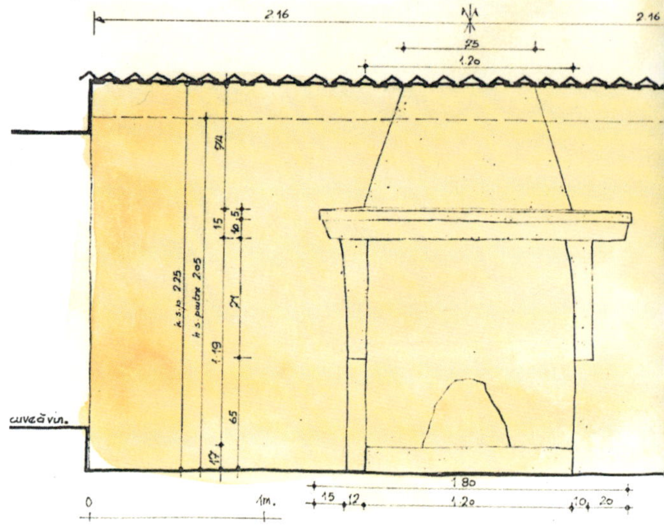

Face de la cheminée

Coupe de l'âtre

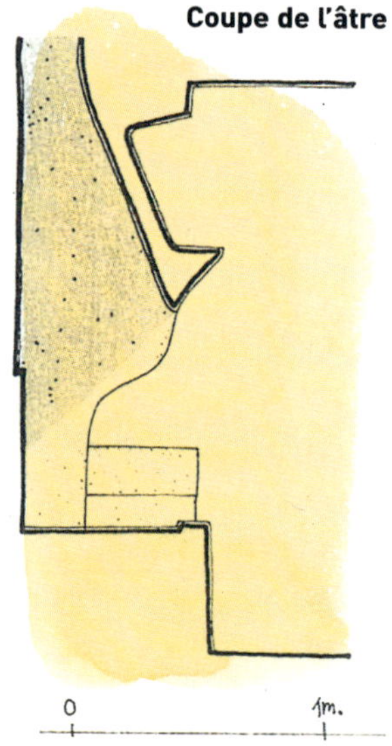

En haut, une cheminée engagée en plâtre et à hotte saillante d'une ferme de Cucuron : élévation et coupe. Au centre, la cheminée et le potager à la marseillaise d'un mas de la région du Canet : élévation et coupe. Ci-dessous, la cheminée de la cuisine d'un cabanon à Alleins.

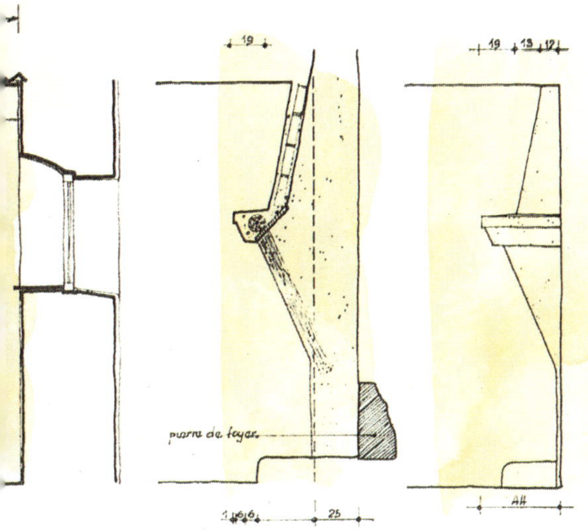

Coupe

Vue de côté

Face de la cheminée

Coupe

Vue de côté

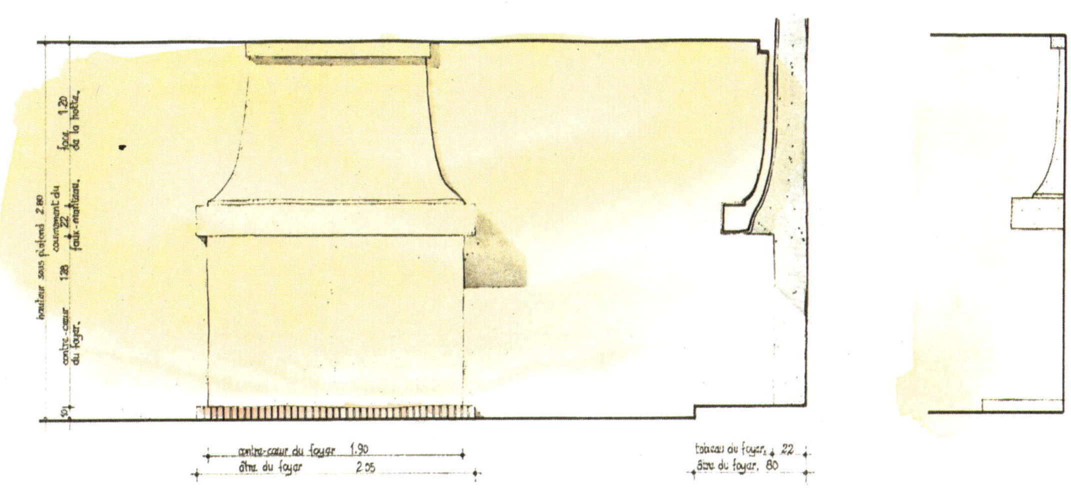

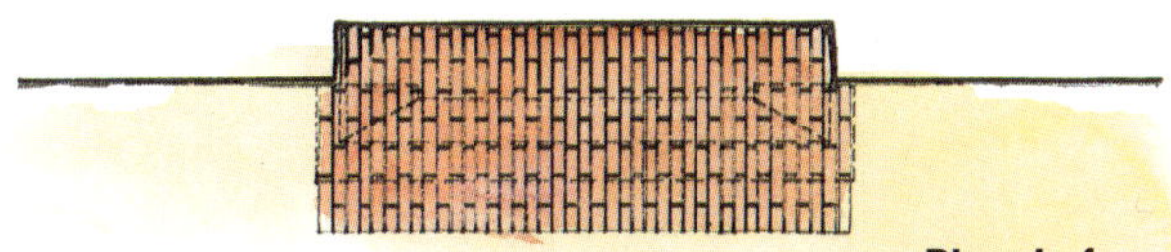

Plan du foyer

Vue de face de l'âtre avec pile et carreaux émaillés

En haut à droite, la cheminée engagée à faux manteau aux Treillas (Puyricard) : élévation, plan et coupe. Ci-dessous, la cheminée de la salle commune du mas du Coffre à Pertuis.

Les éléments constitutifs

Ces cheminées étaient, et sont toujours, le morceau de bravoure du maçon. C'est sur cet agencement qu'il exerçait tout son art. Aussi, sont-elles étonnantes, dénotant une créativité incomparable. Chacune d'entre elles est un ouvrage personnel qui, malgré la pauvreté du matériau mis en œuvre, possède une qualité formelle, parfaitement adaptée et toujours en harmonie avec la pièce dans laquelle elle se trouve. Si certaines ont des points communs dans leur disposition générale, aucune ne se ressemble. Les exemples que nous donnons permettent de se rendre compte de leur constitution ; nous avons également figuré la hauteur du panneau sur lequel elles sont adossées et leurs accompagnements immédiats. La facture est assez surprenante, avec un contentement dans la non-symétrie.

Les cheminées en plâtre

Ce sont les plus simples et les plus fréquentes avec des moulures simples et des formes arrondies. Elles sont du type engagé (foyer pris en partie dans l'épaisseur du mur et en partie dans une avancée construite devant ce mur), quelquefois adossées ou incorporées (foyer entièrement pris dans l'épaisseur du mur).

La hotte : elle est saillante, évasée, réalisée en carreaux de plâtre ou de terre cuite avec enduit de plâtre.

Le manteau : on le trouve avec ou sans pied-droit. Le couvrement ou linteau est en surplomb avec tablette moulurée. La structure se compose d'une pièce de bois (bois d'olivier, de chêne, d'ormeau…) équarrie ou brute reposant sur des consoles en bois, le tout revêtu de plâtre.

L'âtre du foyer : le plus souvent, il est en pierre dure, ou une simple aire en plâtre sur laquelle est ensuite placée la plaque de fonte. L'emploi de la brique réfractaire, pour le réaliser, est très rare.

Cheminée de face

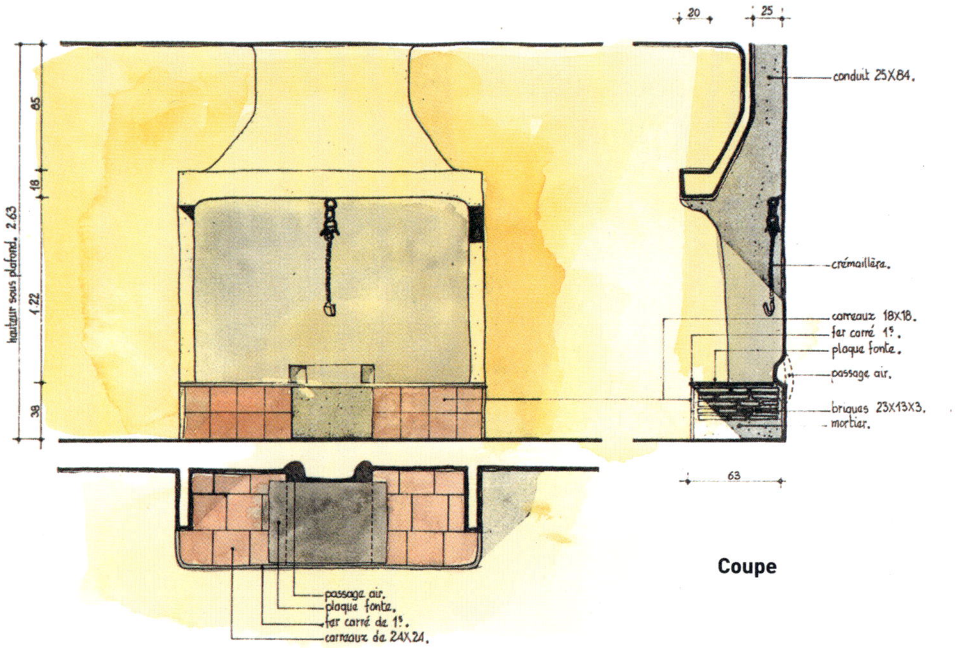

Coupe

Plan

Vue de côté

Coupe

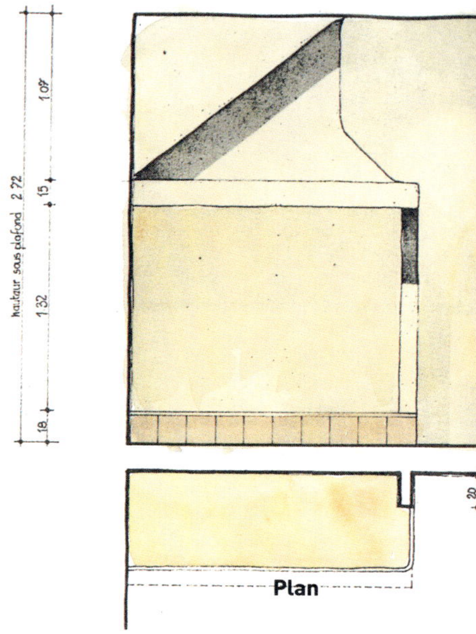

Plan

Le contrecœur : il est de même nature que l'âtre en plâtre avec, au niveau du feu, une pierre dure encastrée dans le mur et jouant le rôle de plaque foyère. Le tableau du foyer est également en plâtre, quelquefois avec un ébrasement.

En haut à gauche, la cheminée à ventilation basse au mas Tournefort à Rognes : élévation et coupe. Ci-dessus, élévation et coupe d'une cheminée d'angle, dans le même mas. Ci-dessous, élévation et coupe de la cheminée à hotte bombée du mas des Bois.

LES CHEMINÉES EN PIERRE

Elles sont de dimension beaucoup plus importante. Tous les éléments sont en pierre, y compris le linteau monolithe du manteau, sa tablette et ses éventuelles consoles. Très souvent, ces cheminées sont du type « à alcôve », c'est-à-dire à foyer incorporé et sans tablette de manteau, la hotte droite se trouve sur le même alignement que le mur de refend ; on pouvait se tenir à l'intérieur. C'est le type qui se rencontre, notamment, dans de nombreux mas camarguais. L'aire et le contrecœur ne sont toujours pas revêtus de briques réfractaires comme on peut le supposer, mais d'un revêtement de pierres dures, les « bards ».

L'appareillage

La cheminée pouvait comporter, à l'intérieur, des niches dans lesquelles on rangeait le sel et autres condiments. Sur l'âtre, on plaçait une plaque foyère en fonte pour supporter le brasier ; une autre plaque était adossée au contrecœur : la « taque », souvent décorée et blasonnée ; quelquefois, cette taque pouvait pivoter sur une crapaudière et dissimuler une cachette.

La marmite était suspendue à la crémaillère qui était fixée à une barre métallique scellée horizontalement à la naissance du foyer, ou à une longue potence qui était terminée par un double crochet de suspension pour régler la hauteur. Cette potence était une solution très habile car elle permettait de placer la marmite, soit au-dessus du feu, soit à proximité, pour laisser mijoter les aliments.

En avant du foyer se trouvait le crapaud, petit chenet, destiné à supporter la bouilloire ; les landiers monumentaux dont les crochets servaient à fixer la broche que l'on tournait à la main. Quelquefois, cette broche tournait d'elle-même par un système de poids que l'on remontait autour d'un axe par une clef.

Coupe sur façade cheminée avec placard et pile

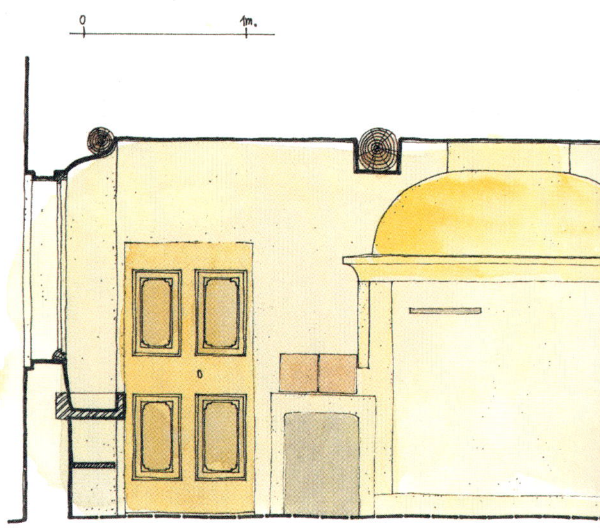

Coupe de la cheminée

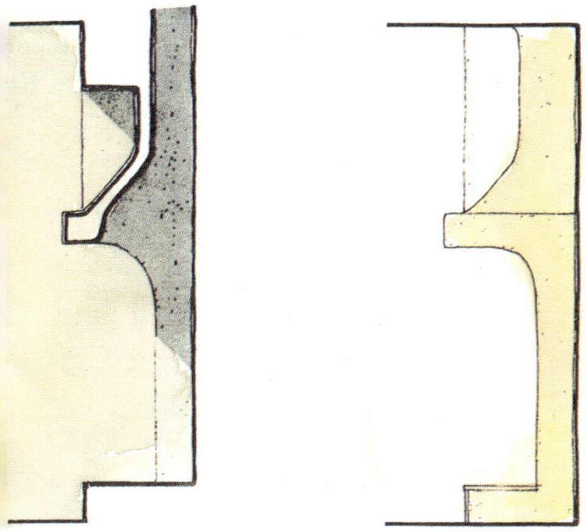

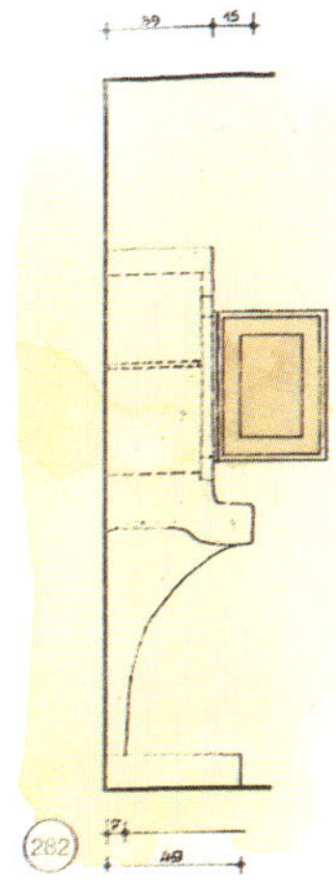

Vue de côté

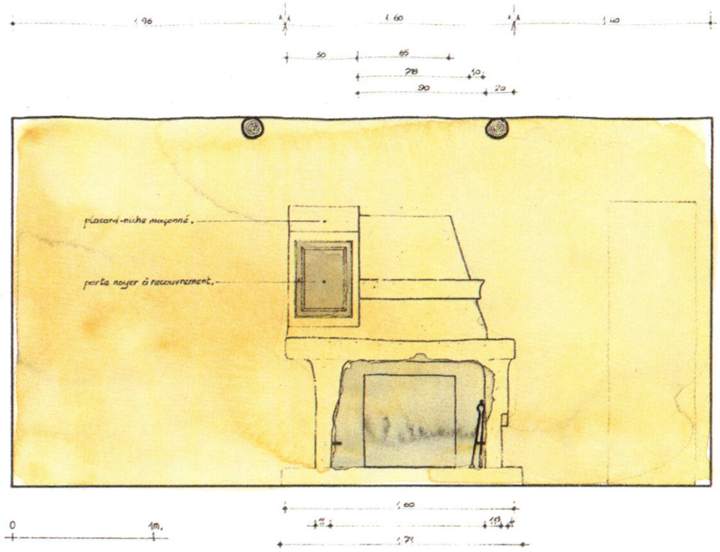

Cheminée de face avec niche fermée

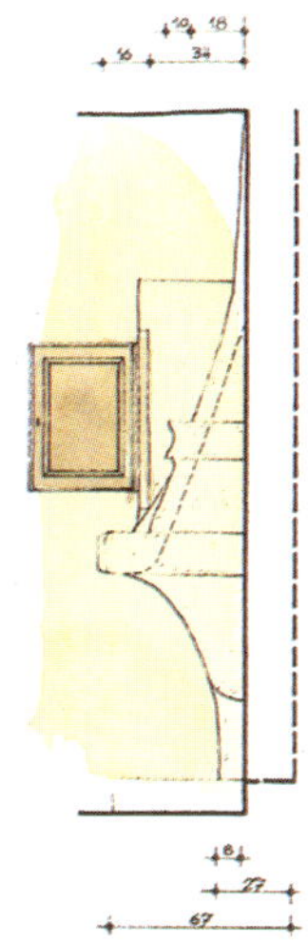

Vue de côté

En haut à droite, élévation et coupes d'une cheminée à niche incorporée, région de Cucuron. Ci-contre, élévation et coupes de la cheminée à placard incorporé de la salle commune du mas du Coffre, à Pertuis. Ci-dessous à gauche, une cuisine avec cheminée-potager et évier-placard à Bauduen (cliché Inventaire général, Roucaute-Heller). Ci-dessous à droite, la cheminée et le potager à la marseillaise au mas des Bois (plateau de Valensole).

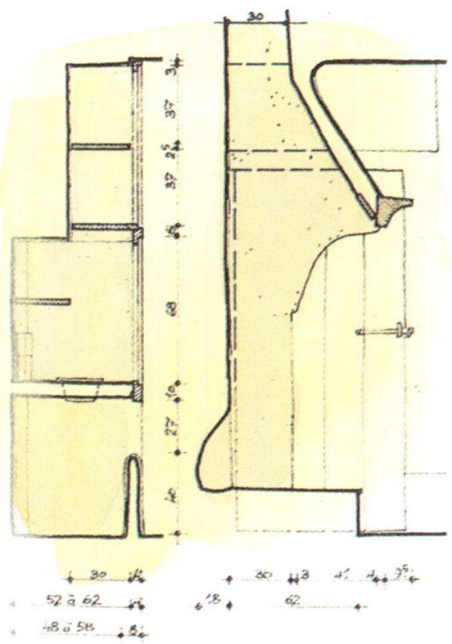

Coupe du foyer

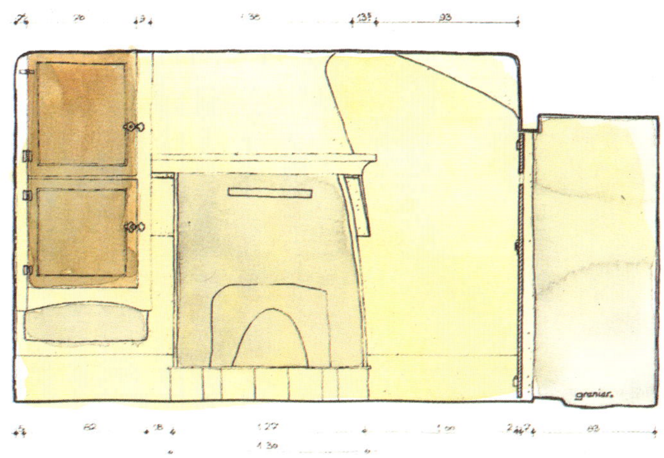

Cheminée vue de face avec placard en noyer

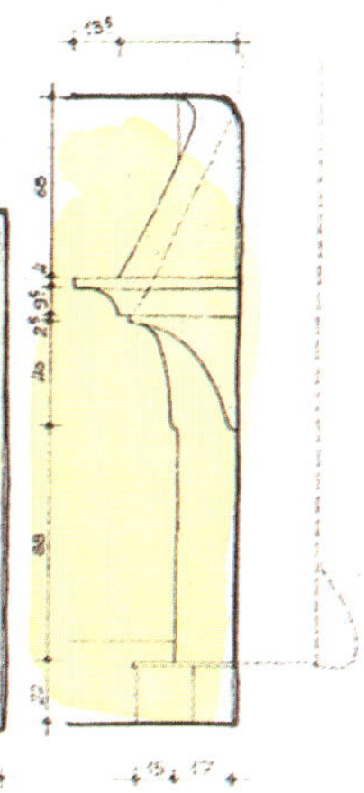

Vue latérale

Coupe du foyer

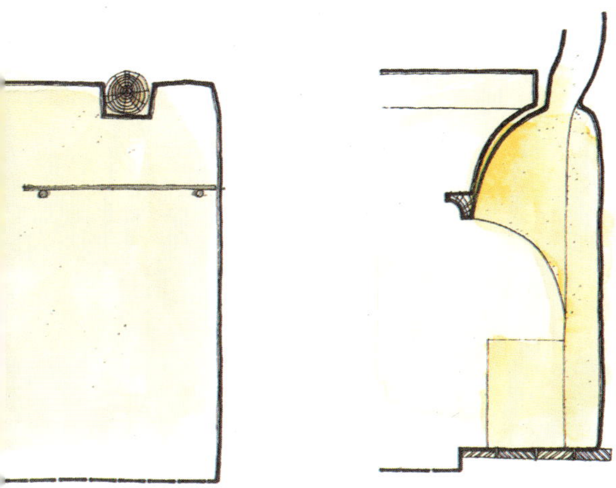

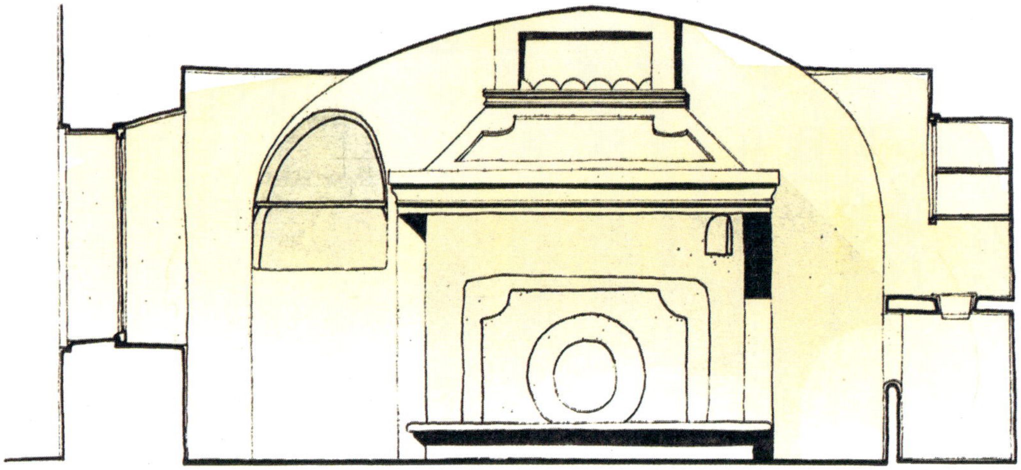

Façade générale de la pièce commune avec cheminée et potager

Vue de face de la pièce voutée montrant la cheminée

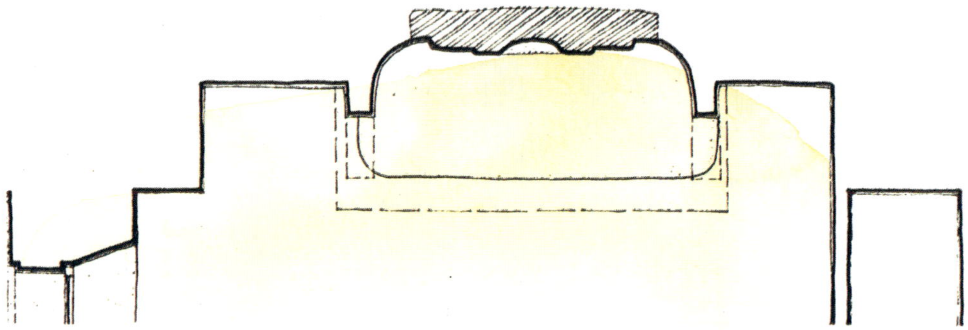

Plan de la cheminée

Vue en coupe de la cheminée

Ci-contre et ci-dessous, la cheminée en plâtre moulurée du mas de Bast, au Coustellet : élévation, plan et coupe. Ci-dessus et à droite en haut, élévation et coupe de la cheminée de la salle commune voûtée du mas des Petitons, à Oppède. À droite, élévation, plan et coupe de la cheminée en pierre de la salle commune du mas Saint-Germain.

Le sommet de ces chenets comportait un cercle de fer forgé, pouvant supporter une écuelle pour les sauces qui, ainsi, étaient réchauffées. Le soir, au couvre-feu, on rassemblait les braises que l'on recouvrait de cendre, à l'abri de la « tarasque », sorte de bouclier en quart de sphère qui arrêtait les étincelles et conservait le foyer jusqu'au lendemain, ce qui évitait l'achat des allumettes.
Sur les côtés de l'âtre, étaient suspendus à des crochets les ustensiles de la cuisine : la *chambreiro*, sorte de tige pour retirer la marmite du feu, la poêle ou sartan, le trépied, le grill, le soufflet, les grandes fourchettes à pot-au-

Coupe de la pièce voutée

Vue de face d'une cheminée en pierre de taille dans une pièce avec plafond à la française

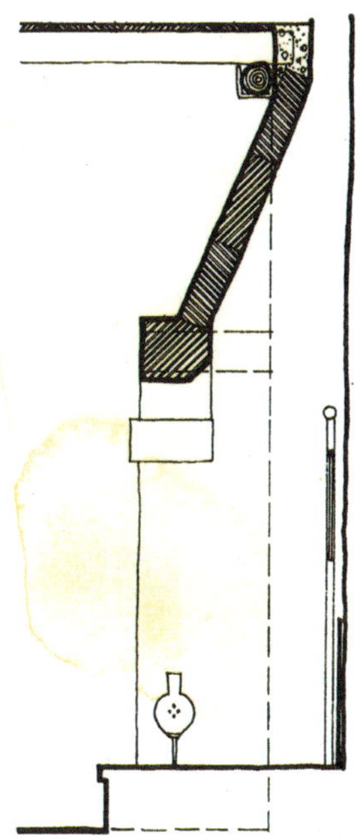

Coupe montrant le foyer
et la hotte en pierre de taille

Plan de la cheminée

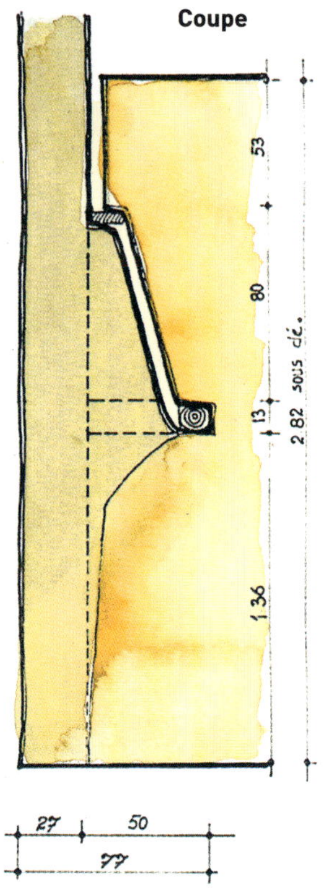

Coupe de la cheminée en plâtre

Ci-dessus, élévation coupe et plan d'une simple cheminée de salle voûtée d'un mas de la région de Lourmarin.

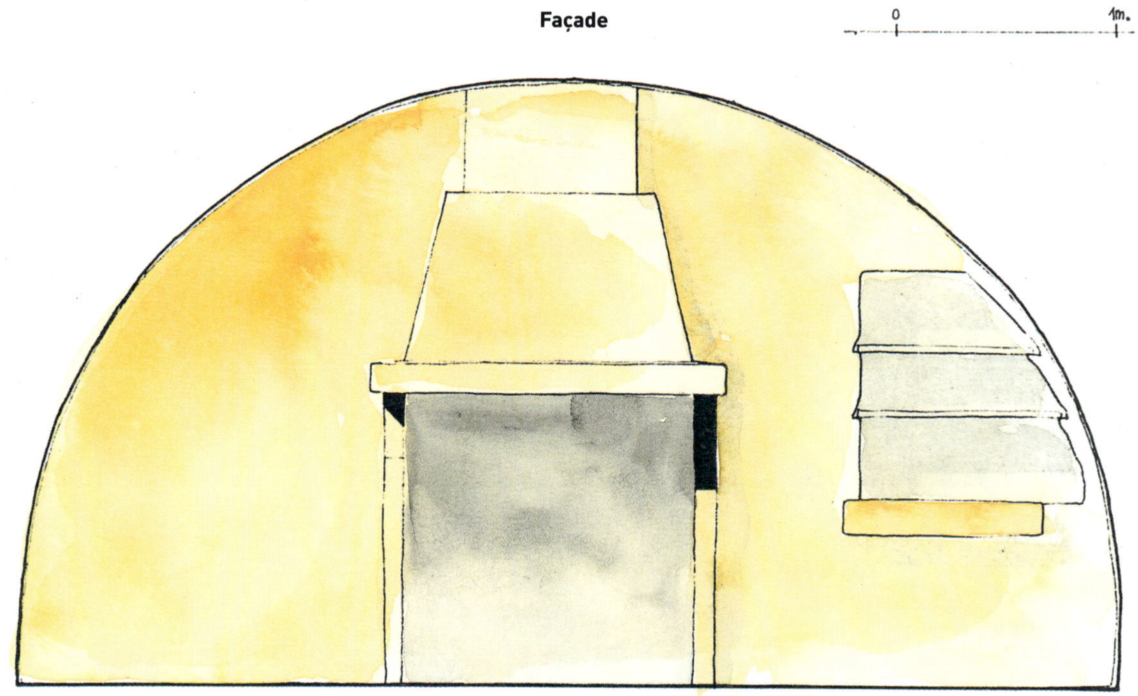

Cheminée en plâtre dans une pièce voutée

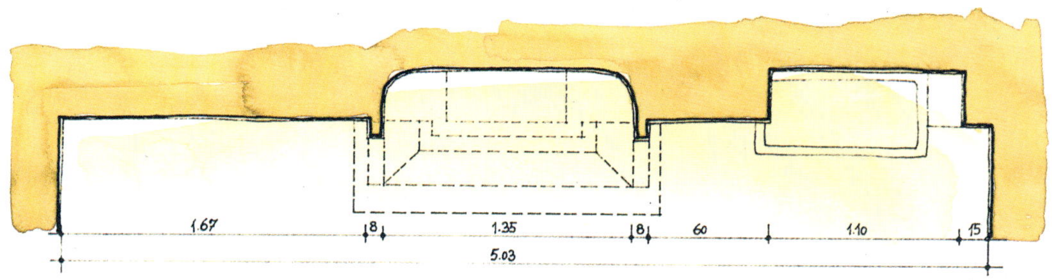

Plan de la cheminée et de la pile

feu. Sur le manteau de la cheminée, étaient dressés quelques ustensiles, tels que les lampes à pompe en étain, les chandeliers de cuivre, le moulin à café, à poivre, le chaudron à confiture et les statuettes religieuses. Un rabat-fumée était accroché au manteau. Il était constitué d'une bande de tissus plus ou moins ouvragée et qui rectifiait la proportion souvent trop haute du foyer.

Le potager

Le potager a été, pendant longtemps, l'élément indispensable pour faire la cuisine. C'était le complément de la cheminée.

La position

Sa position par rapport à la cheminée était variable. Quelquefois le potager était placé directement à l'intérieur du foyer mais avec un socle plus haut (disposition surtout en vigueur dans la zone des pré-Alpes). Il est bien naturel que l'on trouve ces éléments réunis puisqu'on récupérait les braises pour le « brasero ». Dans les exemples que nous donnons, le potager a été indiqué chaque fois de manière à faire comprendre sa position dans la pièce commune et la liaison avec la cheminée.

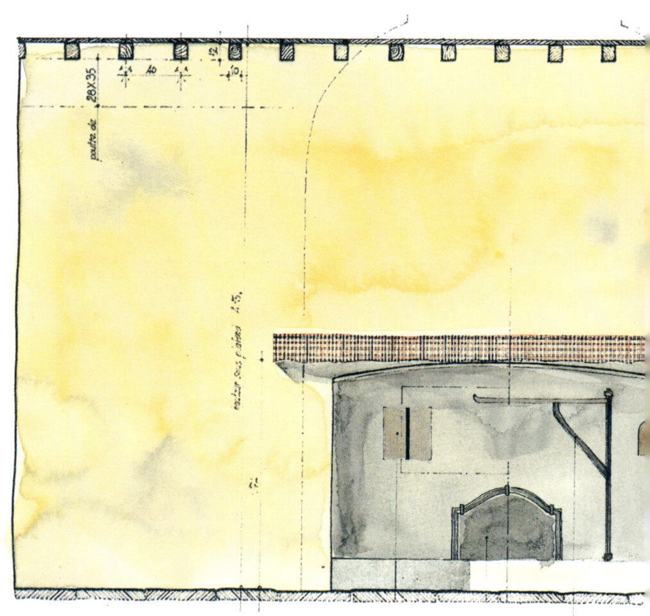

Vue de face d'une cheminée avec conduit situé à l'arrière

Coupe de cheminée avec linteau et hotte en pierre de taille

Cheminée en pierre de taille vue de face, niche et placard à deux vanteaux

Ci-dessus, cheminée en pierre du mas de Manson, région de Saint-Rémy-de-Provence ; élévation et coupe.

Ci-dessous, vue extérieure de la cheminée et du four du mas de Bastières, en Camargue ; élévations et coupes.

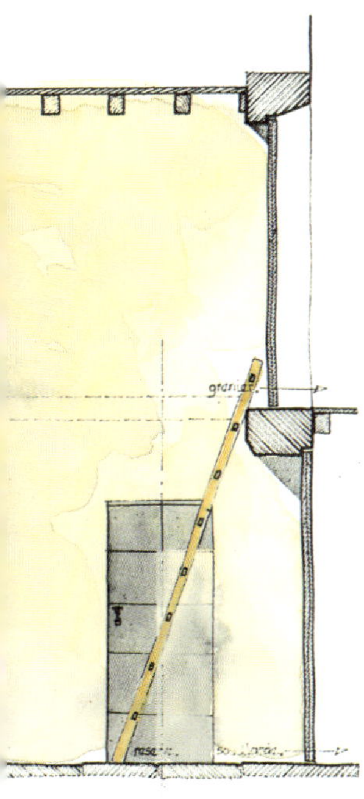

Coupe de cheminée

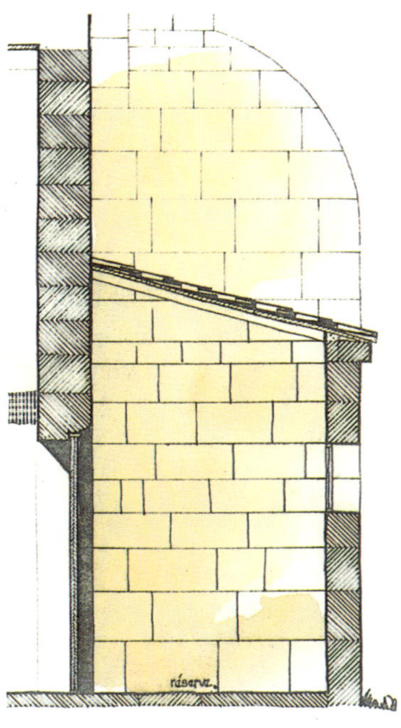

Coupe d'appentis

Coupe de la pile en pierre de taille

Face générale d'une cheminée en pierre de taille avec pile et rangement

Coupe montrant le rangement

Plan de la cheminée

Les éléments constitutifs et le décor

Le potager était un meuble maçonné, percé sur le dessus de deux ou trois trous carrés, avec grille pour retenir les braises ; le tirage se faisait par le dessous. Quelquefois, le potager était aménagé dans un placard fermé par une porte à claire-voie, de façon à protéger la marmite du chat. Très fréquemment, il était décoré par des carreaux en céramique vernissée, rouges, jaunes, blancs ou verts. Quelquefois, on faisait appel à des carreaux de Moustiers, c'est-à-dire de décor bleu sur fond blanc. Dans la région du plateau de Valensole, très souvent, trois rangées de petits carreaux étaient scellées sur le mur où était adossé le potager. En dessous, dans la hauteur de la maçonnerie, des niches étaient créées pour recueillir les cendres qui allaient servir ensuite à la bugadière. Néanmoins, il arrive que le potager, au cours des années et suivant les transformations successives du mas, puisse changer de place [13].

Le four à pain

Aux XVIe et XVIIe siècles, la plupart des fermes avaient leur four à pain. On se servait encore du blutoir et du pétrin au début du XXe siècle. Le pétrin des Saintes-Maries, de forme rustique, porte la date de 1882. Dans la région de Banon, on pétrissait encore au début du XXe siècle. La présence de neige obli-

Ci-dessus et en haut à droite, coupes, élévation, plan et vue de la cheminée en pierre de la salle commune du mas du Pont de Rousty, en Camargue.

Vue de face d'une cheminée avec entrée du four à pain à l'arrière

[13] Dans la ferme du Lauze, à Cabrières-d'Avignon, le potager a d'abord été près de la cheminée, ensuite situé dans la souillarde et finalement démoli pour être remplacé par une cuisinière à charbon de bois.

geait à cette servitude. Dans certains mas camarguais, il arrivait aussi qu'il y eut de véritables boulangeries. Au four était adjoint tout un matériel pour la fabrication du pain et son rangement [14].

La position

La plupart du temps, le four à pain était accessible à partir de la cheminée. C'est le cas fréquent pour de nombreuses fermes sur le plateau de Valensole. Parfois, au contraire, il était complètement indépendant et accessible même de l'extérieur.

La constitution

La porte était basse, surmontée d'un arc en plein cintre appareillé ou formé d'une pierre monolithe. Le four, proprement dit, était de plan circulaire, des briques réfractaires garnissant l'intérieur. L'évacuation des fumées se faisait en façade par un conduit disposé au-dessus de la porte. Quelquefois, une pièce appelée le fournil existait, à l'intérieur de laquelle se trouvait l'entrée du four, et qui pouvait être complètement indépendante de la cuisine. Les caractéristiques du four, ses dimensions, sa forme, étaient essentielles pour la qualité de cuisson et le tirage. À l'extérieur, un appentis permettait de stocker les fagots de bois.

La bugadière

Elle se présentait de deux manières. Soit elle faisait partie intégrante de la salle commune (ou de la souillarde), constituée par un placard maçonné comportant une face mobile et la possibilité de placer des planches inclinées, le tout monté

Ci-dessous, élévation et coupe de la cheminée et du four à pain du mas Saint-Germain.

[14] Dans le mas de Saint-Germain, on peut voir un très bel exemple de boulangerie.

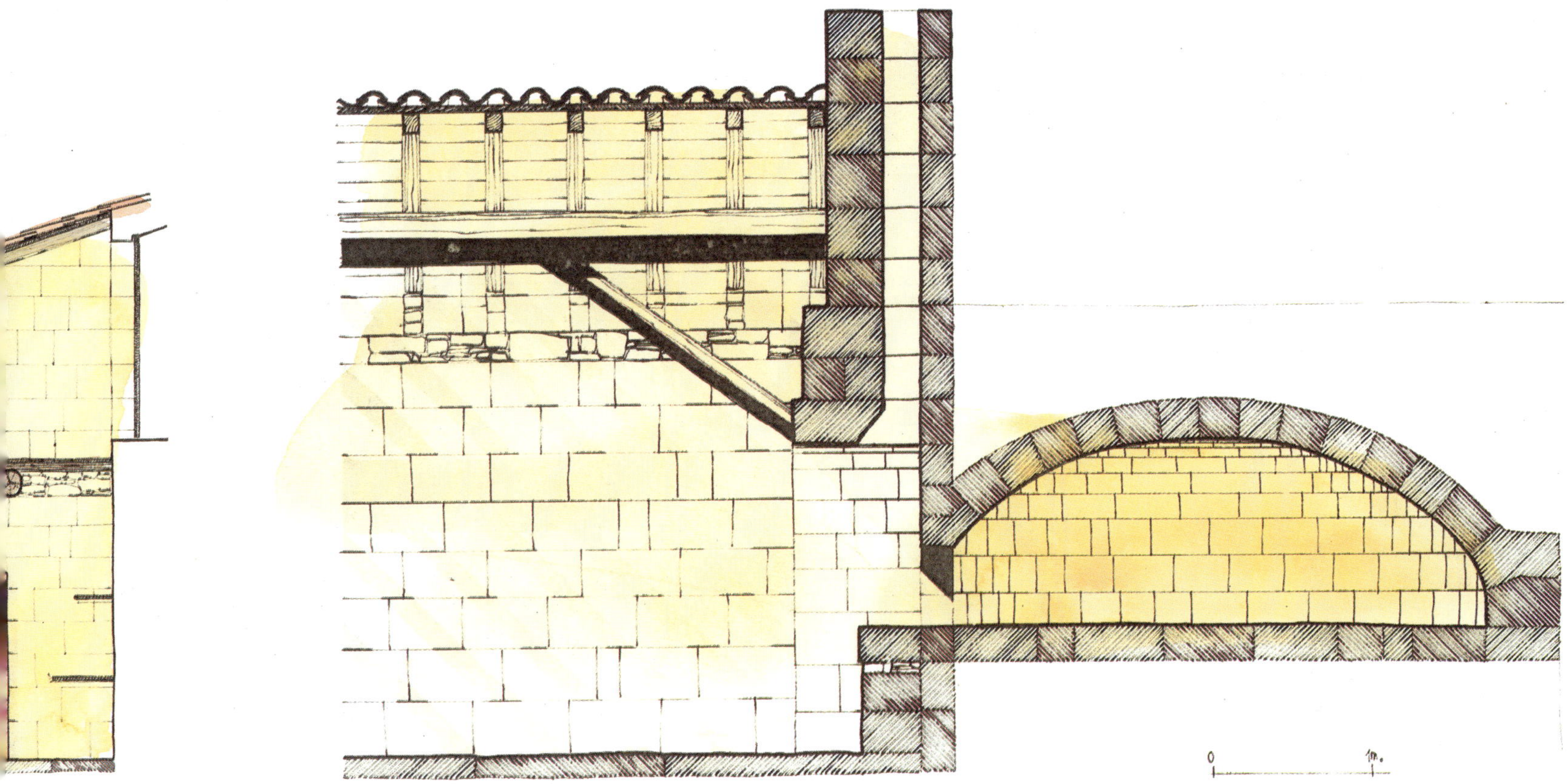

Coupe de la cheminée et du four à pain

sur une pile en pierre avec écoulement central ; le linge était empilé dans ce logement et la cendre était versée dessus avec l'eau, les planches étant placées à des hauteurs adéquates suivant la quantité de linge à laver. Soit il s'agissait d'un vaste chaudron en fonte sous lequel on faisait un feu et qui était raccordé à un conduit de fumée, ou directement en plein air.
Les opérations se déroulaient de façon identique dans les deux cas : on entassait les draps ; on recouvrait d'un vieux drap sur lequel on déposait les cendres récupérées du potager ; on versait l'eau bouillante et on laissait macérer. L'opération était recommencée plusieurs fois. La lessive faite était ensuite étendue sur l'herbe. Des stocks importants de draps étaient généralement resserrés dans l'armoire, ce qui permettait de laver le linge seulement deux ou trois fois par an. Si anciennement connu que fût le savon de Marseille, la lessive se faisait surtout au moyen de cendres et l'usage en persiste encore de nos jours.
Dans le cas où il n'y avait pas de bugadière, on utilisait un lavoir, situé à proximité du puits. Quelquefois, on se rendait à un lavoir communautaire, près du village. Ou encore on profitait de certains cours d'eau ou de torrents proches.

Ci-dessus, élévation et coupe analytique d'un potager.

L'éclairage

Les luminaires de l'ancien temps ne répandaient, à coup sûr, que fort peu de clarté. Il faut attendre le second tiers du XVIIIe siècle pour voir apparaître quelques perfectionnements techniques améliorant la qualité d'un outillage fort rudimentaire [15]. Dans les inventaires figurent uniquement des chandeliers, des lampes en cuivre, des lanternes en fer-blanc, des fanaux.
Vers le milieu du XIXe siècle, on s'éclairait encore au moyen de l'inévitable chandelle [16], mais également du quinquet, simple boîte métallique dans laquelle brûlait l'huile. Dans les intérieurs aisés, le quinquet avait cédé la place à la lampe carcel, également à l'huile, mais munie d'un remontoir grâce auquel la mèche se consumait graduellement, ce qui donnait une clarté plus vive [17].

Ci-dessous, bugadière de la ferme du Roucas, à Vaugines.

[15] Voir, à ce sujet, M. Collier, *La Vie en haute Provence de 1600 à 1850*.

[16] Marcel Provence, en retraçant le folklore de Moustiers, évoque, d'après des témoignages oraux, des veillées qui ont duré jusqu'au Second Empire où l'on s'éclairait avec une *vilholo* posée sur un tonneau dans l'étable aux moutons : « Chaque famille, à tour de rôle, mettait, un soir ou l'autre, de l'huile dans la lampe ; on utilisait l'huile d'olive ou même l'huile d'amande, également l'huile de noix qui avait une propriété éclairante plus faible ; elle répandait, en brûlant, une fumée noire et épaisse ; elle noircissait bientôt l'intérieur des pièces et répandait une odeur suffocante fort désagréable. Pendant le XIXe siècle, et au début du XXe, les lampes à pétrole font leur apparition et détrônent toutes les lampes à huile. Enfin, l'électricité se distribue dans toutes les campagnes, même isolées. Seuls certains abris ou certaines campagnes particulièrement retirées ne possèdent pas encore, de nos jours, l'électricité. »

[17] « En ce temps-là, la mode des réunions joyeuses était loin d'être perdue. Elles se tenaient, en général, dans les étables ou dans les bergeries, parce que, là, avec le bétail, on se trouvait plus chaudement. L'usage était que chaque veilleur ou habitué de la veillée fournisse la chandelle à son tour, et il fallait que la chandelle durât aux soirées, de sorte que, quand les assistants la voyaient à moitié usée, ils se levaient et allaient se mettre au lit. Seulement, pour que la chandelle s'usât moins rapidement, on mettait sur le lumignon, savez-vous quoi ? un grain de sel ; on la posait debout sur le fond d'une portoire ou d'un cuvier renversé, et les femmes qui filaient ou berçaient leurs petits (car les femmes apportaient leurs berceaux à la veillée) avec leurs hommes et leurs enfants s'asseyaient tout autour sur la litière ou sur les billots. Lorsqu'il n'y avait pas de siège, les fileuses, une devant, l'autre, la quenouille au côté (quenouille de roseau renflée et coiffée de chanvre), tournaient lentement autour du veilloir afin d'éclairer leur fil et on disait des contes interrompus souvent par un ébrouement de bestiaux, un bêlement ou un braillement. » (F. Mistral, *Mémoires et Récits*).

L'intérieur pour les animaux

Les bergeries

La vocation pastorale de la Provence est une tradition. L'architecture rurale elle-même en est marquée puisque de nombreux mas comportent une bergerie attenante, avec des éléments caractéristiques pour chaque région. Seules les plaines maraîchères et les plaines du Comtat n'en possèdent pas.

Il y a deux sortes de bergeries : la bergerie intégrée au volume général de la ferme pour un troupeau de 100 à 300 bêtes, ou la bergerie isolée, pour un cheptel de 1 000 à 2 000 têtes. Dans la région des pré-Alpes, la bergerie devient un élément si essentiel que la ferme finit par n'être qu'une bergerie et s'appelle alors un jas. Elle peut être un volume tout à fait indépendant avec sa propre organisation, ses fenils, le logement du berger, etc. C'est le cas dans les régions de Crau et de Camargue, également dans les grands domaines de la région centrale.

On distingue les bergeries permanentes, c'est-à-dire celles où les moutons sont gardés toute l'année, et les bergeries semi-permanentes, où l'on ne garde les moutons que pendant la saison de l'hiver : il n'y a pas lieu de créer un bâtiment aussi fermé que dans le premier cas.

La transhumance se fait de juin à octobre [1] ; et les moutons restant très souvent dehors pendant l'hiver et le printemps, un simple hangar ou appentis suffit à les mettre à l'abri lorsqu'ils ne sont pas gardés.

La bergerie permanente peut être simple, double ou triple, suivant le nombre de crèches qu'elle peut contenir. Ainsi, une bergerie simple est une bergerie dans laquelle il y a deux rangs de crèches adossés au mur. Elle est essentiellement en longueur, comme, par exemple, celles du plateau de Sault.

Les caractéristiques générales

Le volume

Le volume de la bergerie était calculé en fonction de l'importance du troupeau à loger. Sa largeur était obtenue en ajoutant à la largeur de la crèche (10 à 18 pouces, soit 0,27 à 0,50 m), l'occupation de l'animal (4 pieds et demi, soit 1,50 m) et la dimension du passage (2 pieds à 2 pieds et demi) qui permettait aussi de coucher le mouton. Soit un total d'environ 2,70 m. Sa longueur tenait compte de l'occupation de la bête sur la crèche (15 pouces, 0,42 m). Une bergerie simple, pour 100 moutons, aura au moins 68 pieds de longueur et 15 pieds de largeur (22,50 m x 5 m), une double 35 pieds sur 28 pieds (11,50 m x 9,20 m) et une triple 40 pieds sur 25 pieds (13,20 m x 8,25 m).

Ci-dessous, enclos-bergerie aménagé dans la cour de la Bastide neuve, près de Saint-Julien.

[1] La transhumance est chère au cœur des Provençaux. « Dès la fin mai, quand l'herbe brûlée disparaît d'entre les cailloux de la Crau d'Arles, que l'eau rare trouve moyen de se raréfier encore, qu'en Camargue les mares sèchent, se fendillent sous le soleil, que la terre étincelle cruellement, les troupeaux de moutons en partent pour les alpages comme, dans la Bible, partaient ceux de Jacob. La Camargue transhume généralement vers la Savoie et le Briançonnais. La Crau partait jadis par sept chemins spéciaux, dits "Carraires", ou "Drailles" (suivant leur largeur variant de 10 à 40 m) qui empruntaient les vieilles voies romaines. Ces chemins, discutés, confirmés, supprimés en partie, rétablis sans arrêt au cours des siècles, depuis l'octroi que la reine Jeanne en fit aux bergers d'Arles. Ces derniers se confondent souvent, de nos jours, avec les routes vicinales ou nationales construites plus tard. » (M. Mauron, *La Transhumance*).

Ce sont des dimensions qu'il y a lieu d'appliquer pour une bergerie permanente où on a besoin d'un certain espace pour le passage. Dans les bergeries semi-permanentes, où les moutons sont souvent sortis, la place est beaucoup plus réduite. Il n'est pas nécessaire de réserver le passage [2]. La surface intérieure est redécoupée par des enclos mobiles séparant les brebis, les agneaux, les animaux malades.

La construction

Les bergeries semi-permanentes : un simple abri suffit, comme en Camargue, et l'on verra comment il a été résolu par l'emploi de charpentes en bois et d'une couverture en sagno.

Les bergeries permanentes : qu'elles soient intégrées à la ferme ou séparées, on adopte souvent la solution de la voûte, car elle a l'avantage de maintenir une température à peu près constante, été comme hiver. Quelquefois, c'est une couverture en tuiles avec des piliers intermédiaires ou des arcs diaphragmes. Le sol est en terre battue de manière à obtenir du fumier avec les excréments mélangés à la paille arrosée d'urine. La plupart des bergeries permanentes comportent une paillère et un fenil, situés dans les combles, directement au-dessus de la bergerie.

L'ouverture et la ventilation

Une porte charretière existe sur le pignon-façade de presque toutes les bergeries. Elle est assez large et assez haute pour permettre aux charrettes d'entrer et de charger le fumier. Ces entrées sont souvent ouvertes, mais obturées par des barrières en bois. La ventilation est nécessaire pour éliminer le gaz carbonique et assurer l'aération générale du local. À cet effet, des ouvertures sont placées, soit au couchant, soit au nord.

Les crèches

Comme nous l'avons vu précédemment, les crèches peuvent être, soit adossées au mur, soit placées en position centrale et, dans ce cas, être doubles, c'est-à-dire desservir deux rangées opposées de moutons. Elles doivent être solides, se manier aisément et, éventuellement, reposer sur des briques qui les garantissent de l'humidité et permettent de les exhausser à mesure que la masse du fumier augmente. Il est nécessaire qu'elles soient conçues pour y placer toute sorte de fourrage de manière qu'il ne soit ni perdu, ni foulé par les animaux.

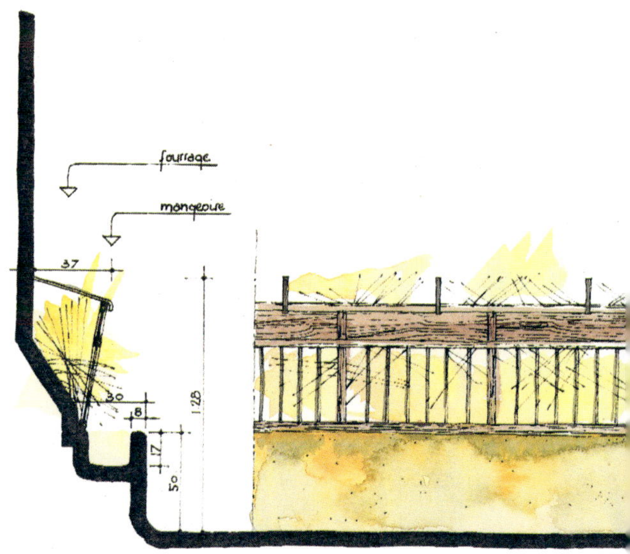

Les parcs

Très souvent, des divisions étaient établies à l'intérieur de la bergerie car il fallait que les mères soient séparées du reste des troupeaux afin de ne pas être

[2] D'après ces dimensions, la bergerie du mas Signoret, en Camargue (70 m de longueur), a une surface de 630 m^2, ce qui correspond environ à six cents têtes. D'après les indications qui nous ont été données, la bergerie pouvait contenir facilement jusqu'à mille cinq cents moutons. La bergerie de la Favouillane, d'une longueur de 40 m, comportait une surface de 480 m^2, soit quatre cent quatre-vingts têtes de moutons ; le berger Constant nous a indiqué qu'elle pouvait en contenir jusqu'à un millier.

exposées à des accidents quand elles ne reconnaissaient pas leur agneau. Le parc se composait de claies qui étaient enfoncées dans la terre par l'intermédiaire de montants. Chaque bergerie indépendante comportait également la chambre du berger. Pendant la transhumance, cette cabane était portée sur quatre roues et, au moyen de deux crochets, traînée par un cheval.

Les bergeries incorporées à la ferme

On a vu, dans les relevés de mas, leur position et leur importance. Dans la région des pré-Alpes, une partie du rez-de-chaussée est consacrée à la bergerie. Très souvent, cette partie est voûtée (voûte en berceau avec arête). L'accès se fait généralement sur la façade sud. Dans les fermes du plateau de Valensole, en cour fermée, la bergerie a des proportions à peu près carrées ; au centre se situe un pilier en maçonnerie, qui permet de redécouper la portée des poutres et de déterminer le parcage des agneaux. La bergerie est séparée de l'habitation par l'écurie. Le sol est en terre battue et l'accès se fait par la cour.

Les bergeries indépendantes

Nous allons examiner trois cas assez caractéristiques : les bergeries de la Crau et de la Camargue, les bergeries des grands domaines en plaine (région d'Aix-en-Provence) et les bergeries des pré-Alpes.

Bergeries de Camargue et de Crau

C'est dans cette région que l'on trouve sans doute les bergeries les plus importantes.

Ces bergeries semi-permanentes étaient au départ de simples abris : un long toit en sagno, terminé côté mistral par une abside en cul-de-four pour éviter la prise au vent (même principe que pour les cabanes de gardians). La structure supportant ce toit était exécutée en charpente de bois ; suivant la portée, deux principes étaient appliqués. Le premier consistait en la mise en place d'un poteau central et, à chaque travée, d'un poteau en bois ou en pierre, sans contrefort. Par exemple, la bergerie de Signoret a des poteaux en pierre de section 0,72 x 0,72 ; de la même façon, les poteaux de la bergerie de Chassagne sont en bois. Le second principe ne comprenait aucun poteau, mais, dans ce cas, la ferme reposait sur des contreforts en pierre, comme à la Favouillane, la seule qui ait conservé sa couverture de sagno et son abside en cul-de-four [3]. L'exécution de la charpente est tout à fait remarquable, notamment dans la partie arrondie de l'abside [4].

Les bergeries, exposées à tous vents avec des poteaux en bois, ont vu fermer leurs murs latéraux, d'abord par des sagno, ensuite par une maçonnerie. Dans le pignon était réservée une grande porte cintrée, simplement obturée par des

Ci-dessus, cabane et bergerie des environs de Saumane.

Ci-dessous, croquis de deux types de crèches : bâtie et mobile.

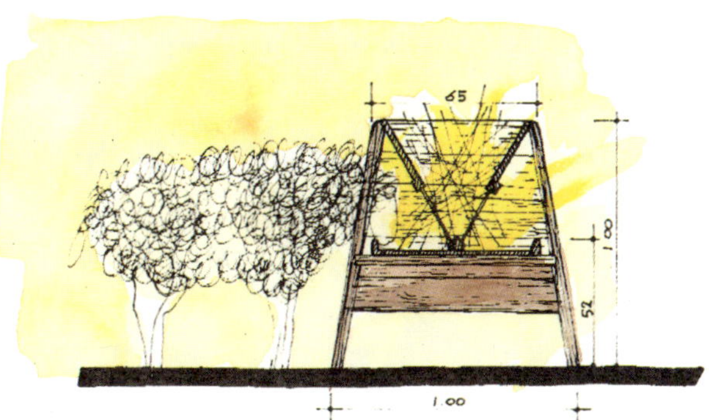

[3] Unique exemple qui mériterait de recevoir une protection toute particulière. Le berger Constant, qui travaille encore dans cette bergerie, nous a donné des renseignements très intéressants concernant la vie et l'exploitation.

[4] Ce sont peut-être là les seuls exemples remarquables de charpentes que l'on peut trouver en Provence, car, dans cet art, le constructeur provençal se sent mal à l'aise et essaye d'esquiver cette mise en œuvre délicate.

rideaux en sac. Étant donné la fragilité du sagno, très souvent emporté par le vent et facilement inflammable, on l'a finalement remplacé par une couverture en tuiles mécaniques. L'abside a été supprimée car il était impossible de couvrir une forme arrondie avec ce matériau. Enfin, le pignon a été réalisé en pierre : blocage avec des éléments de récupération et pierre de taille pour le couronnement du fronton [5].

Ces bergeries comportaient une ou deux chambres de berger [6] disposées de chaque côté. Le sol était en terre battue, mais on rajoutait de la paille régulièrement, et de ce fait, la hauteur du sol pouvait remonter de 0,50 m à 1 m puisqu'on enlevait le fumier une seule fois l'an, au moment de la transhumance. Un plan incliné devenait nécessaire pour faire monter les moutons à ce niveau.

Comme autre élément, il faut noter des postes de triage situés sur les bas flancs, pour trier, le matin, les mères, les agneaux, etc. Le parc extérieur était clos par des fagots posés verticalement, maintenus au moyen de pieux. Une telle haie pouvait durer trois ans. On n'utilisait pas le sagno car les moutons en étaient friands. Un muret en maçonnerie aurait été préférable, mais, faute de pierres, il n'était pratiquement jamais réalisable. Comme le montrent les relevés, les bergeries pouvaient atteindre des longueurs de 40 à 60 m et, même, jusqu'à 70 m, comme la bergerie de Signoret. La largeur était de 8,50 à 10 m. Le terroir nourrissait 450 000 moutons ou brebis. Tous les ans, la transhumance conduisait environ 300 000 têtes dans les Alpes [7].

De grandes bergeries sont maintenant complètement détruites ou très remaniées ; ce sont celles, par exemple, de Fiélouse, de Rebattun, de l'Esquinau (cette dernière incendiée en 1926).

Ces bergeries étaient également très importantes. Elles pouvaient contenir, comme au mas de la Tapie, 1 700 moutons. Elles constituent un bâtiment très

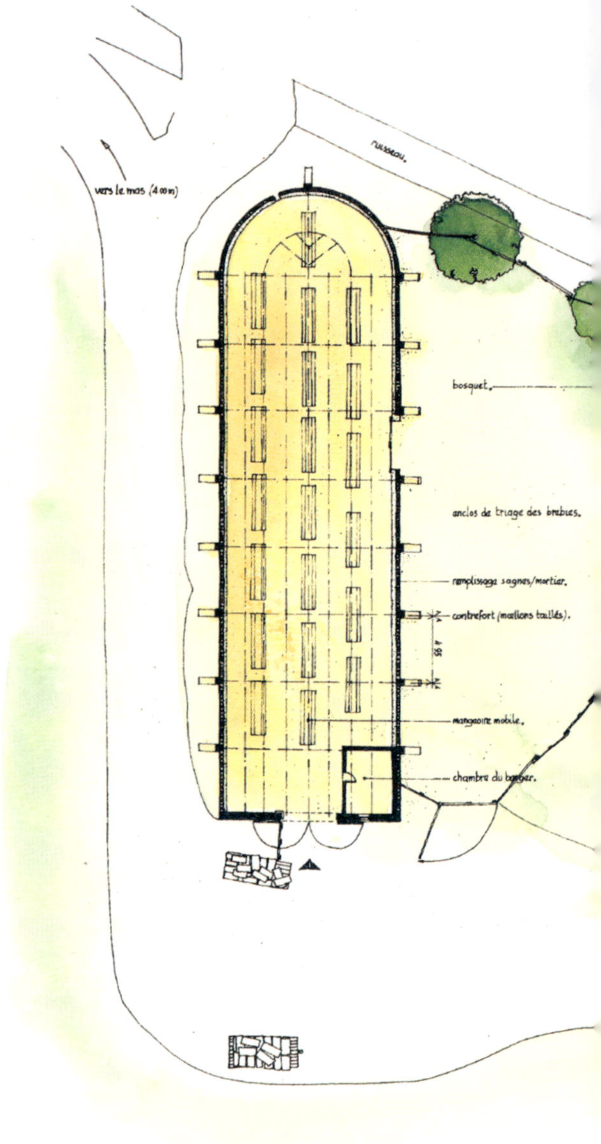

Ci-dessus et ci-dessous ainsi qu'en bas à droite, plan, élévation et coupe de la bergerie du mas de la Favouillane.

[5] On sait que la Camargue ne possède pas de pierre. Celle-ci doit être amenée par le Rhône. Très souvent, la pierre était une pierre de récupération.

[6] « Avez-vous jamais vu la chambre d'une bergerie qui sert de retirée au pâtre des grands mas ? Vous avez les chambres en planches, les chambres en roseaux et puis les chambres en torchis ; mais, dans celles-ci comme dans les autres, l'ameublement ne varie guère : que vous alliez à Faraman, au mas de l'Ange en Camargue, dans le Trébon ou dans la Crau, dans le plan de Beaucaire ou dans le plan de Fourques, c'est toujours les mêmes répétitions [...] Des planches clouées sur des pieux servent de tables, des branches d'arbres et branchets sont dégrossies et affûtées et rebroussées de haut en bas, attachées aux solives, elles servent assez souvent de panières. On y voit encore des chevilles de bois longues comme le bras, enfoncées dans les murailles où on accroche les habillages, mantes, jargues, braies (jargue : manteau de pâtre, en provençal), vestes et limousines ; des planches d'un mètre, quelquefois deux de long, trouées et traversées à chaque bout par des cordes à nœuds, s'élèvent au-dessus de la tête pour recevoir les beautés de Cachat et les fromages à la vinaigrette, les faillots rouges et blancs, les lentilles, les pois et les pois chiches, renouvelés de quinzaine en quinzaine, les principales nourritures des pâtres. Ajouter à cela une ou deux canardières élongées vers le haut des murailles, des bancs, des billots, des escabeaux, un de ces petits miroirs qu'on vend dans les foires se promène sur la cheminée couverte de poussière ; une cruche, une marmite, des flasques, des dames-jeannes, des saquets de besace, des bâtons d'yeux, noueux avec un sabot cloué par le talon à la muraille et servant de porte-allumettes ; voilà peu ou prou ce que vous trouverez dans tous ces gîtes de pâtres. » (B. Bonnet, *Vie d'enfant*, 1921).

[7] « Plus de trois cent mille bêtes descendent aux approches de l'hiver, des montagnes et départements des Hautes-Alpes et Basses-Alpes, de la Drôme, de l'Isère, pour y chercher une température plus douce et y paître cette herbe (le thym) qui rend leurs toisons plus fines et leurs chairs plus délicates. » (*Encyclopédie des Bouches-du-Rhône*).

Ci-dessus à gauche : en haut, vue de l'abside de cette bergerie ; en bas, le berger de la Favouillane, Constant.

Ci-dessus à droite : en haut, détail de la charpente épaulée extérieurement par des contreforts ; en bas, le retour du troupeau à la Favouillane.

allongé, mais cette fois-ci rattaché aux autres bâtiments dans le déploiement linéaire. Au centre, des piles en pierres, supports de toiture, étaient exécutées en galets. L'accès se faisait, soit par la façade nord-est, soit, au contraire, par la façade sud, abritée du Mistral. Le parc était fermé par une haie en cannes. En Camargue, la transhumance se faisait de juin à octobre. On allait, avant la guerre, à Apt pour embarquer. L'hiver, les moutons restaient en Crau, où ils se nourrissaient de maigres *coussous* [8]. Ils étaient maintenus dans la bergerie jusque vers 11 h car la plaine était très souvent humide le matin. Ce temps était mis à profit pour soigner les bêtes. L'après-midi, les moutons restaient en plaine, sauf les jours de grosses pluies ou de neige.

Les bergeries de la région aixoise

Il s'agit de bergeries dépendant de grands domaines. Ce sont, pour la plupart, des bergeries permanentes qui doivent posséder de vastes greniers, afin de nourrir les animaux pendant la période d'été. En général, les volumes sont très caractéristiques : long pignon triangulaire dont les rampants vont presque toucher le sol. L'accès se fait, là aussi, par la façade-pignon [9]. Au sud, l'enclos en pierre, avec portail. En général, une roubine alimente l'abreuvoir. Le fourrage se rentre par la façade nord. La partie arrière s'étend sur deux niveaux : au rez-de-chaussée, logement du berger et différentes remises ; à l'étage, sur ce même volume, sont engrangées les réserves considérables de fourrage. À l'intérieur de ces grands volume, on remarque une disposition d'enclos par des crèches fixes et des crèches mobiles.
L'accès se fait par une grande porte charretière et deux entrées pour les moutons, sans doute une entrée dans le sens intérieur-extérieur et une autre pour le sens contraire de manière à éviter tout risque d'accident.

La bergerie du Grand-Saint-Jean

Elle nous paraît très intéressante par ses volumes et par la qualité de son environnement.

La bergerie du Seuil

Cette bergerie est proche du Grand-Saint-Jean : son volume est semblable et comporte un long pignon rampant. Elle est, toutefois, moins importante, mais également à deux niveaux, partie rez-de-chaussée de logement et d'enclos pour les agneaux ; à l'étage, fourrage.

La bergerie de Bargemone

Elle comporte une disposition de voûtes d'arêtes avec un pilier central tout à fait remarquable. Ce bâtiment complètement isolé est situé à l'écart. Au-dessus, grange pour le foin et la paille.

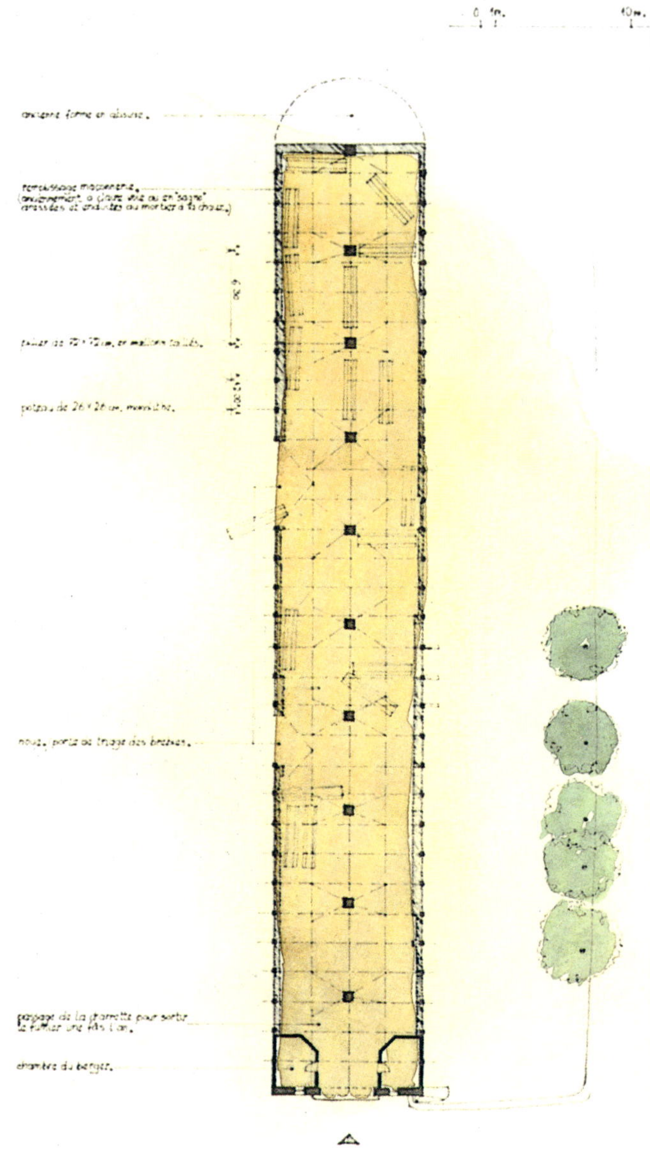

Plan masse

[8] « Les coussous dont on dit l'herbe si riche qu'un mouton est assouvi quand il a mangé, en tout le jour, le contenu de sa clochette. » (M. Mauron, *La Transhumance*).

[9] Les bergeries en Camargue sont des bergeries en roseaux, en sagno ; en Crau, elles sont en galets ; dans les pays de Sault, d'Albion, elles sont en pierres sèches. Dans la région aixoise, ce sont des bergeries « aristocratiques », avec un traitement de pierres où le problème du matériau et de l'économie ne se fait plus sentir.

Ci-dessus, bergerie à piliers centraux et couverture de sagno au mas de l'Amarée, aujourd'hui disparue.

Ci-dessous et à gauche, élévation, plan, coupe et vue générale de la bergerie du mas de Signoret.

Façade

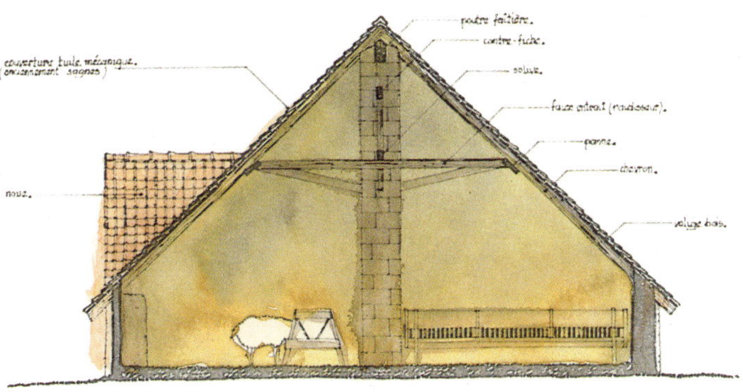

Coupe

Les bergeries du pays de Sault et du plateau d'Albion

Nous rencontrons là les plus beaux exemples de bergeries couvertes d'une voûte en pierres sèches. Ces cabanes pastorales, avec leurs dépendances, offrent une variété de construction qui justifierait une étude particulière. Ces bergeries ont été conservées parce qu'elles sont voûtées. Celles qui comportaient une toiture en lauze sur des charpentes en bois ont malheureusement toutes été démolies. Il ne s'agit plus, ici, de la technique de construction que nous avons rencontrée pour la borie [10] (fausse voûte d'encorbellement), mais d'une véritable voûte, c'est-à-dire où la pierre est dressée sous forme de claveau et non pas simplement posée en encorbellement. On rencontre les plus beaux exemples de ces bergeries dans le nord du plateau, aux Fraches, au Palhier : jas de Bouscarle, jas de la Broussière, jas de Chapelaine, jas de Pimerle, bergerie de la Combe, de la Sapée, des Lardiers.

Entre 1830 et 1860 se situent la plus grande extension rurale et la plus grande densité d'occupation des montagnes jusqu'à une altitude de 1 400 m [11]. Les bergeries sont, le plus souvent, isolées près des pâturages, au fond des combes ou sur les plateaux. Parfois, elles sont groupées à quelques centaines de mètres les unes des autres, comme le jas des Terres-du-Roux, à côté du jas du Fond-Ginestou. Ces bergeries sont toutes alimentées par une citerne ; elles comprennent aussi différentes autres dépendances, traitées comme des bâtiments isolés, le tout rassemblé dans un enclos : la maison du berger, l'écurie, la resserre à outils, l'abri pour le sel, etc.

Ces constructions sont entièrement en pierres sèches, c'est-à-dire les murs, les arcs doubleaux, les voûtes. Il n'y a pas de mortier ; la pierre intervient ici comme unique matériau, aussi bien pour les murs que pour la toiture. Seules les gorges retenant l'eau sous la corniche du toit pour l'amener à la citerne sont en bois ainsi que les abreuvoirs pour les moutons. La technique de cette construction est tout à fait remarquable, il est nécessaire de nous y arrêter pour donner quelques exemples parmi les plus intéressants.

Le matériau

La pierre était charriée à dos de mulets ou sur des traîneaux. Il fallait une quantité de pierres considérable, on l'estime à 200, 300 ou 400 t de pierres selon l'importance de la bergerie. Les lauzes étaient mises soigneusement de côté pour la toiture. Ces bergeries peuvent être classées suivant la technique de voûtement utilisée.

Le type à voûtes en berceau : ces longues bergeries en tunnel de 18 à 35 m de long sont généralement très étroites (3 m environ, bergerie simple), les voûtes en berceaux brisés étant couvertes par une toiture de lauzes à double pente. Très souvent, à l'intérieur, à 1,50 m de haut, on trouve une corniche de pierre

[10] Cette technique de la fausse voûte d'encorbellement est cependant quelquefois utilisée là pour les dépendances de la bergerie : cabanes de berger, entrepôt ; également pour la réalisation des coupoles.

[11] « Les bergers de la plaine y conduisaient les troupeaux aux premiers jours de juin et les y gardaient jusqu'à ce qu'ils soient chassés par l'hiver. Dans le secteur qui nous intéresse, il y eut jusqu'à plus de trente mille têtes de moutons et de chèvres, soit environ huit fois plus que de nos jours. Cela explique qu'on ait récemment abandonné des pâturages ou laissé tomber des bergeries devenues inutiles ou même des hameaux entiers. » (« Val de Sault et Pays d'Albion - L'Art des paysans », *Alpes de lumière*).

Ci-dessous, plans et élévations de la bergerie du Grand-Saint-Jean.

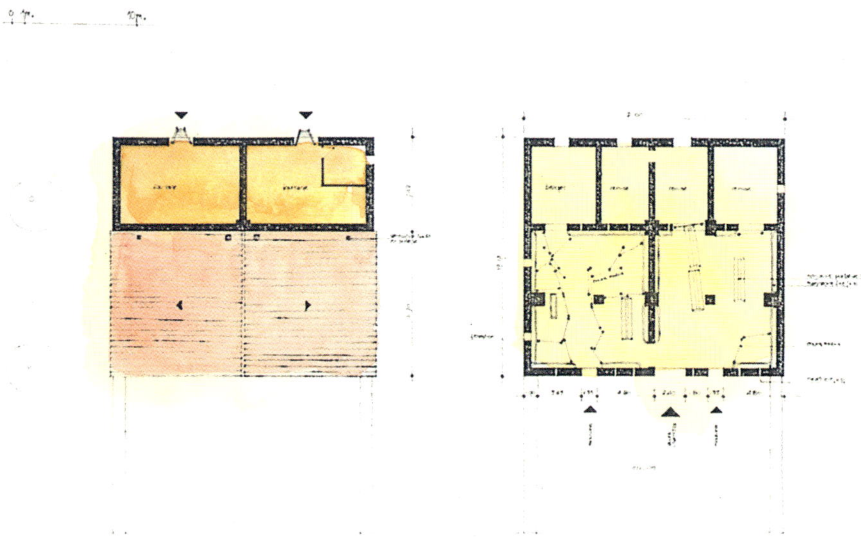

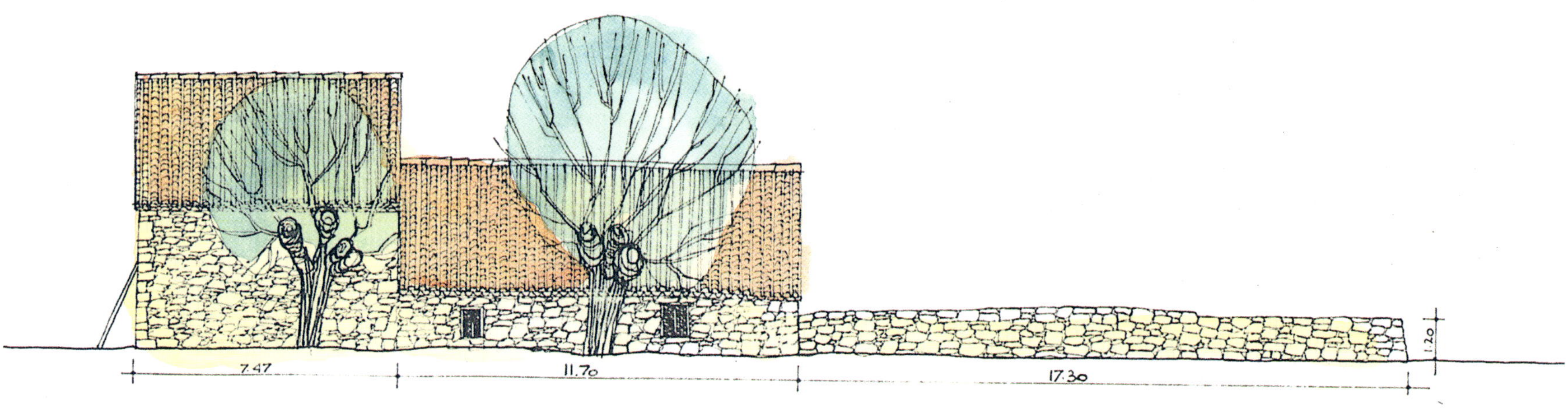

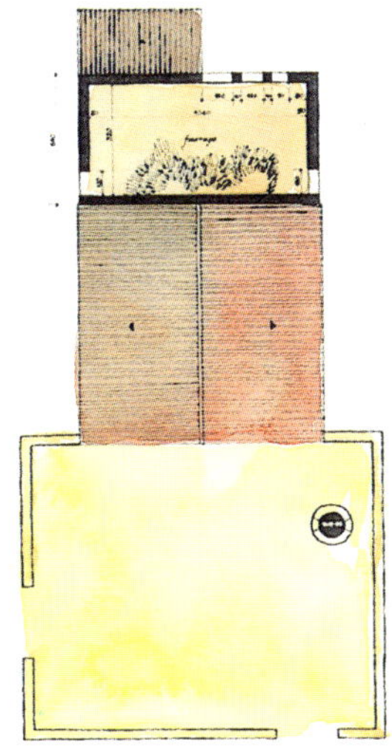

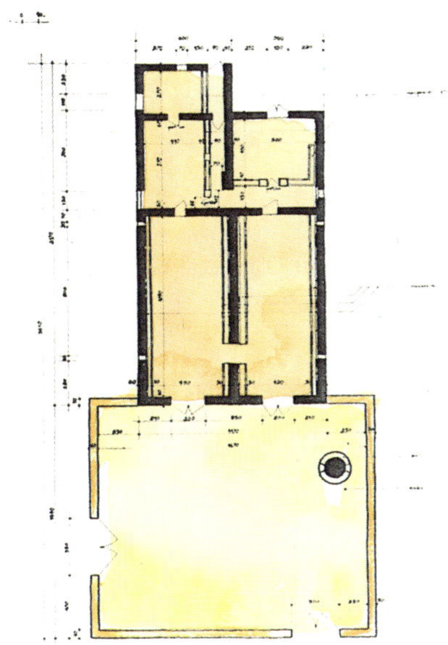

Ci-contre, plans, élévations et coupe de la bergerie du Seuil.

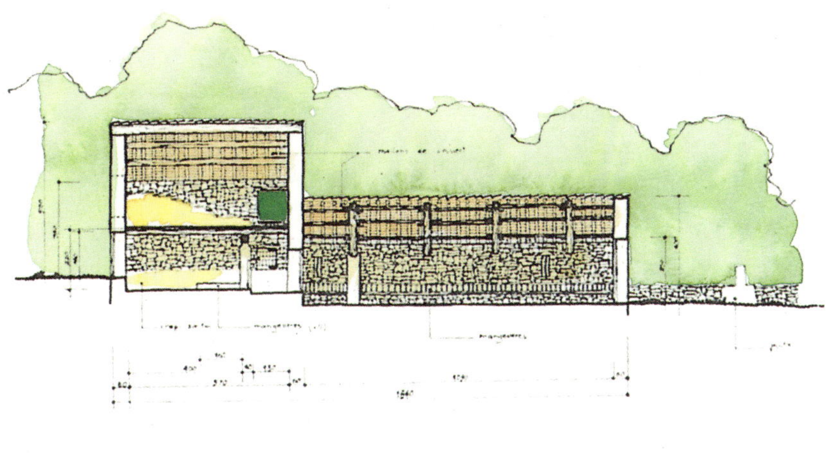

ayant servi, lors de la construction, à maintenir le cintre du coffrage. Les plus remarquables de ce type sont : la Plus-Haute-Grange, le Palhier, la Broussière, Mounille, la Sapée de Lardier, la Sapée de Saumane, la Botte et le Titi.

Le type à coupoles multiples sous une toiture à double pente : ces bergeries aux dimensions impressionnantes sont sans doute les plus belles. Les coupoles s'appuyaient sur des arcs doubleaux et sur les murs latéraux par l'intermédiaire de pendentifs, mais très peu marqués. Ces arcs en pierres sont assez impressionnants et de forme légèrement brisée. Quelquefois, ils sont en plein cintre plus ou moins affirmé. En plein cintre, on peut citer le jas des Terres-du-Roux, au Contadour (quatre coupoles), le jas de Bouscarle à la Rochegiron (cinq coupoles), jas de Pimerle à Saumane (quatre coupoles), La Ferraye à Lardiers (quatre coupoles ovales). Une fois les coupoles exécutées, on les couvrait d'une toiture commune à double pente. Après avoir comblé les vides entre les coupoles par un grand nombre de pierres de tout-venant, on établissait la couverture en lauzes, c'est-à-dire qu'on posait simplement les plaques à recouvrement. De ce fait, de l'extérieur, on ne soupçonne absolument pas la présence de coupoles. La porte d'accès était, soit surmontée d'un arc brisé, soit d'un linteau droit en pierre monolithe.

Le type à toiture à pente unique sur charpente de bois : c'est le procédé le plus économique ; on place une toiture de lauzes sur des rondins inclinés, reposant eux-mêmes sur des murs de hauteurs inégales. Quelquefois, pour alléger ces rondins, on place au milieu une poutre axiale reposant sur des piliers ou des arcs en plein cintre (jas de Malcor, jas du Maître) ou des arcs en ogive (jas du Botté) ou en anse de panier (Les Fraches). Cette charpente est évidemment très lourde sur des pièces de bois qui peuvent prendre feu très facilement. Pour de nombreuses bergeries de ce type, il ne reste malheureusement plus que les murs.

Le type à toiture à double pente : il s'agit d'un dispositif semblable à celui du type précédent, mais, ici, la toiture est à double pente, et la charpente est du type classique soutenue par des piliers. Le poids de la neige et les intempéries ont, très souvent, fait tomber la toiture et il ne reste que les piliers et les murs latéraux. À côté de la bergerie proprement dite, se situent des cabanes qui sont à coupoles simples, de plan carré ou rectangulaire, et couvertes avec la même technique que les bories.

Les cabanes de bergers

Ces cabanes étaient extrêmement simples et comportaient un certain nombre d'agencements, tels que niches, placards réalisés en pierre sèche. Chacune de ces cabanes possédait une cheminée très rudimentaire dont nous donnerons quelques exemples. Le lit du berger se composait d'un cadre en bois avec de la paille [12].

La technique de la voûte

Les principes de construction Il y a deux principes de construction pour réaliser une voûte en pierre : soit par incorporation de mortier (les pierres sont liées entre elles par un mortier gras de chaux), soit la pierre est dressée à joints vifs, c'est-à-dire une maçonnerie en pierre sèche dans laquelle n'intervient aucun liant.

[12] M. Martel a recensé environ trois mille de ces cabanes, de ces jas, entre les monts de Lure et d'Albion.

Ci-dessus, élévation et plans d'une bergerie avec cabane de berger au jas du Fond de Ginestou, aux Fraches.

Page de droite en haut, bergerie aux Fraches dont il ne reste que les arcs doubleaux.

Page de droite au milieu, bergerie aux Fraches.

Ci-dessous et page de droite en bas, plans d'une bergerie au jas des Terres de Roux, aux Fraches.

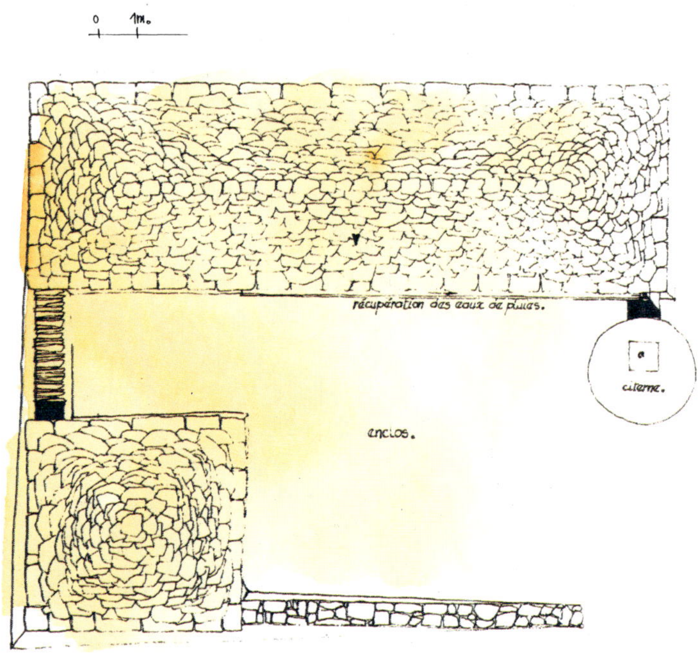

Plan des toitures avec la cour intérieure

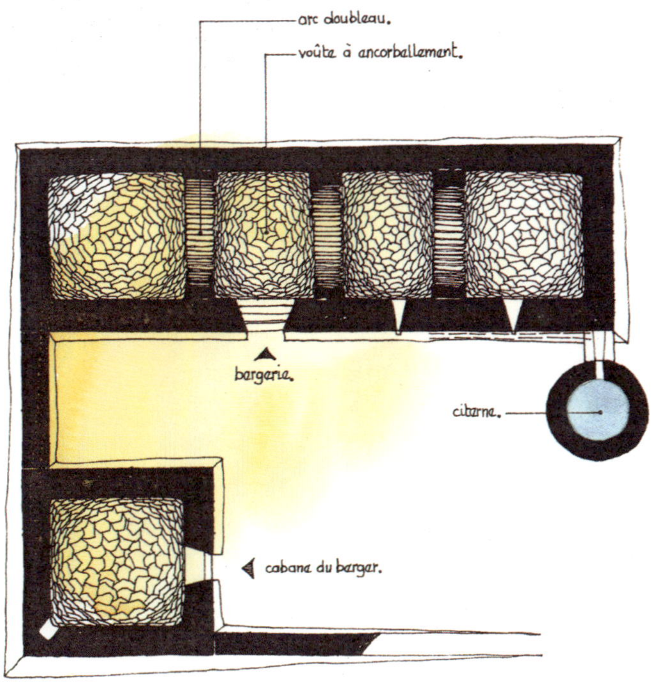

Plan de la cour, de la bergerie, de la chambre et du puits

C'est le dernier procédé qui était utilisé pour ce type de bergerie. La pierre trouvée sur place en était le seul élément constitutif. C'est la technique la plus délicate, car on demande à la pierre de jouer tous les rôles. Il n'y a plus de mortier pour rattraper, liaisonner, etc. Tout d'abord, il y avait la mise en place des cintres posés sur des corbeaux laissés en attente au moment de la fabrication des murs à une hauteur de 1,50 m environ. La voûte épousait la forme du cintre. Très souvent, le cintre était assez irrégulier et on ne se préoccupait pas d'avoir une forme parfaitement définie. On s'était aperçu que plus la voûte était haute, moins elle poussait, ce qui explique la hauteur importante du volume. Pour les premières assises, on utilisait de gros blocs de pierre. Les autres pierres venaient s'assembler parfaitement entre elles de manière à laisser le moins d'interstices possibles. Une fois la corniche établie, les pierres étaient choisies de plus petites dimensions pour être plus facilement dressées, à mesure que l'on prenait de la hauteur dans les assises. Les voûtes en berceau avaient tendance à s'effondrer. Elles étaient raidies par des arcs doubleaux. Ces arcs avaient aussi l'avantage d'éviter la mise en place de cintres. Il y avait simplement à poser un voligeage d'arc à arc.

La technique des voûtes en coupole est différente. Elle permettait d'éviter le cintre toujours onéreux. La pierre n'était plus, cette fois, dressée, mais posée en encorbellement et on retrouve ici la technique de la voûte déjà étudiée pour les bories. Une fois le rein de la voûte établi, la clé posée, il suffisait ensuite de bourrer légèrement le sommier pour établir la couverture, en lauzes, pierres extrêmement plates qui venaient couvrir la maçonnerie en pierre sèche. Certaines lauzes mesuraient plusieurs mètres carrés de surface et avaient une épaisseur de quelques doigts. Par la suite, les lauzes, qui avaient le gros inconvénient de charger considérablement la couverture, furent remplacées par de la tuile canal et, actuellement, par des tôles en Eternit.

Résoudre le problème de la construction Le problème de construction était le suivant : comment couvrir un volume extrêmement allongé (entre 18 et 35 m de long sur 3,50 m de large) en utilisant simplement la pierre des champs ? Plusieurs solutions ont été mises au point :

Le tunnel réalisé par une voûte en plein cintre : il s'agit de la présence de corbeaux pour le déplacement du cintre. Il est à noter que le cintre était « récupéré », c'est-à-dire déplacé dans le sens transversal sur des longueurs déterminées par les travées.

Les arcs doubleaux et voûtes en berceau : pour ce système plus élaboré, la voûte était nervurée par des arcs. Cette fois-ci, il n'y a plus la présence de corbeaux puisque le cintre était établi d'arc en arc.

La mise en place de doubleaux décomposant des travées : cette mise en place de travées accueillait des coupoles aplaties du type borie. Aucun cintre n'était nécessaire si ce n'est ceux pour monter les arcs doubleaux (ces arcs, d'ailleurs, ont été très souvent montés avec un liant).

La solution du bois : elle consiste en la mise en place d'arcs doubleaux sur lesquels viennent se poser des pannes du type rondins entre lesquels on disposait une pièce de bois pour supporter les lauzes.

La pente unique : c'est-à-dire des rondins de mur en mur avec une toiture en lauze.

Quand on voulait une bergerie plus large (double ou triple), il était alors nécessaire d'augmenter la largeur et de placer des fermes ou des piliers centraux.

Les pigeonniers

En Provence, comme dans bien d'autres régions de France, le pigeonnier est un élément important de l'architecture rurale dispersée. Rares sont, en effet, les fermes qui ne possèdent pas un pigeonnier, si réduit soit-il. Dans de nombreux cas, l'importance de sa masse produit une dominante sur laquelle les autres volumes viennent buter ou s'articuler. Il est la pièce de choix : objet d'une recherche architecturale, d'un souci de finition et de décoration, comme si, de cet élément utilitaire, on voulait faire une pièce maîtresse. Par sa variété infinie, ses dispositions chaque fois originales, il présente une personnalité propre à chaque ferme. Nous nous proposons d'étudier le pigeonnier, son caractère et ses liaisons avec le bâtiment rural.

La terminologie

Actuellement, on emploie indifféremment les termes pigeonnier ou colombier. Mais, autrefois, on appelait « colombier » l'habitation des pigeons du nom ancien de « coulon ». La langue courante a seulement conservé le terme « pigeon » pour réserver celui de colombe au langage poétique [13].

Le droit de colombier

Avant la Révolution, la terminologie était essentielle car elle définissait certains droits seigneuriaux. Un colombier à pied était celui pour lequel les « boulins » (nids de pigeons) étaient bâtis du rez-de-chaussée au sommet. C'est sur ce type de colombier que certains droits étaient appliqués. Aussi, lors d'une transaction survenue en 1627 à Rians (rapportée par M. Albert, *Épisode de l'histoire rurale de l'ancienne Provence*) avec Messier Fouquet d'Agoult, seigneur de Rians, au profit de la communauté, il fut décidé « que les dits seigneurs ne peuvent donner aucun trouble en la faculté de possession et jouissance de faire four, moulin, pigeonnier à pieds et garenne tant en général qu'en particulier et a la faculté de chasser en toutes sortes de chasses ». Si, au contraire, dans un colombier, la partie inférieure du bâtiment est employée à tout autre usage, le colombier n'est plus réputé à pieds, et n'est soumis, de ce fait, à aucune marque de seigneurie.
Le droit de colombier était très différent selon les régions et les coutumes [14]. En Provence, l'unique restriction était que seuls les seigneurs pouvaient avoir des colombiers avec meurtrières et créneaux, et ce pour éviter que tout autre pût faire de cette architecture un élément défensif.

Des volets ou des fuies [15]

Les usages permettaient généralement aux roturiers d'avoir un certain nombre de pigeons ; des boîtes mobiles, une série de trous au sommet des façades,

[13] À l'époque des encyclopédies, les pays de droit écrit se servaient plus communément du terme de « pigeonnier » que de celui de « colombier » plus fréquent dans les pays de droit coutumier.

[14] « En Provence, comme dans tous les pays de droit écrit, chacun se considérait libre de faire ce qui lui convenait sur son propre fond. En conséquence, des habitants avaient construit de nombreux pigeonniers sans la permission des seigneurs, justiciers, et sans acquitter aucune redevance. De leur côté, les seigneurs ne pouvaient, sans titres prohibitifs, s'opposer à cet usage. D'ailleurs, les contestations, à ce sujet, se terminaient le plus souvent à l'avantage des communautés d'habitants. » (A. Roux, *Le Droit de pigeonnier en Provence*).

[15] Fuie : petite volière qu'on ferme avec un volet et où chaque particulier peut nourrir des pigeons domestiques (*L'Encyclopédie* de Diderot et d'Alembert).

Ci-dessus, pigeonnier de plan carré de la région de Lauris. L'entrée des pigeons est entourée de carreaux émaillés pour éviter la pénétration des rongeurs.

À droite, vue du pigeonnier du mas d'Auge à Fontvieille (XVIe siècle) (cliché F. Benoît).

constituaient une « fuie » et restaient licites pour tous. Le colombier à « fuie » s'opposait donc au colombier à « pied » et était, en général, dressé au-dessus du bâtiment. Les boulins n'occupaient que la partie supérieure de l'édifice.

On peut se demander pourquoi les pigeonniers ont été si importants et pourquoi ils ont marqué à ce point l'architecture rurale. Jusqu'au XIXe siècle, il était souvent difficile à la campagne de se procurer régulièrement de la viande fraîche. Le pigeonnier, abondamment garni de jeunes oiseaux pendant la plus grande partie de l'année, constituait un garde-manger de grand intérêt, d'autant que la chair des jeunes pigeons était très appréciée. Aussi ne faut-il pas s'étonner d'en rencontrer dans les régions les plus pauvres comme, par exemple, la haute Provence. Les pigeons se nourrissaient souvent aux dépens des cultures voisines et s'élevaient, par conséquent, sans frais pour autant qu'on eût le droit de les laisser vagabonder [16]. Enfin, la déjection ou colombine constituait un engrais très appréciable pour la fumure des jardins et certaines cultures. Aujourd'hui, les raisons qui justifiaient cet élevage ont pratiquement disparu, quoique nous ayons encore rencontré des fermes où les paysans les mangent volontiers.

Toutefois, les dégâts causés par les pigeons étaient très importants. Outre les cultures voisines, ils détérioraient les toitures en déplaçant les tuiles, ce qui occasionnait des fuites d'eaux aux prochains orages. Il fallait donc remplacer ces tuiles très fréquemment [17].

Des conseils d'implantation et les principes de construction

De nombreux auteurs ont essayé de définir les impératifs techniques concernant l'emplacement du pigeonnier et sa construction. Il était, en effet, indispensable que ses hôtes lui restent fidèles. Aux dires de M. Bélèze, « il convient qu'il soit isolé des nombreux bâtiments d'habitation et autres dépendances de la ferme, parce que le pigeon aime la tranquillité et la liberté. Cependant, on peut très bien le construire au-dessus du poulailler et à l'intérieur de la cour de ferme ».

Généralement, les pigeonniers sont construits sur une hauteur dans un lieu découvert de manière à permettre aux jeunes pigeons de retrouver plus facilement leur habitation. L'exposition du levant est la meilleure car les pigeons aiment jouir des premiers rayons du soleil [18].

La lutte contre l'humidité et contre les rongeurs était l'impératif le plus contraignant. Pour le premier cas, on évitait de placer les boulins à moins de 1,30 m à 1,50 m du sol fini. Pour les rats, fouines, belettes, des dispositifs

[16] La plupart des cahiers de doléances se préoccupent de ces problèmes et on y retrouve des vœux identiques ainsi rédigés : « Les pigeons seront renfermés pendant les semences et les récoltes ; sinon, chaque particulier sera autorisé à aller les détruire sur son champ ».

[17] Témoignage du propriétaire de la ferme de Saint-Bachi.

[18] « Édifions un colombier en un lieu éminent et situé à la campagne, loin du bruit du ménage, large et spacieux à découvert partout, à l'aspect du midi, en défense des animaux qui peuvent nuire aux pigeons. Il faut que les nids soient formés en façon d'armoire du buffet, qu'ils soient obscurs en l'un des bouts où, là, comme secrètement, les pigeons aiment à se retirer pour couver leurs œufs, l'on verra des nids au colombier tant que l'on pourra… Mais, toujours au moins au quadruple du nombre de paires de pigeons que vous aurez. Il faut tenir continuellement dans le colombier des herbes odoriférantes comme la lavande, aspic, romarin et thym servant, en outre, aux pigeons pour la confection de leurs nids. » (Gallicy père).

étaient pris dans la construction pour les empêcher de monter aussi bien à l'intérieur qu'à l'extérieur. À l'intérieur, les portes étaient relativement jointives : le dernier niveau n'était accessible que par une échelle. Les enduits intérieurs étaient au plâtre lissé. Pour empêcher qu'ils ne grimpent le long des murs extérieurs, on pouvait ménager une corniche en saillie avec larmiers. On pouvait aussi placer plusieurs cordons de larmiers sur la hauteur du bâtiment. De plus, ils servaient de promenoirs aux oiseaux. Quelques-uns de ces cordons étaient bâtis en tuile canal, en encorbellement les uns sur les autres, suivant le même dispositif que la génoise. On employait également des carreaux vernissés ceinturant les édifices ou entourant simplement les ouvertures. L'entrée des pigeons se faisait par des ouvertures percées dans la partie supérieure du mur et fermées par des volets mobiles. Dans le toit lui-même, étaient aménagées quelquefois de larges lucarnes assurant une ventilation efficace selon la saison.
Dans le cas de colombiers à « fuie », le pigeonnier n'occupait que la partie haute de l'édifice. Les autres niveaux pouvaient être affectés à diverses utilisations : poulailler, étable, écurie, citerne… Les parois intérieures étaient évidées en forme d'alvéoles juxtaposées servant de nids appelés « boulins ». On adoptait le plan circulaire dans le cas de colombiers à pieds, de manière à pouvoir installer une échelle tournante permettant d'accéder individuellement à chacun des nids : un arbre vertical élevé au centre de la tour soutenait, par des pièces de bois horizontales, une échelle verticale ou inclinée se déplaçant à une faible distance de la paroi. On la faisait avancer en s'accrochant de la main au boulin que l'on pouvait ainsi explorer facilement (voir exemple de Puyvert).
Avant de donner les exemples de différents pigeonniers classés par type, il nous paraît souhaitable de préciser certains détails de construction, de manière à pouvoir les apprécier dans l'examen des relevés que nous donnons.

Des éléments de détail

Extérieurement, le pigeonnier se caractérise tout d'abord par sa grille d'envol ; c'est, en fait, la fenêtre à travers laquelle les pigeons peuvent accéder à leur local. Ces grilles permettent le passage des pigeons mais non des aigles, buses ou autres rapaces. Ces grilles sont en bois, en plâtre ou en pierre de taille dressée. Les trous ménagés sont des cercles, des rectangles surmontés d'un arc, rarement des cœurs ou des trèfles, quelquefois des étoiles, des losanges, des damiers. Chaque grille, d'ailleurs, groupe différentes formes de passage. Ces grilles sont, évidemment, fragiles et beaucoup de pigeonniers n'en comportent plus.
Tout de suite au-dessous de la grille, se trouvent généralement des carreaux vernissés pour protéger de l'intrusion des rongeurs. Ces carreaux ont des couleurs assez caractéristiques, telles que jaune, vert ou rouge brique, et sont maintenus à la façade par des crampons métalliques, car il arrivait très facilement qu'ils se descellent par suite des intempéries. Très souvent, en dessous des grilles, nous trouvons, située en appui de l'ouverture, une dalle d'envoi, genre de corniche réalisée en pierre ou en lauze. Plus bas et courant sur toute la façade, des corniches ou des corbeaux généralement en lauze ou en pierre de taille, ou simplement moulurés en plâtre. La ventilation du local est très importante : aussi, des lucarnes sont-elles aménagées dans la toiture.
Un système de paumelles permet de faire pivoter des volets en bois autour d'un axe horizontal actionné par des cordons depuis un étage inférieur, donc

Ci-dessus, pigeonnier d'une ferme à Limans, sur le toit, en élément saillant.

Ci-contre, pigeonnier du hameau de Dauban, isolé mais intégré dans les volumes.

En bas à gauche, pigeonnier isolé dans la région de Forcalquier.

En bas au centre, pigeonnier rond à l'entrée d'une propriété à Saint-Étienne-les-Orgues.

En bas à droite, détail d'un pigeonnier : entrée des pigeons entourée de carreaux émaillés en deux couleurs et en diagonale.

sans avoir à pénétrer dans le local (ce qui aurait dérangé la nidification). À l'intérieur, on trouve des alvéoles sur les murs, c'est-à-dire des boulins. Ces cavités ont une ouverture circulaire, carrée ou elliptique, plus étroite que leurs dimensions internes. Ces boulins sont faits en plâtre sur ossature de bois, en carreaux de terre cuite recouverts de plâtre, en éléments de terre cuite vernissée [19] ; ils sont empilés les uns sur les autres, suivant une répartition parfaitement calculée de manière à éviter que les déjections des pigeons situés à la partie supérieure n'aillent souiller les boulins de la partie inférieure.
Les boulins en terre cuite sont les plus finis et les plus caractéristiques. Ils ont des formes très variables. Chaque pigeonnier a son modèle, son gabarit : boulins en manchon, globulaires, de forme cylindrique, etc. Ils sont, soit pendus, soit empilés les uns sur les autres, soit, enfin, encastrés dans la maçonnerie.
En général, les nids doivent avoir environ 25 cm de diamètre pour que le mâle et la femelle y tiennent à l'aise ainsi que les petits. Ces nids doivent être propres ; autrefois, on les nettoyait régulièrement au moins quatre fois l'an. Pour que chaque couple ait de la tranquillité, une demi-obscurité et du silence, les nids sont légèrement fermés, avec des ouvertures alternées de manière que les pigeons ne se gênent pas et ne se voient pas ; cette disposition est nécessaire pour une meilleure fécondité.
On donne le nom d'« enfer » à la trappe ouverte dans le sol du pigeonnier, pour servir à l'évacuation de la colombine. Celle-ci était recueillie à l'étage au-dessous dans un grand bac en fer blanc ou en fer galvanisé : « *veisseu à couloumbrino* ».

Les types de pigeonnier

Certains pigeonniers pouvaient contenir plus de 2 000 à 3 000 boulins, d'autres simplement une centaine et, quelquefois, quelques unités. Nous allons distinguer, d'une part, les pigeonniers isolés (colombiers à pieds) et, d'autre part, les pigeonniers qui s'intégraient au bâtiment de la ferme. Dans ce dernier cas, le pigeonnier pouvait former une tour ou, au contraire, simplement une superstructure au niveau de la toiture ou, finalement, quelques simples grilles d'envol sur la façade principale ou sur la façade-pignon.

Pigeonnier isolé

C'est le pigeonnier détaché des autres bâtiments, placé, soit à l'intérieur de la cour, soit, au contraire, au-dehors de l'enceinte. On le rencontre dans les domaines et il comporte en général trois niveaux : un premier niveau réservé au poulailler avec des mangeoires, quelquefois pris à l'intérieur de la maçonnerie ; un deuxième niveau servant de dépôt ou de remise dont l'accès se fait par une échelle ou par un escalier extérieur ; et un dernier niveau occupé par les pigeons.

Le pigeonnier en forme de tour carrée

Ce pigeonnier se distingue par sa toiture « en cascade », ses lucarnes au niveau de la toiture et sa grille d'envol généralement sur la façade principale.

[19] Dans le jas de Puyvert, nous avons constaté que les boulins étaient réalisés en céramique vernissée de la même facture que les toupins, pris dans 35 cm de mortier à la chaux. Une rangée de couleur jaune citron, une autre de couleur brune presque noire, cela depuis le bas jusqu'en haut, c'est-à-dire sur environ deux mille nids. Pourquoi cette polychromie différente ? Y a-t-il un impact pour les oiseaux ? Nous n'avons pu répondre à cette question.

Le mas d'Auge à Fontvieille Le pigeonnier de ce mas a une forme originale en pierre de taille sur encorbellement.

En Camargue Le type lucarne est fréquent. Le toit a une seule pente, et la construction est faite en pierre de taille. Les grilles d'envol sont percées de trous disposés en triangle dans une dalle de pierre.

Le pigeonnier du Puyvert Cet immense pigeonnier a été aménagé dans une tour médiévale, sans doute au XVIIe siècle ; de grandes arcatures ont été construites aux quatre angles pour permettre de passer au plan octogonal.

Le pigeonnier de Limans au pays de Forcalquier Ce type de pigeonnier remonte aux XVIe et XVIIe siècles. Celui dit « de la terre du curé Martin » est peut-être le plus intact ; il remonterait à 1553, il a 15 m de hauteur et quatre niveaux d'occupation [20]. Ce pigeonnier est très intéressant par ses liaisons verticales : un escalier extérieur en maçonnerie et en pierre de taille permettait de monter jusqu'au deuxième niveau sans couper la voûte en berceau. Pour passer au troisième niveau, un escalier intérieur sur plan carré dont la cage mesurait à peine 1 m de côté. À partir du troisième niveau, on trouve une échelle mobile et, finalement, une autre échelle au niveau supérieur, pour visiter les boulins. Effectivement, ce problème d'accès est un point important : il ne doit pas réduire la surface utile. Les escaliers pouvaient être en bois, en pierre de taille ou simplement en maçonnerie. Ce pigeonnier, sur ces différents niveaux, avait une citerne ouverte côté jardin, une resserre à outils côté champs, une cuisine de campagne côté bois.

Le pigeonnier de forme circulaire

Dans l'exemple du château de Miraval, le pigeonnier est nettement séparé des volumes construits et se situe dans un environnement de restanques. Dans la région aixoise, de nombreux pigeonniers sont sur un plan circulaire. Il faut voir là une facilité pour l'échelle mobile et la visite des boulins. Au château de Saint-Simon à Coutheron, deux pigeonniers ont été implantés de part et d'autre et en avant du bâtiment principal, de manière à accuser le parti symétrique. En bordure de route, entre Cavaillon et Apt, se trouve un exemple extrêmement rare d'un pigeonnier-borie en pierre sèche.

Ci-dessus, de haut en bas : boulins en plâtre d'un pigeonnier de Beaumont de Pertuis (cliché Inventaire général, Dautier) ; boulins en poterie vernissée à La Bastidonne (cliché Inventaire général, Roucaute-Heller) ; boulins en plâtre d'un pigeonnier à Bauduen (cliché Inventaire général, Roucaute-Heller) ; boulins en tuile d'un pigeonnier à Bauduen (cliché Inventaire général, Roucaute-Heller).

Le pigeonnier incorporé aux bâtiments de ferme

En général, les pigeonniers de forme circulaire sont séparés des bâtiments. Pourtant, ils peuvent quelquefois s'associer aux autres volumes ; c'est le cas des raffins de Lurs où la ferme s'appuie sur le pigeonnier. Mais, le plus souvent, ils sont du type quadrangulaire.

Le pigeonnier en cour fermée : si le pigeonnier fait partie d'une cour fermée, son volume va s'accuser. C'est l'exemple du Seuil à Rognes, du Treillas à Puyricard (le pigeonnier fait pendant à la chapelle par rapport à l'entrée). Sur le plateau de Valensole, souvent, le pigeonnier marque l'entrée de la cour.

Le pigeonnier dans une structure de bâtiments à déploiement linéaire : le

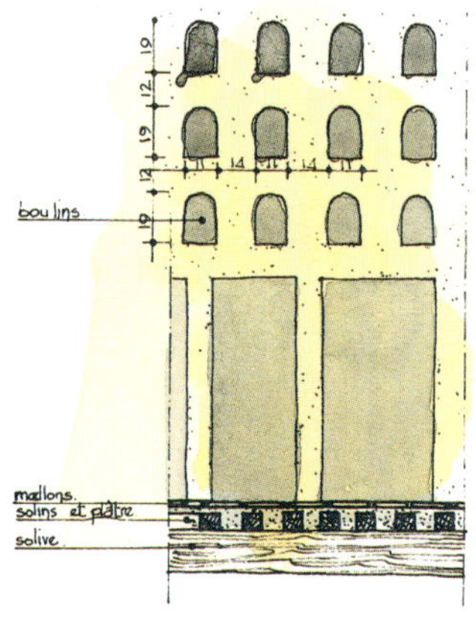

[20] P. Martel, *Pigeonniers de Haute Provence*.

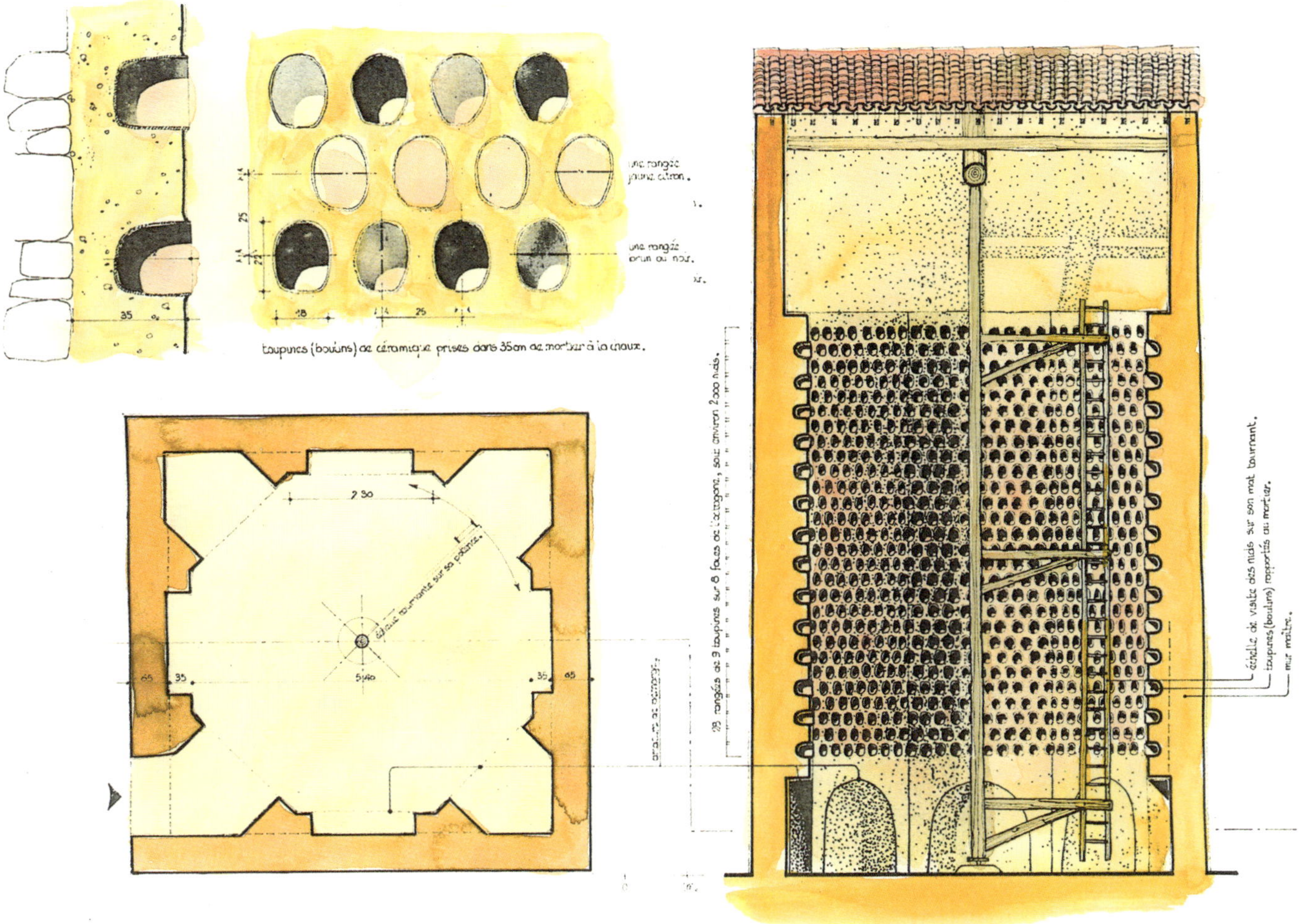

Ci-dessus, plan et coupes du pigeonnier du jas de Puyvert.

Ci-dessous et à gauche, coupes du pigeonnier du mas Les Treillas, à Puyricard. Boulins en poterie vernissée.

pigeonnier s'intègre à la façade et tend à accentuer ce parti. C'est dans le mas de Camargue que cette disposition est la plus remarquable. La plupart de ces pigeonniers sont d'ailleurs d'anciennes tours Renaissance ou médiévales qui ont ensuite été incorporées aux bâtiments de la ferme (voir les exemples que nous donnons).

Le pigeonnier à dominante verticale : de plan carré ou légèrement rectangulaire, sur lequel d'autres bâtiments de moindre hauteur viennent buter. C'est le cas de la Grange à Joucas, du pigeonnier à Vachères ou des pigeonniers de Dauban près de Banon.

Le pigeonnier situé à l'angle du bâtiment : il joue le rôle de rotule dans la liaison des volumes. Le principe décroissant s'y applique.

Le pigeonnier sur le toit

Le pigeonnier peut être simplement un élément saillant au niveau de la toiture, toujours en proportion par rapport à elle. À Eyguières, le pigeonnier est incorporé en plus à une souche de cheminée ; c'est le cas aussi à Mouries et à La Fare-les-Oliviers. L'escalier intérieur conduit jusqu'au dernier niveau occupé par les pigeons et qui joue le rôle alors de point d'observation.

Le pigeonnier en façade

La présence du pigeonnier est simplement marquée par une grille d'envol sur la façade principale, à l'intérieur du fronton de retour de génoise ou, simplement, dans une extrémité d'annexe pratiquement dissimulée. Dans le fronton de la toiture, on peut citer le cas de la ferme de Gravière à Banon et, également, d'un cabanon à Pourrières. Dans la façade sud, sur une annexe, simplement, deux ou trois grilles d'envol encadrées de carreaux vernissés : région d'Aix-en-Provence. Dans le pignon : exemples à Banon, Dauban, Oppède-le-Vieux. Également, dans une porte d'accès en bois : à Mallemort à la ferme Châtelan.

L'écurie

Les exemples de fermes nous ont permis de situer l'écurie par rapport à la pièce commune et au hangar-remise. Elle abritait très souvent les mules, les ânes, les bœufs, souvent les chèvres, quelquefois les moutons. D'une manière générale, on ne faisait pas grand cas de cette annexe ; elle était simple, voire rudimentaire [21] ; aucune disposition particulière n'était prise pour l'hygiène des animaux.

Les règles de construction

Elles étaient appliquées pour les écuries de grandes propriétés. La longueur des écuries était évidemment fixée d'après le nombre des chevaux qu'elles devaient renfermer et calculée à raison de 3 pieds (1 m) par cheval de selle et 4 pieds (1,30 m) par cheval de carrosse ou de grande taille. La largeur se composait de 9 à 10 pieds (3 à 3,30 m) pour le cheval, son recul, sa mangeoire, et 3 à 4 pieds d'aisance (1 à 1,30 m) pour passer derrière. Total, 13 à 14 pieds (4,30 à 4,60 m). Quand l'écurie renfermait deux rangs de chevaux elle avait 24 pieds de largeur (8 m). Il était conseillé de plafonner les écuries et, mieux, de les voûter. En général, le sol était pavé ; un conduit pour les urines était placé au milieu des écuries doubles, et immédiatement derrière les écuries simples. Ces égouts devaient avoir suffisamment de pente pour que les urines n'y séjournent point et s'écoulent dans la fosse à fumier placée à portée d'écurie.

Les fenêtres de l'écurie étaient assez grandes et assez nombreuses pour fournir le jour nécessaire aux soins des animaux.

La hauteur des mangeoires était fixée à 3 pieds et demi environ (1,15 m) ; elles étaient construites en pierre de taille ou en madriers de chêne dont les angles étaient arrondis et rabotés pour que les chevaux n'y prennent pas d'échardes. Les râteliers étaient du type à grille avec cadre en bois. Les bat-flanc étaient constitués d'une simple planche suspendue par des lanières de cuir ou des chaînes métalliques. Des trappes permettaient de jeter le fourrage entreposé au-dessus. Pour éviter une communication entre ces dernières et le fenil, il était prévu deux trappes dans les écuries doubles et une seule dans les écuries simples. Le coffre à avoine était placé dans l'écurie ou, mieux, dans la sellerie ou encore dans le logement du palefrenier contigu à l'écurie, quand il existait, car, bien souvent, le palefrenier couchait dans l'écurie même.

La sellerie était une pièce jugée indispensable ; elle devait avoir un jour au nord et un au levant afin qu'en fermant l'un ou l'autre, les cuirs ne soient sujets ni au dessèchement, ni à la moisissure. Elle devait être garnie, dans tout son pourtour, de chevalets pour suspendre les brides, les selles et les harnais ;

[21] « Dans nos départements méridionaux, hors ceux dont le labourage est fait par des mules, les écuries sont presque toutes de luxe si l'on peut donner ce nom à ces cloaques infects qui, dans la plupart de nos habitations rurales, servent de logement à nos chevaux » (F. de Mauremont, Toulouse, 1826).

Ci-dessus : en haut et en bas, vue intérieure des écuries du mas de la Bélugue (Camargue).

Ci-dessous, grille d'envol d'un pigeonnier de la Bastidonne (cliché Inventaire général, Roucaute-Heller).

Ci-dessus, élévations du pigeonnier du Grand-Seuil.

Ci-dessous, porte de pigeonnier au Châtelan, à Mallemort.

une grande armoire avec chevalets intérieurs et plusieurs grands tiroirs renfermait les petits objets, tels que les mors, boucles, etc.

La description

Lanéry d'Arc nous fait la description d'une écurie pour la ferme de Cabanes : « En prolongement de la façade du ménage est l'écurie longue de 14 m, large de 3,50 m, tout autour de sa crèche et de ses râteliers et sur la surface opposée aux mulets, des crocs où pendent les harnais. L'écurie était aérée par les trappes du grenier à foin et par une petite fenêtre, son entrée principale est sur la façade. Cette écurie renfermait cinq beaux mulets et le maître ne reculait pas, à l'époque du labour, à s'en procurer autant chez le voisin. » [22] L'accès aux écuries se faisait, en général, sur la façade sud par une porte assez importante [23].

[22] En effet, les paysans se prêtaient volontiers les animaux en période de travail. Dans la ferme de Cabrière-d'Avignon, le propriétaire nous a dit se rappeler qu'au moment des labours, son grand-père empruntait plusieurs mulets à des voisins. Quand les mulets étaient incapables de faire un travail particulièrement pénible, il allait louer des bœufs au maquignon situé à Pernes-les-Fontaines. Le bœuf, en effet, était beaucoup plus fort pour certains efforts, là où la charrue avait du mal à pénétrer dans la terre.

[23] Dans la basse vallée du Rhône, sujette à des inondations, qui parfois font monter le niveau de l'eau jusqu'au premier étage, certaines précautions étaient prises lors de la construction du mas, principalement dans la plaine de Ségonnaux, entre Arles et Tarascon. Une écurie de secours était prévue, en plus de celle du rez-de-chaussée, solidement voûtée ; une rampe d'accès en pente douce permettait d'y conduire les animaux, mais une telle précaution n'était pas toujours suffisante.

L'intérieur pour la production

La vinification et la conservation du vin

L'implantation de la vigne en Provence remonterait, d'après Justin, aux Phocéens qui apprirent à la tailler, opération essentielle [1] pour que la plante passe d'un état inculte à celui d'une plante de culture. Depuis, la vigne s'est propagée en Provence avec des périodes plus ou moins fastes pour, finalement, s'octroyer le terroir principal de nombreux domaines. Outre les exploitations où des caves vinicoles ont été créées, avec tout le perfectionnement voulu, en bâtiment isolé, de nombreux mas comportaient une cave avec des cuves de vinification et de conservation (région du haut Var). Dans le cas de petites exploitations et pour les besoins du propriétaire, une partie de la cave possédait une cuve maçonnée et un ou deux foudres pour la conservation, ce qui constituait l'unité la plus élémentaire de traitement. Dans le cas du domaine, la cave était un bâtiment complet. Se posait alors le problème de la qualité de ce lieu pour le traitement le plus rationnel et une meilleure conservation du vin.

La technique de vinification et de conservation

Deux techniques existaient : la mise en place du raisin dans les cuves de fermentation après foulage, décuvage, partie solide (le moût) dans le pressoir, partie liquide filtrée et stockée dans des réservoirs de conservation ; la mise en place du raisin directement dans les cuves (macération carbonique), décuvage, pressoir, puis conservation. La durée de cuvaison était plus longue que de nos jours (quelquefois jusqu'à Noël, alors que, maintenant, on cuve en moyenne trois à quatre jours).

La vendange était donc traitée de deux façons : soit elle était montée par poulie et chaîne sur un plan incliné jusqu'au niveau supérieur des cuves ; soit elle était pressée au sol et montée par pompes dans les cuves. C'est le premier procédé qui était le plus recherché car il évitait des manutentions pénibles. L'opération d'égrappage était peu pratiquée.

Le pressoir se situait au niveau bas des cuves pour récupérer le moût et les rafles alors que le fouloir se situait au niveau supérieur. Le foulage au pied était pratiqué sur un plancher mobile au-dessus des cuves [2]. Ensuite, des fou-

[1] « C'est à la faveur de cette opération que la vigne inculte a été bientôt susceptible d'une amélioration beaucoup plus prompte que celle des autres fruits. La raison en est sensible. En retranchant les sarments, et en bornant leurs reproductions, la grappe reçoit une sève plus abondante d'où résulte l'accroissement du raisin qui parvient plus tôt à sa maturité parce qu'il est dégagé des sarments superflus qui l'auraient couvert de leur nombre. La vigne est donc passée très rapidement de l'état agreste à celui dans lequel nous la voyons. Ce changement a été dû à l'effet du labour et encore plus à celui de la taille. Cette production s'est extrêmement accrue en France malgré les règlements généraux dont l'application ne pouvait concerner une province qui ne peut subsister du produit de ces grains à cause de la nature du sol. » (Papon, *Histoire générale de Provence*, Paris, 1779).

[2] « La pastière (cornue), bourrée de fruits, s'arrêtait devant une fenêtre extérieure percée au-dessus des cuves généralement disposées par paire, bâties en maçonnerie et revêtues de carreaux vernis. Un manœuvre, pataugeant dans la pastière, en extrayait le contenu avec une fourche et projetait les grappes plus ou moins meurtries sur un plan incliné en bois, le long duquel elles glissaient jusqu'au plancher de la cuve. Sur ce plancher constitué par des lattes en bois juxtaposées, un homme "trouillait" pieds nus ou chaussé de vieilles savates de rebut, s'il avait peur de se blesser en

loirs mécaniques (en Provence : *lou trui trouiller*) ont fait leur apparition, sortes de machines composées de deux herses actionnées par une manivelle ; puis, les fouloirs en fonte avec deux cylindres, mus par un moteur couplé ou non avec un égrappoir. Le pressoir utilisé dans la deuxième méthode était à presse entraînée par une roue, du même type que celui utilisé pour presser les olives ; ensuite, apparurent les pressoirs continus avec vis d'Archimède et contrepoids.

La cave

La qualité de la cave est essentielle au bon vieillissement du vin. L'idéal est une température de 14 à 15 °C, constante quelle que soit la saison. On l'obtient en orientant la cave au nord et en la voûtant pour que la masse de pierre contribue à l'isolation. Si cela n'est pas possible, du fait de la nature du terrain et du coût de l'ouvrage, elle peut être placée au rez-de-chaussée dans la partie arrière [3].

Ci-dessous, plans des locaux de vinification du mas de la Lioure, à La Garde-Freinet. À l'étage, le fouloir, auquel on accède directement en raison de l'inclinaison du terrain, surplombe le pressoir placé au rez-de-chaussée, au niveau de la cave.

La vinification en cuves

Les cuves étaient maçonnées ; à l'intérieur, elles comportaient un revêtement en carreaux de terre cuite de couleur rouge, jaune, de manière à être nettoyées correctement et éviter l'attaque du mortier par l'acidité du vin. La partie supé-

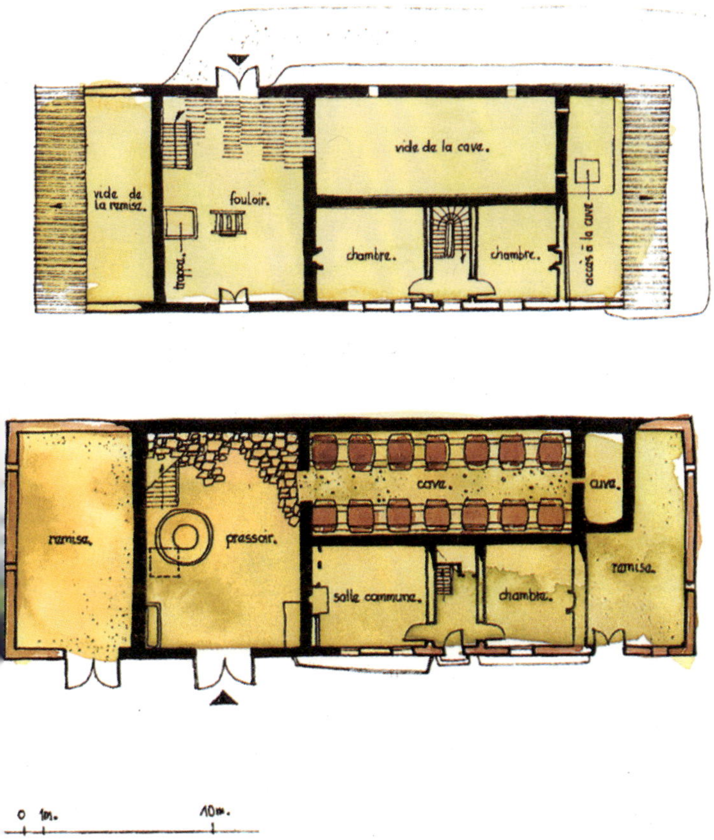

écrasant quelques colimaçons oubliés. Le jus découlait en pluie dans la cuve, à travers les interstices des planchettes. Il se mêlait bientôt au seau de moût recueilli au fond de la pastière déchargée. À la fin, on enlevait quelques-unes des pièces de bois et, au moyen d'un râteau, on précipitait dans la cuve la rafle humide. Conformément aux principes, le raisin, une fois introduit dans le récipient, y cuvait tout à son aise durant plusieurs semaines et parfois on ne décuvait qu'à Noël. Lorsqu'on ouvrait le robinet de vidange de la cuve, le vin fait se filtrait grossièrement à travers un paquet de sarments maintenus au fond de la cuve par une pierre suffisamment lourde et coulait dans un récipient inférieur appelé "conquet". Avec le liquide pétillant, puisé dans le conquet, on emplissait des cornues qui étaient transportées jusqu'à une pompe mobile. Cette pompe refoulait le vin dans un tuyau recourbé à angle droit, jusqu'au niveau de la bande supérieure du foudre. Enfin, le vin pressé par le piston se dégorgeait dans son logement définitif. » (A. de Saporta, *La Vigne et le Vin dans le midi de la France*, 1894).

[3] « Rien ne contribue davantage à la conservation des vins que la bonté des caves. Les meilleures sont celles établies sous des corps de bâtiments non habités, comme on voit dans les cantons les plus réputés pour la culture de la vigne, exposées au nord, profondes de 16 à 20 m (50 ou 60 pieds), selon la sécheresse du sol. L'humidité doit y être constante sans excès ; trop humide, une cave fait pourrir les tonneaux et contribue à faire prendre au vin un goût de moisi ; trop sèche, elle force les futailles à se tourmenter et à faire transuder le vin, la lumière doit y pénétrer modérément par des soupiraux pratiqués à distance convenable et couverts de très petits auvents que l'on ferme quand il fait trop chaud ou trop froid. La voûte des caves doit être solidement construite et la plus épaisse possible afin que les secousses et les pressions qui pourront avoir lieu sur elles ne puissent être communiquées aux futailles. En été comme en hiver, on fera très bien de la couvrir de fourrage ou de toute autre matière, afin d'absorber la plus grande partie des effets du froid ou de la chaleur. Il faut que le sol soit bien uni et parfaitement battu ; la cave ou la partie de la cave destinée à recevoir les vins en bouteilles sera sablée. Une cave doit être tenue proprement ; si elle est trop humide, on augmente le nombre et la largeur des soupiraux ; est-elle trop sèche, on en supprime une partie et on rétrécit ceux qui restent. Quand elle est mal située, on la garantit des rayons solaires en élevant en avant des soupiraux, des petits murs, ou seulement, en les bouchant avec une planche couverte de terre ou, mieux encore, de gazon. On place les tonneaux bien horizontalement sur des chantiers élevés de 16 à 18 cm (6 à 7 pouces), faits en madriers équarris et soutenus par des traverses ou morceaux de bois de 10 cm [14 pouces de long, sur 8 cm (3 pouces)] d'épaisseur, et taillés en forme de coin. Ces coins sont chassés à petits coups à l'aide d'un marteau entre les futailles et les madriers ; ni les uns ni les autres ne doivent toucher le mur en aucune de leur partie ; de la sorte, ils ne soient point sujets à vaciller. » (*Manuel du propriétaire de vignoble ou l'art de cultiver la vigne, faire les vins, et les vins en liqueur*, suivi d'une foule de secrets très utiles pour les arts et métiers, Aix, 1837).

rieure était, en fait, le plancher d'une annexe avec trémie pour le remplissage. À la partie basse, un orifice d'écoulement était réservé. Ces cuves étaient intégrées à la maçonnerie générale et pouvaient, très souvent, se dissimuler derrière un décrochement de mur.

Ci-contre, plans du mas de Merles, en Camargue. Une passerelle, au niveau de l'étage, permet l'inspection des cuves de cette importante exploitation.

La conservation en foudres

Les foudres en bois n'étaient pas en contact avec le sol. Ils étaient, pour la plupart, en chêne et disposés le long des deux parois. Le matériel annexe consistait en des pompes manuelles, tuyaux, manches.

Les vers à soie : magnanerie

La magnanerie a joué un rôle très important aux XVIIIe et XIXe siècles. L'élevage du ver à soie permettait un apport de gain important pour l'économie rurale de cette époque. À la fin du XVIIIe siècle, un rapport des intendants généraux donnait l'obligation dans les baux ruraux de planter des mûriers en bordure des chemins de terre [4]. En 1785, M. Achard décrit le Comtat comme une plaine parsemée de mûriers. Sous le Second Empire, la pébrine attaque le ver à soie et, malgré la découverte de Pasteur, porte un coup dur à la sériciculture. Les magnaneries continuent cependant d'exister jusqu'au début du XXe siècle et de nombreux paysans se souviennent très bien de cette pièce obscure et de l'opération de décoconnage.

La magnanerie n'existait pas dans toutes les fermes. Quand elle manquait, la famille des ménagers allait coucher dans la grange ou au grenier de manière à laisser entièrement la place aux vers à soie pendant les cinq à six semaines que durait l'éclosion. On disposait alors, dans les pièces d'habitation, les dressoirs chargés de claies. Une fois l'éclosion terminée, le mobilier était remis en place et la famille réintégrait les pièces à coucher.

Très souvent, au niveau des greniers, une pièce était consacrée à l'élevage de vers à soie. Elle se composait d'un sol mallonné, de petites cheminées dans les angles. Les claies étaient scellées au mur. Mais dès que la ferme était assez importante, il y avait une magnanerie, c'est-à-dire un bâtiment ordinairement isolé, comprenant très souvent un rez-de-chaussée et un étage. Les claies étaient disposées sur le périmètre de cette pièce et elles s'espaçaient de 0,50 m environ sur une largeur de 0,80 à 1 m. Elles étaient faites en cannes ou roseaux fendus [5]. On appelait « atelier de 5 onces », l'atelier où on élevait des vers provenant de 150 grammes d'œufs.

Plusieurs marchepieds étaient nécessaires pour atteindre les claies les plus élevées, pour distribuer les feuilles de mûriers, d'abord coupées pour le premier âge, très minces et appelées la « bourrette ». Un thermomètre permettait de déterminer quand il y avait lieu d'allumer les cheminées, car la température ambiante devait être de 24 à 25 °C. La teneur en eau devait être inférieure à

Ci-dessous, plan et coupe d'une cuve de vinification en maçonnerie.

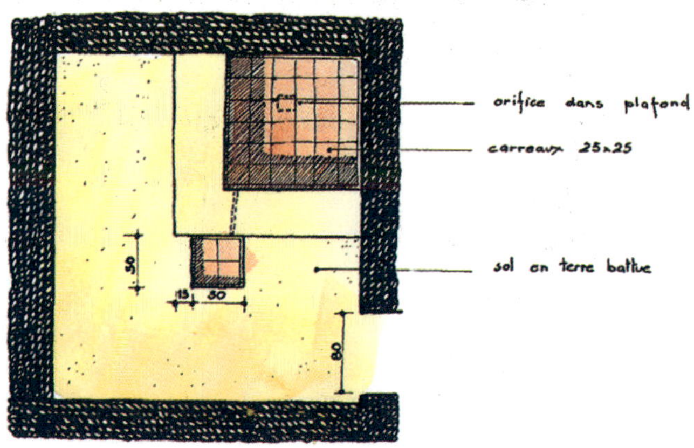

[4] A. Millin : « Partout les habitants étaient occupés à "cueillir la feuille" (celle du mûrier) pour nourrir les vers à soie. Les champs où pousse cet arbre offrent un contraste singulier : les uns sont ombragés de ses feuilles larges et verdoyantes ; les autres, entièrement dépouillés de cet abri, présentent, sous les feux d'un soleil brûlant et au milieu de l'été, l'aspect de l'hiver. »

[5] On reconnaît aisément une pièce ayant été utilisée comme magnanerie par la présence, sur le mur, à des intervalles réguliers, de petits trous circulaires ayant servi à sceller les supports des claies.

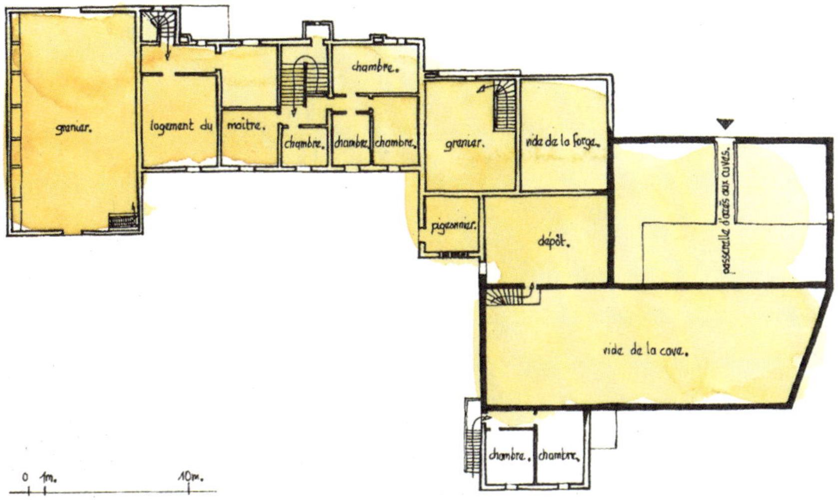

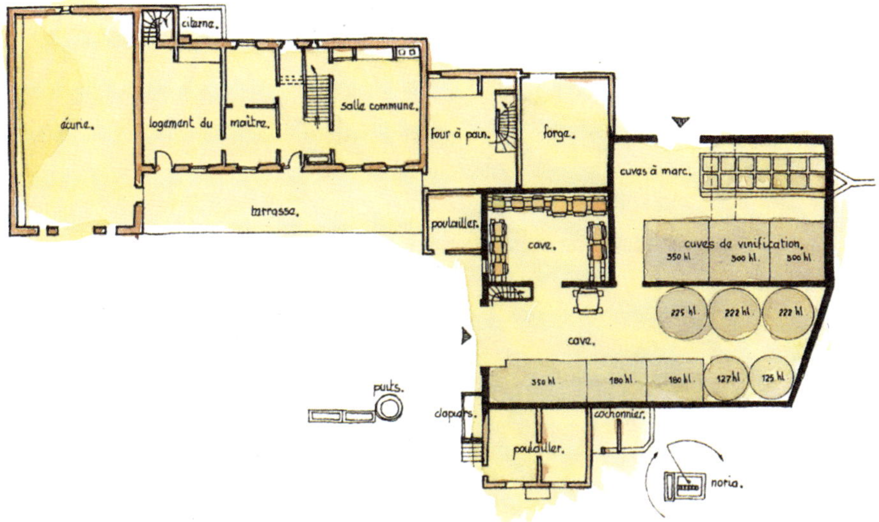

65 °. C'était, en fait, un élevage très délicat. Il était nécessaire aussi de faire des fumigations deux fois par jour pendant le quatrième et le cinquième âge dans des pierres creuses en forme d'auges scellées dans la pièce. On y brûlait des herbes aromatiques de la colline. La fumée dégagée ne désinfectait pas les litières et il était plus recommandé d'employer du chlorure de chaux déposé sur des plats pour dégager de petites quantités de chlore désinfectant les gaz nuisibles qui provenaient des litières [6]. Le décoconnage se faisait à l'extérieur, sur la terrasse, à côté d'une table [7].

Ci-dessous, partie vinicole d'un mas de vigneron du Var, la ferme Saint-Pierre à Grimaud.

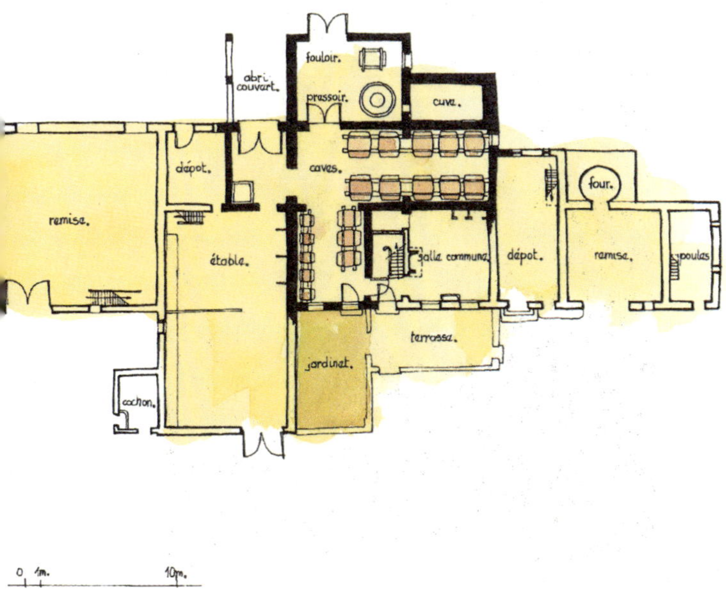

[6] « Nulle autre que leur servante n'entrait dans la magnanerie assez obscure, avec ses petites fenêtres aveuglées de jute pour tamiser le vent et cacher le soleil, silencieuse pour ne pas troubler les chenilles, où l'on ne cheminait que sur des semelles de corde, où l'on travaillait sans parler. De temps en temps, on y brûlait un peu de soufre pour assainir la pièce, prévenir ou guérir la maladie toujours possible. L'étuvée affamait encore davantage les vers à soie et ils grossissaient à vue d'œil. Jamais étranger, encore moins étrangère, ne pénétrait dans la magnanerie. Tradition ! Peur du mauvais œil ? De la jalousie qui jette les sorts ? Mon aïeule assurait que les femmes enceintes donnaient aux vers à soie la maladie du plâtre ; que les hommes les empoisonnaient avec leur odeur de tabac ; que les amoureux, ceux que brûle la passion, n'importe laquelle, les font se tordre et mourir dans des contorsions, les jaloux, entre tous, qui portent en eux la malédiction. Quand tout marchait d'aplomb, la dernière semaine du mois de mai nous était, par contre, une bénédiction. Dans le vaste grenier obscur où le jute aux fenêtres agitait un air tiède, l'œuvre de soie, toute seule, s'accomplissait [...] Avec soin, l'on décoconnait. » (M. Mauron, *Lorsque la vie était la vie*, 1970).

[7] « L'élevage du ver à soie occupait, durant le mois de juin, des milliers de bras dans nos contrées ; aujourd'hui, il est devenu si peu rémunérateur qu'il est partout abandonné. Le mûrier subsiste néanmoins ; mais ses feuilles ne servent plus désormais qu'à la nourriture de la chèvre. La ménagère, à chaque retour de l'été, en songeant aux vers à soie d'autrefois, ne peut s'empêcher de regretter l'année avant la guerre, où le bénéfice des magnans lui avait permis d'acheter un porc [...] Souvent, il arrivait qu'un orage inopiné enlevait en un instant tout espoir de récolte et rendait inutile toute la peine prise, en empêchant le ver de grimper aux brindilles de romarin pour tisser son cocon. Mais, c'était l'exception et, en général, pour les ménagères actives, qui ne craignaient pas de se surmener un peu durant le mois de juin, de veiller une partie de la nuit pour donner de la feuille aux vers, c'était une jolie source de revenus, disparue, hélas ! comme tant d'autres aujourd'hui, comme la vigne et comme la garance, le tout en l'espace de dix ans. » (comte de Lanéry d'Arc).

L'extérieur pour l'homme

La ferme provençale comporte un aménagement extérieur modeste mais privilégié dans son occupation, puisque la nature du climat permet de nombreuses activités au-dehors de la maison qui, comme on l'a vu, offre un volume réduit. Il y a d'abord, sur la façade sud, la terrasse, prolongement de la salle commune. L'environnement végétal est judicieusement choisi suivant des considérations essentiellement utilitaires, telles que l'abri contre le mistral, l'ombrage, les vertus médicinales. Dans cet espace extérieur, la plupart des fermes possèdent un puits ; quelquefois, si on a le privilège d'avoir une source, une fontaine agrémente un retour de mur. Des murs de clôture délimitent çà et là la terrasse, le jardin potager ; marquent ou accompagnent l'accès (passages, escaliers extérieurs, porches et portes de liaison). Cet environnement est intimement lié à l'architecture de la ferme provençale. Nous voyons dans les plans-masses, en exemples, l'importance et le rôle qu'il va remplir dans l'activité paysanne.

Les aires extérieures

Les surfaces extérieures donnent le dégagement nécessaire pour assurer la liaison entre l'accès, les espaces intérieurs, l'activité aux champs. Il n'y a pas de ségrégation pour une fonction ou une autre, tout se passe en commun. Sur la façade sud, l'accès se fait tout aussi bien pour les animaux que pour les travailleurs ou le matériel : le séjour extérieur du paysan sert de même aux animaux, au charroi (la porte de l'écurie se trouve à proximité de la porte d'entrée). Le dégagement de la façade nord est plutôt réservé à la production : accès aux fenières, paillères. L'aménagement des aires est conçu pour « tourner autour de la maison ». Le dégagement le plus large et le plus protégé se trouve sur la façade sud ; c'est en effet la partie la plus abritée du mistral ; on profite de l'épaulement de la construction pour le briser. Il suffit de quelques plantations pour compléter cette zone privilégiée tout en l'ombrageant. Un mobilier maçonné ponctue éventuellement cet espace : table, banc, etc.

Devant chaque construction rurale, en Provence, la terrasse [1] se retrouve presque systématiquement. Mais le terme de « terrasse » convient-il pour désigner un endroit servant à la fois aux activités rurales et à l'agrément ? Délimitée par un mur de clôture assez bas, plantée de platanes, d'ormes ou de mûriers, exceptionnellement de tilleuls ou de marronniers, disposés pour donner le maximum d'ombrage, la terrasse est le lieu de rencontre entre l'habitat et les champs : on s'y tient pour manger, on savoure le jour qui descend en jouant à la pétanque ; mais, sur ce même lieu, on peut aussi atteler et charrier. Cette terrasse est donc véritablement le prolongement de la pièce commune. Ce rôle, peut-être, justifie l'exiguïté de cette dernière. C'est également le lieu de jonction entre le point d'eau situé très souvent dessus ou à proximité et l'habitat. Cela contribue encore à accentuer l'intérêt de cette aire privilégiée en lui donnant une animation continuelle. Les plans-masses que nous avons montrés permettent de nous rendre compte que les murs de clôture délimi-

[1] Appelé en provençal *terrasso* ou *lou régalo*.

Ci-dessus, un petit mas de la région d'Apt avec la terrasse donnant sur la façade sud agrémentée d'une treille.

Ci-contre, mas de la région de Cadenet. Terrasse dallée en pierre, surélevée par rapport au jardin, avec une treille suspendue.

tent en partie cette terrasse, mais ne la ferment pas. Dans les solutions de cour intérieure, ce lieu privilégié sera la cour elle-même. La terrasse est traitée en terre battue, quelquefois en gravier. Des parties dallées de pierre sont placées le long de la façade pour rejeter les eaux pluviales qui dégoulinent de la toiture. Dans quelques cas, une ébauche de calade délimite un cheminement, par exemple de la porte d'entrée à l'écurie, mais cela reste rare. Ces surfaces ne subissent pas d'autre traitement que celui obtenu par une longue fréquentation. La terre finit par se damer. Cela suffit à garantir de la boue. La treille accrochée à la façade se continue sur la terrasse. On trouve aussi des bancs [2] en pierre (très souvent pierres de récupération), en maçonnerie, intégrés à la façade ou détachés ; des tables en pierre ou en métal ; des jarres ventrues, des plantes en pots alignés.

Les murs extérieurs

Ces murs sont employés avec parcimonie : simplement pour clôturer un jardin potager, refermer une cour, délimiter vaguement un espace. En fait, le paysan provençal n'aime pas clore et il n'a pas le souci de ceinturer sa propriété de hauts murs et de portails pour en défendre l'accès. Au contraire, il trouve volontiers offensant d'imposer des clôtures et se contente de marquer les limites.
On n'est pas ici dans l'environnement des bastides, où le besoin de protéger son intimité conduit à élever de hauts murs de défense avec des portails imposants [3]. Cependant, quand il s'agit de gagner de nouveaux sols, le paysan édifie d'innombrables murs de soutènement : murs de restanques (*bancao*) qui remodèlent entièrement le paysage ; incomparables murs qui suivent les courbes de niveau et témoignent de cet acharnement, de nos jours peu croyable, pour la conquête de nouveaux sols.

Les murs de clôture

On ne construit pas des murs pour clore, mais pour accompagner, relier une fontaine à un corps de bâtiment, marquer un espace de terrasse, soutenir des terres... Les murs viennent au bon endroit, souvent d'une hauteur réduite pour que l'on puisse s'asseoir dessus. Très souvent, également, des murs de soutènement sont élevés, destinés à agrandir une aire qui servira de dégagement pour les animaux ou à accéder au grenier. Le long de la voie d'accès, un mur est construit assez bas pour marquer timidement l'entrée de la propriété. Quand il y a murs de clôture, leur hauteur ne dépassera pas 1,30 m à 1,50 m. Il n'y a, entre l'habitat et la zone de culture, aucune coupure volontaire. Seul le jardin potager a peut-être le droit d'être systématiquement clos pour empêcher les animaux d'y pénétrer.

[2] Les bancs se rencontrent très souvent ; ils sont bien l'un des reflets de cette vie rurale. En général, ils se présentent sur la façade sud, simplement sous forme d'une excroissance de la maçonnerie du soubassement, donc parfaitement intégrés. C'est là que l'aïeul se chauffe au soleil, c'est là que la ménagère écosse ses petits pois... C'est aussi là que l'hôte peut s'asseoir et recevoir un verre de pastis. En général, ils sont disposés sous la treille pour bénéficier de son ombrage.

[3] A. Millin constatait en 1807 avec curiosité « qu'en descendant la Vist, la vue était bornée de chaque côté par un mur continu qui borde une rangée de champs et de bastides ». Stendhal indiquait, pour ces « charmantes bastides », qu'on y voyageait entre deux murs de 8 à 9 pieds de haut et que le chemin avait l'air d'une ronde de prison.

Dans les domaines, pour les grosses propriétés, les murs de clôture servent d'accompagnement. Il suffit de se reporter au plan-masse pour voir leur implantation et examiner la liaison qu'ils créent entre le volume et les espaces extérieurs.

Les murs de restanque

Dans la conquête du sol, les murs de restanque [4] modifient le paysage provençal au point de faire apparaître un relief nouveau : innombrables terrasses que l'œil exercé voit apparaître un peu partout depuis le Ventoux jusqu'à la mer Méditerranée. Des milliers de kilomètres de murs ont été édifiés avec une patience inouïe pour récupérer une terre cultivable sur la colline. Il aurait été intéressant d'établir une carte de la Provence où figurent ces *bancao*, travail gigantesque et impressionnant car certaines collines ont été entièrement converties en restanques.

L'origine historique

Les restanques sont liées à l'accroissement de la population qui s'est surtout manifesté pendant le Moyen Âge et la deuxième moitié du XVIIIe siècle, période où il fallait absolument conquérir de nouveaux champs [5] ; le développement des terrasses a atteint alors son apogée. En 1820, M. de Villeneuve [6], recherchant les causes du développement des restanques, précisait qu'elles étaient dues à l'augmentation de la population, à la permission de planter la vigne, à l'augmentation du prix du vin liée aux nouveaux débouchés offerts par l'exportation. À cette époque, le paysan cherche des terres nouvelles et il ne peut en trouver qu'en prenant cette terre sur la colline, en repoussant le fleuve ou en asséchant des marais. Sur ces restanques, on cultive d'abord la vigne ; mais on pourra y semer du blé, planter des oliviers, cultiver le caprier.

Les principes de construction

Il fallait créer, sur un terrain en pente, un certain nombre de surfaces horizontales. Cela devait se faire en utilisant la terre trouvée sur place et, également, la pierre de construction. L'hypothèse de travail était donc double : les déblais devaient être égaux aux remblais, de manière à éviter des apports de terre ou des évacuations ; le mur devait être construit avec des pierres trouvées sur place. Plus les restanques étaient bâties sur des parties en pente, plus leur largeur diminuait. En arrivant au sommet, elle n'était plus que de quelques mètres. Pour un volume donné de pierres, il fallait obtenir le linéaire de mur le plus important. Cela impliquait une construction à une seule rangée de pierres. Très souvent, derrière cette rangée, on mettait des blocs moins importants qui faisaient la liaison avec la terre. Tous ces murs étaient construits en pierre

[4] Étymologie : le verbe actif *restanca* signifie « arrêter », « endiguer » ; le terme *restanco* signifie « barrage ».

[5] Obligation de créer de nouveaux champs : édits royaux du 20 novembre 1767 (musée d'Arbaud, Canton-Provence 89). Un texte de 1620 (rapporté par R. Livet) concerne la construction de trois cents cannes de murailles, « rive berges dans une terre à Barjols ». On demande au maçon de dresser cent cinquante cannes à cinq pans de hauteur et cent cinquante-deux à trois pans d'une épaisseur convenable. Un mémoire de 1730, cité par Berlié, décrit des plaines renfermées dans le finage de Rians, soutenues par des murailles qu'il faut entretenir annuellement.

[6] *Statistiques*.

Terrasse extérieure d'un bastidon au-dessus du village de Lauris.

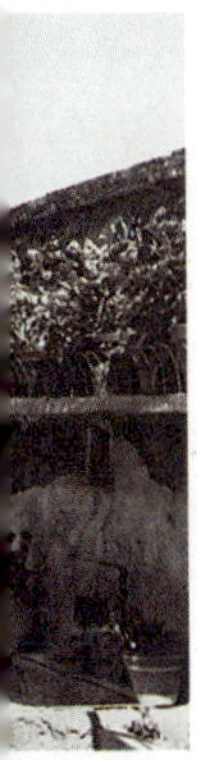

Ci-contre, de gauche à droite : environnement d'une petite maison d'Eyguières ; cour intérieure de la ferme du Roucas, à Vaugines.

Ci-contre, de gauche à droite : table de pierre devant l'habitation du métayer du domaine d'Aiguebelle ; chemin traité en calade.

sèche, rares sont ceux qui comportaient l'incorporation d'un liant. Si cette solution est économique (une seule rangée de pierres), elle n'offre pas assez de résistance aux poussées des terres. C'est pourquoi un talus important permettait de rétablir l'équilibre, les pierres étaient aussi placées en dévers dans ce même souci de stabilité. Mais plus le mur a de fruit, plus on perd de la surface rentable sur la terrasse supérieure.
Il est vraisemblable que les restanques étaient commencées de manière à ce que les terres de décaissement soient jetées en bas pour constituer des terres de remblai. Les murs étaient montés en même temps pour les soutenir. Pour ces murs, le problème primordial était avant tout leurs fondations et l'écoulement des eaux de ruissellement de manière à ce qu'elles ne ravinent pas la maçonnerie. Très souvent, ces murs s'écroulaient et il fallait les entretenir régulièrement.

La construction des murs de restanque

Ce travail particulièrement long et pénible était, en général, fait par des spécialistes : les emparadaires [7]. Ce travail était coûteux et l'on peut penser que, dans de nombreuses régions, seul le paysan avec sa famille menait avec patience l'édification de tels murs. De gros blocs, enfouis dans la terre à une certaine profondeur, constituaient les fondations. Les pierres étaient montées avec la partie la plus saillante en façade et la partie la plus effilée en queue, les angles saillants s'encastrant dans les angles et serrés très étroitement de manière à obtenir la cohésion la plus parfaite. Le faîte du mur était réalisé de diverses manières : pierres de champ sur une rangée, sur une double rangée. La hauteur de ces *bancao* pouvait aller jusqu'à 1,90 m à 2 m, hauteur ne nécessitant pas d'échafaudage. Des chantepleures étaient disposées à intervalles réguliers en quinconce sur la hauteur et réalisées par un manque dans la maçonnerie. Plus la terrasse était située en un point élevé, plus le travail pour la réaliser était important, l'accès difficile et la surface dans la conquête du nouveau sol réduite.
Bien entendu, il fallait prévoir la liaison entre ces restanques pour permettre à la mule et à la charrue d'y accéder ; le plus souvent, il s'agissait de rampes qui, à une extrémité, permettaient de passer d'un niveau à un autre. Des escaliers en pierre ou de simples dalles intégrées dans le mur constituaient un cheminement piétonnier.
Le manque de rentabilité, dû à la modernisation de l'outillage et à l'évolution des cultures traditionnelles, a provoqué la désaffection irréversible de la culture en restanque.

La législation

« Quand il se trouve que quelqu'un a une possession en quelque endroit inégal et raboteux, et qu'icelle est confrontée de quelque côté que ce soit, de quelques propriétés plus basses et séparées d'icelles par des murailles, le maître du fonds supérieur ou "soubeyran" doit entretenir et réparer les dites murailles à ses dépens et être déclaré propriétaire des dites murailles, rives et arbres les bordant. Ce qui est tellement véritable que cela a même lieu encore que le dit maître du fonds supérieur ait donné un chemin à quelqu'un sien voisin pour son dit fonds joignant quel-

[7] Voir *Statistiques* de Villeneuve (tome IV, pp. 356-192). On les appelle aussi les « muraillaires ». À Ollioules, une vieille famille, les Long, s'est distinguée dans ce travail dans la première moitié du XIXe siècle.

qu'une de ces dites murailles ou rives. Car nonobstant le dit chemin qui, entre la dite muraille ou rive et le dit fonds, le maître dudit fonds demeurera obligé d'entretenir et de réparer la dite muraille comme il demeurera maître de la dite rive et des arbres y étant ni plus ni moins que si le dit chemin n'y était pas. » [8]

Pour un mur de soutènement, il était ajouté :

– **si la différence de niveau est naturelle :** lorsque le niveau du terrain est différent, ce mur de soutènement doit être construit et entretenu par le propriétaire du terrain soutenu ;

– **si la différence de niveau provient du fait de l'homme :** dans ce cas, c'est au propriétaire qui a élevé ou abaissé le terrain de construire et d'entretenir le mur.

Les limites de propriété : le bornage

Le bornage était, en Provence, de nature sacrée. La plantation des termes était symbolique et avait conservé les vieux symboles de l'époque romaine [9]. L'*agrimensor*, chargé de déterminer les limites de propriété, donnait à ses fonctions un caractère sacré. C'est lui qui posait les agachons ou témoins du terme [10]. « Ô arpenteur et délimitateur, sache comme chose certaine que Dieu est le grand arpenteur et délimitateur, qu'il regarde et regarde bien ce que tu feras, comme tu le feras. Car Dieu voit, il sait en tous points et mesures si ce que tu fais est bien ou mal. Penses à cela pour que tu donnes droit à celui qui doit l'avoir et que tu ne fasses tort à personne, soit par menaces, soit par de l'argent. Ne fais que ton devoir car Dieu voit tout et il fera bon compte à toi et à chacun selon les actes par lesquels il aura été servi. Remplis bien et justement ton office sans aucune défaillance et bien t'en adviendra [...] Pour faire un terme, il fallait trois pierres : la grande et terminale et deux agachons pour le moins. Et il ne suffirait que la dite grande pierre terminale fût accompagnée d'un seul agachon ; car, comme un seul témoin ne vérifie rien en justice, de même un seul agachon qui n'est qu'un seul témoin de la dite pierre terminale n'est abstant pour vérifier qu'elle soit terme. Les agachons sont appelés de ce nom d'autant qu'entre deux limites, parties ou confins, ils vont regardant un autre terme qui est directement planté à l'opposite. Et encore qu'une grande soit accompagnée d'agachons, ils ne vérifient pas pourtant que la dite grande pierre soit terme, si les dits agachons ne sont frères, bien accordants, loyaux et véritables lorsque, étant partie d'une même pierre, brisée en autant de parts qu'il y a d'agachons, se rejoignent, accordent et accolent chacun sur la jointure de sa rupture, en sorte que cela fait voir à l'œil qu'ils ont été autrefois unis et n'ont fait qu'un même corps avant leurs brisements. Et, pour être tous partis d'un même corps, les dits agachons s'appellent frères et sont dits bien accordants, loyaux et véritables à cause du juste rapport qu'ils montrent, se rejoignent proprement sur leurs ruptures. » (Bomy, voir « Bibliographie »)

Ci-dessus : en haut, mur de clôture en pierres sèches avec encorbellement en partie haute, région de Bonnieux ; au milieu, escalier dans mur de restanque permettant de passer d'une restanque à une autre, région de Sivergues ; en bas, exemple d'appareillage d'une maçonnerie de restanque.

[8] Bomy, *Statuts et Coutumes du pays de Provence* concernant les fonds inégaux et murs de soutènement, Aix, 1620.

[9] Voir usages locaux à caractère agricole codifiés par la Chambre d'agriculture des Bouches-du-Rhône, 1936 (Bomy, *Statuts et Coutumes du pays de Provence*, chap. 15, pp. 34 et 35).

[10] Pour la façon de placer les agachons, voir également le texte de Gallicy père, de Bomy. Agachon vient du terme *agach* (lieu où l'on guette). Cette façon de placer les agachons et les termes provient du livre *Liber terminum* que composa Arnaud de Villeneuve à la demande du roi Robert, à l'usage des prud'hommes, estimateurs et arpenteurs, manuscrit précieux au point de vue de la langue et des conventions agraires (le troisième exemplaire se trouve à la Méjane, traduction de Giraud).

Ci-dessus : en haut, construction d'un mur de soutènement ; en bas, mur en plaquettes entassées, région de Gordes.

Les témoins

Il était d'usage au Moyen Âge que des témoins assistent aux opérations de bornage. De nos jours, on appelle témoins des morceaux de tuiles ou de briques se raccordant par cassures. Ces morceaux de tuiles ou de briques (agachons), au nombre de deux ou trois, doivent être retrouvés au-dessous de la borne. L'usage actuel veut que le bornage entre deux propriétés se fasse habituellement avec des pierres brutes non gélives que l'on place sur la ligne séparative. On emploie aussi des pierres taillées ou bouchardées. Ces pierres sont considérées comme bornes, lorsqu'on trouve au-dessous d'elles leurs témoins.

Il existe aussi d'autres signes de bornage : les entailles en croix sur les rochers ; dans les collines, des tas de pierres de distance en distance appelées *montjoie* ; des lignes continues de pierres ; les vestiges de murs.

Les rives peuvent être considérées comme des signes de bornage, dans la mesure où elles sont : des fossés ; des bancs de rochers ; des tertres ; des rivières, vallats et ravins ; les lignes de crête séparant les eaux pendantes dans les collines ; quelquefois, des lignes d'arbres.

Sur les terrains de la Crau, les amas de cailloux sont généralement mitoyens.

La limite des champs est plus sensiblement marquée par des chemins, des cordons d'arbres fruitiers ou autres, par des doubles ou quadruples rangs de vignes, par des rives, des haies, des murailles ou des fossés.

En zone irriguée, les canaux peuvent servir de délimitations visibles. Pour les marais d'Arles, le fossé mitoyen est souvent utilisé comme limite, sans autre but que la délimitation, notamment dans les clos d'enganes et les marais. Dans ces sols mous, les bornes et leurs agachons risquent de se déplacer ou de disparaître. Le fossé n'est qu'un renfort supplémentaire. Il arrive que l'on indique la ligne séparative par des tamaris qu'on laisse pousser et qui sont désignés sous le nom de *gacholes*. Dans les oseraies, les pieds d'osier, qu'on ne coupe pas et qu'on a soin de choisir d'une variété différente, sont appelés agachons. À Beaucaire, ce sont des peupliers blancs ou aubes qui étaient considérés comme les bornes de l'héritage. En Crau, on utilisait des lignes de cailloux continues ou non, appelées *termenudes* ou clapiers. Les clapiers sont mitoyens ; également, les bois de chênes verts.

Les végétaux

Il n'est pas une ferme qui n'ait ses plantations d'arbres, de haies, d'arbustes, réparties judicieusement. Arbres d'ombrage, arbustes aux vertus médicinales, mûriers naguère destinés à l'élevage du ver à soie et que l'on retrouve en grand nombre, haies vives pour lasser les effets contraignants du mistral. Chaque région de la Provence a ses végétaux ; le roseau et la haie de cyprès, n'existent pas partout.

Les arbres ponctuels

Ils donnent l'effet de masse, d'ombrage. En général, ils sont à feuilles caduques car, si l'été leur ombre est absolument indispensable pour se tenir sur la terrasse, l'hiver, par contre, en perdant leurs feuilles, ils laissent le soleil pénétrer à l'intérieur des pièces d'habitation. Ils sont tout naturellement groupés à proximité de la façade sud, légèrement plus à l'ouest pour porter véritablement leur ombre sur cette façade.

Il faut citer en premier lieu le platane, dont l'ombrage peut être considérable. Cet arbre caractéristique de la Provence n'a fait son apparition que vers 1830, remplaçant les ormes, les micocouliers, les tilleuls. Le chêne est rarement implanté sur la terrasse, mais plutôt dans l'environnement du mas. Les alignements de cyprès protègent les champs comme les habitations et s'allongent parallèlement de l'est à l'ouest. Ils sont un des aspects les plus typiques du paysage. Le mas était très souvent précédé d'une allée de mûriers [11]. Il faut citer enfin le pin sylvestre, le sapin, le mélèze, l'if, le thuya, le genévrier.

Les haies

La haie est utile avant tout pour briser les effets du mistral. Elle protège les parcelles et les délimite en même temps.

Les haies de cannes

On emploie en Provence la tige coupée et séchée, qui peut s'élever jusqu'à 5 m de hauteur, plutôt que la plante à l'état naturel. La canne est répandue

[11] « Le devant de la maison est planté de gros mûriers pour la préserver un peu du soleil durant l'été, mais leur ombre est loin d'être fraîche. Ils se relient à une allée d'arbres de la même espèce, tordus, bas et rabougris qui conduit à la route. » (M. Lanéry d'Arc).

Page de droite, un oratoire en pierre dans la région de Revest-de-Bion.

Ci-dessous, site avec murs de restanque, chapelle, cabanon et puits, dans le haut Var.

surtout dans la région méridionale de la côte entre La Ciotat et Hyères, la dépression du Bausset, la vallée de l'Argens.

Les haies de cyprès [12]

Elles parsèment la plupart des plaines comtadines, toute la région de Châteaurenard, de Saint-Rémy, de Cavaillon, etc., qui nécessitent, pour leurs cultures maraîchères, l'arrêt du mistral. Les cyprès, plantés à 50 cm les uns des autres, leurs fûts parfaitement rectilignes et parallèles, leur feuillage homogène, peuvent ainsi briser les assauts du mistral. Quelquefois, les rangées sont doublées, même triplées, pour constituer une barrière encore plus efficace. Généralement, ces haies ont une orientation perpendiculaire à la direction du vent, mais les limites de la parcelle ne permettent pas toujours cette disposition.

Les haies d'arbustes

Il y a, en Provence, des haies d'aubépines, de prunelliers, d'églantines, de buissons ardents (arbustes épineux), d'arbustes à rameaux touffus et entrelacés comme les coudriers, noisetiers, grenadiers sauvages, sureaux, mûriers blancs (recherchés pour le ver à soie) et, introduite depuis quelques années,

[12] C'est sous le Second Empire que le cyprès acquiert ses lettres de noblesse.

une plante maritime : le pourpier de mer (*artiplex*). Chaque région cultive évidemment plus volontiers un type d'arbuste qu'un autre. À Aubagne, c'est le grenadier, l'aubépine, l'épinette-vinette. À Pernes-les-Fontaines, L'Isle-sur-Sorgue, c'est l'aubépine, l'épine noire et le cognassier rabattu taillé chaque année.

La treille

Elle est constituée par une vigne vierge ou une glycine aux fleurs de couleur bleue ou violette, ou tout simplement une vigne donnant des raisins de table.

Les fleurs

Au stade pratiquement sauvage : on rencontre surtout des iris, des hellébores, des jacinthes, du safran, des belles-de-nuit (*mirabilis salapa*), des géraniums, des jonquilles, des giroflées, des lilas, des rosiers et des reines-marguerites.
Les plantes médicinales : celles que l'on rencontre sont le thym, la sauge, le basilic, le laurier (en général exposé à l'est et à proximité du puits), l'ail, le cresson, la verveine, le romarin, etc.

La distance requise pour certains ouvrages intermédiaires (les usages locaux à caractère agricole)

Le four à ban, les fourneaux et les forges

« Celui qui veut bâtir un four à ban contre une muraille commune doit laisser entre les deux le "tour du chat", c'est-à-dire quelque petite distance : 0,16 m. D'autant qu'un tel four, où tout le monde va cuire son pain, évapore jour et nuit une si grande chaleur qu'il ne se peut faire qu'elle ne nuise à la dite muraille, étant le dit four bâti immédiatement contre icelle. Le mur-dossier de l'ouvrage doit avoir une épaisseur minimum de 0,32 m. » Les dimensions de 0,16 m et 0,32 m correspondent au demi-pied et au pied que la coutume de Provence prescrivait de laisser. « Les fourneaux et les forges sont soumis à la même obligation. » (Bomy, *op. cit.* ch. 10, p. 32).

Les puits

« Un puits doit être éloigné d'un pas [13] selon la loi de Solon, rapportée par Plutarque en la vie dudit législateur et par le jurisconsulte en la loi dernière. » (Bomy, *op. cit.* ch. 6, p. 21). Lorsque les puits et les cloaques ne se trouvent pas dans les lieux clos, l'usage veut qu'ils soient entourés d'une margelle de 0,30 m de hauteur. « À Marseille, celui qui veut construire quelques-uns des ouvrages énumérés à l'article 674 du Code civil doit construire un contre-mur, que le mur séparatif des héritages soit ou non mitoyen. » (voir Dubreuil, *Coutumes de Provence*).

Les cheminées

Celui qui veut adosser une cheminée ou âtre contre un mur mitoyen doit construire un contre-mur de six pouces d'épaisseur, soit 0,16 m. D'une manière générale, le contre-mur est remplacé par une plaque de fonte fixée au mur par des pattes.

Ci-dessus, escalier extérieur, treille et arbre d'ombrage sur la façade sud d'un mas de la région de Lourmarin

Ci-dessous, bastidon de la région de Lauris.

Les étables

Celui qui veut construire une étable contre un mur mitoyen doit établir un contre-mur de 8 pouces : 0,22 m d'épaisseur. « Le contre-mur doit se suffire à lui-même ; il doit être indépendant du mur mitoyen. » (Bomy, *op. cit.* ch. XII, p. 19).

Le tour d'échelle

Le tour d'échelle est un droit en vertu duquel celui à qui il est dû peut poser une échelle sur l'héritage du voisin et occuper l'espace nécessaire pour faire tourner l'échelle, lorsqu'il fait des réparations à son immeuble : 0,50 m environ. On désigne aussi sous le nom de tour d'échelle l'espace qui est laissé pour cet usage. En Provence, le tour d'échelle n'existait pas légalement.
Le tour d'échelle n'est ni un usage ni une servitude. Il est admis que, lorsqu'un immeuble a besoin de réparations ou a besoin d'être reconstruit, le propriétaire peut se servir de l'immeuble de son voisin, et qu'il lui doit des dommages et intérêts s'il lui cause un préjudice. Les dommages et intérêts doivent être demandés par le propriétaire du fonds qui a subi le dommage ; faute d'un arrangement à l'amiable, l'évaluation du préjudice est faite par un expert.

Le mur mitoyen

Pas d'usages.

Les fossés

Lorsqu'on creuse un fossé en bordure d'un fonds voisin, on doit laisser une largeur de terrain, entre la ligne séparative et le haut du talus, égale à la profondeur du fossé. Les usagers et les causagers d'un fossé d'arrosage ont le droit de suivre les berges et de les remonter jusqu'à la prise d'eau. Si le fossé est bétonné ou cimenté, il peut être établi sur la limite même. Il existe fréquemment, en Crau, de petits fossés d'irrigation, appelés *rageirolles*, qui peuvent être ou non mitoyens. On compte, de chaque côté des bords, un espace de 0,50 m pour le passage des arrosants ; non mitoyens, ces fossés doivent être distants de la limite de 0,50 m ; ce qui représente à peu près leur largeur. Les terres de repurgement des fossés qui se trouvent sur la limite des propriétés sont jetées du côté de la propriété à laquelle appartient le fossé. Pour les fossés mitoyens, le rejet des terres de repurgement se fait, tantôt d'un côté, tantôt de l'autre.

Ci-dessous, jarre en terre cuite sur la terrasse d'un mas.

Les plantations

Il est d'usage de ne tenir aucun compte des distances concernant la plantation des saules et des peupliers sur les bords des fossés d'écoulement mitoyens. Pour les canniers, la distance de la ligne séparative peut être comptée à 0,50 m parce qu'ils se coupent chaque année et qu'ils n'atteignent la hauteur de 2 m qu'une partie de l'année. Il en est ainsi surtout pour les canniers orientés du nord au sud.

Les haies

Les haies mortes peuvent être établies à la limite même. Les haies vives doivent être tenues à 50 cm de la limite si elles ne s'élèvent pas à plus de 2 m, et à 2 m si elles dépassent la hauteur de 2 m. Une clôture en fils de fer placée sur la limite est présumée appartenir à celui dont la propriété est entourée par cette clôture.

L'extérieur pour la production

C'est essentiellement l'aire à dépiqueter. On verra également des meules de foin et des cages à maïs, mais elles sont extrêmement rares dans notre région. L'aire à dépiqueter était constituée par une plate-forme circulaire pavée de petits galets avec une bordure de pierre sur le périmètre, de manière à ce que les animaux pussent être guidés. Elle devait être très propre pour que le grain ne fût pas souillé. Exceptionnellement, les aires pouvaient être dallées de carreaux de terre cuite, mais nous n'en avons pas trouvé d'exemple. Par contre, très souvent, des calades étaient faites mais assez grossièrement. Au centre de l'aire, un trou était réservé pour enfiler le poteau.
La moisson était un événement considérable [1]. Il fallait une main-d'œuvre importante pour couper les gerbes. Les mêmes équipes faisaient la vendange, coupaient la lavande ou récoltaient les olives [2]. Les gerbes étaient répandues sur toute la surface, mais verticalement, en commençant par quatre gerbes dressées au centre, puis par rangées autour [3]. Elles étaient déliées de leurs cordes en sisal ; il y avait donc un ensemble compact et serré d'épis dressés. Les chevaux entraient et les piétinaient. Le haras de chevaux et de juments était composé de deux ou trois divisions, chacune de dix à douze bêtes accou-

[1] « Nos moissons ne se faisaient pas autour du mas où, grâce à l'arrosage, ne se cultivaient que légumes, fruits et surtout fleurs de semence. Tout notre grain poussait, superbe, aux terres noires des paluds. Donc, avec les faux, les râteaux, toute la troupe partait sur la charrette titubante portant les vivres et jarres de vin pour tout le jour. Ils ne retournaient qu'à la nuit sous les étoiles après deux bonnes lieues de route, les femmes perchées au sommet des gerbes, les hommes au nez de la bête… Le meilleur de la fête se passait à la table que l'aïeule avait préparée où toute la troupe se laissait tomber, soupirant enfin d'aise… Moissonner, javeler, râteler, monter en gerbiers, porter au tas les gerbes qui titubaient aussi, comme les âmes mortes, cela durait bien deux semaines. Puis il s'agissait de les fouler avec notre mulet. Ce n'est que bien des ans plus tard que de mas en mas passa la batteuse. Longtemps, mon père, mon oncle ou un domestique se tinrent au beau milieu des gerbes répandues, la corde du mulet en main pour la faire tourner au-dessus de sa tête pendant que les autres, hommes, femmes, avec la fourche, retournaient les épis et les frappaient pour que tout le grain en tombât. Ensuite, on passait dessus le rouleau : le même mulet le traînait avec le même homme au milieu, tenant haute la corde meneuse. On amoncelait la paille à la fourche et un autre tas formidable semblable à une cathédrale. » (M. Mauron).

[2] « Les villages, depuis la côte de Grasse, jusqu'à Digne, Riez, Draguignan et tous ceux des montagnes sous-alpines, deviennent presque déserts à cette époque. Les paysans, les ouvriers, sans occupation, se réunissent de tous côtés. Aussitôt après avoir entendu la messe, la troupe s'assemble sur la grande place ou devant l'église ; dès qu'elle est formée, le plus jeune frappe sans relâche sur un petit tambour semblable à ceux que l'on donne pour jouer aux enfants ; chaque moissonneur a son léger paquet dans un sac, sa faucille suspendue au côté de sa gourde ; une très longue canne sert à rendre sa marche plus facile. Ces hordes ambulantes vont se répandre au loin ; ceux qui la composent entreprennent non seulement les travaux de la moisson, mais aussi ceux de la vendange, de la récolte des olives, des glands et des châtaignes… Dès que le printemps s'annonce, on n'entend parler, dans toutes les places, dans tous les marchés, que de la moisson ; chaque moissonneur fait les préparatifs du départ : les plus expérimentés fixent l'époque précise, règlent la longueur du voyage et déterminent les séjours ; les jeunes filles choisissent ceux qui leur plaisent le plus pour lier leurs gerbes. Les premiers moissonneurs commencent par les plaines de La Napoule ; ils viennent à Fréjus, Sainte-Maxime, Grimaud. Ils passent ensuite à Brignoles, Saint-Maximin, puis à la Verdière, Rians, Gréoux, Manosque ; enfin, ils descendent aux plaines de Sénas, arrivent à Tarascon et finissent par Arles et la Camargue… On est obligé de mettre le blé en meules aussitôt après qu'il a été récolté pour donner le temps de faire l'opération du battage. » (A. Millin).

[3] Voir la description de Pierre Véran, statistiques d'Arles, description qui date du XIXe siècle, rapportée par F. Benoît dans *La Provence*, Paris, 1949 (pp. 63 et 64).

Ci-dessus, plan d'un petit mas des plaines et de son aire à dépiqueter.

Page de gauche, terrasse en prolongement de l'aire à dépiqueter, pavée de galets, d'un mas de la région du Tholonet.

plées deux à deux. À la tête de chaque division, deux étalons vigoureux qu'on appelait les *primadiers*.

Un seul conducteur faisait mouvoir les chevaux toujours circulairement. Il était recommandé de changer les couples de place et de les tourner alternativement de gauche à droite et de droite à gauche de manière à ne pas les étourdir. Une fois les gerbes émouchées, les épis abattus, les hommes, armés de fourches de bois, remuaient les gerbes jusqu'à ce que la paille fût réduite en bûches de 3 à 4 pouces de long, ensuite, le grain se détachait…

Sur l'aire à dépiqueter, les grains étaient ensuite vannés mais cette opération ne pouvait se faire qu'avec un vent favorable. Aussi la position de l'aire à dépiqueter était-elle fonction de la dominante des vents. Pour éviter les charançons, on recommandait de vanner le blé par vent du nord et de le transporter la nuit, avant le lever du soleil [4].

Le rouleau de pierre traîné par un cheval sur l'aire ne s'est répandu en Provence qu'au XIXe siècle [5]. Ce mode de dépiquetage était particulièrement utilisé dans les petits domaines où il évitait les frais de location d'un haras et épargnait le dur labeur du battage au fléau. Dans ce cas, on dressait au milieu de l'aire une perche : à son sommet était fixé le tourniquet d'où pendait la corde attachée au licol du cheval. L'arrondissement d'Arles qui possédait en abondance des chevaux fut le plus longtemps réfractaire à la machine et a maintenu ce procédé jusqu'aux premières années du XXe siècle.

[4] Voir la position de cette aire sur les différents plans-masses.

[5] D'après J. Bouchoni, il est considéré comme une nouveauté à Orange en 1809.

Éléments de synthèse

Village d'Aurel perché sur un léger promontoir avec un habitat qui épouse le relief.

Les éléments caractéristiques de la maison provençale et les principes d'intégration

À considérer tous les exemples que nous avons donnés du domaine bâti, l'architecture rurale provençale, par sa liberté, sa simplicité, semble échapper à toute règle. Ne suffit-il pas de couvrir en tuiles canal et d'enduire une façade à la chaux pour « faire provençal » ? L'examen de tous les relevés indique cependant que certaines caractéristiques architectoniques sont constantes. Nous avons eu d'ailleurs l'occasion de les signaler au passage. Nous les présentons ici groupées sous forme de tableau.

Des ECP (éléments caractéristiques permanents) sont attachés à toute construction provençale. On les retrouve dans tous les cas. D'autres éléments que nous appellerons ECSP (éléments caractéristiques semi-permanents) apparaissent çà et là, mais ne sont pas constants ; ils existent dans une proportion suffisante pour pouvoir être considérés comme un attribut de cette architecture. D'autres, enfin, les ECE (éléments de construction exceptionnels) sont le fruit d'une mode passagère, d'une trouvaille d'un maçon. Ils s'intègrent bien à cette architecture, mais ne peuvent être pris en compte dans la définition de cette architecture régionale. Seuls les ECP et les ECSP définissent le caractère rural provençal.

De plus, certains principes, que nous appellerons des « principes d'intégration » parce qu'ils ont pour résultante d'intégrer l'habitat à son site, semblent guider le constructeur [1]. Ils commandent l'implantation, la répartition des masses entre elles, des ouvertures, etc. Ces principes ne sont pas propres à l'architecture rurale, mais lui sont souvent appliqués [2].

Les principes d'intégration

Principe n° 1 : l'horizontalité des lignes générales

Les lignes générales, c'est-à-dire celles qui s'affirment, qui dominent quand on voit la maison à une certaine distance : ligne du faîtage, ligne des génoises

[1] Nous avons dit à plusieurs reprises que le paysan constructeur était intuitif. Ces principes sont donc inconscients chez lui.

[2] Ces principes peuvent paraître à certains des axiomes, mais il est alors surprenant qu'on les oublie trop fréquemment et que l'on veuille « construire provençal » avec des principes opposés.

de la façade principale accentuée par l'effet d'ombre, sont parallèles aux lignes horizontales du terrain. Il en est de même pour l'assise de la maison. La ligne du faîtage est donc perpendiculaire aux lignes de plus grandes pentes [3].

Principe n° 2 : la pulsation décroissante

La masse décroissante

Un élément haut est accompagné par d'autres volumes plus bas, d'où une masse dominante épaulée par d'autres volumes décroissants les uns par rapport aux autres [4].

La répartition décroissante des pleins et des vides

Les parties les plus ouvertes de la façade sont situées au rez-de-chaussée. Plus on monte, plus les ouvertures se rétrécissent [5 et 6]. La maison semble être tirée par deux forces opposées : par la terre – ceci est clairement indiqué par un épaississement au niveau des assises du soubassement ; par le ciel – plus on monte, plus les proportions s'affinent et plus on essaye de devenir léger et aérien. Ceci est encore accentué par le fruit des murs et par les matériaux eux-mêmes [7].

Principe n° 3 : le mimétisme des formes

Il existe une analogie entre les formes extérieures et celles de l'habitat. Par exemple :

– forme d'une arête, d'un linteau de porte, forme d'un tronc d'arbre ;
– composition des murs, composition du sol extérieur ;
– un sillon des tuiles, un sillon des champs.

Ce principe provient en partie du fait que les matériaux du site sont ceux de la construction.

Principe n° 4 : les couleurs sont celles du site

Notamment, les couleurs de l'enduit des façades, des tuiles. Ce sont les couleurs que l'on retrouve dans la terre et les végétaux. Un mimétisme se produit simplement au niveau de la polychromie entre les couleurs de l'habitat et les couleurs de son support.

Principe n° 5 : les mesures humaines

La mesure humaine (1,65 m, homme de cinq pieds) commande tout cet habitat rural. Dans les exemples que nous allons donner des tracés régulateurs et des proportions, l'échelle de l'homme est constamment rappelée. La porte a juste la hauteur qu'il faut ; les pièces répondent étroitement aux dimensions de l'homme assis, debout, appuyé... De ceci se dégage une impression de sérénité. Il y a, entre l'homme et cet habitat, une conformité étroite.

Principe n° 6 : l'architecture évolutive

Cette architecture est ouverte, non spécialisée ; elle peut évoluer, c'est-à-dire s'agrandir, s'empiler... C'est une architecture qui, au cours des siècles, s'est transformée pour pouvoir absorber toutes les nouvelles contraintes. Nous étudierons, dans le chapitre suivant, ce problème de l'évolution possible des volumes. Le résultat général de ces principes est que la maison s'intègre au site, se confond avec lui. Tout se conjugue pour une suite d'alliances et de complicité. Il n'y a pas de brutalité, de coupure, de violation.

Les éléments caractéristiques

Le volume de base : l'habitat avec étage (ECP).

Dans pratiquement tous les cas, en Provence, l'habitat rural comporte un étage. L'habitat uniquement du rez-de-chaussée n'existe que pour la maison secondaire, c'est-à-dire essentiellement pour les cabanons et pour les cabanes de gardians.

Les mas des plaines

En général, deux niveaux – exceptionnellement, trois niveaux pour des constructions importantes. Pour certains domaines, on peut avoir jusqu'à quatre et cinq niveaux.

Les mas des pré-Alpes

Également deux niveaux, mais inversion de l'occupation pour l'habitat de l'homme. Quelquefois, trois niveaux, mais dans ce cas-là, le dernier étage sera pris dans les combles.

Le volume simple, bas (ECP)

Les décrochements ne sont pas recherchés, mais sont simplement la résultante du principe décroissant.

L'orientation : sud, sud-est (ECP)

Elle répond à toutes les contraintes : l'abri du Mistral, l'ensoleillement, la protection contre les pluies dominantes. Il ne

[3] La disposition que nous avons appelée « façade-pignon » donne un accrochage du volume opposé : cela reste un cas peu fréquent.

[4] Cette caractéristique sera mise en relief dans « Variations sur un volume provençal ».

[5] Cela sera examiné dans « Des pleins et des vides ».

[6] En technique de construction, ce principe semble, là aussi, s'appliquer : une décroissance vers le haut de l'importance des matériaux ; c'est dans les parties basses que les blocs de pierre sont les plus importants.

[7] La maison est le lien de transition entre deux forces : l'une vers la terre (principe yang) : stabilité, proportions carrées, force de contact avec le support, ancrage avec le sol, solidité ; l'autre, vers le ciel (principe yin) : courbe plus fine, modénature plus accentuée au niveau de la toiture (génoise) que vers le sol, fruit dans les murs.

Ci-dessus, village de Forcalquier au soleil couchant.

Ci-dessous, la plaine de la région d'Aurel.

faut pas oublier que l'orientation du Mistral diffère légèrement suivant la région où l'on se trouve en Provence. De plus, certains microclimats peuvent modifier cette orientation de principe. Dans la région préalpine, l'orientation est moins rigoureuse.

La toiture

Le type à une pente (ECSP)

Assez fréquent pour les cabanons, mais très localisé pour les fermes relativement importantes. Dans la région de Banon et de Forcalquier, de nombreuses fermes sont recouvertes d'une toiture à une seule pente.

Le type à deux pentes (ECSP)

Inclinaison de 30 à 42° (ECP). La toiture a une inclinaison assez prononcée. Solution d'équilibre pour une toiture qui ne doit pas être trop plate ni trop pentue.

Le type à quatre pentes (ECE)

En général, réservé aux bastides et aux constructions de maître.

L'implantation

Sur affleurement rocheux (ECSP). À l'endroit d'une rupture de terrain (ECSP) – exposition sur l'adret (ECSP). L'accès ne se fait pas dans l'axe de la construction, mais sur le côté (ECP).

Les façades

La façade sud

C'est la façade principale (ECP) et c'est sur elle que donnent les pièces principales. C'est la seule qui comporte une répartition d'ouvertures. C'est par cette façade que l'on accède à la construction aussi bien pour les hommes que pour les animaux.

La façade nord

Pratiquement aveugle (ECP). Quelques ventilations, aucun accès, si ce n'est des accès de service, tels que ceux des greniers de fenils et de paillères (ESP).

La façade est

Exposée aux pluies, donc pratiquement aveugle, exceptées quelques ventilations (ECP).

La façade ouest

Pratiquement aveugle (ECP). Le cas où la façade principale est une façade-pignon est assez fréquent dans la région aixoise, pour certaines constructions (ECSP). Voir les différents exemples.

Répartition des pleins et des vides

Disposition non symétrique (ECSP). Ordonnance sur un axe pour une partie de la façade (ECSP). Répartition parfaitement symétrique (ECE).

Plan intérieur

Pièce commune

Avec son accès par la façade sud (ECP) et son exposition au sud (ECP), cette pièce commande l'escalier et l'étage (ECSP). On trouve, quelquefois, l'escalier séparé de la pièce commune (ECSP).

Les chambres

Elles sont à l'étage (ECP). Quelquefois, il peut y avoir une chambre ou une alcôve directement en communication avec la pièce commune (ECSP).

L'eau et le feu

La seule pièce chauffée est la pièce commune (ECP). Le seul point d'eau est la pile située à l'intérieur (ECP). Un autre point d'eau existe, extérieur au niveau du puits et de la citerne (ECP).

Les matériaux

Les matériaux de construction sont ceux du site (ECSP). La toiture est composée de tuiles canal ou romaines (ECP). Les façades sont enduites (ECSP). Dans les régions préalpines, la pierre reste apparente, car les enduits, du fait des intempéries, ne peuvent tenir (ECSP). Le sol des pièces d'habitation est mallonné (ECSP).

La décoration

Les menuiseries extérieures sont peintes et comportent toujours des fermetures. La génoise constitue le débord des toits sur les façades sud et nord (ECP). Elle comporte deux à trois rangées de tuiles (ECP) quelquefois, une seule rangée pour les petites constructions telles que les cabanons (ECSP).

L'aménagement extérieur

La treille, sur la façade sud, permet de s'abriter du soleil l'été, sans empêcher de faire rentrer le soleil d'hiver (ECP). La terrasse se situe devant la façade sud et constitue un prolongement de la pièce commune (ECP). À l'approche de la construction, il y a toujours des plantations pour abriter la terrasse du soleil (ECP).

Un mas isolé dans la plaine de la région de Sault.

Ci-contre : de haut en bas, colonne de gauche, trois exemples d'habitats, à Vachères, à Reiluanne et à Simiane-la-Rotonde.

Ci-dessus, exemples d'harmonie entre les lignes et les formes de l'habitat et celles du site ; de haut en bas, dans la région de La Fare-les-Oliviers, la région de Banon et sur le plateau de Valensole.

Variations sur un volume provençal

On pourrait s'étonner de nous voir étudier attentivement le volume et ses possibilités « d'accouplement », si on peut dire. Mais, pour définir une architecture, les volumes sont fondamentaux. Nous avons examiné le volume de base, un simple parallélépipède couvert à deux pentes, et les volumes composés, où continuent d'exister les caractéristiques architecturales du petit mas. Ils ont un air de famille, comme s'ils gardaient la façon d'être du mas et son unité. La filiation demeure. Dans l'organisation des volumes entre eux, certaines règles déjà rencontrées dans le petit mas se perpétuent. D'autres volumes s'ajoutent, s'empilent les uns à côté des autres : c'est la maison à échelons dont la structure initiale permet l'élaboration.

Devant l'ordonnancement de ces volumes rajoutés, surélevés, on est, chaque fois, saisi par l'équilibre des masses, le juste rapport, la continuité. Le résultat donne un tout parfaitement homogène. On imagine difficilement que la construction est, en fait, une suite d'agrandissements. On penserait plus volontiers, à première vue, qu'elle a été conçue, dès le départ, pour aboutir à ce résultat. Il n'en est rien. Ces transformations ont été faites par étapes, sur des périodes de plus d'un siècle quelquefois.

Le paysan est essentiellement pauvre, donc économe de ses moyens. Il n'agrandit qu'au fur et à mesure de ses besoins. Ces agrandissements ne sont jamais brutaux. Chacune des maisons rencontrées peut se raconter par ses transformations [1]. Le paysan constructeur possède, avant tout, cette science du petit toit que l'on rajoute, qui servira d'appentis, de celui qu'on rehausse et qui servira de grenier supplémentaire... Nous nous proposons ici d'examiner l'histoire de cette évolution et de suivre quelques exemples de ces multiples adaptations.

Page de gauche, empiage des volumes autour d'une cour fermée du mas de la Lave, à Vachères. Ci-dessous : en haut et au centre, des habitats dans l'état initial de leurs masses ; en bas, la masse principale avec adjonctions.

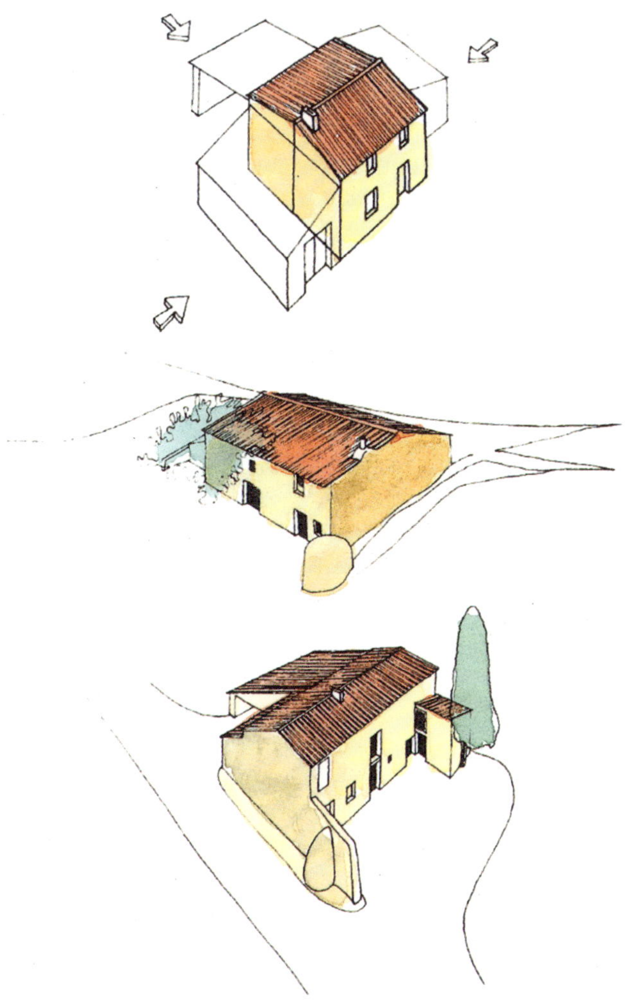

Un mas évolutif par sa nature

La forme et les procédés de construction rendent possible cette évolution. On peut même dire que l'aspect traditionnel du mas et la manière dont il est construit portent, en quelque sorte, des virtualités d'extension, de transformation. La maison savoyarde, par exemple, est définie une fois pour toutes. L'agrandir serait une prouesse. La forme de sa toiture (pente des toits très accentuée) et la complexité de sa charpente sont telles que la forme subsistera au cours des âges sans apport nouveau. Ici, au contraire, tout se conjugue pour permettre au mas de s'agrandir.

La forme

Sa façade sud est « unique ». Les autres façades et les deux pignons sont pratiquement aveugles. Ce sont des surfaces mortes sur lesquelles on peut appuyer d'autres volumes. Seule la façade sud est maintenue dans son alignement. Les pignons aveugles permettent d'empiler en mitoyenneté d'autres volumes, comme des tranches les unes à côté des autres. La forme de la toiture à deux pentes faibles facilite l'extension. Une couverture à quatre pentes, au contraire, empêche toute modification du volume principal [2].

Les procédés de construction

Le matériau de base employé est le moellon des champs. La démolition éventuelle de la maçonnerie existante est aisée puisqu'il s'agit d'un petit élément maçonné à la chaux. Par souci

[1] « Le modèle lui-même est le résultat de la collaboration de nombreux individus pendant plusieurs générations, aussi bien que de la collaboration existant entre ceux qui font et ceux qui utilisent des maisons et les autres objets façonnés, c'est ce qu'on entend par le terme traditionnel. » (A. Rappoport, *Pour une anthropologie de la maison*, 1972).

[2] C'est le cas, par exemple, de la bastide (le bâtiment du maître) qui a subi une évolution, par contre, très limitée.

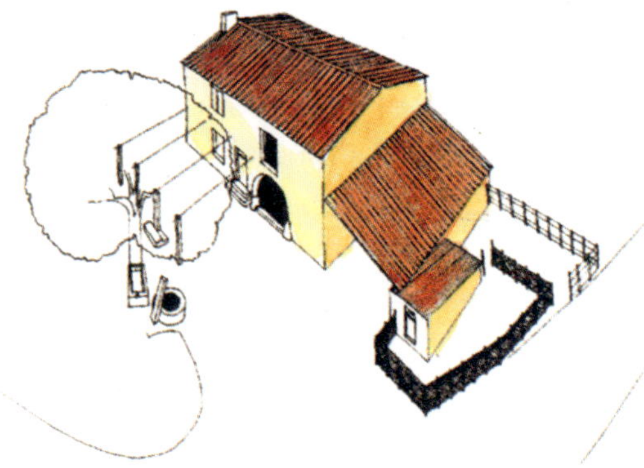

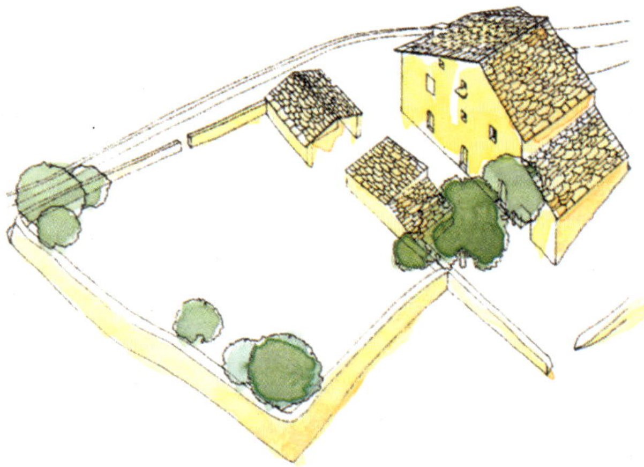

d'économie, les matériaux sont récupérés. La charpente consiste essentiellement en pièces de bois reposant de refend en refend et soutenant les chevrons (support direct des tuiles). Rien n'est donc plus facile que de déposer cette structure. La tuile, scellée au mortier maigre, est déposée et stockée en vue de son réemploi. On pourra donc reconstruire une autre couverture, un peu plus haute, avec ces matériaux récupérés, c'est-à-dire, avec les pièces de bois, les chevrons, les tuiles. Les portées ne sont pas très grandes : 3 à 5 m. On peut donc continuer à établir d'autres travées de même écartement les unes à côté des autres.

Le principe d'évolution

À partir du moment où l'évolution est rendue possible par la forme de l'habitat et, techniquement, par le procédé de construction, quelles sont les règles qui vont conduire le paysan constructeur ? Dans chacune des étapes de transformation (le mas en subit plusieurs, nettement définies) le résultat est parfaitement homogène. Des règles précises guident-elles ces extensions ? Ou, au contraire, le paysan fait-il ses rajouts au petit bonheur en se préoccupant simplement d'obtenir des surfaces nouvelles ? Nous pensons que, si le paysan n'est pas vraiment conscient de ces principes, il les applique constamment de façon intuitive.

Le paysan est économe des moyens : un mur maître n'est jamais démoli. Les matériaux sont récupérés. Cette façon de faire lui évite automatiquement des disproportions ou des abus dans ces extensions.

Le paysan fait en sorte que l'extension soit visible : et même, dans certains cas, mise en évidence. Il ne veut rien cacher des longues transformations d'une maison à échelons [3]. C'est un parti de franchise qui permet de modeler les volumes tout en laissant apparent l'empilage.

Les agrandissements ont les mêmes éléments caractéristiques permanents ou semi-permanents que nous avons rencontrés pour l'étude du mas : en particulier, l'ensoleillement de la façade sud est maintenu. Les agrandissements se font de part et d'autre en retrait par rapport à cette ligne. De même les nouveaux pignons et les nouvelles façades au nord seront pratiquement aveugles. La couverture des éléments rapportés a toujours une ou deux pentes. La pente sera sensiblement la même que dans le volume de référence.

Le principe décroissant est appliqué : le volume de base reste plus important que les autres. Il continue à s'imposer ; si néces-

[3] Très souvent, une génoise est englobée dans la nouvelle maçonnerie ; une chaîne d'angle devient une chaîne courante ; une façade, un mur de refend. Les raccords sont visibles, comme un vêtement où différentes pièces sont cousues entre elles.

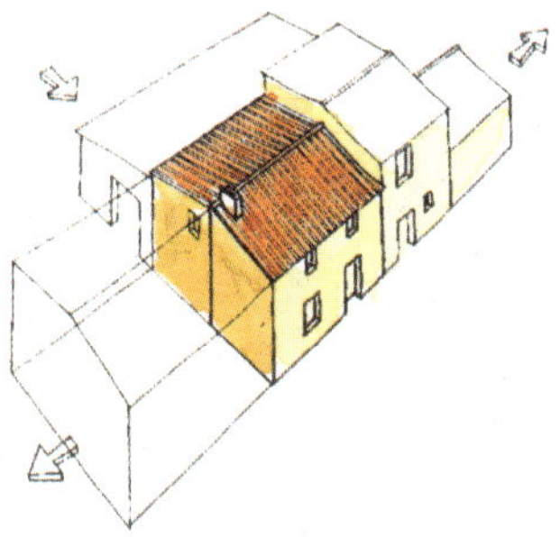

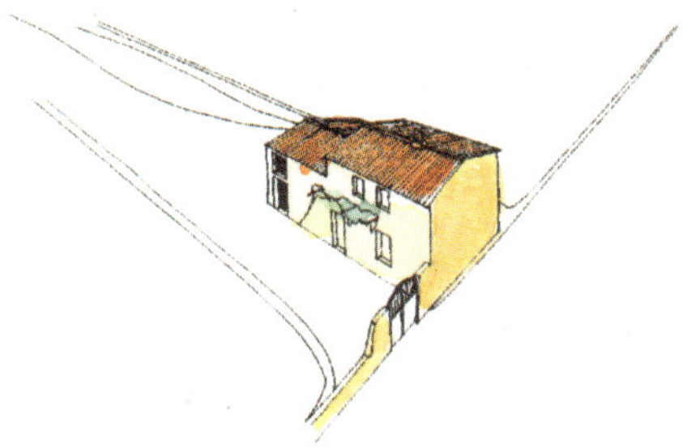

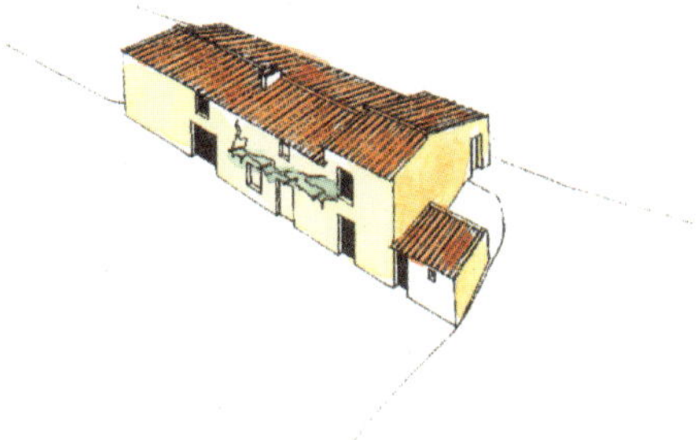

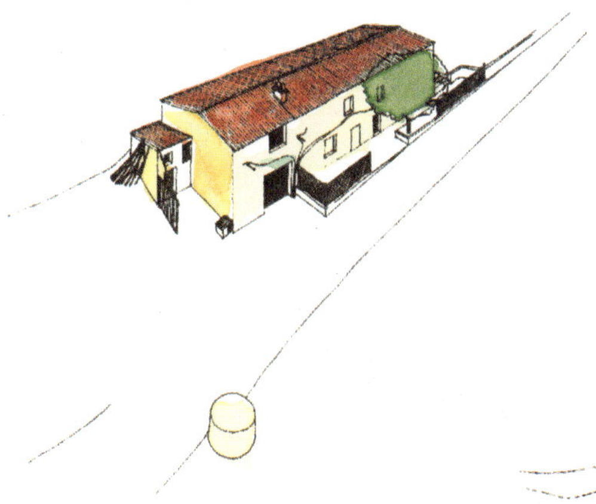

saire, on l'agrandit, on le surélève pour qu'il domine toujours les volumes annexes. Une exception à cette règle est la maison linéaire où le volume de rajout épouse exactement la hauteur du volume existant pour donner, finalement, un bâtiment en longueur.
Dans la plupart des cas, un volume s'impose auprès duquel les autres viennent s'ordonner.

LA MAISON S'AGRANDIT

Le paysan constructeur essaie d'agrandir le volume d'origine.

L'agrandissement du volume initial

Cet agrandissement est possible soit en prolongeant la toiture sur la façade nord et, de ce fait, en réduisant encore la hauteur de cette façade ; soit en réalisant des appentis sur les pignons ; soit en augmentant la hauteur du faîtage sur toute la toiture ou sur une partie uniquement ; soit en prolongeant les parties de la toiture sur la façade sud. Exemple assez rare, car il y a alors moins d'ensoleillement de la façade principale.

L'ajout d'autres volumes : méthode de l'empilage

Description

D'autres volumes viennent s'assembler les uns contre les autres, pignon contre pignon, et les murs de pignon deviennent murs de refend. Cette méthode consiste à empiler d'autres volumes au volume initial. Il y a une continuité dans la chose construite : le mas reste un tout ; seules quelques annexes sont dissociées du volume construit. Toutes les fonctions sont groupées à l'intérieur d'une seule masse comme cela existait dans le petit mas familial. Cet empilage ne paraît pas limitatif. On peut toujours continuer à empiler. Les volumes se rajoutent les uns à côté des autres, rompant l'alignement par un léger retour ou, au contraire, se plaçant sur la même ligne. Il y a un déploiement linéaire.
Le déploiement en hauteur ne se fait pas avec autant de facilité. La construction est vite compliquée ; la maçonnerie n'a

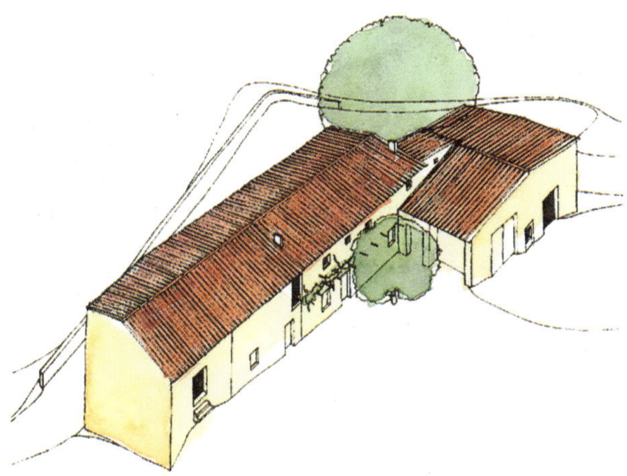

Page de gauche, volumes provençaux : habitats avec différentes adjonctions sur la masse principale.

Ci-dessus et ci-contre, exemples d'agrandissement du volume de base par empilage linéaire.

pas une épaisseur suffisante. Il y a la nécessité de placer des échafaudages. Le coût de la construction augmente quand on dépasse les hauteurs normales. De plus, le fonctionnement est moins satisfaisant : les circulations sont moins aisées ; il faut monter ou descendre. D'une manière générale, à part quelques exemples dans les constructions préalpines, la surface au sol ne manque pas.

Pendant les XVIIIe et XIXe siècles, la transformation du mas s'est faite par cette méthode de l'empilage. Il faudra attendre le XXe siècle pour qu'il y ait un éclatement des volumes et une dispersion de ceux-ci. Exception, toutefois, pour les mas camarguais, où, très vite, certains bâtiments, du fait de leur importance, sont séparés du volume principal ; cela aussi pour éviter les risques d'incendie. Cet empilage suit trois directions préférentielles.

L'empilage linéaire avec de légers décrochements : c'est le cas le plus fréquent. On aboutit à un volume sur un seul front, mais redécoupé avec des dominantes (dominante du volume principal, dominante du pigeonnier). La longue barre s'expose plein sud, et on verra plus précisément, dans l'étude des façades ce qu'un tel parti peut donner. Mais cette disposition ne peut réellement s'établir qu'en zone de plaine. Les mas camarguais en sont l'aboutissement.

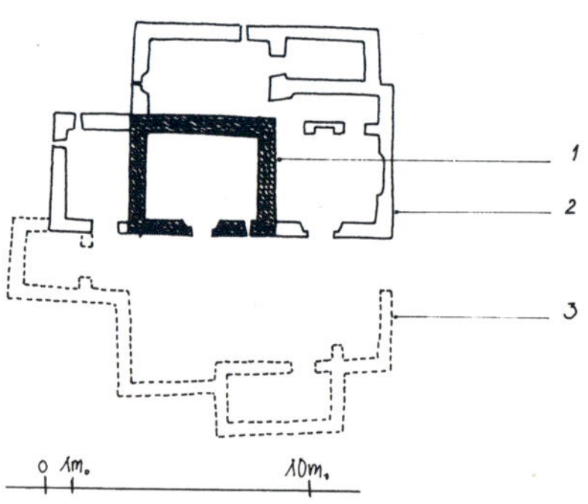

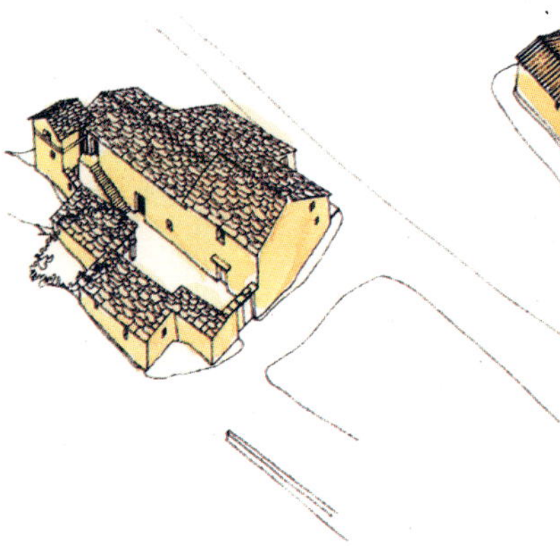

À gauche, volume du mas de la Sofranie et son plan montrant trois stades d'évolution : 1) cabanon initial ; 2) construction de pièces voûtées ; 3) additions successives faisant apparaître une cour intérieure.

Ci-dessus, agrandissements par empilage en retour, selon une disposition en L.

Ci-dessous, deux exemples d'empilage de volumes autour d'une surface rectangulaire déterminant, à la suite de chantiers successifs, une cour fermée.

Ci-dessus, évolution en quatre stades d'un mas des plaines de la région de Lauris : en haut, plan de l'étage ; en bas, plan du rez-de-chaussée (voir p. 73).

L'empilage en retour avec disposition en L : le retour est toujours moins important que le volume d'origine. Cette disposition est transitoire entre le parti ouvert et le parti fermé. C'est une phase non achevée. On ne lui connaît que de rares exemples. Il y a là un besoin de se refermer autour d'un espace. Cela permet de s'abriter encore mieux du mistral, d'offrir également moins de distance entre les bâtiments qu'une disposition linéaire. Par contre, la jonction entre les deux volumes de retour entraîne une complication dans la charpente et la couverture : on verra quelles solutions ont été apportées pour simplifier ce raccordement.

L'empilage en U ou en cour fermée : l'obtention de la cour fermée ne se fait pas d'emblée, mais par le jeu de volumes qui, au terme d'une longue élaboration, finissent par se refermer, créant ainsi une cour. Ce parti qui semble, par définition, limitatif, pourrait être de nature à gêner l'évolution caractéristique de la maison provençale ; mais, là encore, même une fois la cour fermée, on trouve des possibilités d'ajouter des appentis, des hangars adossés au mur de clôture de la cour.

L'évolution récente

Depuis le milieu du XXe siècle, nous assistons à une rupture complète de cette évolution du mas par empilage. Les nouveaux bâtiments ne se raccrochent pas à l'ensemble ancien. Au contraire, ils s'en dissocient pour s'implanter à proximité dans une disposition souvent anarchique, mal définie. Le mode de vie diffère fondamentalement de la tradition. Les nouvelles techniques de construction : emploi du parpaing à la place du moellon des champs, plancher dur en béton armé, au lieu d'un plancher de remplissage, toiture sur charpente métallique avec tuiles plates ou Eternit, expliquent en partie cette rupture. La construction ancienne est abandonnée ou une fonction annexe lui est donnée, quelquefois dérisoire. Le paysan construit une autre habitation moderne et confortable [4]. Les bâtiments agricoles sont conçus pour une production définie, dans un but de rentabilité.

[4] C'est le cas, par exemple, de l'exploitation de Monsieur F. au quartier du Plan dans la commune de Meyrargues : l'ancien mas en longueur a été abandonné. Les deux chambres et la cuisine qui le composaient sont utilisées comme resserres pour les grains, les engrais, et comme débarras. Il en est de même de l'ancienne étable. L'habitation nouvelle, plus vaste, plus commode, s'ouvre au midi. En dessous sont situés l'écurie et les garages. À côté est disposé le hangar à paille, couvert de tuiles mécaniques ; un poulailler a été construit en retrait. L'ensemble a été protégé du mistral ainsi que le jardin attenant par deux rangées de cyprès disposés en coin (cité par R. Livet).

Les sites : le tracé au sol

L'habitat rural témoigne dans chacune de ses implantations de la justesse du site choisi. C'est peut-être là une de ses grandes leçons. Rien n'est plus difficile que de savoir déterminer à coup sûr l'endroit privilégié. De nombreuses contraintes sollicitent tel emplacement plutôt que tel autre.

Les contraintes

Il faut connaître parfaitement la nature du terrain, le microclimat, les traditions… Avoir de l'expérience et de la patience avant de fixer son choix. Pour les constructions pauvres (toujours l'économie des moyens), le site doit pallier les nombreuses carences du constructeur ; d'où une architecture de rigueur.

Une fois l'emplacement trouvé, la construction s'installe, s'intègre et finalement se confond avec lui en se l'appropriant [1]. L'habitat se situe-t-il plus au centre de gravité de la propriété pour s'assurer la position de centre d'observation, de surveillance ? Nous ne sommes pas ici en pays de grande culture. Peut-être dans la région de La Crau et de la Camargue l'habitat fait-il figure de point fort ? L'habitat se situe-t-il plus en limite de la propriété pour préserver au maximum la liberté de la zone cultivée et pour ne pas la couper par des accès, des constructions ? C'est encore une réponse variant selon les cas. Très souvent, comme on l'a vu, le propriétaire a plusieurs parcelles qui ne sont pas contiguës mais séparées les unes des autres par plusieurs kilomètres.

[1] Dans nos constructions actuelles, en zone rurale, il n'y a plus choix du site. On prend n'importe quel site ; on le « casse » pour implanter la construction tant bien que mal.

De plus, la propriété a subi de nombreuses mutations : tenures très réduites, parcelles dispersées ; l'habitat, donc, ne s'implante en fonction ni de la propriété, ni de la culture, ni de considérations de rentabilité, mais plutôt suivant des impératifs de construction et d'habitabilité.

À site ancien, construction nouvelle

Le site immédiat de la future construction est rarement un site vierge. Il a été reconnu et occupé au cours des périodes d'expansion de l'habitat dispersé, du temps des Gallo-Romains… On reconstruit au même endroit, après démolition si besoin est. On sait aussi que les anciens se trompaient rarement. À partir du moment où le site a déjà été occupé, il est inutile d'en chercher un autre. Les Romains avaient défini un site type tel que le recommandaient leurs agronomes : flanc de coteau - abri des vents dominants - exposition aux premiers rayons du soleil - proximité des points d'eau [2]. Les cadastres montrent qu'il y a eu des modifications, des dispositions nouvelles, mais que, très souvent, le site était maintenu. Le provençal reconstruit sur ce qui a déjà existé, transforme, utilise les matériaux sur place. Quand il y a occupation d'un terroir récent, il s'est raccroché autour d'un cabanon, ou d'une ruine. Si vraiment le terrain ne comporte aucun vestige, il hésitera et c'est après avoir répondu à un certain nombre de questions qu'il s'établira sur tel site plutôt que tel autre.

Les qualités requises pour le site de construction

Un site doit nécessairement répondre à un certain nombre d'impératifs, qui sont les suivants :

(2) *Les Agronomes latins : Caton, Varron, Columelle, Palladius, avec la traduction en français*, M. Nisard, Paris, 1851.

Ci-dessous, de gauche à droite, vues en perspective et coupes de l'implantation de l'habitat en fonction de l'exposition et de la déclivité du sol (la flèche indiquant le sud) : sur terrain plat ; sur terrain en pente exposé au sud ; sur terrain en pente exposé au nord (ubac), un exemple rare ; sur terrain en pente avec une implantation parallèle au sens de la plus grande déclivité, un exemple rare.

Le terrain, la nature : l'« appel du rocher » [3]

Certains terrains sont impropres à la construction. Le Provençal se méfie des terrains humides. Il sait que les constructions à la chaux se désagrègent très facilement à l'humidité. Il se méfie également des sous-sols défectueux : les sols argileux, sableux, marécageux. La nature du terrain et le choix du bon sol permettent seuls d'éviter des fondations coûteuses. Donc, le terrain type est un sol où la roche affleure : par exemple un dos-d'âne, peu accentué, à peine recouvert de débris colluviaux. En grattant un peu le sol, on voit apparaître la roche.

Très souvent, à côté de cet affleurement rocheux, on trouve des terrains de culture et de bonne terre. Le paysan constructeur profite de ce dos-d'âne pour asseoir sa construction et régler ainsi les problèmes de stabilité, de report des charges d'une construction lourde sur des terrains difficiles et mal connus. L'affleurement rocheux existe un peu partout en Provence, à l'exception de la Crau, de la Camargue et des sols squelettiques.

On verra d'ailleurs, dans le chapitre « Les fondations » comment cette roche est traitée avant de recevoir les premières assises de la construction. La présence du rocher n'explique pas à elle seule l'implantation. D'autres contraintes s'y ajoutent…

Le relief

On recherche des terrains en pente faible. Si la pente est trop forte, les deux niveaux de la construction sont de plain-pied. On choisit de préférence les ruptures de terrain car elles permettent à la maison de s'y abriter, de s'y blottir. L'idéal serait une plate-forme pas trop haute, pas à la crête, pour éviter les vents dominants, mais à flanc de coteau, à mi-pente, en profitant d'une déformation dans les lignes générales. Le relief est recherché pour une protection efficace contre les effets du vent, surtout le mistral, et contre les pluies de l'est. Il faut également que la pente soit dirigée plein midi (adret) [4]. C'est là un impératif essentiel pour orienter la façade principale (perpendiculaire aux lignes de plus grande pente) au sud. De plus, on cherche à éviter de couper la pente par une construction : on se place à une cassure du relief. Enfin, on évite d'implanter dans une cuvette, au fond d'une vallée étroite ou sur le versant nord [5].

[3] R. Livet, *op. cit.* p. 230.

[4] Étymologiquement *adret*, dialecte du Sud-Est, veut dire « endroit », « bon côté ».

[5] L'habitat à mi-pente (flanc de coteau) donnera un volume simple. L'habitat en position dominante sur plateau ou sur une crête sera plus refermé sur lui-même, et on assistera à un morcellement des volumes pour adopter des formes en cour fermée ou en L. Un habitat en plaine permettra des déploiements linéaires de volumes en front. Ceci est schématique et ne peut être considéré comme une règle sans exception.

En haut, hameau de Dauban sur un terrain plat.

Au centre, ferme à Revest-de-Bion sur un terrain en déclivité d'est en ouest.

En bas, ferme de la région d'Apt sur un terrain en déclivité d'ouest en est.

L'eau

Le problème de l'eau est essentiel aussi bien pour la construction elle-même que pour la vie de l'homme et des animaux. Les Romains n'hésitaient pas à construire des galeries de plusieurs kilomètres pour alimenter, à partir d'une source, un groupe de constructions ; l'eau n'était donc pas pour eux un élément déterminant pour l'implantation. Le paysan provençal, lui, choisit impérativement son site à proximité d'un point d'eau, d'une source ou d'un puits possible. C'est une fois le puits construit et son débit suffisant que la maison est édifiée [6].

Les matériaux existants

La construction se faisant en partie avec les matériaux trouvés sur place, on recherche donc un lieu où il y a des ressources en pierres, sable ou bois.

L'accès

Dans la plupart des cas, l'accès ne présente pas de difficulté : un réseau de chemins très dense, amélioré au cours des âges, existe depuis le temps des Romains. L'accès de cet habitat se fait sur le côté, parallèlement à la façade sud, jamais directement dans l'axe de cette façade [7].

Les végétaux existants

La proximité des végétaux, pour assurer l'ombre sur la façade sud, est aussi un élément de choix ; mais, très souvent, ils sont plantés une fois que la construction a été édifiée.

Les coutumes et les superstitions

Certains sites n'étaient pas aptes à recevoir une construction à cause de maléfices qui leur étaient attachés : mauvais génies, influences malfaisantes, sites maudits par opposition aux sites

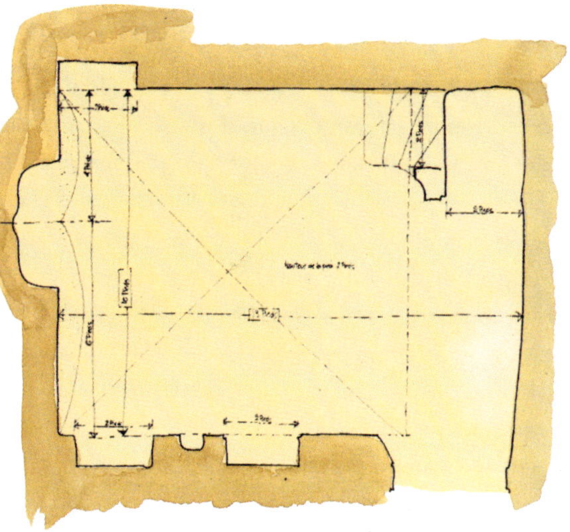

privilégiés [8]. Ces contraintes exigent un examen approfondi du site de prédilection. On n'arrête son choix qu'après de nombreuses réflexions. On demande conseil ; on visite d'autres lieux. On retourne plusieurs fois sur la plate-forme à différentes périodes de l'année, pour étudier la force du mistral, les pluies, l'ensoleillement… On consulte les personnes âgées…

Le site est choisi : la plate-forme et le tracé au sol

D'une manière générale, pour obtenir la plate-forme, le terrassement est le plus réduit possible. On s'adapte au lieu, à sa configuration propre. On profite de ses irrégularités, de ses dénivelés, pour asseoir le niveau des pièces, des caves, etc. Le périmètre est tracé grossièrement avec de la chaux sur le terrain ; les mesures sont prises. On dresse des cannes aux extrémités de la future façade pour se rendre compte de sa longueur.

Le plan au sol est dessiné avec les murs périphériques et les murs porteurs, les refends, de manière à déterminer la place des pièces les unes par rapport aux autres, la place de la remise, des écuries, etc.

[6] Les sites choisis sans possibilité d'eau sont assez fréquents en Provence mais limités à des régions précises. On a vu qu'ils concernaient des constructions avec citernes.

[7] À ce sujet, le comte de Lanéry d'Arc donne l'exemple d'un mas avec accès symétrique. C'est peut-être le cas de bastides, de domaines où l'on cherche à dessiner une allée monumentale plantée, mais ce n'est sûrement pas le cas pour les mas.

[8] Le choix d'un site privilégié est plus effectif qu'on ne le croit. Certaines dispositions dans l'environnement : relief, arbres, présence d'eau sont plus fécondants que d'autres. Il y a des lieux bénis qui, par leur nature, sont voués à une fréquentation spirituelle.

Ci-dessus, décomposition en mesures harmonieuses du plan de la salle commune des Briands, à Cucuron.

Ci-contre, modulor paysan.

Le tracé ainsi obtenu est modifié suivant les cas. On se sert d'une corde à nœuds pour obtenir l'angle droit ; les proportions sont élémentaires, en général le carré, le rectangle, le double carré. L'alignement est donné simplement par des piquets. Rien n'est donc réellement aligné, ni parfaitement à angle droit. Si une tête rocheuse dépasse un relief, l'alignement est facilement brisé.
Il n'y a pas, au départ, un plan nettement défini, mais une adaptation constante au sol. Les instruments d'implantation sont rudimentaires. Le tracé n'est jamais tout à fait géométrique. On se contente d'un à peu près. On voit l'effet produit sur le terrain. La construction obtenue n'est pas « raide » ; ses lignes sont souples, ses dimensions de base se rapprochent des tracés régulateurs, un peu comme la nature suggère, sans les donner d'une manière précise, des figures géométriques simples. Ce problème essentiel de proportion et de tracé, nous allons l'examiner maintenant en détail.

Les mesures

Avant d'aller plus loin dans la mise en œuvre des matériaux, arrêtons-nous aux mesures : tout tracé sur le terrain est inscrit avec un module ou un régulateur. On donne ainsi d'abord les dimensions extérieures à la construction, puis les dimensions des murs maîtres, ainsi de suite...

Les mesures anciennes

C'est seulement à partir de la Révolution que le système métrique s'est imposé, mais avec beaucoup de difficulté. Un décret du 12 février 1812 indiquait la conversion qu'il y avait lieu de faire entre les mesures usuelles et le système métrique. Il faudra attendre vraisemblablement le milieu du XIXe siècle pour voir le système métrique se généraliser. La plupart des constructions rurales sont donc ainsi dimensionnées avec l'ancien système, c'est-à-dire le système duodécimal.
Sur cette longue controverse à propos du système métrique, écoutons ce que disait F. de Mauremont en 1826 dans son ouvrage intitulé *Architecture rurale, théorique et pratique* : « Je n'entrerai pas ici dans la discussion des avantages et des inconvénients du système métrique ; je crois, cependant, que l'on ne saurait affirmer que la mesure dite "naturelle" qui lui sert de base, c'est-à-dire la longueur d'un arc du méridien terrestre, soit inattaquable [...] Dès lors, le seul avantage qu'on puisse lui attribuer est l'uniformité ; mais, est-ce bien là la meilleure manière de l'obtenir ? J'en doute ! En s'en tenant aux mesures françaises, on obtenait, je crois, un résultat beaucoup plus prompt... Les mesures anciennes basées sur le système duodécimal permettaient d'obtenir des nombres "ronds" plus facilement ; dans le système métrique, seuls les 1/5 et 1/2 de 10 donnent des chiffres ronds, alors que, dans le système 12, au contraire, on trouve 1/6, 1/4, 1/3, 1/2, 2/3 et 3/4 ; ainsi chaque unité de longueur pouvait se découper aisément, ainsi les divisions étaient plus limitées que dans le système métrique, mais plus commodes. »
Cela nous paraît, en effet, essentiel. Dans le système duodécimal, on a un certain élément répété plusieurs fois. On dit, par exemple, que la pièce fait 10 pans par 7 pans alors que, dans le système métrique, on dira qu'elle fait 3,33 m par 2,31 m. La répétition de ce même élément (le pan) joue un rôle très important dans les proportions.
Les mesures anciennes différaient par région et même de village à village. L'éminée de Saint-Cannat (700 m) était différente de celle de Pélissane, village pourtant situé à quelques kilomètres. Les matériaux n'avaient pas les mêmes dimensions d'un terroir à un autre. Ainsi, la tuile de Toulouse n'avait pas la même longueur que la tuile de Marseille. Le pan carré (dimension d'un carreau de terre cuite) d'environ 25 x 25, n'était pas le même dans les différentes régions de Provence. C'était le grand-père qui, une fois pour toutes, avait défini le moule pour obtenir des carreaux de terre cuite et, ensuite, on avait gardé cette dimension. Le système métrique, par contre, a uniformisé toutes les dimensions [9] en apportant des divisions qui n'étaient plus rattachées à celles de l'homme [10].

Les mesures de longueur

Avant la Révolution, la canne (*cano*) était la mesure de longueur utilisée dans tout le Midi avec la *migio-cano* (demi-canne) [11]. La *cano* valait sensiblement 2 m suivant les régions. Elle était divisée en 8 pans, longueur d'une main ouverte, chaque pan étant lui-même divisé en 9 pouces et le pouce en 12 lignes. La toise de France était sensiblement égale à la canne, elle se divisait en 6 pieds (*pèd de Rei*, « pied du roi ») dont l'un était égal à 12 pouces, le pouce de 12 lignes. La canne n'avait pas la même longueur partout en Provence.

[9] « Il est probable que cette manière d'établir l'uniformité est infiniment mieux réussie. Mais, il faut le dire, la création du mètre prit naissance dans une fureur d'innovations, cette rage frénétique contre tout ce qui existait, cette exaltation fébrile et scientifique qui saisit à la fois les hommes, malheureusement influents en France, hommes qui voulaient tout recréer et jusqu'à nos mœurs et nos habitudes. Il est à remarquer que l'état n'a jamais été si malheureux que quand les savants et les artistes sont sortis de leur cabinet et de leur atelier pour devenir législateur et juges. » (F. de Mauremont).

[10] À ce sujet, il faut citer Le Corbusier qui a essayé de substituer au mètre le « modulor » basé sur les mesures rattachées à celles de l'homme.

[11] *Lis ome se mesurum ni on opum ni à la cano* : « les hommes ne se mesurent ni à l'ouvrage ni à la canne ». Description faite en 1760 par les visiteurs de l'ordre de Malte de leur mas qui venait d'être bâti à Mallemort (rapporté par R. Livet) : « C'est un bâtiment très solide en pierre à chaux et sable, les coins et les ouvertures des fenêtres et des portes en pierre de taille. En façade, il mesure huit cannes de longueur et trois de largeur. »

	Avignon	Carpentras	Apt	Orange	Marseille
La canne	1,976 m	1,968 m	1,985 m	1,973 m	2,125 m
Le pan	0,247	0,246	0,248	0,246	0,265

Après la Révolution, la toise de France, égale à 2 m, a permis de convertir les mesures anciennes au nouveau système qui s'est appliqué très tardivement à l'habitat rural [12]. Le pied, égal au 1/6e de la toise, valait 0,33 m ; le pouce (12 lignes) : 0,0277 m ; la ligne (12 points) : 0,00231 m.

Les mesures de surface

Dans le cartulaire de l'abbaye de Lérins, de nombreuses mesures concernant les surfaces, poids, capacités sont mentionnées. Pour la terre, on distinguait la *modiat* ou *modié* égale à 16 setiers qui était la quantité de terre ensemencée avec un setier de grains ; le *dextier* ou pas, le *pece* ou pied, la *quarterée* (encore employée en Provence en 1880) ; la *carga* (charge) contenance de 100 litres, charge qu'un homme moyen pouvait porter.

Les mesures de surface découlaient de la quantité de grain qu'il fallait pour ensemencer la terre : la *cano carado* (canne carrée ; mesure de surface équivalente à 4 m^2 ; divisée en 64 pans), la charge de terre contenant 1 600 cannes carrées (63 ares) et se divisant en 8 éminées (à Lambesc, cette charge valait 2 000 *cano carado*, soit 79 ares ; il y avait 10 panneaux dans une charge, dimension utilisée en 1763 pour les premiers cadastres), l'*eiminado* (espace de terrain que l'on veut ensemencer avec une éminée de blé, soit 8 à 10 ares ; l'éminée de Provence était la 1/8e partie de la salmée qui valait 64 boiselées de terre, soit 1,25 ares) ; la carterée qui valait 2 000 m^2 ; la destrée (perche servant à arpenter) ; mesure agraire utilisée dans le Midi, égale à la 1/100e partie de l'éminée (soit 8 m^2 environ selon les pays). Pour mesurer les bâtiments, on utilisait quelquefois la destrée qui était alors une corde de 2,50 m de long [13].

Les mesures du paysan

Dans la dimension des matériaux mis en œuvre, dans celles des murs les uns par rapport aux autres, dans celles des ouvertures, c'est la mesure de l'homme qui détermine le pan (longueur de la main, doigts écartés : 0,24 m), le pied (longueur du pied : 0,32 m) ou le pouce (largeur : 27 mm). La hauteur du paysan faisait sensiblement 5 pieds, soit 1,65 m [14]. Nous avons établi un modulor pour l'homme de 1,65 m et rattaché différentes mesures qui sont des multiples du pied et du pan [15]. Voyons comment ces mesures rattachées à l'homme s'établissent dans la construction.

Les mesures harmonieuses

Il est certain que le tracé se faisait sur le tas et non sur le papier. Les dimensions de l'habitat étaient inscrites directement sur le terrain ; il n'y avait que peu de plans dressés au préalable ; s'il y en avait, ils étaient essentiellement schématiques. Comme il n'y avait aucun instrument optique sur ces chantiers, on faisait appel à des moyens rudimentaires : cordes à plusieurs nœuds, cordeau tendu pour tracer les angles droits, les parallèles. Le carré était dessiné au sol, le rectangle (double carré, la proportion nombre d'or) était facilement inscrit sur la surface dressée. Il n'était pas possible d'avoir des dimensions rigoureuses. Le carré n'avait pas de ce fait quatre côtés parfaitement identiques.

Une pièce n'a jamais de murs parallèles. Il suffit d'en mesurer, par exemple, les diagonales pour s'en rendre compte.

On ne cherchait pas, comme à présent, à obtenir des alignements rigoureux, des enduits parfaitement dressés [16]. Les aplombs étaient approchés à l'œil. En tout, il suffisait de contenter l'œil et non le fil à plomb ou la règle. Cela donnait une impression de souplesse, de tendresse, la proportion géométrique n'était que suggérée et non insolente de rigueur ; donc, plus conforme à ce qu'est la nature dans ses propres rapports, et d'une meilleure intégration. Dans un carré parfait dressé en hauteur, les proportions sont déplorables car les effets de la perspective le privent d'un aspect carré. Les Grecs eux-mêmes corrigeaient ces effets de la perspective en apportant des modifications dans la parallaxe des aplombs.

De nos jours, l'uniformité des dimensions et la précision presque mathématique des ouvrages que l'on veut obtenir aboutissent finalement à un résultat pauvre et abstrait, sans mesure avec l'homme et son intégration dans la nature [17]. Nous

[12] Dans le livre de F. de Mauremont, paru en 1826 à Toulouse, il n'est question que de toise et de pied quand il veut préciser des mesures.

[13] Voir à Draguignan, dans les Archives départementales, « Introduction sur le nouveau système des poids et mesures de la République et sur la manière de les comparer avec les anciennes mesures en usage dans le département du Var ».

[14] Le Corbusier parle d'un homme de 6 pieds (1,83 m). Le paysan du XVIIIe siècle était sensiblement moins grand que notre paysan actuel. Je pense que la hauteur moyenne de 1,65 m est celle qu'il faut adopter comme l'indiquent, d'ailleurs, toutes les dimensions de portes extérieures qui ont, en général, la hauteur de 1,65 mètre, avec en plus la hauteur de la main posée sur la tête.

[15] La coudée n'était utilisée que dans le monde méditerranéen, elle était l'unité de base ; coudée égyptienne : 0,450 m ; coudée grecque : 0,463 m ; coudée romaine : 0,444 m.

[16] Le DTU précise que la planimétrie des enduits doit être telle qu'une règle de 2 m doit présenter un écart de moins de 4 mm. Si c'est le cas, il y a faute grave, et l'entrepreneur doit refaire son ouvrage.

aurons, d'ailleurs, chaque fois l'occasion de le mettre en évidence (notamment dans le chapitre « Facture générale »).
Quand le paysan constructeur prend des mesures, ou plus exactement donne une mesure, il le fait en répétant un module tel que la canne, le pan, le pied. Il exigera, par exemple, qu'une pièce fasse 10 pieds sur 7 pieds avec approximation, sans prétendre vouloir décomposer cet étalon de référence en pouces, lignes, etc. Dans la répétition de cet élément, automatiquement, des proportions longueur-largeur s'instaurent, qui seront le 1/6, le 1/4, le 1/3, le 1/2 (moitié du carré), les 2/3, les 3/4, les 4/4 (le carré), les 6/4 (le carré plus le demi-carré), les 8/4 (le double carré), etc. On verra comment le nombre d'or va lui aussi exister, proportion entre les 6/4 et les 8/4.

L'angle droit

Il est difficile de le matérialiser sur le terrain de manière précise si on ne possède pas d'instruments optiques. Les tracés utilisés permettaient de l'obtenir d'une manière approchée. Une légère erreur dans cet angle entraînait, dans les dimensions de la pièce, des différences de plusieurs centimètres.

Erreur	Tg	Pied	Mètre	Pied	Mètre
		10 pieds	3,20 m	15 pieds	4,80 m
1°	tg 0,01746	0,175	0,05	0,26	0,08
2°	0,03492	0,349	0,11	0,52	0,16
3°	0,05241	0,524	0,17	0,78	0,17
4°	0,06993	0,699	0,22	1,05	0,25
5°	0,08749	0,875	0,28	1,31	0,42

Par exemple, en se référant au tableau, on peut voir qu'une erreur de 2 ° entraîne, pour une longueur de 10 pieds, une erreur de 11 cm, soit 0,349 pied ; pour une longueur de 15 pieds, cette erreur est de 16 cm, soit 0,52 pied. Ainsi, comme le tracé rigoureux de cet angle était impossible, les dimensions extérieures étaient approximatives et les murs non parallèles. Il y avait plusieurs méthodes pour obtenir cet angle droit, avec des cordes, et nous donnons les deux ou trois méthodes principales.

[17] « Mais quelques matériaux que l'on emploie, on ne doit pas perdre de vue que la solidité rejette absolument tout porte-à-faux. En conséquence, outre le soin que l'on aura eu dans le tracé du plan, de placer plein sur plein et vide sur vide, on surveillera les maçons dont les moins habiles sont les plus suffisants et comme le dit très bien Monsieur de Perthuis, rougissent de se servir de niveaux et d'aplomb et conduisent leurs murs à vue de nez, c'est-à-dire tout de travers [...] Surtout, on s'attachera à les conduire par la main dans l'exécution du plan ; presqu'aucun des maçons et ouvriers de la campagne ne savent ce que c'est et veulent à tout propos faire les entendus et les habiles. » (F. de Mauremont). Déjà de Perthuis a ce besoin de vouloir tout conformer à des alignements rigoureux.

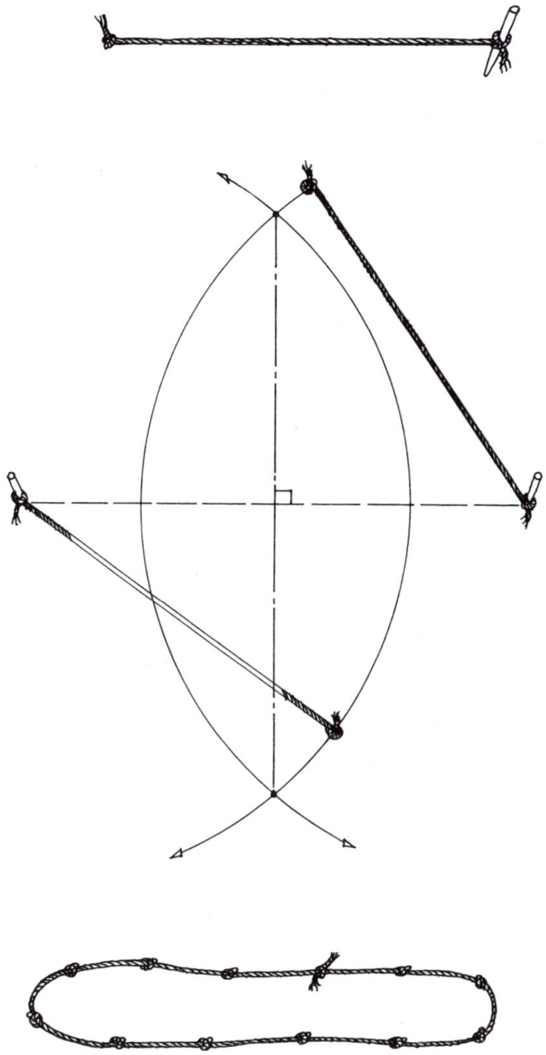

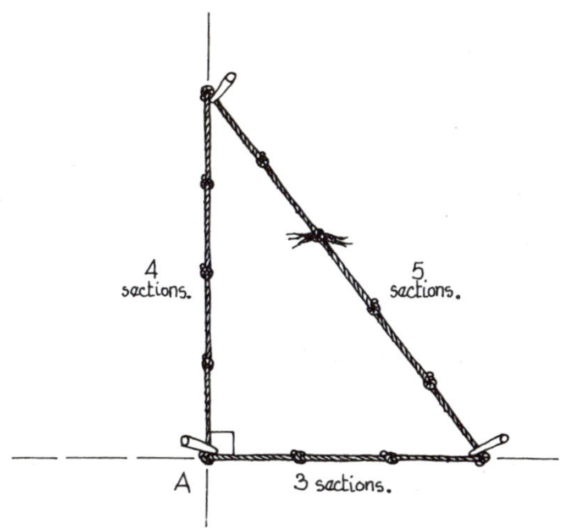

Cidessus : en haut, tracé à la corde de la perpendiculaire à une droite ; en bas, tracé à la corde d'un angle droit.

Le nombre d'or

Le paysan avait « le compas dans l'œil ». Cela veut dire qu'il trouvait le rapport des dimensions les unes par rapport aux autres. Or, les proportions les plus simples sont le demi-carré, le carré, le double carré. Quand il établit un rapport entre 1,5 et 2, il tombe sur 1,618, le nombre d'or, qui est égal au rapport de la somme des deux côtés sur le plus grand. Le nombre se matérialise très facilement sur le tracé en abattant la diagonale. 3 et 4 sont sensiblement dans le nombre d'or, 5 et 8 - 6 et 10 - 8 et 13 - 10 et 16 - 12 et 20, etc. Si une pièce a une largeur de 8 pieds, son autre dimension est de 13 pieds. Elle sera dans la section d'or.

Les tracés régulateurs

Si on examine certains tracés en essayant de leur faire correspondre ces proportions simples, on s'aperçoit très vite que ces tracés régulateurs existent.

Dans la salle commune, on trouve le carré, le double carré, nombre d'or, dans le rapport entre les deux dimensions intérieures. Dans les proportions de la cheminée également, avec une prédilection pour le carré ; dans la dimension des ouvertures, dans l'ordonnancement des pleins et des vides sur une façade [18]. La mesure paraît réduite. Pour l'homme de 1,65 m, les dimensions nous paraissent basses et très ramassées, les proportions qui en découlent le sont aussi : la hauteur sous plafond, celles de la porte, de l'allège de la fenêtre, de la cheminée nous le montrent. Il y a juste ce qu'il faut et peut-être un peu moins. Rien de superflu, pas de place perdue. On sent que les proportions sont rattachées à la terre (le carré est une proportion de terre). Dans les tracés régulateurs que nous donnons, la hauteur de l'homme intervient pour toute détermination des cotes de hauteur.

[18] Une étude des proportions dans l'habitat rural serait du plus grand intérêt. Nous l'avons entreprise uniquement sur les deux points suivants : proportions de la salle commune et proportions des pignons et des ouvertures de fenêtres. Cette même étude pourrait être poursuivie pour tous les points de la construction.

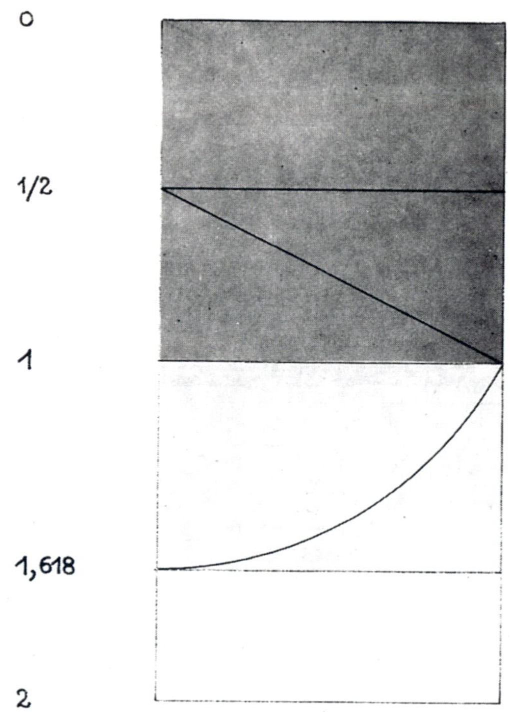

Ci-dessus, tracé d'un rectangle « doré » à partir du carré.

Ci-dessous, plan et coupes de la salle du mas du Moulin, à La Rochegiron, avec indication des cotes en pieds.

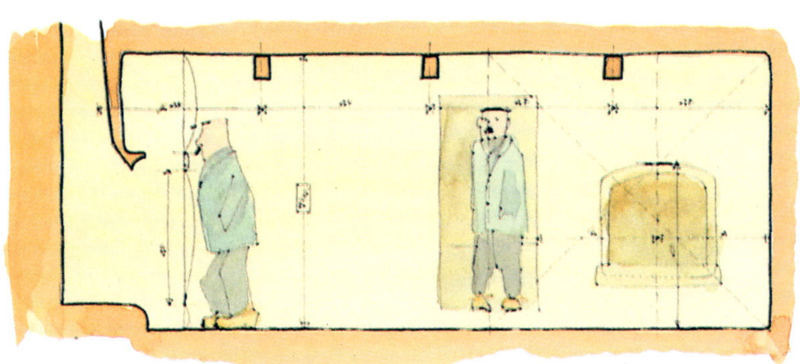

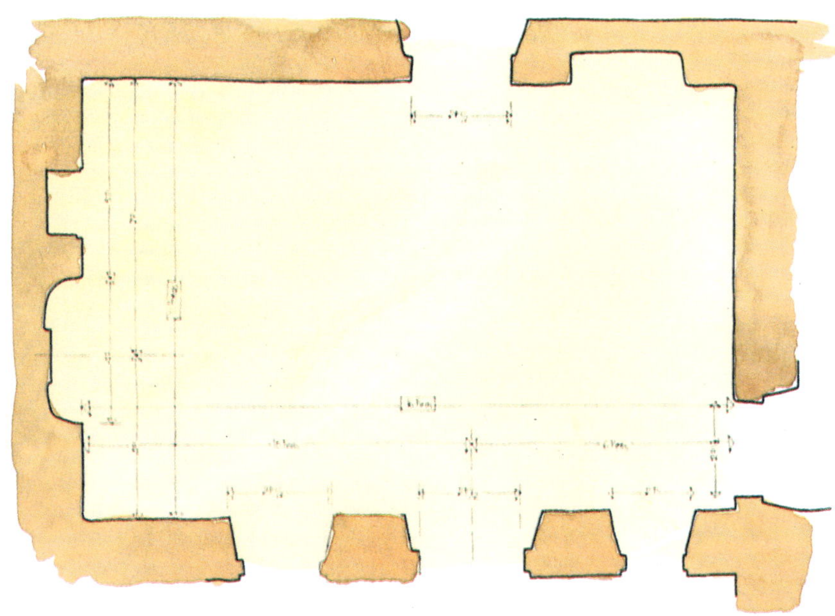

Les façades : répartition des pleins et des vides

Au moment où le mur s'élève, le problème des ouvertures se pose en premier lieu : leur disposition dans la façade, le rythme qu'elles auront les unes par rapport aux autres, leurs dimensions respectives ; les ordonnances non recherchées ou, au contraire, celles qui seront le fruit d'une détermination ; la proportion de l'ouverture en elle-même qu'il faudra établir en tenant compte des contraintes techniques. C'est sur la façade sud que se concentrent pratiquement toutes les ouvertures : les ouvertures de l'habitation avec sa porte d'entrée, ses fenêtres au rez-de-chaussée et à l'étage ; les ouvertures des parties agricoles pour les animaux, réserve du matériel, remise, fenil, etc. C'est donc cette façade sud que nous examinerons. Les autres façades sont pratiquement aveugles (nous l'avons dit à plusieurs reprises) à part une ou deux ouvertures trop petites ou peu nombreuses pour former un équilibre entre elles. La façade sud comporte deux niveaux. Il y aura donc un rythme d'ouvertures au rez-de-chaussée et un autre à l'étage. L'ensemble possède une certaine ordonnance.

L'équilibre des pleins et des vides

Nous pouvons tout de suite remarquer que ces ouvertures sont disposées d'une manière irrégulière : les trous de façade ne sont pas ordonnés suivant un parti symétrique ou une ordonnance répétitive, mais implantés, à première vue, comme cela vient, à partir de l'intérieur des pièces, et non déterminés en fonction d'un effet à produire à l'extérieur. Mais est-ce bien cela ? On est à chaque fois surpris de constater l'équilibre parfait entre ces pleins et ces vides. Il suffit, pour s'en rendre compte, d'examiner les dessins de façades ci-contre. Quand nous voulons réinventer de telles façades, on perçoit les difficultés qu'il y a à retrouver cet équilibre.
Les seules lois qui semblent régir ces ordonnances sont les suivantes :

L'irrégularité des ouvertures

Sur une façade, il est rare de constater deux ouvertures identiques. Quand une pièce est éclairée par deux fenêtres, souvent ces fenêtres ne sont pas de dimensions semblables : les linteaux ou les allèges ne sont pas alignés. Quant aux fenêtres d'étage qui paraissent identiques, on s'aperçoit que leurs dimensions varient aussi.

Les principes décroissants

Les ouvertures les plus importantes sont implantées au rez-de-chaussée. Plus on monte, plus les fenêtres se réduisent en surface.

Application des principes de répartition des pleins et des vides sur différentes façades.

Si, exceptionnellement, le bâtiment a trois niveaux, les ouvertures, situées sous les génoises, seront plus petites que celles qui se situent juste en dessous, celles-ci, également plus réduites que celles du rez-de-chaussée. Dans les ordonnances dont nous montrons l'exemple, le principe décroissant semble être une règle générale. La dimension de la menuiserie est donc légèrement inférieure et les carreaux sont proportionnellement réduits pour mieux souligner l'effet de cette pulsation décroissante.

La position d'un axe

Sur une même façade, on peut trouver des ouvertures disposées sans lien logique entre elles, à côté d'autres qui sont, au contraire, positionnées suivant un axe. C'est une source d'équilibre : une façade trop symétrique est souvent gênante car on sent qu'il y a un procédé et non création, de même qu'une façade où rien ne permet de raccrocher les ouvertures les unes par rapport aux autres donne un sentiment d'insatisfaction.

Les points forts de la façade

Dans la plupart des cas, une ou deux ouvertures prédominent sur les autres, et constituent donc un trou plus grand.
Très souvent, les ouvertures de la remise, de la porte charretière et de la fenière à l'étage donnent un accent plus important à cette façade et, de ce fait, la rendent moins monotone.

Ci-dessous, application des principes de répartition des pleins et des vides sur diverses façades.

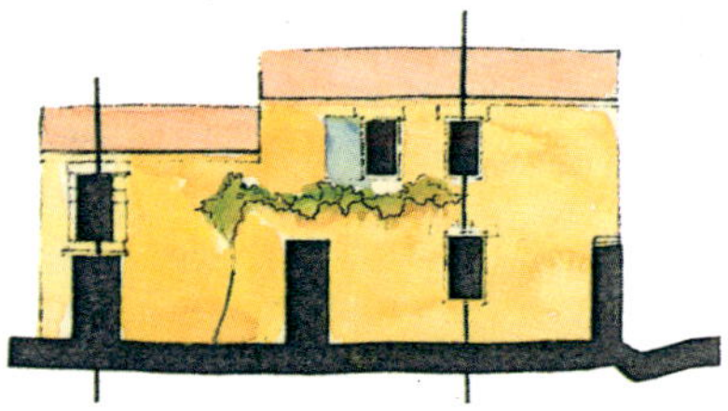

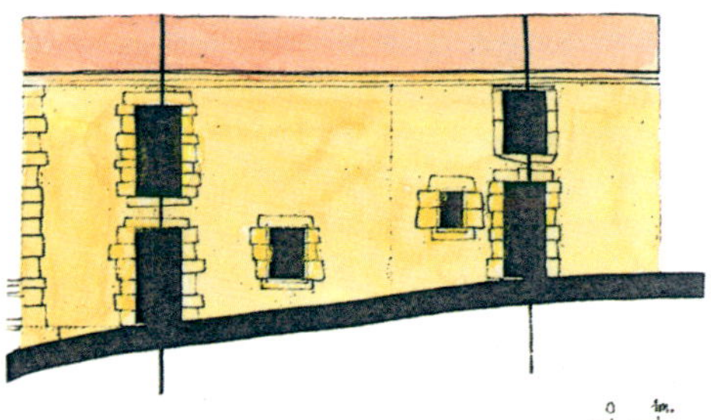

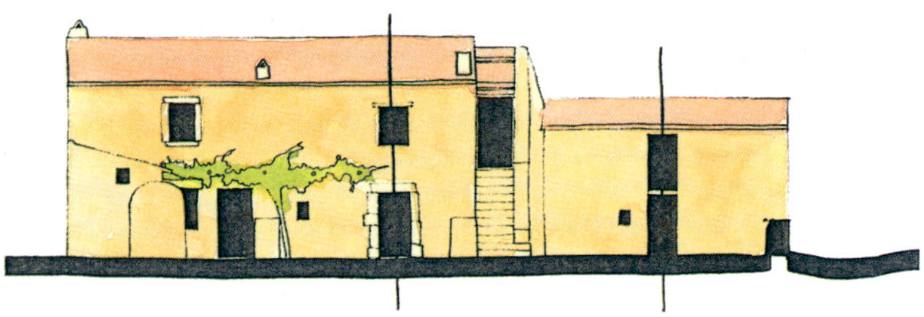

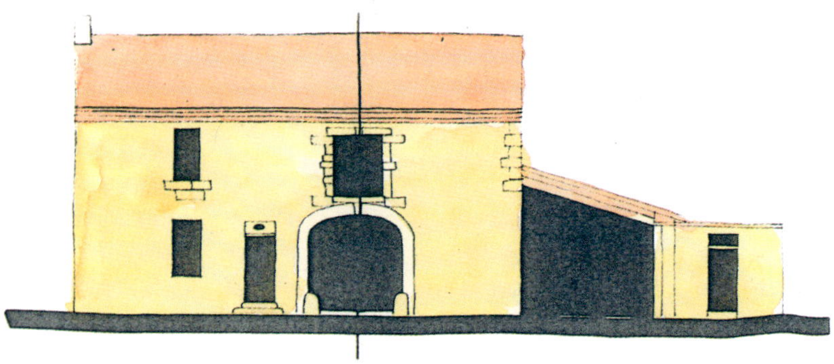

Pleins et vides : opposition des formes

Une partie façade peut comporter des ouvertures proches les unes des autres avec des trumeaux extrêmement réduits alors qu'une autre partie peut être pratiquement aveugle. Très souvent, on remarquera qu'il y a un groupe d'ouvertures situé à une extrémité, un autre groupe à l'autre, et une masse pleine entre les deux. Cette masse peut exister d'un côté ou de l'autre. Il y a aussi des oppositions dans la forme même des ouvertures : aux arcs en anse de panier, s'opposent des fenêtres rectangulaires ; aux arcs plein cintre, des fenêtres avec arcs segmentaires... Ce dernier point est encore renforcé par l'évolution de cet habitat dans lequel les ouvertures doivent satisfaire au goût du jour, voire à d'autres proportions.

Le paysan n'aurait pu énoncer de principes pour « faire sa façade ». Il le faisait naturellement et c'est peut-être cela qui l'a conduit à réussir cet équilibre. À partir du moment où l'on recherche à dessiner une façade, on tombe fatalement dans l'ordonnance symétrique ou répétitive qui n'a plus la grâce, ni la fraîcheur de cette spontanéité. Toutefois, il existe dans l'habitat rural des façades concertées, soumises à une ordonnance stricte dont nous donnons quelques exemples.

Les façades ordonnancées

Dans ce cas-là, il y a recherche d'un équilibre des ouvertures se répartissant suivant des axes à la fois horizontaux et verticaux, d'égalité dans les trumeaux, de recherche d'un parti symétrique, d'éléments répétitifs. En général, la porte d'entrée se situe presque toujours au centre de la façade avec, de part et d'autre, des ouvertures. À l'étage, au-dessus de la porte, un élément, également plus important par rapport aux ouvertures latérales. Dans l'habitat rural, certains « à peu près » ont permis de donner un certain agrément à ce parti symétrique, généralement sec et sans saveur. Le parti symétrique est établi pour toutes les façades « de style ». Il est adopté occasionnellement dans l'habitat rural. S'il existe, c'est que la façade est celle du logement du maître. Une exception, en Camargue, et dans certains cas où l'exploitation rurale a véritablement une façade ordonnancée.

Les proportions des ouvertures

Après avoir vu l'ordonnance de ces vides, il nous paraît maintenant intéressant d'en déterminer la proportion [1]. On constate que les ouvertures sont plus hautes que larges, mais est-ce dans un rapport 1/2 - 1/3 - 1/4 - 3/4 ? Est-ce dans le rapport de la proportion harmonique ?

[1] Il s'agit du vide maçonnerie, c'est-à-dire vide entre tableaux et vide entre le linteau et la pièce d'appui.

Dans les tableaux ci-dessous, figurent un certain nombre de dimensions d'ouvertures prises dans différentes régions de Provence.
Les dimensions ont été prises sur vide maçonnerie. Il s'agit des ouvertures de l'habitat de l'homme, à savoir des salles communes et chambres.

Fenêtres

Type à un vantail

Localisation	H	L
04 Fontienne	74	50
04 Fontienne	80	60
04 Valensole	80	54
83 Le Val	90	53
04 Fontienne	85	62
13 Mallemort	90	60
83 Le Val	90	62
84 Cucuron	95	65
84 Cucuron	95	75
04 Vachères	112	56

Type à deux vantaux

Localisation	H	L
13 Gréasque	93	75
84 Cucuron	101	63
13 Rognes	106	80
84 Oppède	110	60
04 Fontienne	110	70
13 Le Canet	113	71
04 Valensole	113	64
13 Le Canet	115	75
13 Vernègues	120	80
04 Fontienne	125	65
83 Le Val	125	80
04 Valensole	126	74
84 Oppède	130	73

Localisation	H	L
83 Le Val	130	85
84 Oppède	136	70
84 Oppède	136	80
84 Oppède	138	98
84 Oppède	140	74
84 Oppède	145	115
83 Le Val	145	85
84 Oppède	153	87
13 Eygalières	156	70
13 Eygalières	160	90
84 Vaugine	165	100
13 Mallemort	180	93

Portes

Type sans imposte

Localisation	H	L
04 La Roche	167	93
13 Rognes	168	100
13 Mouriès	172	100
13 Mouriès	174	85
04 Fontienne	175	95
13 Mallemort	175	80
04 Fontienne	177	80
13 Burrière	180	90
13 Rognes	180	82
13 Puyricard	180	90
13 Rognes	180	82
13 Le Canet	180	95
13 Le Canet	190	92
13 Rognes	190	90

Localisation	H	L
84 Cucuron	190	85
83 Le Val	190	100
04 Fontienne	190	92
04 Sigonce	192	95
13 Rognes	196	95
13 Gréasque	198	90
13 Eygalières	200	80
83 Le Val	200	105
04 Valensole	200	93
84 Lauris	201	92
84 Jas de Puyvert	205	88
84 Pertuis	205	89

Type avec imposte

Localisation	H	L
84 Jas de Puyvert	205	88
13 Eygalières	213	97
13 Rognes	220	100
13 Vernègues	220	92
13 Eygalières	224	113
84 Oppède	226	78
13 Rognes	234	90
13 Puyricard	271	110

Après examen de ces résultats, on peut dire :

Les fenêtres à un seul vantail : la moyenne donne une dimension de : H = 0,89 m, L = 0,60 m, soit une proportion de 1,48 ≅ 3/2 ;

Les fenêtres à deux vantaux : la moyenne donne une dimension de : 1,31 m sur 0,79 m, soit une proportion de 1,66 ≅ de la section d'or (1,618) ;

Les portes sans imposte : la moyenne donne une dimension de : 1,87 m sur 0,91 m, soit une proportion de 2,05 ≅ 2 ;

Les portes avec imposte : la moyenne donne une dimension de : 2,26 m sur 0,96 m, soit une proportion de 2,35.

Nous donnons ci-après le dessin de ces proportions-types.

Ci-dessous, proportions-types de fenêtres à un vantail (A), et à deux vantaux (B).

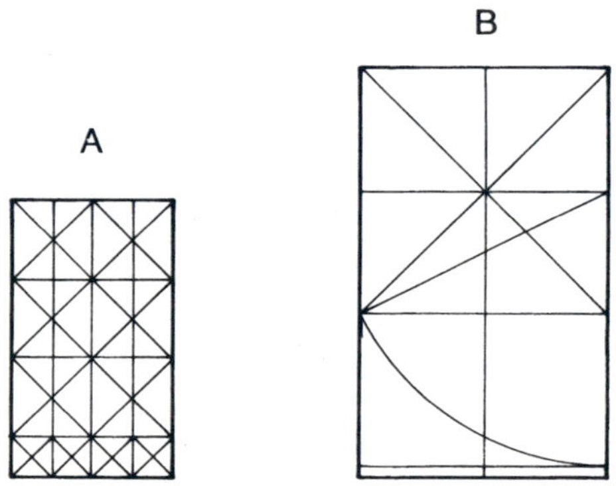

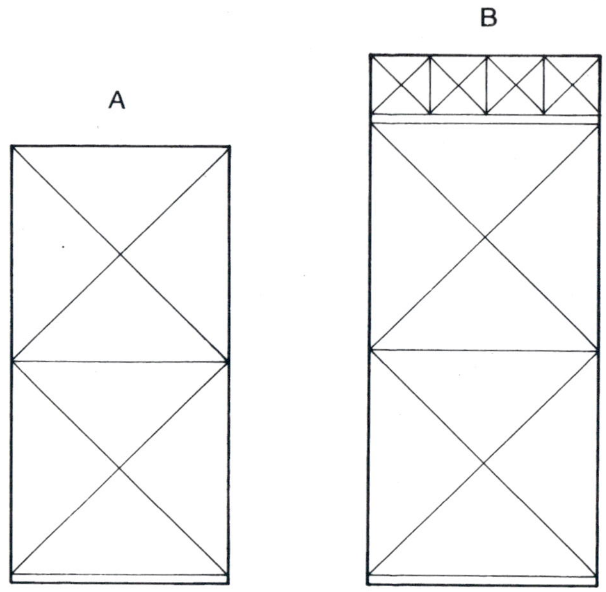

Ci-dessus, proportions types de portes à un vantail (A) et à imposte (B).

Ci-dessous, de gauche à droite et de haut en bas : façade ordonnancée sur trois niveaux et occuli d'éclairage des combles ; pignon avec deux ouvertures alignées verticalement ; façade sud avec ouvertures ordonnancées. La dimension des ouvertures du premier étage est généralement inférieure à celle des ouvertures du rez-de-chaussée.

Ci-dessous, exemples d'ordonnance sur axe, avec décroissance des ouvertures vers le haut et opposition des formes.

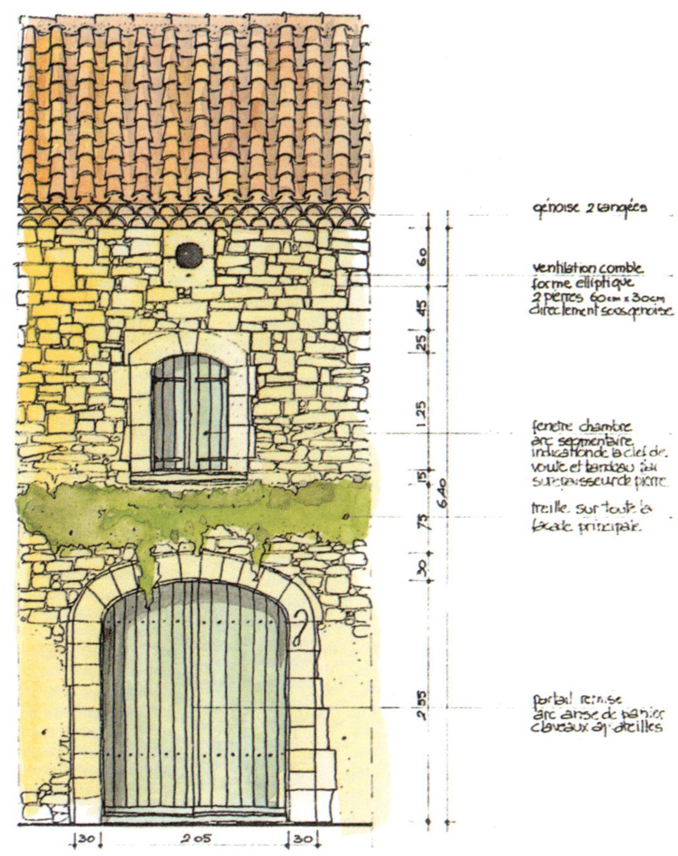

La polychromie de façade

De gauche à droite et de haut en bas : porte d'entrée en bois peinte avec imposte vitrée ; porte d'entrée prise dans un encadrement en pierre avec imposte moulurée et partie vitrée ; porte charetière en deux parties avec fenestron sous le même arc en pierre ; fenestron sous les toits avec encadrement en pierre et volet à deux vanteaux.

En architecture, la couleur est un élément essentiel qui peut modifier l'impression des volumes, l'ordonnance des façades, contribuer à accentuer un effet plutôt qu'un autre. Quand on examine la polychromie de cette architecture rurale, on constate en premier lieu que les couleurs sont pratiquement celles de la terre et de son environnement immédiat (on l'a indiqué comme principe d'intégration) : cela vient, en partie, des matériaux qui sont pris sur le site lui-même. Mais cela ne peut tout expliquer. Il y a vraiment, ici, la volonté de respecter le ton général. Le paysan ne cherche pas à montrer, à faire état. Il préfère rester dans l'ombre. Un mimétisme s'opère entre l'objet et son support au point qu'à une certaine distance, l'un se confond avec l'autre. La surface colorée d'un mas est faite d'environ 60 à 70 % d'enduit, 30 à 35 % de couverture, le reste va à la polychromie des menuiseries extérieures et des fermetures.

La coloration de l'enduit

C'est l'enduit extérieur (le crépi) qui donne la couleur de base. Dans les pays méditerranéens, le blanc domine. Ici, en Provence, ce sont les tons terre de Sienne, ocres, rosés. L'enduit est coloré dans la masse ; cette coloration est due au sable qui provient du site immédiat. Le sable était très souvent un sable de mine, de terre, qui se prenait sur le lieu, même après avoir été débarrassé de la première couche végétale. Jusqu'aux XVIIe et XVIIIe siècles, on écrasait des bouts de tuiles pour les mélanger au mortier et renforcer ainsi l'adhérence. Cela contribuait à accentuer ce ton rose que l'on rencontre presque partout.

Aucune coloration d'enduit n'est identique d'un mas à l'autre. Des variations infinies existent avec des écarts allant de terres à peine roses à des terres presque rouges. Il y aurait là une palette très riche à établir avec la couleur de chaque enduit rencontré. On s'aperçoit, très souvent, que les enduits sont plus foncés que clairs [1], contribuant à accentuer l'impression de profondeur. Les principales couleurs d'enduits que nous donnons, permettent de s'en rendre compte.

La coloration des tuiles

Les tuiles sont faites avec de l'argile. Elles seront également colorées de tons clairs, rosés, mais chacune de ces tuiles sera différente par sa tonalité. La toiture permet un assemblage de couleurs, véritable mosaïque. Par suite du vieillissement, elles deviennent plus foncées, la mousse et les lichens s'accrochent ; le soleil tache l'argile et rend la tuile d'une couleur indéfinissable. Quand on regarde une construction d'un peu loin, la coloration générale de la toiture est proche de celle de l'enduit, mais plus soutenue et plus marquée, avec un relief accentué du fait des rayons d'ombre qui marquent chaque rangée de tuiles. Il y a entre la coloration des enduits et des tuiles une harmonie parfaite puisque le matériau qui les a produits a la même couleur de base.

La coloration des menuiseries extérieures et des fermetures

On sent ici que la retenue manifestée dans la coloration de la façade ne tient plus et que l'on ose, sur ce support, des tons assez vifs. La polychromie dont nous pouvons nous rendre compte dans les exemples donnés se révèle très abondante avec des tons relativement accusés. La couleur la plus traditionnelle est un rouge carmin foncé (certains feuillages en automne) qui donne toute une série de variantes. Puis viennent les menuiseries de couleur vert foncé (feuillage des cyprès, chênes) avec tous les dégradés possibles. Ensuite, les menuiseries de ton bleuté avec des tonalités qui peuvent être très claires (bleu lavande) ou plus soutenues (bleu charrette). Le fait d'accentuer et de souligner les menuiseries extérieures et les fermetures contribue à rehausser la polychromie générale.

Pour des raisons d'hygiène et de propreté, la coutume voulait que l'on passât une fois l'an un badigeon à la chaux sur la façade extérieure et, notamment, sur la façade sud. Il arrivait à la hauteur que l'on pouvait atteindre le bras levé. Quelquefois, il montait plus haut pour s'arrêter à une corniche. Très souvent, ce badigeon était également appliqué autour des ouvertures, mais sans surépaisseur d'enduit, simplement en un cadre d'une vingtaine de centimètres de largeur. Quelquefois, aussi, la partie de la maçonnerie directement sous la génoise était soulignée par un bandeau blanc. Nous donnons, à ce sujet, de nombreux exemples [2].

[1] À ce sujet, il est bon de rappeler qu'une couleur foncée fait apparaître la construction enfoncée, plus lointaine. Le noir donne une impression de vide. Par contre, les tons clairs font venir la masse en avant. Ainsi une construction peinte en blanc donnera l'impression d'avancer vers l'observateur.

[2] Il est noté que la présence de la couleur bleue indispose les moustiques et les mouches. Cette couleur était appliquée à l'entourage des menuiseries extérieures et à certains soubassements des pièces intérieures.

La facture

La facture des éléments architectoniques est toujours conduite pour contenter l'œil. L'ouvrage était jugé à distance, en se plaçant dans les conditions d'un observateur normal et non dans le but de s'insérer dans des lignes parfaitement horizontales ou parfaitement verticales. Cela explique la saveur qui se dégage de ces édifices. Trop souvent, la précision et la rigueur dans les éléments, les uns par rapport aux autres, confinent à une sécheresse et à un résultat contraire à la nature, et privé d'harmonie. Pour s'en convaincre, il suffit de considérer nos constructions contemporaines où seuls règnent le fil à plomb ou la règle de 2 m. Un maçon actuel est incapable de monter un mur s'il n'a, entre les mains, un de ces instruments. Il descend très rarement de son échafaudage pour jauger son mur. Le client n'est satisfait que si les murs sont parfaitement alignés, si la pièce est parfaitement d'équerre, faute de quoi, il n'hésitera pas à faire un procès à son maçon. L'histoire de la construction montre, au contraire, que, depuis les Romains et jusqu'au milieu du XVIIIe siècle, les éléments étaient montés avec une facture qui, pour imprécise et déconcertante qu'elle paraisse, était le fait d'un artisan amoureux de son travail.

Il n'y a pas de travées parfaitement semblables ; il n'y a pas d'entraxes de fenêtres qui soient strictement égaux, d'angles qui ne soient droits, etc. [1]. L'à-peu-près est, ici, d'une dizaine de centimètres. Ce « laisser-aller » nous paraît essentiel pour comprendre cette architecture. Même quand on a affaire à une façade parfaitement ordonnée, avec symétrie dans l'axe, on s'aperçoit que les dimensions ne sont pas répétitives et qu'il y aura toujours un élément (linteau-allège) qui ne sera pas pris dans cette symétrie. Ces constructions n'ont pas subi le carcan métrique. Elles ne sont pas enfermées dans une trame rigoureuse. Bien au contraire, ce sont des alignements en avancée ou en retrait, des horizontales aux formes convexes ou concaves. On prend un malin plaisir à vouloir incurver... Aucune arête n'est droite, mais adoucie.

La facture générale : la silhouette

Le fruit

La maison se profile avec un jeu de lignes concaves.

a) Fruit des murs, murs en talus, arêtes concaves.

b) Toit incurvé, c'est-à-dire ligne du faîtage et ligne de rive, arêtes concaves.

Ce fruit se justifie pour des raisons de stabilité. Il existe dans toutes les constructions. Si l'arête était parfaitement verticale, l'effet de perspective ferait, au contraire, que l'arête sortirait vers l'extérieur (en devers) et on aurait une impression inverse, c'est-à-dire d'une partie en avancée contraire à la stabilité. Le fruit du mur permet de compenser cet effet et il est, de plus, dans le sens de la construction. Nous remarquons à ce sujet qu'un fruit de l'ordre de 6 à 8 cm sur un bâtiment d'un rez-de-chaussée avec étage se juge parfaitement quand on est au pied du mur.

La toiture incurvée

Les pièces de bois utilisées n'étaient pas rectilignes. Elles accusaient une courbure puisque l'on utilisait le tronc tel qu'il était, sans essayer de le faire entrer dans un débit fixe ; les grumes étaient mises en place telles qu'elles se présentaient avec un équarrissage, s'il y avait lieu, donnant le moins de déchets possible.

Ainsi la pièce incurvée pouvait se sceller, soit dans une position concave, soit dans une position convexe. Dans chaque cas, c'est la position concave qui est adoptée.

On peut penser qu'il y a eu un affaissement de la toiture par suite de son vieillissement et des charges du vent et de la neige. Un examen attentif de la construction, au niveau des appuis permet, au contraire, de penser qu'il n'y a pas eu de tassement de ces pièces, mais qu'elles ont bien été posées dans ce sens-là. Il était nécessaire que les tuiles de faîtage fussent bien serrées les unes contre les autres pour éviter la pénétration d'eau. L'assise, sur laquelle était posée la maison, était inégale. On a vu que l'on évitait de toucher au terrain et de faire ainsi un terrassement de niveau. On laissait le terrain tel qu'il était, ce qui donnait à l'assise une pente, d'un côté ou de l'autre.

La facture de détail

Le volume ainsi défini, le traitement de toutes les autres parties de l'édifice est de cette même facture. C'est dans la construction de l'escalier ou de la cheminée que le maçon peut donner libre cours à sa fantaisie : cela aboutit alors à cette étonnante facture qui est vraiment le fruit du jeu de l'œil du constructeur face au matériau et à la lumière. L'exécutant s'est laissé guider jusqu'à obtenir un résultat libre, nuancé, où les correspondances s'établissent. La qualité de son travail manuel « passe » dans l'ouvrage qu'il réalise ; il n'y a pas la contrainte de l'alignement au fil à plomb ou d'un plan préétabli. Son instinct se donne libre cours pour atteindre l'effet recherché. Un œil avisé se rend compte assez facilement de cet échange. Il est essentiel de le comprendre pour goûter cette architecture rurale.

On suit le sens du matériau : le sens du bois, le sens de la pierre. Le matériau utilisé permet l'expression de cette facture : matériaux du site et produits manufacturés ont déjà dans leur élaboration cette approximation aussi bien dans la matière que dans la mesure. Il est en effet aisé de faire correspondre à ce matériau par nature non uniforme une facture

[1] Nous avons d'ailleurs précisé ceci dans les chapitres proportions, tracés.

souple et irrégulière. On voit bien que nos matériaux modernes, sans tolérance, peinent à imiter cette facture originale ; alors qu'à cette époque, les produits à mettre en œuvre étaient configurés pour s'y confronter. Le matériau n'est pas brisé pour s'enfermer dans une ligne horizontale ou verticale. On cherche, dans la mesure du possible, à le mettre en place, tel qu'il est. Aucune crête n'est vive. On s'est sans doute aperçu qu'un arrondi était plus doux dans le jeu de la lumière.

L'influence de l'Italie n'est pas méconnue en Provence et peut aussi expliquer ce tour de main. La lumière est souvent dure, les ombres portées trop nettes. Il faut une architecture souple, douce, où l'arête ne soit pas tranchante pour obtenir un dégradé et compenser ainsi son effet de dureté. La liaison des éléments entre eux est toujours la plus adaptée ; entre le plancher et le plafond, il y a toujours une gorge de liaison pour ne prendre que cet exemple. L'outil participe également à l'originalité de cette facture : l'enduit est exécuté à « la farigoule » (petit paquet de thym), ce qui lui donne son relief.
L'artisan prend le temps de regarder son ouvrage… Il jauge, prend du recul et son œil et ses gestes exercés par une longue pratique empirique « sentent » la justesse des proportions, ou la sensibilité d'une forme. Cette facture de détail s'applique pour chaque élément. Un ouvrage peut être réalisé différemment. Il dépend avant tout de l'homme qui le conduit. Il peut être froid, brutal, sans âme, ou au contraire, accrocher la lumière, jouer dans l'espace.

En haut, cabanon à toiture à une seule pente.
Les vagues sont produites par les poutres de support.
Ci-contre, cabanon à toiture à quatre pentes avec
quatre arêtiers disposés sans souci d'alignement.

Les matériaux et les techniques de construction

Les matériaux

Les produits bruts

La pierre des champs et l'épierrage

La Provence est une région très riche en calcaire. La roche apparaît en surface : il suffit de ramasser la pierre ou de fendre quelques blocs. Le premier travail, avant toute culture sur de nouveaux sols, est l'épierrage, action d'enlever toutes les pierres qui affleurent afin d'éviter que les semences soient étouffées, ou les instruments aratoires ébréchés. La plupart des maisons étaient construites en pierre des champs. C'était le matériau par excellence. La construction en pierre extraite de carrière était exceptionnelle.

Lors des labours, la charrue mettait au jour des *lauzettes* de calcaire de toutes dimensions dont on faisait de grands tas ou *clapiés* au bord des champs. Une fois qu'elles avaient subi l'épreuve des intempéries, plusieurs années durant, les meilleures de ces pierres étaient récupérées pour la construction : avec elles, on élevait les murs maîtres, les murs de refend et les murs de clôture. On verra que cette pierre servait aussi dans certaines régions pour la couverture et même, dans certains cas, pour le revêtement des sols (on l'appelait alors « bard »).

Les qualités

Cette pierre, mise de côté en tas, n'a pas la qualité des pierres de taille. Elle est friable, gélive, perméable et offre peu de résistance à l'écrasement. C'est, essentiellement, une pierre tendre composée de chaux, d'acide carbonique, mélangé d'alumine, de silice, de magnésie et de plusieurs oxydes en moindre quantité. À la différence de la pierre dure, son grain est grossier, non homogène ; sa surface est grise, quelquefois gris clair, légèrement pulvérulente ; c'est le moellon brut, un matériau pauvre.

Ainsi stockée, la pierre se durcit à l'air et aux intempéries. La qualité du liant et l'épaisseur de la maçonnerie permettent de remédier à ses insuffisances : le maçon utilise le moellon brut à peine ébousinné, ébauché, pour ne pas l'affaiblir davantage. Au cours du travail d'épierrage, les pierres plates sont soigneusement mises à part [1]. Il s'agit surtout de dalles brutes, longues et épaisses : les lauzes, avec lesquelles le maçon exécute des couvertures, des sols, des linteaux, quelquefois des degrés d'escalier. Le paysan constructeur est avant tout économe, il utilise les matériaux existant sur place ou à proximité : la pierre de son champ, le sable d'une rivière proche, le bois de la forêt environnante. Peu disposé à se démunir d'espèces sonnantes, il n'achète de produits manufacturés, chers à l'achat comme au transport, que pour l'indispensable.

Le sable

C'est l'élément de base du liant avec lequel la maçonnerie est hourdée, enduite. Il donne aussi, en partie, la coloration des mortiers et, par conséquent, celle des enduits extérieurs.

L'origine

On distingue trois provenances : le sable de plage (pratiquement pas employé) ; le sable de rivière (chaque fois que la construction était proche d'un cours d'eau, on le préférait, en général, pour faire le mortier de chaux) ; le sable de terre ou de mine, provenant la plupart du temps des fouilles (on l'obtenait après l'avoir débarrassé de la terre végétale). À proximité de la construction, on connaissait des sablières (*sableiro*). C'est là que de génération en génération on venait gratuitement se fournir. Chaque sable avait donc sa couleur et sa texture. Les ouvriers maçons connaissaient ceux qui étaient bons pour lier la maçonnerie et savaient réserver les meilleurs pour l'enduit.

L'aspect

C'était au départ une matière assez grossière. On enlevait le gros en tamisant, pas trop finement, de manière à ce que son accrochage fût meilleur et la croûte plus dure. Sa coloration était extrêmement variable suivant les régions : les sables bruns donnaient un enduit de couleur brune, ceux presque orangés de la région de Rians, une coloration correspondante ; ceux de la région du Tholonet, rouges et mauves, ceux de Roussillon, également très colorés, assuraient la polychromie des façades [2].

La qualité

Pour être employé, le sable de fouille doit être débarrassé de la terre ; il doit être craquant sous la main et ne pas tacher. Ce sont là les seuls critères pour justifier son appellation et son emploi.

[1] Dans le cas d'un ramassage important, la cueillette des pierres sur le champ était faite souvent par des femmes et des enfants qui marchaient de front en ligne, sous la direction d'un surveillant. Ils emplissaient leurs paniers des pierres qu'ils rencontraient et les vidaient sur les tas communs à proximité des chemins, ou bien en ligne dans les dérayures. La pierre était ensuite chargée dans les tombereaux. En 1876 ce travail était payé 60 cts à 1,25 F le mètre cube.

[2] De nos jours, les sables ont une coloration uniforme. Il n'y a pas, pour chaque terroir, un sable différent. L'extraction industrielle permet à deux ou trois carrières de couvrir les besoins d'un département. Le meilleur est de couleur claire. La carrière du Marbre rouge, à Vitrolles, était la seule pouvant fournir du sable très coloré en rouge. À notre connaissance, elle a dernièrement fermé ses portes.

Le bois

Bref historique de l'utilisation du bois en Provence

En Provence, le problème de l'approvisionnement en bois a toujours présenté des difficultés considérables. Déjà, au début du XVIIIe siècle, l'ensemble des forêts de la Provence présentait une surface amoindrie par une surexploitation. Les zones de forêts étaient : la zone côtière ; le territoire d'Aix-en-Provence ; les chaînes provençales ; les plateaux varois moyens : Saint-Maximin, Brignoles, Lorgues ; les abords de la montagne et les plans du Verdon : Barjols, Aups, Draguignan ; les Maures et l'Estérel. Dans ces forêts, on trouvait essentiellement le chêne blanc, l'ormeau, le pin sylvestre qui, en formation discontinue, a remplacé la chênaie.

Au Moyen Âge déjà, l'approvisionnement en bois était un problème. En effet, les Romains avaient fait un grand usage du bois de chêne pour leurs édifices et leur flotte. Pendant les périodes mérovingienne et carolingienne, les églises, les palais, les maisons, les chaussées, les ponts, même les enceintes étaient, en grande partie, en bois.

Depuis le XIIIe siècle, les forêts des provinces du Midi étaient en décroissance, presque dévastées. Le phénomène est allé en s'accentuant. Le paysage végétal s'est dégradé sur trois points : la progression des essences xénophiles (pin d'Alep) ; la substitution des garrigues et des maquis au pays des chênes ; l'entraînement des sols au fond des dépressions. À cela s'est ajouté le ravage par les troupeaux de chèvres : ils étaient si nombreux qu'ils étaient devenus un véritable fléau [3]. Les pratiques de l'effeuillage et de l'ébranchage, pour la nourriture et la litière, ont accru cette dégénérescence. De même que les droits d'usage de bûcherage et de lignage et la récolte du brusc des chênes verts ; les défrichements multiples pour payer les dettes de la communauté et pour suppléer aux mauvaises récoltes.

Puis ce fut le ravage des guerres, la pression de la population pour s'accaparer les bois de chauffage, notamment pendant le terrible hiver de 1709.

Les besoins de la marine, en particulier de l'arsenal de Toulon, ont également porté un coup alarmant au capital de la forêt provençale. Il faut attendre la fin du XVIIe siècle pour voir apparaître les premières ordonnances concernant la protection des forêts [4].

Certaines précautions sont prises : contre les essarts, obligation de semer des glands ; contre le ravinement des sols, obligation de construire des restanques à raison d'une toise par pente ; et éviter l'entraînement de l'humus, réparti sur la pente, au fond des cuvettes [5]. Il ne faut donc pas s'étonner que le bois ait joué un rôle peu important dans l'habitat rural : il n'a été utilisé que pour les parties de la construction où l'on ne pouvait s'en passer.

Le bois de construction

Les essences employées étaient le pin, le chêne, le noyer et le mélèze, quelquefois le châtaignier, le cyprès.

Le bois était utilisé : pour la charpente et pour constituer, en particulier, les pannes porteuses et les chevrons ; pour former la structure des planchers ; pour les linteaux en bois (on utilisait simplement des rondins tout à fait ordinaires) ; pour les menuiseries intérieures et extérieures qui étaient très souvent à cette époque en noyer ou en chêne (par contre, la charpente était en pin ainsi que les planchers et les linteaux).

Le pin d'Alep était un bois pauvre et économique. Il était quelquefois placé sans être équarri et coupé à proximité de l'habitat pour former les poutres des planchers. Le chêne était un bois noble très utilisé autrefois et peu à peu remplacé par le noyer qui était considéré comme un bois pauvre.

Les faibles pentes de toiture ne nécessitaient pas des charpentes compliquées. Aucun édifice de l'habitat rural ne témoigne d'une technique élaborée du travail du bois [6].

Les produits manufacturés

Il s'agit des produits qui ont fait l'objet d'un traitement avant emploi.

Les pierres de carrière [7]

De tout temps, la pierre de taille a été utilisée dans les constructions rurales. Du XVe siècle au XIXe siècle, ce matériau était

[3] Marseille envoyait ses chèvres sur la chaîne de l'Étoile et le plateau de Garlaban qu'elles ont ravagés. Pour les moutons, le ravage provenait surtout des bergers qui incendiaient la garrigue pour provoquer l'extension des ermes et faciliter la circulation des bêtes à laine le long des voies de transhumance.

[4] En 1610, les communautés (état de Brignoles) se rendent compte de l'importance des maux causés aux forêts. 1669 : ordonnance de Colbert pour la protection des forêts. 1704 : création des Eaux et Forêts au Parlement d'Aix. 1723 : Chabert de Lisle, commissaire de la Marine, effrayé par leur dévastation, expose un plan de défense des forêts. 1730 : enquête sur la destruction des taillis par les chèvres. 1731 : arrêt prohibant l'élevage des chèvres dans les territoires qui contiennent des taillis de chêne. 1720-1730 : visite des bois des vigueries de Provence faite par le sieur Chabert de Lisle (document important car il donne, à cette époque, la situation des forêts en Provence).

[5] Voir à ce sujet la déclaration royale du 12 avril 1767 (procès-verbaux d'afouagement), *Atlas des Forêts de France* de Daubrée, 1912. Statistiques du comte de Villeneuve. L. Laurent, « Les forêts de Provence, il y a deux siècles », *Provincia*, Aix, 1925. Peyriat, *Les chambres des Eaux et Forêts du Parlement de Provence au XVIIIe siècle et son rôle dans la défense des bois* (thèse de lettres), Aix, 1950. Th. Sclafert, « Les monts de Vaucluse, Exploitation des bois, *Revue géographique Alpine*, tome 34, 1951.

[6] À l'exception, toutefois, de certaines bergeries en Camargue, voir bergerie de Favouillane.

[7] Ce chapitre a été fait avec la collaboration de M. J.-P. Couelle, exploitant en pierre à Aix-en-Provence.

Ci-dessous, outils d'extraction et de taille de la pierre.

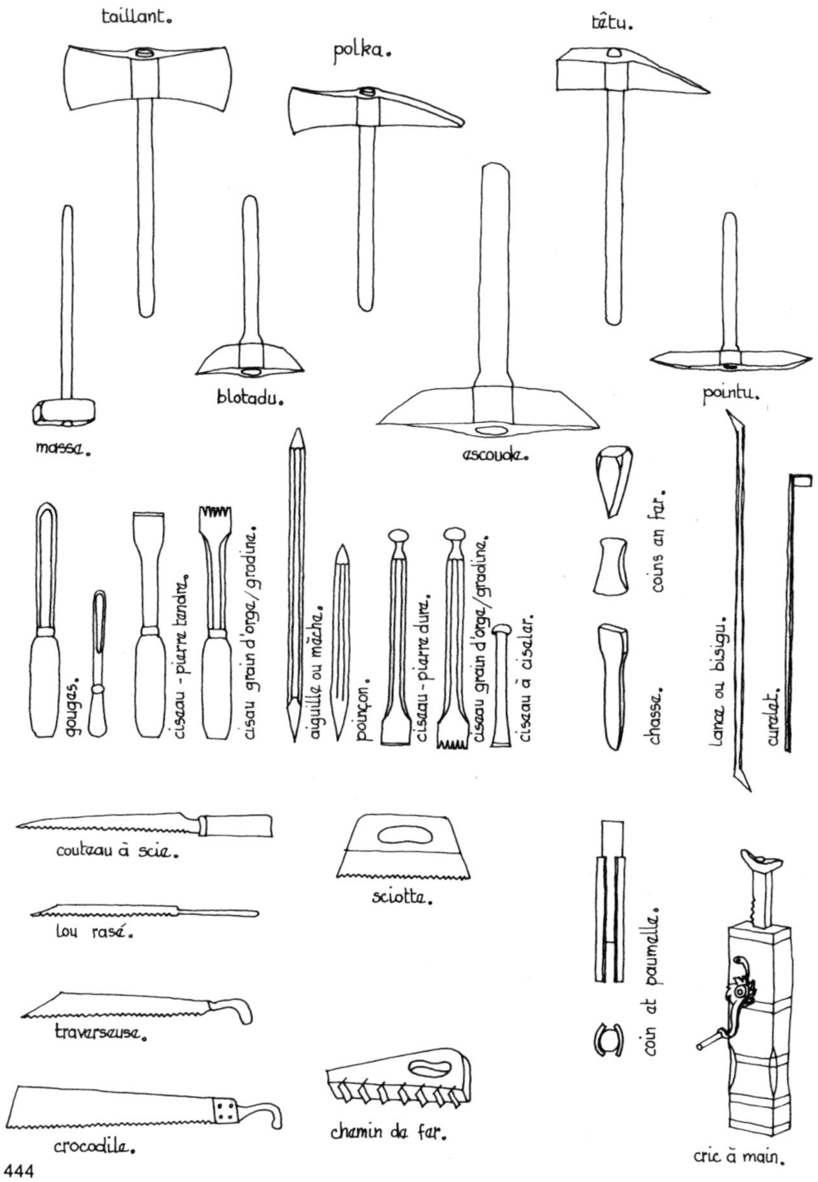

444

La provenance de la pierre utilisée pour les encadrements des portes et des fenêtres

Beaucoup d'agglomérations possédaient des carrières communales, mais il existait de nombreuses carrières sauvages ouvertes par des propriétaires pour leurs besoins. En effet, lorsqu'on trouvait de la pierre de taille à proximité des lieux de construction, on ne voyait pas l'intérêt d'aller la chercher dans des carrières d'exploitation importante plus éloignées. De ce fait, les pierres étaient de plus ou moins bonne qualité et leur taille rustique puisqu'elle était exécutée non par des tailleurs, mais par des maçons de village, ou parfois même par l'utilisateur. Les masses (gisements) réputées étaient exploitées de façon constante et la pierre débitée en éléments réduits. Parmi les carrières creusées dans ces masses, on peut distinguer les « carrières de pierre tendre » ou « demi-ferme » et les « carrières de pierre dure ».

Les carrières de pierre tendre

Cette pierre facile à travailler se trouvait partout dans notre région, riche en calcaire. Elle était souvent mise en exploitation à proximité des grands axes de communication qui sont, en Provence, les rivières et surtout le Rhône. Des anciennes carrières exploitées autrefois, il ne reste que quelques-unes dans : les Bouches-du-Rhône (carrières de Fontvieille, Rognes, Les Baux) ; le Gard (carrières de Vers, pont du Gard et de Castillon) ; le Vaucluse, plus riche en carrières de pierre tendre et dure (carrières de Estaillades, Ménerbes, Lacoste, Saint-Pantaléon, Espeil, Crion) ; les Alpes de Haute-Provence (carrières de Mane, Ventoux, Revest-du-Bion) ; et le Var (carrière de Tourtour, tuf). Toutes les pierres étaient taillées en éléments parallélépipédiques non normalisés.

Les carrières de pierre dure

De nos jours, elles sont très peu exploitées car l'extraction et le façonnage en sont très coûteux. Il en existe malgré tout plusieurs dans : les Bouches-du-Rhône (Cassis) ; le Gard (Lens, Brouzet et Tavel) ; les Alpes-de-Haute-Provence (Caladaire) ; le Var (Tourris) ; ainsi que dans le Vaucluse et les Alpes-Maritimes. Leur production est négligeable, elle consiste seulement en pierres éclatées ou en tranches employées pour le dallage [8].

employé de façon courante pour la réalisation des encadrements de portes et de fenêtres ainsi que des chaînes d'angle. Souvent même, lorsque les constructions se trouvaient proches d'une carrière, les façades étaient entièrement en pierre de taille dont l'épaisseur variait de 26 à 42 cm environ. Dans certains cas, la pierre servait aussi à construire des cloisons porteuses intérieures, épaisses de 8 à 11 cm. On a vu que, pour la Camargue, le problème était très différent car il n'y avait absolument pas sur place de moellon ; la pierre de taille devait venir par le Rhône. Les constructions étaient donc entièrement réalisées avec ce matériau.

[8] Des carrières de marbre existent en Provence ; elles sont d'un intérêt relatif ici car le marbre n'a pas été utilisé dans l'habitat rural, exception faite toutefois pour les éviers monolithes. Il en existe à : Rians, au quartier nommé Lou Prignon, marbre veiné ; brèche du Tholonet, fond jaune mêlé de taches brunes et noires ; marbre avec lequel de nombreuses cheminées aixoises ont été construites ; brèche de Beaurecueil, plus jaune ; terroir de Lambesc, fond rouge avec du jaune et noir, à Rousset ; Brignoles, brèche de Candelon, blanc veiné ; Tourves ; Saint-Maximin, au quartier nommé l'« Étendard ».

L'extraction et la taille de la pierre

Les pierres étaient extraites à la main, soit en carrières souterraines, soit en carrières à ciel ouvert, suivant que la masse exploitable se trouvait proche de la surface ou en profondeur. Contrairement à ce que l'on pourrait croire, la normalisation était déjà appliquée bien avant le XIXe siècle. Il nous reste d'ailleurs des noms de pierres normalisées, tels que : le *quéron*, *quérade*, *trespanière*, 50 carré, le *bugé*, le *mié-bugé*. Les blocs taillés dans les carrières de pierre tendre se trouvaient prêts à l'utilisation immédiate ou à la vente aux tailleurs de pierres qui venaient les choisir en fonction de leur emploi [9].

Les outils employés pour l'extraction et la taille

Ces outils existent depuis très longtemps et leur forme n'a pratiquement pas varié.

Pour l'extraction : la lance ou *bisigu* (pic de fer permettant de découper les blocs bruts par coups successifs) ; le pointu ; l'escoude et le *blotadu* (petite escouade, outil intermédiaire entre la pioche et la hache) ; la mèche ; la traverseuse, ou crocodile, servait à équarrir la pierre en blocs normalisés ; *lou rasé* (petite scie pointue) ; la masse ; le coin et la paumelle ; le curelet ; le cric à main.

Pour la taille : le taillant (outil ressemblant à une hache ou plus exactement à une francisque) ; la polka (outil à deux taillants renversés servant à la finition) ; la sciotte (petite scie à main) ; la gouge ; la gradine ; le chemin de fer.

Une fois le bloc découpé sur trois côtés, le quatrième côté du tableau (partie basse) était percé à la mèche de trous de 4 à 5 cm de diamètre. Il ne s'agissait pas du système employé pour le granit qui a servi notamment à l'extraction de blocs des pyramides (coins en bois que l'on arrosait pour les faire gonfler et dont le changement de volume faisait éclater la pierre), mais de coins métalliques et d'éclateurs. Les coins métalliques, une fois introduits entre deux paumelles ou éclateurs de même nature (réalisés généralement avec de vieux cercles de tonneaux), étaient enfoncés successivement jusqu'à ce que le bloc se détachât de la masse. Les trous destinés à recevoir les paumelles et les coins étaient distants de 10 à 12 cm environ et exécutés à la mèche.

Le bloc était alors tiré de son alvéole et débité sur place avec le crocodile. On le débitait en dimensions normalisées appelées le *quéron* (65 x 65 x 40 cm) ; la *quérade* (100 x 50 x 40 cm) ; la *trespanière* (100 x 40 x 40 cm) ; le *bugé* ou *mie-bugé* utilisés pour les cloisons (les dimensions pouvaient varier suivant les régions).

On le vendait ensuite au maçon pour la construction de murs ou au tailleur de pierres qui en faisait des encadrements, des pierres moulurées, etc. En général, les tailleurs de pierres étaient moins intéressés par ces blocs normalisés que par les blocs bruts qui leur permettaient de tailler les éléments qu'ils désiraient.

Actuellement, si l'on se sert toujours de la plupart de ces outils, beaucoup de travaux sont malheureusement faits avec des outils mécaniques ; le prix de revient et la précision y gagnent, mais la qualité de l'ouvrage a baissé car rien ne remplace une finition exécutée à la main. Pour la pierre dure, les outils de base n'ont pas changé non plus. Il s'agit de la chasse, des têtus, des burins et, bien entendu, des outils mécaniques dont il est fait mention plus haut.

Les pierres étaient ébauchées soit à la carrière, soit sur les lieux d'utilisation. La finition (moulures et sculptures) était faite, la plupart du temps, une fois la construction montée.

Le transport des pierres

Les pierres étaient transportées par des fardiers jusqu'au lieu d'utilisation ou jusqu'au lieu d'embarquement (s'il s'agissait de transports par voie d'eau). Dans notre région, le commerce et le transport par voie d'eau se sont faits, jusqu'à la fin du XIXe siècle, avec des bateaux à faible tirant d'eau, pouvant aussi bien naviguer sur le Rhône que le long des côtes. Il s'agissait de grosses barcasses à voile appelées « allèges ». L'allège d'Arles, dont la forme élégante se retrouve dans certaines peintures de Vernet, est restée en service jusque vers 1880. Elle transportait des pierres jusqu'à Marseille où il existait un quai aux pierres jusqu'au début du siècle.

L'emploi et le réemploi de la pierre

La pierre étant malgré tout un matériau cher, on essayait d'utiliser au maximum tout déchet, toutes les chutes de *quéron*, *quérade*, *trespanière* servaient de matériau de remplissage. On se servait aussi, à cette fin, de pierres trouvées sur place. D'autre part, les pierres étaient rarement transportées sur de longues distances (sauf pour d'importants monuments) : leur transport en fardier ne dépassait guère 30 km. Tout ceci explique le réemploi perpétuel de pierres utilisées dans la construction, prises sur des monuments en ruine. Une fois récupérées, ces pierres étaient triées, puis taillées dans les nouvelles formes. Ces pierres de récupération provenaient parfois de monuments d'époque gallo-romaine. Ainsi, dans la région d'Arles, plusieurs fermes possèdent des inclusions de sculptures gallo-romaines dans leur façade, ou encore (ce qui est plus rare) des sculptures particulièrement belles utilisées en clefs de portes.

[9] Cela nous amène à évoquer ici une ancienne coutume : lorsque les carriers recevaient des tailleurs de pierres comptant parmi leurs clients habituels, ils leur faisaient don d'un échantillon de la pierre qu'ils extrayaient alors (les postes d'extraction changeaient en fonction des veines de la roche et de leur qualité), ainsi que d'un panier qu'ils garnissaient de champignons ou de saucisson, de quelques bouteilles de vin, d'un flacon d'huile d'olive, ou encore de fromages de chèvre. Bien que ces coutumes se soient perdues, les carriers demeurent des gens accueillants.

La chaux

La chaux est le résultat de la calcination et de la dissolution dans l'eau d'une sorte de pierre calcaire appelée pierre à chaux. Les pierres les plus dures, les plus pesantes, les plus homogènes, les plus grises et les plus fines font la meilleure chaux. C'est la chaux blanche qui est la plus employée aussi bien pour la confection des mortiers que pour les enduits.

L'origine

Les fours à chaux étaient très nombreux en Provence. Ils étaient généralement construits dans la forêt pour utiliser le bois mort [10]. Au XVIe siècle, beaucoup d'actes d'habitation permettaient à la communauté de faire des fours à chaux dans les bois appartenant au seigneur. La chaux obtenue ne pouvait être utilisée que pour l'usage personnel des habitants. Pour la vente, il fallait avertir le seigneur. Les fours à chaux et les fours à briques et à tuiles étaient d'une nécessité absolue ; ils étaient en activité pratiquement toute l'année. On en signale dans les archives sur des nombreux terroirs, notamment à Cuges, Ceyreste, Cassis, Marseille, Septèmes, Allos, Aubagne, Roquevaire, Auriol, vallée de l'Arc, les Martigues, Saint-Rémy, Châteaurenard, etc. Il y avait deux manières de faire la chaux : avec du bois ou avec de la houille. En Provence, c'est la chaux faite avec le bois qui était la plus répandue [11]. Le terme de « chaufournier » était employé pour désigner le constructeur et l'exploitant du four à chaux. Très souvent, au-dessus du four, une couverture abritait le foyer de la pluie et du vent. La pierre à chaux pesait 60 livres le pied cube. La toise cube recevait 190 pieds ou 110 quintaux.

La plupart du temps, les fours à chaux et les briqueteries étaient construits au-dessus du sol [12]. Il est certain que ces fours réclamaient énormément de bois : leur installation provoquait fréquemment des discussions entre la commune et les seigneurs qui se plaignaient de voir leurs bois ainsi dévastés.

[10] Sur certains chantiers, la chaux était cuite sur place, fabriquée directement par le maçon. La pierre à chaux se trouvait souvent sur les lieux même de la construction.

[11] Chaux faite avec du bois, exemple à Cuges : deux hommes achètent une étendue de bois suffisante pour fournir les fagots nécessaires. Ils louent deux ouvriers du pays qui coupent dans le terrain acheté des touffes de chêne kermès, appelés *réganeire*. Ils font des fagots de ces broussailles et quatre femmes sont occupées à les apporter à la carrière. Là, deux entrepreneurs exploitent la pierre dans un terrain qui appartient à la commune et pour laquelle ils ne payent aucune redevance. Leur travail se fait avec des pics et des leviers. Ils déchaussent la roche. Ils brisent les blocs avec des maillets de fer. Les gros fragments serviront à former les murs extérieurs du four auquel on donnera une forme conique en laissant au-dessous une voûte qui servira de fourneau. Les fragments les plus petits rempliront l'intérieur du four qu'ils couronneront par un cône plus petit. Ensuite, le four est rempli de fagots, on allume le feu entretenu pendant trois ou quatre jours sans interruption. La cuisson finie et le four refroidi, on le démolit pour enlever la chaux qui est transportée principalement à Marseille.

[12] Une toise cube du four renfermait un millier de tuiles.

La livraison et l'aspect

À partir de ces fours, la chaux était transportée en bloc sur le chantier. Là, elle était stockée avant usage dans un endroit à l'abri de l'humidité. Il était bon de l'utiliser immédiatement ; en effet, plus la chaux était cuite et refroidie récemment, plus il était facile de la dissoudre dans l'eau. Au contraire, quand on attendait, elle perdait de sa qualité ; elle s'éventait ou se fusait et devenait impropre à la dissolution. Aussitôt que la chaux était arrivée sur le chantier, on la plaçait dans un bassin, bâti à l'avance et soigneusement carrelé (cela pouvait être simplement une fosse d'environ 30 à 40 cm de profondeur et d'une surface de l'ordre de 1 à 2 m^2). On y jetait une petite quantité d'eau. La chaux commençait à bouillonner, à se crevasser et se diviser. On remuait avec un rabot en ajoutant de l'eau jusqu'à cessation d'effervescence, ensuite, on pouvait recouvrir entièrement la chaux d'eau, pendant un délai de l'ordre de 24 h. Après, seulement, on pouvait retirer la chaux qui formait alors une pâte plus ou moins consistante. On pouvait rajouter de la chaux suivant les besoins jusqu'à la fin. En général, on laissait cette chaux en plein air en ayant soin de la tenir constamment couverte d'eau, de manière à ce qu'elle puisse boire sans discontinuité.

La qualité

Elle devait être grasse, douce au toucher, veloutée à l'œil et se diviser facilement sous le rabot. Quand on l'éteint avec trop d'eau, on la noie et le mortier est trop faible ; quand on n'en met pas assez, on la brûle et elle ne fait point corps avec le sable. La chaux nouvellement éteinte est la meilleure pour la ténacité du mortier ; la chaux vieille éteinte est meilleure pour la beauté des enduits. La chaux est dite grasse quand son contact avec l'eau fait augmenter son volume. Elle est dite maigre quand son contact avec l'eau fait diminuer son volume. Le lait de chaux est de la chaux éteinte largement étendue d'eau et donnant un liquide pouvant être étalé avec une brosse ou un pinceau. C'est ce qu'on appelait le badigeon à la chaux. La chaux hydraulique a la propriété de durcir au contact de l'eau ; mêlée au chlore (chlorure de chaux), elle servait de désinfectant pour assainir les bergeries, les écuries. Elle servait aussi, en agriculture, à chauler les terres argileuses pour leur ajouter des principes calcaires [13].

L'utilisation

La chaux mélangée avec le sable donnait le mortier avec lequel on liaisonnait les pierres. C'était également avec ce mortier, de couleur blanchâtre, qui avait la propriété de se durcir en séchant,

[13] La chaux vive, pulvérisée autour des semis, en écarte les limaces, les fourmis. On la mélange avec un peu de sel.

qu'on faisait les crépis extérieurs et intérieurs, qu'on scellait les revêtements de sol et éventuellement les revêtements muraux. La chaux intervenant dans le mortier était donc l'élément de base du liant. De nos jours, elle est entièrement remplacée par le ciment [14].

Les mortiers

Les mortiers ne peuvent se classer dans les produits manufacturés, étant donné qu'il s'agit d'un mélange fait sur place au moment de l'exécution de la maçonnerie. Pour des raisons de clarté, nous avons préféré les placer ici.

On donnait, en général, le nom de ciment à toute matière en poudre qui s'employait avec du sable incorporé à la chaux pour faire du mortier. Le plus connu, pour la construction rurale, était le ciment ordinaire. C'était une poudre provenant des tuiles et tuileaux écrasés et pulvérisés. Plus ces matériaux étaient broyés, meilleur était le ciment. Il se faisait avec de vieilles tuiles demeurées longtemps sur les toits. Quelquefois, on employait des petites pelotes de terre que l'on faisait cuire dans un four et que l'on concassait ensuite pour suppléer à la tuile. Le ciment jouait donc un rôle tout à fait négligeable.

Actuellement, dans la construction moderne, on emploie des ciments artificiels qui, mêlés au sable, donnent le mortier. À l'époque, les mortiers étaient dits soit mortiers de terre, soit mortiers francs ou mortiers de ciment.

Le mortier de terre

C'était le mortier fait avec du sable de fouille, mélangé à de la chaux. C'était donc un mortier extrêmement économique qui servait à bâtir certaines murailles intérieures ou extérieures les moins exposées. Il ressemblait, par sa texture, à la matière que produisent les pies pour faire leur nid, d'où le nom de mortier d'*agasse* qui signifie « pie » en provençal [15].

Le mortier franc

Il se composait d'un tiers de chaux et de deux tiers de sable de rivière. Pour la fabrication de ces mortiers, qui se faisait sur place, il fallait un corroyage ou un broyage parfait. Pour cela, une aire bien battue, quelquefois même carrelée, était dressée à proximité du chantier. On incorporait avec soin la chaux au sable au moyen d'un broyon ou rabot, jusqu'à ce que le mélange forme un tout parfaitement homogène. Un dicton populaire dit : « Le corroyage, c'est le mortier. »

Le mortier de ciment

Les enduits extérieurs devaient être parfaitement homogènes et étanches. Il était nécessaire alors d'utiliser le mortier de ciment : on rajoutait au sable et à la chaux un peu de ciment qui provenait des tuiles concassées ; c'est ce qui explique les petites particules rouges qu'on y retrouve. Ces ciments ont été employés jusqu'au XVIIIe siècle. Les ciments artificiels tels que nous les connaissons actuellement ont été commercialisés à partir de la fin du XIXe siècle. On appelait « béton » un mélange obtenu avec de la chaux, du sable, du ciment et une quantité suffisante de cailloux, recoupés de pierres dures ou de tuileaux brisés. Quand le tout ne cédait qu'avec peine au rabot, on coulait cette composition dans des rigoles ou formes de fondations, ou bien on l'employait pour tout autre usage, tel que, par exemple, la fabrication des voûtes.

Le plâtre

Le plâtre était un matériau d'emploi moins fréquent que la chaux et servait surtout pour la finition d'ouvrages. Les carrières de plâtre existaient nombreuses en Provence [16]. C'est une pierre calcaire (sulfate de chaux) qui, après cuisson, devient, ainsi que la chaux, propre à se durcir et à liaisonner les matériaux. Le plâtre diffère cependant de la chaux par sa prise presque instantanée et par la crainte qu'il a de toute humidité. Il demande à être employé pur, alors que la chaux n'agit que mêlée avec du ciment ou du sable. Il est d'une couleur blanc grisâtre, mais également de couleur rose clair ou de couleur de brèche suivant la provenance. Pour reconnaître la qualité du plâtre, on en met une poignée dans un peu d'eau. Si, au bout d'une minute, il a « pris » de manière à ne pas garder l'empreinte du doigt quand on y appuie légèrement, il est de bonne qualité. S'il est long à prendre, ou prend mal ou pas du tout, il est dit éventé et n'est plus bon à l'emploi. Il est nécessaire de le placer dans des sacs en un endroit sec et bien fermé.

L'ouvrage était du ressort des plâtriers et non des maçons. Une fois corroyé, il s'employait instantanément car il possède la pro-

[14] Il n'est pratiquement plus possible de trouver de la chaux vive. Toutefois, elle est encore utilisée dans l'agriculture. Nous avons nous-mêmes fait des enduits à la chaux et nous nous sommes rendus compte qu'elle leur conférait une qualité incomparable. Un enduit au ciment et un enduit à la chaux vive ne se ressemblent en aucun cas (voir paragraphe « Enduits »).

[15] Ce mortier était très friable. La plupart des constructions étaient montées avec un mortier pauvre, on s'en rend très bien compte car on a l'impression que les pierres, pratiquement, étaient montées avec de la terre. Pour avoir une meilleure adhérence, on utilisait le mortier franc.

[16] Comme en témoigne, par exemple, ce bail « emphytéotique » : « Le samedi neufièsme du jour de may, l'an de la Nativité de Notre Seigneur, mil cinq cens cinquante et un, par noble Melchior Guiran, au profit de Guilhem Moran, laboureur d'Aix, l'exploitation d'une suelhe (fosse ou mine) pour l'exploitation de plâtre moyennant un cens annuel de deux florins et un droit d'accapte de dix eymines de gyp bon bien cuit et réceptable ». (Archives des Bouches-du-Rhône, Fonds Laucagne, n° 637).

priété de durcir rapidement. Il avait besoin d'une surface rugueuse pour s'accrocher [17]. Il était appliqué en deux couches : une couche de dégrossi et une couche de finition à la règle. Le plâtre était considéré comme remarquable contre l'incendie et son association avec le bois était excellente. Les enduits au plâtre avaient ordinairement deux lignes et demie d'épaisseur (1 cm à 1,5 cm).

L'utilisation

1. Pour hourder les briques d'une cloison ou pour constituer la cloison elle-même, avec des carreaux de plâtre préfabriqués sur le chantier.
2. Pour la réalisation de la cheminée, liaison, moulures [18], foyer (très bon comportement du plâtre au feu).
3. Enduits intérieurs des plafonds et des murs ; quelquefois les plafonds étaient en plâtre alors que les murs intérieurs étaient crépis au mortier de chaux. En plafond, il était préférable d'enduire au plâtre du fait de sa prise instantanée. L'entourage des poutres en bois était également réalisé en plâtre.
4. Carrelage, aire en plâtre, augets.

Les produits d'argile

Les tuiles romaines ou canal

Ce type de tuiles est l'élément de base avec lequel toutes les couvertures (ou pratiquement toutes) sont réalisées. Il s'est généralisé pour toute la Provence, mais il en existe également en Lorraine et dans le Languedoc.

L'histoire

Du temps des Romains, étaient utilisées la *tégula* (du latin *tegere*, « couvrir ») et l'imbrice. Il y avait donc une tuile pour faire le couronnement et une tuile pour faire le cheminement de l'eau. Deux tuiles tout à fait distinctes, l'une de forme ronde, pratiquement identique à la canal de nos jours, et l'autre, au contraire, plate avec rebord. Le cheminement de l'eau se faisait par la tuile plate. Un système d'emboîtement était assuré dans la tuile imbrice. Par la suite, un modèle trapézoïdal fut adopté, vraisemblablement autour du Xe et du XIe siècle. La tuile plate avait une forme évasée tandis que la tuile canal ne changeait pas. Le gros inconvénient de cette couverture à deux éléments distincts était la sujétion de fabrication et de la pose. C'est vraisemblablement au début du XIIe siècle que le système actuel, où un seul type de tuiles sert à la fois pour constituer les deux éléments imbrice et *tégula*, a été adopté. La fabrication des tuiles en Provence fut très importante, et notamment dans les centres de Marseille, Arles, Aubagne, Lambesc, Auriol. C'est à Aubagne qu'elle était la plus soignée.

Les dimensions

On distinguait le grand moule et le petit moule. Dans la région des Bouches-du-Rhône, c'est surtout le grand moule qui était utilisé. La longueur de la tuile était d'une moyenne de 0,50 m de long avec des longueurs variables de 0,45 m à 0,60 m. L'ouverture sur le plus grand côté était de 20 cm à 22 cm ; sur le petit côté, de 15 cm à 16 cm. Son épaisseur était d'environ 1,5 cm à 1,8 cm. Quelquefois, la tuile était quadrillée sur la partie arrière pour éviter le glissement d'une tuile sur l'autre. Sa forme, sa matière, sa couleur, en faisaient un produit d'aspect fort agréable. La tuile ronde faite à la main, par sa matière et les rugosités de sa surface, obtenait une patine aux teintes passées, comme brûlées par le soleil. Aujourd'hui, la tuile ronde se fait, soit à la presse, soit à la filière, mais, dans le premier cas, la tuile ne se patine pas et, dans le deuxième cas, elle se débite en feuilles à la moindre gelée.

La fabrication

L'argile nécessaire était, très souvent, extraite à proximité immédiate de la tuilerie. On la trouvait à des profondeurs de l'ordre de 1,50 m. L'argile était transportée à pied d'œuvre par tombereaux. Quand elle n'était pas suffisamment grasse, il fallait lui apporter un complément pris, par exemple, dans les terres d'Apt en Vaucluse. Mêlée à l'eau, la pâte était pétrie dans les bassins extérieurs d'où on la retirait pour la porter au malaxeur qui lui faisait subir une deuxième trituration. Enfin, elle passait aux mains des ouvriers. Ils en faisaient, soit des tuiles, soit des carreaux de couvert [19].
À Salernes, on chauffait la pâte à 1 500 ou 1 800 °C et elle devenait noire. Dans les fours carrés, la partie centrale était cuite avant les angles. On jetait alors de la terre au centre pour diriger les flammes sur les angles insuffisamment cuits. Ce qui explique qu'aucune tuile n'avait exactement la même tonalité. À la sortie du four, elles étaient mouillées à la lance pour éviter qu'elles ne s'effritent et séchées à l'extérieur. Actuellement, on ne fabrique plus que la tuile ronde mécanique [20].
Une équipe de deux ouvriers était formée, celui qui tenait le gabarit et posait la pâte sur les moules et celui qui la moulait. Une telle équipe pouvait faire environ 1 200 tuiles par jour ; la

[17] Cette surface rugueuse était obtenue soit en donnant des coups d'herminette s'il s'agit de poutres en bois ; soit par un rapointissage en lardant la pièce de clous et de petites lattes (lattes placées à claire-voie pour une meilleure prise), soit par l'application d'une canisse.

[18] Les corniches aixoises sont réalisées en plâtre.

(19) Il s'agit de carreaux pour la couverture.

(20) Quand on veut réaliser une toiture en tuiles canal de style ancien, on est obligé d'employer ce matériau de récupération. Très souvent, on place le matériau ancien en « couverte » et le matériau neuf, qui ne se voit pratiquement pas, « en courante ».

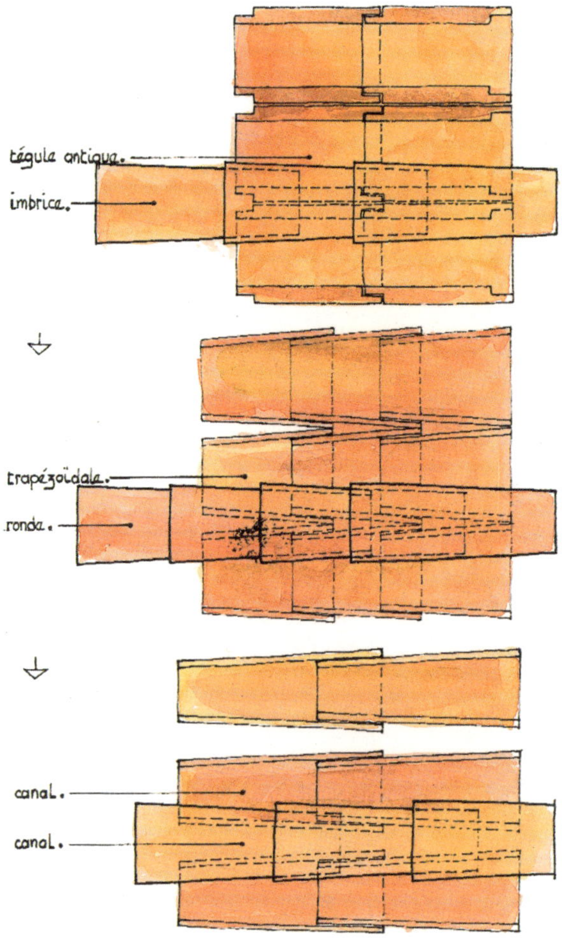

Ci-dessus, à gauche et au centre, évolution historique de la couverture en tuiles creuses, des formes antiques à la tuile canal.

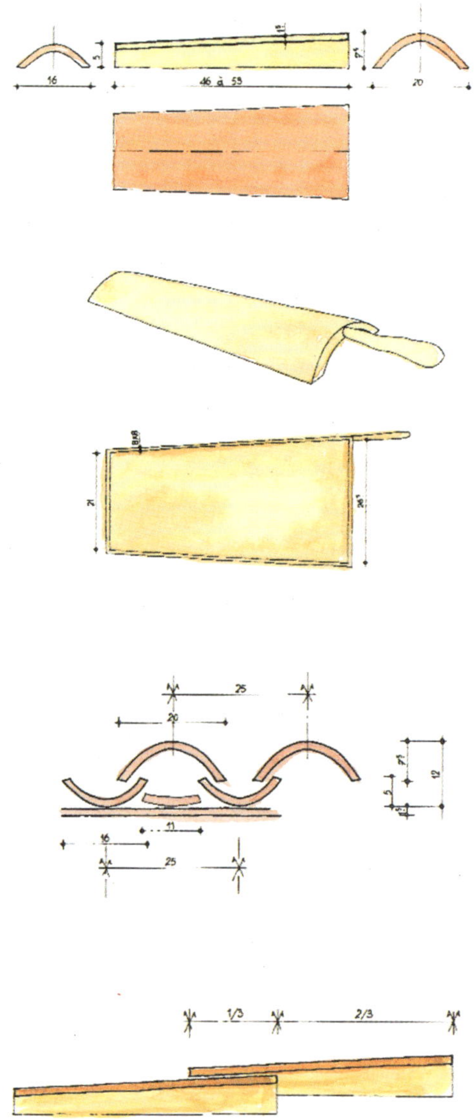

Ci-dessus, à droite, normes de la tuile canal ; moule en bois et gabarit (tuile à plat) de fabrication.

tuile, une fois moulée, était passée au four. Étant donné la proportion de sable, la pâte n'était chauffée qu'à 800-900 °C. La température du four était réglée à vue par la couleur de la pâte. Le petit moule faisait une longueur de 46 cm ; le grand moule, une largeur de 51 cm (voir dessin).

Les essais sur la qualité

La tuile [21] ne devait pas présenter de point de chaux. En effet, à la première gelée, ces points éclataient et l'eau pouvait pénétrer. Quelquefois, l'argile employée renfermait du salpêtre qui se libérait au bout de peu de temps à la surface. Ce défaut obligeait à refuser ce genre de tuiles (tuiles de Saint-Rémy). Une tuile était bonne si elle supportait le poids du maçon sans se casser. Elle devait rendre un son clair lorsqu'on l'ôtait de la pile et qu'on l'y remettait. Avant l'emploi, il était nécessaire de tester les tuiles pour mettre de côté celles qui ne répondaient pas à ces critères.

L'aspect de la toiture, la coloration

Les sillons, dans le sens de la plus grande pente, étaient très accentués et encore soulignés par les ombres. Les tuiles étaient toujours de tons harmonieux, variant du rose très clair à des tons beaucoup plus foncés. On obtenait un jeu de mosaïque sur la totalité de la couverture puisque les maçons les posaient comme elles venaient. Avec le temps, le toit se recouvrait de lichens et l'argile continuait à se patiner au soleil en prenant une teinte générale plus foncée et plus uniforme.

[21] En provençal, la tuile s'appelait *tuoule* à Marseille, *teure*, du romain *teul* (du latin *tegula*) dans le Var.

Les carreaux de terre cuite

Ces carreaux étaient appelés en provençal *maloun* (mallonner une pièce signifie la carreler). C'était le revêtement par excellence des pièces d'habitation. La fabrication de ces mallons, d'un grain très fin, d'une couleur rouge vif et de petite dimension, est une spécialité de l'industrie céramique provençale. La qualité de l'argile et la forte cuisson les rendaient très durs et leur assuraient une durée bien supérieure à celle des carreaux grossiers souvent employés dans les pays du Nord. Les sols des premières habitations étaient simplement constitués d'une terre battue ou d'un sol en dalles de pierre.

L'apparition des mallons en tant que revêtement s'est généralisée probablement dans le courant du XVIe siècle. Dans le Midi, où la chaleur et la poussière sont les ennemis les plus redoutables, les mallons procurent à l'habitation de la fraîcheur et un entretien relativement facile. Lavés fréquemment à grande eau, ils donnent à la ménagère la satisfaction d'une éblouissante netteté.

La fabrication

La pâte utilisée pour le carreau était peu différente de celle utilisée pour la tuile. Elle était pétrie avec plus de soin après avoir été débarrassée de toutes les parties grossières par différentes manipulations. On moulait la pâte et on la coupait ensuite dans la forme. On étendait les carreaux sur une aire, et lorsqu'ils avaient acquis l'élasticité convenable, on les trempait dans une eau où était délayée de l'ocre rouge pour leur donner une teinte particulière. Les carreaux, ainsi enduits, étaient mis à sécher, puis cuits dans des fours avec des fagots de petit bois.

Le temps de cuisson pouvait être de près d'une semaine. Le degré de cuisson était le point le plus délicat pour obtenir une qualité de fabrication et un ton recherché. Certains carreaux recevaient, en plus, un émail cuit au four.

Les couleurs les plus répandues en Provence étaient le rouge foncé, le vert d'eau, le jaune ocré [22].

Les dimensions

Le carreau, suivant les qualités, avait des formes très différentes : il y avait des carreaux carrés, triangulaires, hexagonaux et octogonaux. Le carreau hexagonal, « la tomette », avait l'avantage, comme le carré, de recouvrir seul l'espace. Sa dimension la plus courante était de 14 cm environ (diamètre du cercle circonscrit). Les carreaux octogonaux, placés côte à côte, formaient entre eux un vide que l'on remplissait par un petit carreau carré. Le carreau carré était, sans doute, le plus répandu. Ses dimensions : 11,5 x 11,5 / 22,5 x 22,5 / 24,5 x 24,5 / 25,5 x 25,5 cm. Le mallon utilisé comme mallon de couvert, c'est-à-dire comme support de la toiture, avait une dimension de 15 x 35 cm. Il y avait également le pied carré de dimension 33 x 33 cm (encore employé aujourd'hui).

L'emploi

Les carreaux étaient utilisés pour les revêtements de sols, les revêtements d'escalier et le support de la toiture. Pour les revêtements muraux, on utilisait le carreau de forme carrée, mais qui recevait en plus une couverte d'émail.

Les produits verriers

Il est admis que l'industrie de la verrerie en Provence n'est pas antérieure à la seconde moitié du XVe siècle. Pendant très longtemps, on utilisait, pour obturer les fenêtres, des intestins ou des vessies d'animaux. Un certain Serri, protégé du roi René, établit au XVe siècle des verreries à Goult, puis dans la forêt de Valsainte au diocèse d'Apt [23 et 24]. En 1825, un maître verrier du nom de Guillaume de Montbrun avait établi en plein Lubéron, dans le vallon dit de Mongaresque, sur le territoire de Cavaillon, un four de verrier qu'il dût détruire sur la réclamation des habitants de Cavaillon. Ceux-ci s'étaient, en effet, alarmés de l'énorme consommation de bois que nécessitait le fonctionnement du four. Les objets venant de ces verreries étaient, au début, des articles d'usage courant, tels que vitres à verres, vases, bouteilles. La production de pièces ayant un caractère réellement artistique s'est développée seulement dans la seconde moitié du XVe siècle.

Les dimensions

Au début, le prix du verre obligeait les menuiseries à avoir des petits carreaux : plus le verre avait des surfaces importantes, plus il était cher. Il y avait deux sortes de verre à vitre : blanc, dit « verre de Bohême », et le verre commun, dit « d'Alsace ». Dans ces deux espèces, on distinguait le premier choix, le second choix, qui se vendait en général 10 % moins cher, et le troisième choix, encore moins cher. Le verre à vitre ordinaire se vendait en gros par caisse contenant soixante feuilles de cinq mesures, c'est-à-dire douze feuilles de chacune. En dehors des mesures et des prix ordinaires, on trouvait des verres à vitre plus grands et plus forts, tels que le verre double ou le verre entier de Suisse.

[22] Cette fabrication ancienne s'est encore maintenue à notre époque. Par exemple, M. Sismondini, à Salernes, fabrique encore les carreaux de terre cuite à la main, exactement suivant le procédé ancien avec un four chauffé au bois.

[23] Voir L. Duhamel, « Verrerie dans le Luberon, au XVIe siècle », in *Bulletin historique et archéologique du Vaucluse*, 7e année, 1885 (pp. 395 et 404).

[24] Le 5 juin 1426, un noble, Aliot de Montvun, obtint de l'évêque de Vaison, la faculté d'établir une verrerie dans la forêt sur les territoires de Crestet. Aliot s'engagea à donner chaque année à l'évêque trois douzaines de vitres. À cet endroit, s'élève encore aujourd'hui une ferme dite de la « Verrière ».

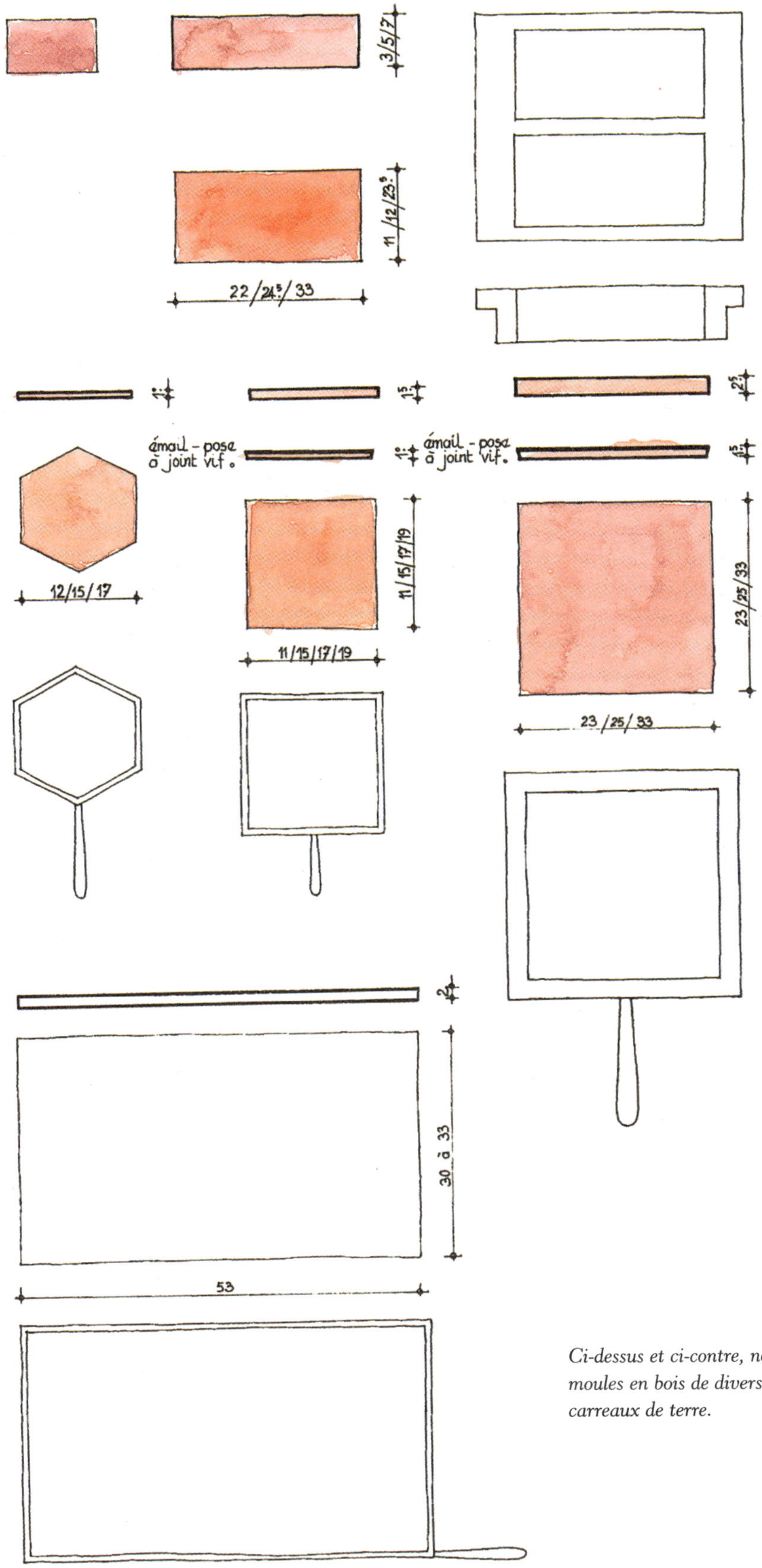

Ci-dessus et ci-contre, normes et moules en bois de divers briques et carreaux de terre.

Ci-dessus, exemples de revêtements en terre cuite.

Les artisans de la construction, le marché d'entreprises

« Quiconque voudra bâtir doit se proposer de faire la cage pour l'oiseau, c'est-à-dire de proportionner son bâtiment au revenu de sa terre, à sa condition, à ses besoins et surtout aux moyens qu'il a d'en sortir à son honneur. En user autrement, on tomberait dans l'excès ou la mesquinerie ; l'un et l'autre desquels sont également méprisables et ridicules. Ces conditions bien et dûment examinées, avec toutes les réflexions nécessaires, choisir l'assiette de son bâtiment au bon air et surtout que ce soit chez lui, et non chez autrui ; où les eaux soient saines et excellentes et prochaines, le fond bon, les accès du lieu commodes, les bois près et les matériaux propres à bâtir, abondants et à bon marché. » (Vauban)

Après le choix du site, l'acte de bâtir constituait pour le paysan constructeur un événement considérable. En premier lieu, il se procurait les matériaux de base, charriait lui-même les pierres des champs, s'enquérait des fours à chaux, de la proximité des tuileries. Ensuite, il essayait de dresser des plans, soit lui-même, soit en glanant çà et là des conseils, ce qui demandait du temps et de la réflexion. Redonnons la parole à Vauban : « Faire après un mémoire de toutes les pièces qui peuvent être nécessaires pour se loger commodément et donner tout le temps qu'il faut à son examen, le revoir plusieurs fois pendant un espace de temps considérable, y faire toutes les réflexions possibles et toujours retrancher et ajouter jusqu'à ce qu'on ne trouve plus rien à désirer. Faire en même temps plusieurs plans de la distribution de ces bâtiments, évitant la trop grande dépendance des pièces l'une de l'autre, de mal placer les escaliers, les cheminées, etc., et surtout ne rien faire qui soit contraire aux règles qui suivront ci-après. Examiner à plusieurs fois et à plusieurs temps ces plans et élévations, les faire voir aux intelligents, prendre leur avis et toujours corriger jusqu'à ce que l'esprit soit content et ne trouve plus rien à redire ; après quoi, faire mettre ces dessins au net et en rester là sans y plus rien changer [...] Estimer aussi les accompagnements de la maison qu'on doit bâtir comme jardins, clos, vergers, basses-cours, avenues, idem, les meubles qui font toujours une partie considérable de la dépense. Toutes ces choses doivent être examinées à fond et non pas une fois, mais plusieurs » [1].

Il n'a pas été possible de retrouver dans les archives un plan établi avant la construction par le maître d'œuvre. Est-ce que le paysan constructeur concevait son plan avec le maître maçon qui allait le réaliser ? C'est sans doute vers cette solution qu'il faut se tourner. Dans le souci de mettre chaque chose à sa place, seul le paysan pouvait parfaitement définir son programme. Il transmettait ses indications au maître maçon qui exécutait, mais lui-même devait participer manuellement à ces travaux. Ce n'était d'ailleurs que dans cette mesure qu'il pouvait y avoir une conformité exacte entre l'objet construit et sa destination.

Quand on visite des constructions rurales, il apparaît évident que chacune d'entre elles répondait parfaitement aux desiderata du futur occupant. Tous les détails avaient été particulièrement bien examinés. Au fond, le maçon n'était que la main qui construisait. Les impératifs techniques n'étaient pas contraires aux besoins modestes du maître de l'ouvrage.

Cette façon directe d'œuvrer « sur le tas » est une caractéristique fondamentale. Le métier d'architecte et celui d'entrepreneur ou de maître-maçon étaient souvent confondus. Certains textes désignent l'entrepreneur-architecte du nom « d'appareilleur », indiquant que l'architecte ne travaillait pas dans son office, mais directement sur un chantier. Le prix était très souvent établi à la journée de travail, mais il pouvait arriver aussi qu'un prix ferme fût arrêté [2].

[1] Les livres de raison d'une famille donnent de précieuses indications concernant ces préoccupations. Il était de tradition, en Provence, que le chef de famille tienne, à la suite de son père, une sorte de journal, un confident, sur lequel il notait différentes recommandations morales pour ses enfants, mais également l'état de son patrimoine, les conseils pour une bonne exploitation et, dans le cas d'une nouvelle construction, des indications sur le déroulement du chantier, le prix, etc. À titre d'exemple, nous donnons un aperçu du livre de raison de la famille de Courtois Durefort (Sault) commencé en 1812 par A. Courtois : « Mon fils, je te conjure de lire très souvent les avis que je te laisse dans ce livre de raison de la famille. C'est là que tu me trouveras toujours ; c'est là que je vis encore pour toi et tu n'auras pas perdu ton père tant que tu conserveras mes avis. Adieu, mon bon ami, sois toujours comblé de toutes les grâces du ciel. C'est ce que je demanderai sans cesse dans le séjour éternel, où j'espère que la bonté de Dieu m'aura fait entrer, au moment où tu liras ces derniers témoignages. » Sujets traités à l'intérieur : « La religion, la probité, des bonnes mœurs, règlement et conduite de vie, savoir épargner, ne jamais emprunter, le mariage, etc. Observations sur l'exploitation des biens : 1) Il ne faut pas affermer le domaine que vous pourrez exploiter, surtout si vous l'habitez une partie de l'année. 2) Vous devez mettre en prés naturels toutes les parties de la terre qui en seront susceptibles. 3) Vous devez alterner dans vos terres à blé cette culture avec celle des fourrages artificiels ». Le domaine patrimonial : « Ce domaine comprend les bâtiments, cour, basse-cour, jardin, aire, et les terres qui en dépendent. Les bâtiments se composent de : 1) La maison du maître, qui renferme au rez-de-chaussée dix chambres, grandes ou petites ; au premier étage, les autres chambres ; au-dessus trois greniers et un pigeonnier et au-dessous trois caves. 2) La maison du fermier : dans la cour, est une fontaine, dans le jardin, se trouvent plus de cent arbres fruitiers, un vivier au milieu et cinquante ruches à miel sur la terrasse. Le troupeau est de cent cinquante bêtes à laine. [...] J'ai fait reconstruire à neuf une grande partie du bâtiment et, entre autres, toute l'aile du devant. Vous vous rappelez, mes enfants, comment fut posée la première pierre de l'angle. Nous mîmes en dessous une bouteille renfermant le procès-verbal de cette cérémonie. J'ai en vue par elle d'attacher tous mes successeurs au toit paternel et j'ai voulu les engager à conserver ce domaine qu'ils ne pourraient remplacer par un autre aussi cher à leur cœur et d'un aussi bon produit. J'ai refait encore la maison du fermier, fait à neuf celle du berger, les écuries et grenier à foin, planté le jardin. La seule dépense en bâtisse s'est élevée à 10 000 F. » (Ch. de Ribbe, *La Vie domestique - ses modèles, ses règles*, 1877).

[2] C'est le cas, par exemple, de la construction de la bastide de Jaume Deydier en 1490, un accord fut conclu avec un maître de pierre du pays, Maître Peyrier : le prix était ferme et passé avant la transaction.

Les matériaux devaient être fournis par le propriétaire qui s'était aussi procuré tout ce qui concerne la charpente, la menuiserie, la serrurerie. Les plans devaient être dressés par le propriétaire. Le paysan était à pied d'œuvre pour vérifier le travail et, de ce fait, il ne semble pas qu'il y ait eu des difficultés pour le compte de chantier.

Les conditions requises pour le maître maçon étaient de connaître parfaitement sa technique, ce qui était relativement simple étant donné que les mêmes problèmes appelaient toujours les mêmes solutions. Il devait se conformer aux volontés de son client, rechercher les possibilités d'économie, avoir le coup d'œil, pouvoir juger de l'effet. À cette époque, c'était surtout, comme on va le voir, une expérience empirique qui permettait de répondre à tous les problèmes posés. C'est à son tour de main, à son habileté, que l'on pouvait juger de la valeur d'un maître maçon.

Les corps d'état secondaires n'intervenaient pas dans la construction. Seul le menuisier livrait quelques châssis que l'on mettait en place sur la façade. Pas de charpentier, pas de plombier. Finalement, il s'agissait d'un travail qu'un maçon pouvait entièrement faire, y compris la couverture et les travaux de revêtements des sols et muraux.

La commande et le règlement des travaux

Étant donné la nature du marché, consenti très souvent en régie, sa passation était limitée au prix horaire. Dans les travaux à forfait, le toisé ou métré était des plus simples, ne faisant pas intervenir la décomposition des matériaux, mais simplement une surface qui était multipliée par le prix unitaire [3]. Un plan grossier était suffisant. La convention passée entre le maître de l'ouvrage et le maçon, pour conclure le marché, était souvent orale.

La durée de la construction

On avait tout son temps et on n'était pas pressé. Un petit mas des plaines, par exemple, se construisait dans un délai de deux à trois ans. Il arrivait très souvent aussi que la construction soit interrompue et reprise par la suite. On a vu l'importance des transformations qu'un tel habitat pouvait subir au cours des âges, fruit des enrichissements successifs de patrimoine réalisés par des générations.

[3] Facture d'entreprise datant de 1880 pour un marché à forfait. **Maçonnerie :** deux façades nord et midi 10 à 11 x 8 m = 168 m² à 4 F, soit 672 F ; deux façades est et ouest 7 x 8 m = 112 m² à 4 F, soit 448 F ; murailles intérieures et cloisons à 4 F et à 3 F, soit 450 F ; enduit : 168 m² + 112 m² + 120 m² = 400 m² à 1 F, soit 400 F. **Toiture :** 9 x 11 m = 99 m² à 6 F, soit 594 F. **Carrelage :** (cuisine, chambres, escalier, grenier) 7 x 11 m = 77 m² à 6 F, soit 462 F. **Autres dépenses :** escalier : 100 F ; terrassements des fondations (10 journées à 3 F) : 30 F ; poutres et boiseries : 300 F ; pierres et sable, 300 F. Total : 3 756 F.

Les techniques de construction

Les principes

Dans l'habitat rural, les principes adoptés étaient toujours très simples. Le paysan constructeur cherchait, par économie, à simplifier sa construction de manière à ne pas se trouver devant des problèmes difficiles ou onéreux à résoudre.

Les deux règles fondamentales étaient :

1. Les parties pleines doivent correspondre aux parties pleines et les vides aux vides, donc mur sur mur, sans porte-à-faux, ouverture sur ouverture.
2. L'ouvrage ne doit faire qu'un. Tous les matériaux doivent être liés entre eux sans se disjoindre ni déverser. Chaque élément, même petit, doit acquérir une stabilité en se soutenant, se confortant sur les autres pour faire un tout compact d'une solidité à toute épreuve. Le matériau en lui-même n'est pas solide, il ne remplit sa fonction et contribue à la solidité générale que dans la mesure où il y a qualité dans la liaison, alliance avec d'autres matériaux.

La structure

Elle était obtenue par l'ensemble des murs maîtres, c'est-à-dire des murs de façade et des murs de refend, judicieusement disposés pour créer entre eux des travées sur lesquelles les planchers pouvaient s'appuyer. L'élément porteur était linéaire. Quelquefois, il y avait des points porteurs, tels que poteaux, piliers, mais c'était un cas assez rare [1]. La première étape consistait donc à déterminer les murs maîtres afin d'obtenir une structure homogène, parfaitement contreventée. Aucun élément de chaînage ne venait souder cette maçonnerie. Sans charpente, la toiture ne pouvait pas assurer de liaison et provoquait même des poussées extérieures. C'était à la maçonnerie de supporter toutes les charges. Sa qualité était conditionnée par ses fondements, son appareil et ses dimensions.

Les murs maîtres

Le volume général était compartimenté en différents rectangles. Très souvent, les refends étaient disposés perpendiculairement à la façade principale, mais, quelquefois, ils lui étaient parallèles. La première disposition était meilleure car les pièces de bois de la couverture portaient de refend à refend. L'écartement des murs maîtres, s'il était important, permettait une économie dans la mise en œuvre des matériaux, mais, par contre, augmentait les portées et, par suite, rendait la structure des planchers plus délicate et moins solide. La portée moyenne était de l'ordre de 3 m à 4,50 m, quelquefois 5 m, rarement plus et pour répondre exceptionnellement aux obligations précises d'un programme.

[1] Pour les annexes : fenils, paillères, bergeries.

Ci-contre, mur en galets d'un mas du plateau de Valensole (cliché Inventaire général Roucaute-Heller).

Page de droite (en haut), de gauche à droite : mur en pierre sèche ; mur en moellons dressés ; mur en moellons hourdés au mortier grossier ; mur en pierres maçonnées au mortier d'hirondelle.

Page de droite (en bas), de gauche à droite : mur en galets ; mur en galets disposés en « opus spicatum » ; deux murs en tapy avec, apparent, le joint des banches.

D'une manière générale, les murs de refend étaient traités comme la maçonnerie de façade, mais sans répondre à une fonction d'étanchéité, ni d'aspect extérieur. De plus, ils étaient montés sans fruit alors que les murs de façade en avaient toujours ; aussi, étaient-ils d'une épaisseur légèrement moindre, malgré la charge qu'ils avaient à supporter.

La technique devait répondre parfaitement aux points suivants :

1. Liaison des éléments porteurs entre eux, en rendant la maçonnerie homogène, non seulement dans son corps, mais également aux points de jonction, tels qu'angle, liaison entre les murs de refend et murs maîtres.

2. Neutraliser les poussées extérieures dues au plancher et à la lourde toiture. Cela devait se résoudre par la qualité de la maçonnerie, son épaisseur et le fruit donné vers l'intérieur.

On n'avait pas intérêt à charger la maçonnerie et c'est pour cela, très souvent, que les murs étaient beaucoup moins épais en partie haute qu'ils ne l'étaient en partie inférieure.

Aux matériaux, souvent pauvres, employés dans cette architecture, il était nécessaire d'appliquer une pratique et une technique tout à fait remarquables pour obtenir la solidité qui était le but de tout constructeur. Connaître les principales propriétés des corps employés, la résistance des murs et des points d'appui était indispensable. C'était l'ensemble des murs s'arcboutant les uns aux autres et ayant une stabilité d'union qui faisait la force de ces édifices et non chaque mur en lui-même.

Le plancher

Le plancher de structure en bois était un élément de remplissage qui ne pouvait en rien accroître la solidité ni le contreventement. Il prenait des appuis simples sur la maçonnerie et n'assurait qu'une liaison légère entre les murs porteurs.

La couverture

Elle était un élément particulièrement lourd. La toiture inclinée, en s'appuyant sur des pièces de bois, créait des poussées obliques. Pour éviter cela, il aurait été nécessaire de placer des charpentes. Par économie et parce qu'également la Provence négligeait cet art, c'étaient le mur de refend et les murs maîtres qui recevaient les pannes et supportaient tous les efforts.

Les ouvertures

Plus on faisait d'ouvertures dans un mur, plus on l'affaiblissait dans son homogénéité. Si une maçonnerie lourde se trouvait audessus d'une ouverture, il fallait reporter les charges de chaque côté sur les trumeaux. Le linteau devait encaisser ces efforts. Pour conforter cela et pour éviter les risques de rupture des linteaux, des solutions étaient appliquées ; nous verrons comment. Les bâtiments qui sont parvenus jusqu'à nous sont l'exemple d'une maçonnerie de la plus haute qualité, constituée pourtant par un matériau vulgaire trouvé sur place. Certains datent même du XVIe siècle. Nous allons essayer d'en examiner la technique et voir comment elle a répondu à ces impératifs.

La maçonnerie

Les fondations

Le but des fondations est de transmettre les différentes charges de la construction au sol, en évitant leur tassement. Celui-ci n'est pas à craindre si la résistance du sol est supérieure à ces charges.

Dans la plupart des cas, la nature du sol ne permettait pas de descendre des épaisseurs de murs directement. Il fallait augmenter la surface portante en créant des empâtements plus ou moins importants, constitués, si possible, de pierre appareillée pour une meilleure homogénéité. C'était un travail délicat et onéreux.

Aussi le paysan essayait-il de trouver des assises sur un affleurement rocheux de manière à éviter toute fondation. Il recherchait le " bon sol " : un rocher suffisamment compact, permettant d'absorber plus que largement le poids du bâtiment.
C'était la solution la plus généralement adoptée, l'implantation était donc déterminée, comme nous l'avons vu, par la présence d'un affleurement rocheux, apparent à certains endroits, qu'il fallait simplement découvrir, niveler. Cette recherche du rocher a permis à l'ensemble de la construction rurale de se comporter dans le temps sans aucun affaissement.
Le sol n'était pas toujours de cette qualité. On distinguait les « bons fonds » (le gravier, les terrains pierreux, le gros sable mêlé de gravier, le tuf, les terres franches) – on se contentait, à ce moment-là, de battre avec la demoiselle pour éviter les tassements inégaux et l'on pratiquait un simple empâtement de l'ordre de 10 à 20 cm de part et d'autre – ; et les « mauvais fonds » (terre poreuse, présence d'argile, terrain humide) – on évitait de construire à de tels emplacements. De toute façon, un conseil était donné avant de commencer l'édifice : examiner avec soin ceux déjà construits sur un sol semblable et avec les mêmes matériaux. « La connaissance locale que l'on acquiert par ce moyen vaudra mieux que de grandes lectures. » (proverbe de la tradition orale).

Les murs

La maçonnerie du mur était l'ouvrage essentiel, celui qui nécessitait un apport considérable de matières premières et une longue mise en œuvre. De lui aussi dépendait la solidité de l'édifice. On recherchait le matériau de base le plus proche possible du site, le plus économique. Il ne faut donc pas s'étonner de voir ces murs réalisés avec ce que l'on trouvait : la pierre des champs, s'il y en avait, mais aussi le galet, la terre d'argile, et même l'un et l'autre associés. La technique était différente suivant le matériau employé, mais toujours la préoccupation du maçon était la liaison du corps de maçonnerie et des murs maîtres. Si vraiment le matériau de base n'existait pas, on avait recours, en dernier ressort, à la pierre de carrière.

La constitution

LES MURS EN MOELLONS

Ce sont les murs que l'on retrouve le plus souvent. On a vu que la pierre résultant de l'épierrage avait été stockée pendant assez longtemps pour être mise à l'épreuve. Ensuite elle était triée par grosseur pour être utilisée. Le moellon était lié par un mortier de chaux ou plus pauvrement par un mortier de terre (mortier d'agasse). Dans la plupart des cas, ces murs étaient enduits sur les deux faces. La pierre n'était laissée apparente que dans le cas

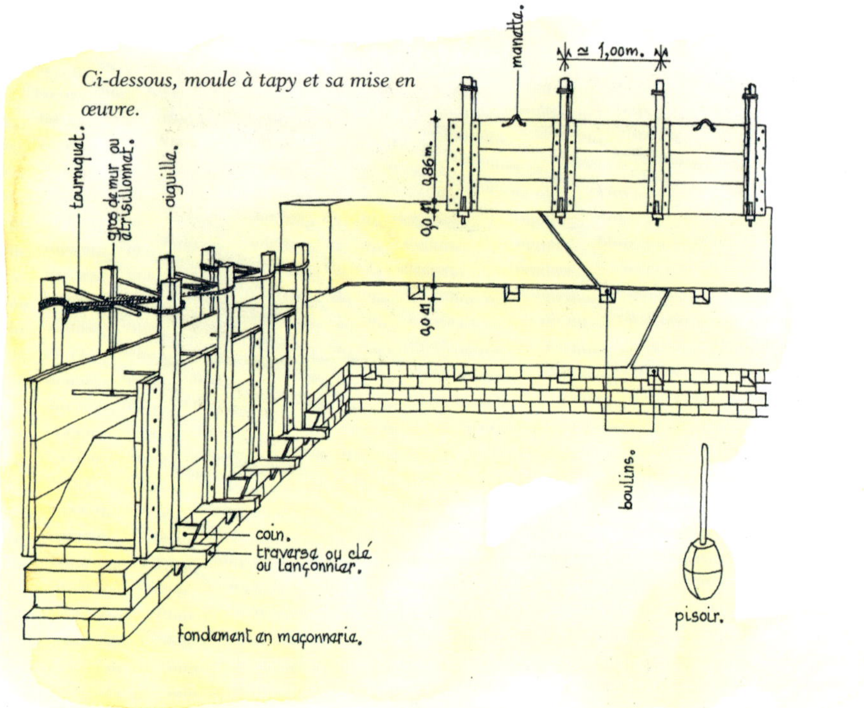

Ci-dessous, moule à tapy et sa mise en œuvre.

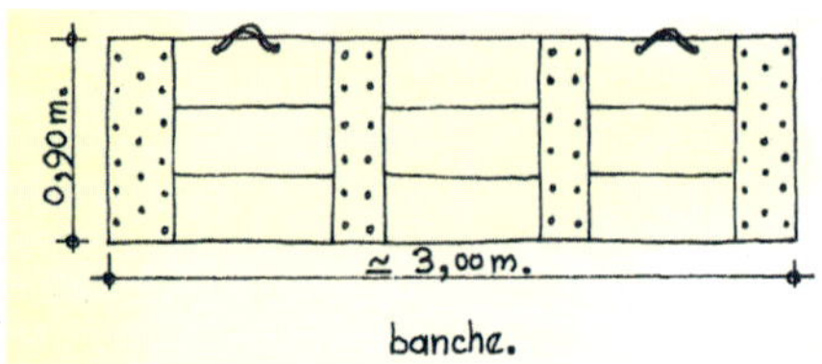

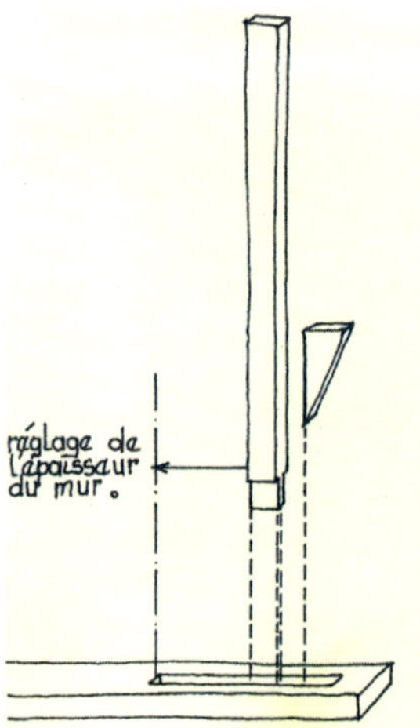

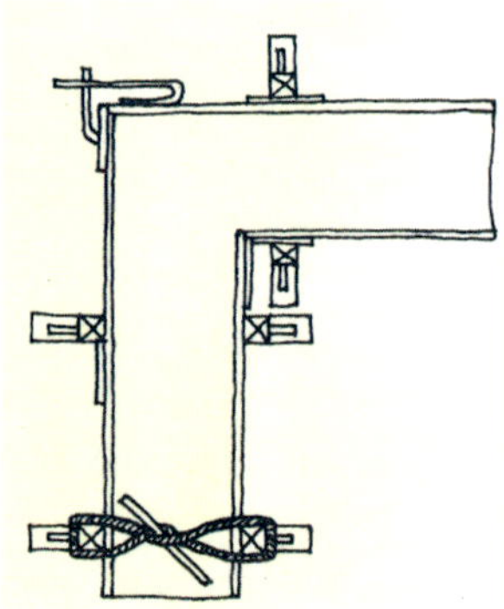

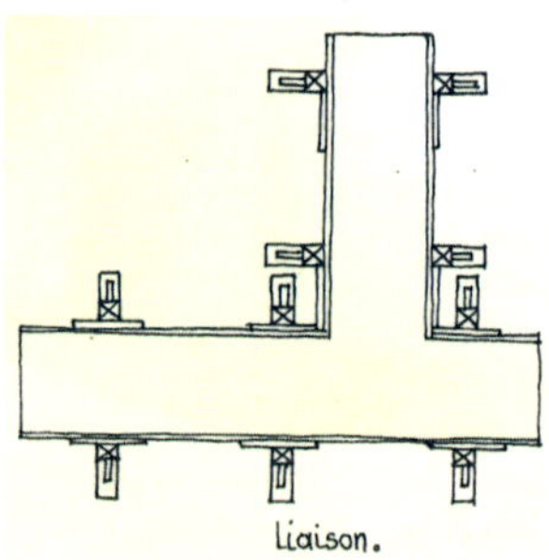

exceptionnel où l'enduit ne pouvait résister aux intempéries ; la pierre était alors montée plus serrée pour assurer, dans le corps de la maçonnerie, l'étanchéité donnée, dans les autres cas, par l'enduit.

Il n'y avait pas de conflit entre la maçonnerie de pierre apparente et la maçonnerie enduite. La pierre apparente n'était pas utilisée pour un souci de paraître, mais uniquement pour résoudre un problème technique. On distinguait le moellon brut qui n'avait subi aucune taille, le moellon ébauché, qui avait été taillé grossièrement, et le moellon équarri, qui comportait un parement dressé. On utilisait très souvent les moellons bruts et les moellons ébauchés ; le moellon équarri était employé beaucoup plus rarement avec ou sans enduit.

Suivant l'épaisseur des murs, on choisissait les moellons bruts, liés avec un bain de mortier et posés de chaque côté en parement, bien serrés ; le vide du milieu était rempli avec ce que l'on avait sur place : des débris de pierres, du plâtras, de la terre, des morceaux de tuiles. Pour assurer une meilleure homogénéité, on plaçait des moellons en boutisse sur toute l'épaisseur du mur.

Quand nous examinons ces murs débarrassés de leur enduit, nous sommes surpris de la qualité avec laquelle ces moellons étaient mis en œuvre, serrés soigneusement entre eux ; quelquefois, des joints horizontaux étaient plus ou moins recherchés. La pierre n'était jamais posée en délit, de manière à ne pas éclater sous le poids de la maçonnerie. D'autre part, les joints étaient croisés pour éviter « le coup de sabre » qui occasionnait des lézardes et disloquait la maçonnerie.

Les murs en pierre sèche

Ce sont des murs en pierres des champs ou en pierres éclatées, sans qu'il y ait incorporation de mortier pour accroître l'homogénéité. C'est donc un mur de qualité : les éléments s'assemblent les uns dans les autres avec un joint le plus réduit possible. Chaque élément a été choisi, judicieusement placé, rarement tranché pour obtenir un parement plus régulier. On comprend qu'un tel mur, avec des pierres dont les volumes sont indéfinis, ait nécessité une technique de mise en œuvre incomparable et très longue. On jouait ici avec la difficulté.

Il fallait trouver la pierre et la poser de telle sorte qu'elle s'emboîtât parfaitement sans la brutaliser. Cela ressemblait à un puzzle, mais en volume.

Les pierres les plus importantes étaient, d'une manière générale, placées à la base. Plus le mur s'élevait, plus les pierres choisies étaient petites.

Les pierres étaient montées obligatoirement dans les sens du lit de carrière, de manière à ce que leur sens de déclivage fût perpendiculaire aux efforts. Les joints étaient croisés avec attention, opposés pour éviter le coup de sabre. Le parement extérieur était particulièrement soigné, puisqu'il était exposé aux intempéries et qu'on n'avait pas recours à l'enduit pour remédier aux infiltrations.

Un choix particulier des pierres ainsi qu'une attention pour la mise en œuvre étaient apportés aux parties du mur les plus sollicitées, telles que les chaînes d'angle, les linteaux, les jambages, etc. De plus, les assises n'étaient pas montées sur des plans horizontaux, mais souvent avec un dévers vers l'extérieur pour mieux évacuer les eaux de ruissellement. Cette technique était employée par des constructions pauvres, implantées dans des régions rudes, où le seul matériau était la pierre. Il n'y avait plus, ici, ni mortier ni chaux. Les exemples que nous montrons de cet appareillage permettent de se rendre compte de la qualité sans égale d'une telle maçonnerie.

De gauche à droite et de haut en bas : maçonnerie en moellons des champs ; maçonnerie en moellons avec harpage en pierres de dimension plus importante ; mur en pierres sèches d'un appareillage exceptionnel par les dimensions des pierres utilisées ; maçonnerie en pierre avec encadrement en pierre de taille pour le fenestron ; maçonnerie en pierre avec encadrement en ressaut pour souligner la porte d'entrée.

Les murs en galets

Le galet a été employé dans certaines régions, telles la Crau, la vallée de la Durance, où il abondait. Étant donné la petitesse, mais aussi la résistance d'un tel matériau, la maçonnerie était particulièrement délicate. Les galets étaient posés sur plusieurs rangées les uns à côté des autres et par assise. Dans l'épaisseur du mur, souvent considérable, on en plaçait cinq ou six rangées. Ici, le liant intervenait abondamment pour remplir et réaliser une maçonnerie identique à un béton banché.

Les murs en tapy ou en pisé [2]

Quand il n'y avait ni cailloux, ni galet, on était obligé d'utiliser une terre battue et mise dans des moules. On trouve en Provence quelques constructions en pisé dans le voisinage de la Durance, loin des carrières des Alpilles, des villages entiers comme ceux de Cabanes et Rognonas ne connaissaient que ce type de construction encore au début du XIXe siècle [3]. Les villages de Mazargues, Mallianne, Montfavet, comportent cette technique de maçonnerie. Également certaines cabanes de Camargue. Charleval, de l'autre côté de la montagnette, a été entièrement construit avec des murs en pisé [4].

En général, la terre était prise sur place ; toute terre convenait, à l'exception des terres argileuses ou sablonneuses. En effet, les premières se fendent en séchant, les autres se pulvérisent. La terre qui n'attache pas et qui garde la forme de la main qu'on lui a imprimée est bonne. Elle peut même comporter des graviers, mais il faut qu'elle soit débarrassée des racines et des débris. Elle doit avoir un degré d'humidité qui correspond à celui que l'on trouve à une profondeur de 0,50 m à 0,60 m.

La mise en œuvre ▸ La terre était placée dans un moule ; elle était battue avec des pisoirs, espèces de pattes assez pointues pour agir

[2] *Qui bastisse de terro, et en fusto de pin aou bout de l'an n'en vis la fin* : « Qui bâtit en terre et fait charpente de pin en voit la fin au bout de l'année. »

[3] Les *Statistiques* de Villeneuve déclarent ce type de construction solide, très propre, assez bien orné et bâti de façon expéditive.

[4] *Statistiques* de Villeneuve, tome I, pp. 1083 et 1109. Voir également Charleval, thèse de faculté par M. Theus. À Charleval, c'est surtout un principe d'économie qui a amené le fondateur à réaliser ces maisons pour ses ouvriers avec cette technique de construction.

sur les angles. On remettait régulièrement de la terre pour remplir complètement le moule ; il y avait lieu de repiquer celle déjà pisée pour obtenir une homogénéité avec l'apport. Le moule était constitué par des planches de sapin posées de chaque côté du mur, maintenues par des longues perches enfoncées par le gros bout dans la terre avec des arcs-boutants en bois et soutenues d'aplomb deux à deux par une corde transversale au mur plus ou moins tendue à l'aide d'un petit tourniquet (voir croquis). De ce fait, on voit dans ces murs des traces visibles des reprises du moule.

Les crépis ▸ Avant de faire le crépi (l'enduit), il fallait que les murs soient bien secs : on attendait le printemps pour faire ce travail. Au lieu de faire un crépi ordinaire, on pouvait rustiquer avec du mortier de chaux clair que l'on projetait sur le mur avec un balai. Il était essentiel de couvrir ces murs pendant la construction afin d'éviter les dégradations que la pluie pouvait leur faire éprouver tant qu'ils n'étaient pas entièrement secs [5]. Le pisé pour le bâtiment coûtait, en 1826, 3 à 4 F de façon la toise carrée, tant plein que vide, échafaudage et posément du plancher compris. Le mur en pierre coûtait en fournitures et main-d'œuvre 50 F pour une toise cube et 3 F pour une toise carrée (on remarque une très nette différence de prix).

Les murs composites

Très souvent, les murs des constructions rurales étaient composites, c'est-à-dire réalisés avec des matériaux différents : non seulement des pierres des champs, mais également des pierres de récupération, des pierres de carrières, des morceaux de tuiles et même des morceaux de carrelage. Un mortier, souvent grossier, fait avec du gravier roulé, venait hourder ces éléments entre eux. Le paysan constructeur avait la science de la récupération. Il ne jetait rien. Comme cette maçonnerie était, la plupart du temps, enduite, il pouvait donc utiliser très facilement tous les matériaux qui lui tombaient sous la main [6].

Les murs en pierres de taille

Les pierres, pour la construction des murs, étaient débitées en éléments inférieurs aux normes actuelles. Elles étaient posées en lits successifs d'une longueur tout-venant variant entre 45 et 85 cm environ, et d'une hauteur de 30 et 35 cm environ lorsque les pierres devaient rester apparentes.

Les encadrements des portes et fenêtres étaient déterminés en fonction des pierres dont on disposait. Seules deux faces étaient alors retaillées ; les queues (partie de la pierre qui disparaît dans la maçonnerie sans la traverser de part en part) restaient brutes ; c'est pour cela que lorsque l'on démolit des vieilles façades, on trouve souvent sur les queues des traces de moulures, de sculptures. Ces encadrements étaient montés à sec et abreuvés avec une barbotine de chaux grasse (chaux éolienne) ou avec une barbotine à base de plâtre. Les pierres des linteaux étaient posées sur des coffrages.

Aux XVIe et XVIIe siècles, les coffrages pour linteaux exécutés en plein cintre s'appuyaient sur de petits chapiteaux, de part et d'autre de la porte, appelées impostes ; ces chapiteaux étaient par la suite moulurés et servaient d'éléments décoratifs. Aux XVIIe et XVIIIe siècles, les coffrages des cintres surbaissés reposaient sur les seuils de portes, les appuis des fenêtres ou encore directement au sol, l'imposte n'existant plus. Que ces pierres soient destinées à la construction de murs ou à la réalisation d'encadrements de portes et de fenêtres, elles recevaient toujours un abreuvoir sur toute la face. Ces abreuvoirs étaient faits en patte d'araignée, et la barbotine était coulée dedans. Une fois la construction terminée, toute la façade, lorsqu'elle n'était pas en pierre apparente, était enduite à la chaux et au sable ; seuls restaient visibles les encadrements de pierres en saillie ; ces saillies étaient nécessaires pour permettre aux eaux de ruissellement de contourner les ouvertures et de ne pas attaquer la menuiserie.

Les jambages et les éléments de linteaux, formés de plusieurs pierres d'épaisseur différente, s'ancraient dans la maçonnerie et permettaient une liaison avec celle-ci. Actuellement, on utilise en élément décoratif les harpages de pierre de taille avec la maçonnerie, alors que ceux-ci n'avaient jamais été prévus à cet effet.

La plupart du temps, les encadrements en pierre recevaient une feuillure intérieure dans laquelle venaient s'imbriquer la menuiserie et une feuillure extérieure, appelée feuillure « à volets », dans laquelle venait s'encastrer le volet de manière à ne pas saillir par rapport au nu de la façade. Ces feuillures avaient, en général, une profondeur de 4 à 4,5 cm. L'encadrement des fenêtres était terminé par une pièce d'appui en pierre qui se trouvait quelquefois recouverte de mallons de couvert mais plus généralement de carreaux de terre cuite émaillée de dimensions 18 x 18 ou 23 x 23. Les encadrements de portes venaient s'appuyer sur des seuils en pierre froide ou pris dans les bancs les plus durs de la pierre tendre utilisée (banc de découverte).

Aux XVIe-XVIIe siècles, on trouvait très souvent dans les maisons rurales les portes en plein cintre ou à motif dit, à tort, gothique, ces motifs ayant été utilisés jusqu'au milieu du XVIIe siècle. Les

[5] Ce mur pouvait être extrêmement solide. Rondelet rapporte que, chargé en 1764 de restaurer en Bresse un château bâti en pisé depuis cent cinquante ans, il fut obligé d'employer le pic et le marteau taillant pour faire de nouveaux percements. Ces types de murs étaient conseillés pour l'architecture rurale du fait de leur économie. Cointreaux, professeur d'architecture rurale, en 1800, a personnellement promu cette technique de construction en terre (quatorze conférences sur l'architecture et l'économie rurale par Cointreaux, Paris, 1809 et 1810).

[6] Cette maçonnerie, bien que faite avec des éléments hétéroclites, était bâtie avec autant de soin qu'une maçonnerie en moellons.

fenêtres de cette époque sont, en général, rectangulaires avec ou sans meneaux, les enduits étant saillants par rapport à la façade. Au XVIIIe siècle, apparut le cintre segmentaire avec ou sans clef au-dessus de la porte et des fenêtres. L'encadrement de la porte d'entrée était, en général, mouluré, mais celui des fenêtres était presque toujours simple. Au XIXe siècle, le linteau redevient droit et les proportions des encadrements ne sont pas toujours aussi heureuses.
Aux XVIe et XVIIe siècles, les chaînes d'angles avaient pour but de lier les maçonneries avec les murs-pignons ou encore de rester en harpage dans l'attente d'une nouvelle aile dans la construction. Dans certains cas, à cette époque, on utilisait les chaînes d'angles comme motif décoratif.
Les hauteurs d'assise varient légèrement. À partir du XIXe siècle, elles augmentent, passant facilement de 30 à 40 et 50 cm.
Dans les régions proches des carrières, l'utilisation de la pierre s'étendait aux corniches, aux cloisons intérieures, aux cheminées, aux puits, aux abreuvoirs, aux bancs, mais il s'agissait toujours d'une utilisation locale, la pierre étant alors le matériau le moins cher et le plus facile à travailler. On exécutait les assises correspondant, non seulement aux murs de façade, mais également aux murs de refend. La construction était menée toute en même temps afin d'obtenir une liaison parfaite et un tassement général.

Les caractéristiques de la maçonnerie

L'ÉPAISSEUR

C'était là un point très important pour la solidité de l'ouvrage. Pour la déterminer, le paysan constructeur se servait de méthodes empiriques. Dans le cas de maçonneries isolées : « des observations judicieuses seront fixées pour les murs de toutes espèces, une épaisseur du 1/8e de sa hauteur pour une forte stabilité, du 1/10e pour une moyenne et du 1/12e pour la moindre qu'il puisse avoir » [7]. Les murs de bâtiments qui se touchent n'ont pas besoin d'avoir une aussi forte stabilité intrinsèque, parce que, s'arc-boutant les uns les autres, ils ont une stabilité d'union qui rend la première moins exigeante. On prendra, dans ce cas, le 1/10e de la hauteur ou le 1/12e. Rondelet a donné une formule graphique qui permet de déterminer l'épaisseur d'un mur en fonction d'un plan de la pièce et de sa hauteur.
Au XVIe siècle, les murs étaient généralement d'une épaisseur de l'ordre du mètre. Au XVIIe et au XVIIIe siècle, les épaisseurs sont sensiblement ramenées à la moyenne de 0,50 m à 0,60 m.
Pour les murs en pierres appareillées, la côte générale d'épaisseur est de 0,42 pour aller jusqu'à 0,26, comme on l'a vu. Pour les murs en galets, les épaisseurs sont toujours très importantes, de l'ordre de 0,70 m à 1 m.

LE FRUIT ET LE TALUS

Dans toutes les constructions rurales, les murs ne sont pas montés verticaux, mais ils ont un fruit relativement important de l'ordre de 6 à 7 cm sous la génoise pour un bâtiment à un étage. Ce fruit a pour but de donner une meilleure stabilité au bâtiment en neutralisant les poussées de la couverture qui ont tendance à faire déverser les murs maîtres. On montait ainsi les murs en leur donnant plus d'épaisseur en bas qu'en haut. Pour les murs de façade, le parement extérieur était seul incliné, le parement intérieur était toujours monté vertical. De cette façon, les murs accusaient mieux les efforts de ces poussées [8].
En plus du fruit, on utilisait très souvent le talus dans les parties de soubassement. Cela créait une patte " d'éléphant " qui grossissait la base de l'édifice.
Pour les murs de refend, la maçonnerie était montée verticalement, sans fruit, sur les deux faces.

LA LIAISON DES MURS ENTRE EUX

La liaison en L (la chaîne d'angle) ▸ À l'angle, la jonction des deux murs constituait un point faible. Il fallait donc prendre toutes les précautions nécessaires pour assurer parfaitement la liaison de la maçonnerie de ces deux murs.
C'était le problème de la chaîne d'angle. De nombreux exemples nous permettent de voir comment le paysan constructeur a répondu à cet impératif avec des moyens simples, telle la chaîne en moellons de même nature que le mur. Là, les pierres ont été simplement choisies par leur grandeur, leur hauteur d'assise. Elles ont été placées en harpe et besace de manière à assurer cette liaison. Dans les cas où l'on disposait de plus de moyens, on utilisait les pierres de carrière, parallélépipèdes parfaitement définis qui s'emboîtaient les uns au-dessus des autres. La maçonnerie en moellons venait s'unir avec cette pierre de taille, qu'on laissait généralement apparente alors que la maçonnerie était enduite. La chaîne d'angle pouvait être, soit en avancée par rapport au nu de la façade, soit, au contraire, exactement alignée. Elle était toujours montée en fruit et accentuait ainsi la silhouette du bâtiment.

[7] F. de Mauremont.

[8] Dans *Le Guide des constructeurs* de R. Mignard, paru en 1860, il est donné les indications suivantes : « Les murs de face que l'on veut solides doivent avoir toujours au moins 80 cm de fondations ou par cas, si on leur donne moins [...] ils ne sont pas si bons. Il faut qu'ils aient au-dessus de la première assise 65 cm ou une épaisseur proportionnelle à leur portée ou élévation, ce qui leur donne une plus grande charpente. Il est nécessaire aussi de donner un peu de talus ou fruit par-dehors, en élevant les murs, ce fruit doit être au moins de 3 mm/m [...] Le mur n'aura plus que 50 cm sous l'entablement et sera toujours élevé raide aplomb par-dedans. »

Ci-dessus (en haut), de gauche à droite : coupe d'un mur en galets ; maçonnerie en pierre sèche faisant apparaître le fruit des murs ; mur composite ; mur en pierre de taille.

Ci-dessus (en bas), de gauche à droite : fruit très prononcé d'une chaîne d'angle en pierre sèche ; chaîne d'angle avec adjonction d'un mur de clôture ; chaîne d'angle en moellons dressés ; chaîne d'angle en briques pleines joignant deux murs de galets.

Ci-dessous, schéma donnant l'épaisseur d'un mur en fonction des dimensions de la pièce et de la stabilité recherchée.

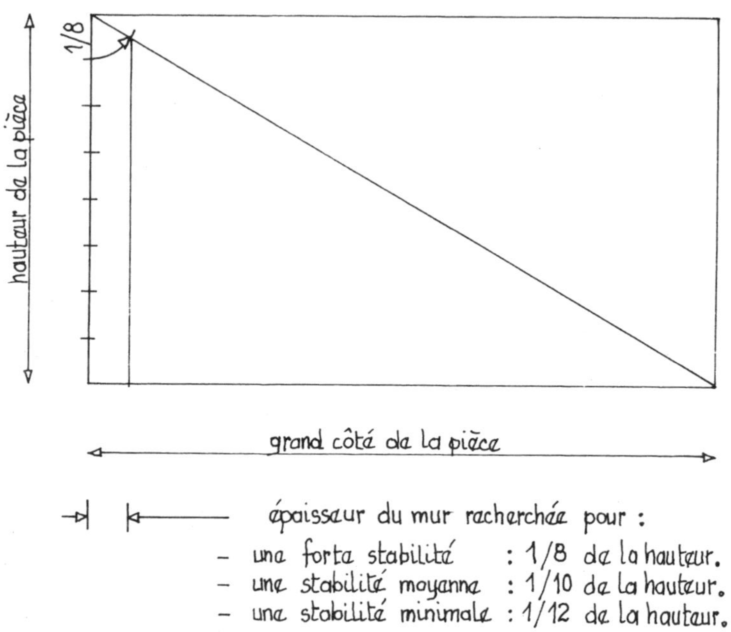

La liaison en T (la chaîne courante) ▸ C'était la liaison entre les murs de façade et les murs de refend. Il y avait là un problème de jonction très important qui a été résolu également par le système de harpe et de besace. On a des pierres formant *boutisse*, c'est-à-dire traversant l'épaisseur du mur, et des pierres dites « panneresse » quand elles sont placées dans l'autre sens. Les exemples que nous donnons permettent de se rendre compte de la qualité de cet ouvrage.

La lutte contre l'humidité

Cette maçonnerie étant montée avec un mortier de chaux, l'humidité était l'ennemi qui pouvait désagréger le liant. Pour en éviter les remontées à l'intérieur du mur, on plaçait, sur toute son épaisseur et sur tout son périmètre, une couche constituée par des ardoises ou par des pierres dures. À l'extérieur du mur, on établissait un drain, c'est-à-dire un fossé en pente comblé de grosses pierres pour éviter une stagnation de l'eau au pied de la maçonnerie. Pour que les eaux de ruissellement de la toiture ne viennent pas frapper les premières assises de la maçonnerie, on construira la génoise qui permettra, par le débord de la toiture, de faire tomber les eaux à l'extérieur. Très souvent, au pied des murs, on faisait des caniveaux, des dallages en calades ou en pierres de récupération pour permettre à l'eau de s'évacuer à l'extérieur au lieu de miner les assises.

Ci-dessus (en haut), de gauche à droite : deux contreforts en maçonnerie enduite ; poteau de bois ou de maçonnerie supportant des auvents ; pilier extérieur en maçonnerie, supportant un auvent d'entrée.

Ci-dessus (en bas), de gauche à droite : pilier rond maçonné supportant la toiture d'une remise ; pilier intérieur soutenant la panne faîtière d'une paillère ; pilier en pierre de taille à l'intérieur d'une écurie ; pilier en pierre de taille supportant les pièces de charpente d'une bergerie de Camargue.

Les désordres et leurs remèdes

Il arrivait assez fréquemment, malgré toutes ces précautions, des désordres dans la maçonnerie et, en particulier, qu'une lézarde se produisît dans la jonction de deux murs. Dans ce cas, soit on utilisait des contreforts ponctuels qui venaient plaquer une maçonnerie de soutien à l'emplacement du désordre, soit, au contraire, on faisait une *encoule*, c'est-à-dire un contrefort plaqué sur toute une portion de mur. Par la suite, on utilisera des tirants métalliques et des croix de Saint-André pour établir des chaînages et serrer, ainsi, le bâtiment comme dans une ceinture extérieure afin d'éviter que la maçonnerie ne se déverse vers l'extérieur. Ce système de tirants métalliques ne s'est vraiment introduit qu'au début du XXe siècle.

Les planchers

Les voûtes

Dans l'architecture rurale provençale, la voûte a été très souvent utilisée. Destinée à couvrir une surface par de la maçonnerie, elle offre des exemples étonnants de beauté. Il est en effet assez surprenant de constater que la pierre, même de petite dimension, peut être ainsi maintenue en l'air en quelque sorte et couvrir des surfaces horizontales. Il était souhaitable d'établir cette voûte en maçonnerie [9]. On lui voyait plusieurs avantages, notamment sa résistance aux incendies (nombre de fermes ont été incendiées à cause de leur plancher en bois). Un autre avantage était une solidité accrue, alors que le bois est un matériau putrescible [10]. Il y avait également recherche d'une isolation thermique plus grande pour les animaux, particulièrement dans les bergeries.

La voûte n'était donc pas employée pour obtenir un effet architectural, mais à des fins bien précises. C'était un ouvrage d'une mise en œuvre plus longue que celle d'un plancher ordinaire et qui ne s'employait que pour des constructions d'une certaine importance et d'une certaine qualité.

C'est dans les grands mas de la région de Camargue, dans les constructions rurales attenantes aux bastides, que l'on rencontre les plus beaux exemples de salles voûtées.

[9] Le plancher en voûtins de briques sur armature métallique est de facture récente (début XXe siècle).

[10] Aujourd'hui, de nombreuses constructions demeurent avec leur voûte d'origine. La voûte peut être un point fort dans la solidité de la construction si elle est correctement réalisée, mais peut être inversement un point faible et accentuer la ruine de l'édifice.

Quelquefois, il arrive que des constructions, même modestes, comportent des voûtes dans une partie tout à fait annexe et retirée, telle que, par exemple, cave, bergerie, écurie, etc. On aurait tort de croire que la voûte était un ouvrage délicat nécessitant des compétences particulières, une mise en œuvre de spécialiste. La technique mise au point, que l'on retrouve le plus souvent, était, au contraire, assez rapide, relativement économique et utilisait les mêmes matériaux que les murs, à savoir : la pierre des champs, le galet et même le pisé. Les voûtes en pierre de taille étaient pratiquement inexistantes ; elles étaient en effet très coûteuses par le matériau et la taille de chacun des voussoirs nécessitait une étude de stéréotomie.

Les types de voûtes : utilisation et théorie

Dans l'habitat rural, les voûtes les plus commodément utilisées étaient du type :

a) La voûte en berceau ▸ C'était la voûte la plus employée avec ou sans arcs-doubleaux. Elle convenait parfaitement pour couvrir des plans très allongés comme des bergeries et des écuries. Dans ce cas, la force oblique (résultante de la force charge et de la force poussée) se répartissait sur toute la longueur de la maçonnerie sur laquelle la voûte venait s'appuyer. Étant donné que l'on peut concevoir une voûte en berceau comme engendrée par un tracé d'arc se déplaçant parallèlement à lui-même, suivant généralement une directrice horizontale, on pouvait obtenir des voûtes en berceaux, des voûtes surbaissées, en plein cintre surhaussées, et même de formes irrégulières et mal définies. Certaines constructions témoignent de ce type de voûte où la forme de l'arc n'est pas géométrique.

b) La voûte d'arête avec nervures ▸ Plus délicate à réaliser que la précédente, elle était utilisée sur des plans de forme carrée. Contrairement à la voûte en berceau, ici, la force oblique se faisait seulement sur les quatre piles.

c) La voûte à coupole ▸ Extrêmement rare, rencontrée uniquement dans les jas de haute Provence (plateau d'Albion, montagne de Lure). D'ailleurs, dans ce cas, il s'agit d'une fausse voûte à encorbellement.

Les voûtes à poussée oblique sont celles où la pierre est dressée et où les forces obliques sont extérieures à la maçonnerie. La charge qui est verticale se combine avec la poussée extérieure qui s'exerce à la naissance du rein de la voûte et la résultante de ces deux forces donne une force oblique (voir croquis). On peut voir très facilement que plus la clef de la voûte est haute par rapport à la naissance des reins, et moins les poussées extérieures seront importantes. À l'époque où ces voûtes étaient réalisées, c'est-à-dire surtout aux XVIIIe et XIXe siècles, on avait une connaissance plus empirique que théorique pour combattre ces forces obliques en se servant de certains axiomes bien connus :

• Les voussoirs ou claveaux d'une voûte ne commencent à glisser que sur un angle de 30 ° environ ; donc, tout angle au-dessous de 30 ° peut être regardé dans cette théorie comme un plan perpendiculaire. C'est pour cette raison que l'on cherchait à faire des voûtes les plus hautes possible, mais, dans ce cas, la mise en œuvre était plus longue et le volume des matériaux plus important.

• Plus la voûte est divisée en grand nombre de voussoirs, moins sa poussée est considérable. Donc, les voûtes en moellons poussent moins que celles en pierre de taille.

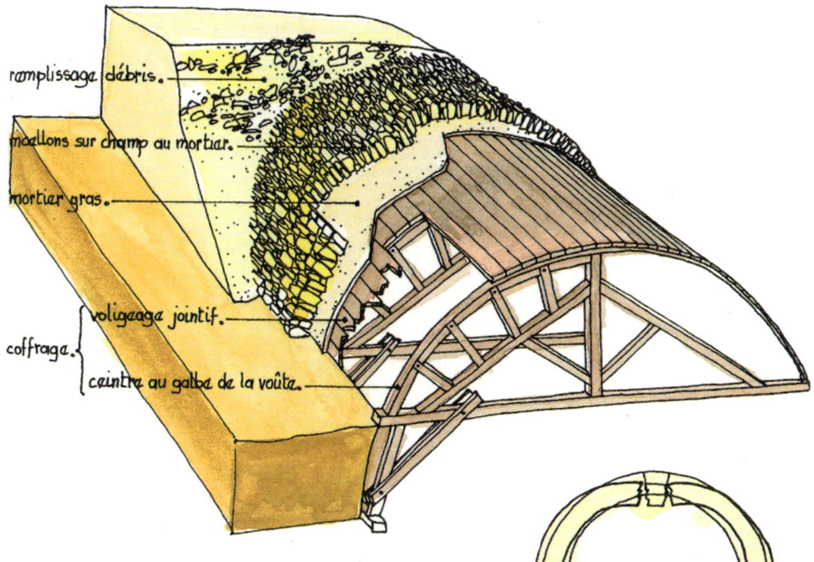

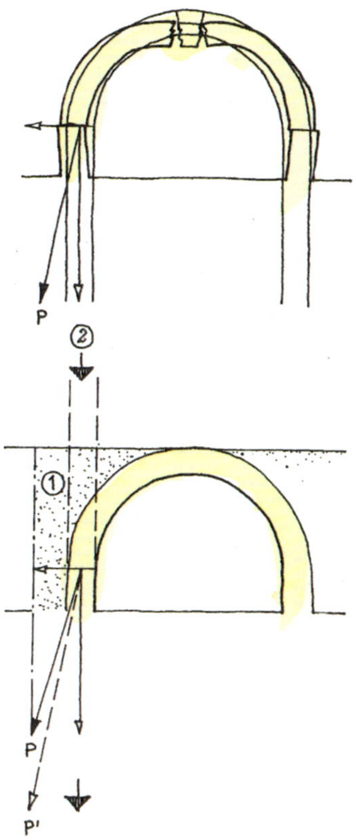

Ci-contre et ci-dessus, principe de construction d'une voûte en blocage de maçonnerie ; déformation de la voûte et remède.

Page de gauche, de gauche à droite : ouverture en arc biais pour accéder à une écurie ; linteau appareillé en pierres sèches formant voûte.

• Les voûtes surhaussées poussent moins que les voûtes en plein cintre et celles-ci moins que les voûtes surbaissées et dans la proportion de leurs diamètres ; or, les pieds-droits, qui doivent être proportionnés à la poussée, doivent être aussi dans la proportion du rayon ; donc, la voûte qui demande les plus forts pieds-droits est la voûte en plate-bande tandis que l'arc brisé se contente des plus faibles.

• Les voûtes dont l'épaisseur varie en diminuant depuis la naissance jusqu'à la clef ont moins de poussée que celles qui sont extradossées sur une épaisseur égale [11].

• Puisqu'il y avait nécessité d'extradosser de niveau, il fallait réaliser la voûte en diminuant son épaisseur le plus possible depuis la naissance jusqu'à la clef, mais également remplir les reins avec un matériau différent et lourd, de manière à ce que cette charge supplémentaire augmente la poussée verticale. Ce qui s'énonce ainsi : les voûtes surbaissées et en plein cintre extradossées de niveau, par conséquent dont les reins sont entièrement remplis, ont moins de poussée que les autres.

• Lorsqu'une voûte en berceau est terminée à ses deux extrémités par des murs de pignon, sur lesquels elle se profile, cette disposition procure à la voûte un surcroît de stabilité qui permet de diminuer l'épaisseur des pieds-droits.

• L'épaisseur d'une voûte ne peut être inférieure à la cinquantième partie du rayon.

• Une voûte, quand elle subit des efforts, a tendance à s'ouvrir en dessous vers la clef et au-dessus vers le milieu des reins. C'est surtout dans cette partie qu'il faut cramponner au mieux ses voussoirs ou claveaux de manière à maîtriser la poussée.

L'épaisseur de la voûte

La partie essentielle, dans la théorie des voûtes, est la juste épaisseur qu'il y a lieu de donner au pied-droit. Pendant longtemps, on a tâtonné en utilisant des méthodes empiriques toutes différentes les unes des autres pour arriver à un bon résultat. Rondelet a fixé une méthode graphique simple pour déterminer cette épaisseur. Dans les exemples que nous donnons, il y a des solutions extrêmement lourdes, faites de blocages de pierres, mais à l'opposé, des voûtes extrêmement légères en pierres sèches, qui semblent défier les lois de la stabilité.

La construction de la voûte

Nous ne reparlerons pas ici des voûtes en encorbellement qui sont, en fait, des fausses voûtes puisqu'il n'y a pas répercussion de poussées pour former le rein de la voûte, mais simplement un enjambement d'une pierre sur une autre [12]. on rencontre deux types de construction de voûtes : les voûtes en pierres sèches et les voûtes en blocage de maçonnerie.

a) La voûte en pierres sèches ▸ C'est la voûte la plus délicate car seule la pierre intervient, sans le liant. On choisit des pierres en général assez hautes, longues par rapport à leur épaisseur,

[11] On appelle *extrados* d'une voûte la surface supérieure et convexe qu'elle présente. Ainsi, une voûte est dite « extradossée de niveau » quand elle est arasée au-dessus ; sous la charge, le faîte de l'ouvrage tend à s'effondrer de l'intérieur et à repousser les reins vers l'extérieur. Les joints de lit tendent à s'ouvrir à l'intrados de la partie médiane et à l'extrados des reins. Pour s'opposer à cette déformation, les reins sont chargés dans la partie située entre l'extrados et la prolongation des pieds-droits.

[12] Ce type de voûte, « fausse voûte en encorbellement », a été étudié dans le chapitre traitant de la borie.

qui sont dressées sur un coffrage en bois, réutilisé ensuite. Cela donne les constructions les plus étonnantes que l'on puisse rencontrer en Provence, mais elles sont limitées essentiellement aux bergeries du plateau d'Albion, du mont du Ventoux et de la montagne de Lure. Sa mise en œuvre a été examinée. En premier lieu, réalisation d'un cintre en bois, exécuté avec des planches jointives, soutenues par entretoises et sablières. À la naissance de la voûte, une corniche sert à poser ce cintre. Ensuite, il est récupéré et subit une translation sur le support établi pour réaliser une autre longueur. Ce type de voûte peut être exécuté avec ou sans arcs-doubleaux. Avec arcs, le problème du cintre est simplifié puisqu'on prend appui sur eux pour asseoir le plancher jointif du coffrage. Cette technique est essentiellement employée pour les voûtes en berceau. Pour les voûtes en coupole, les arcs-doubleaux sont montés avec de la pierre dressée alors que les coupoles sont montées suivant le principe de la voûte à encorbellement.

b) La voûte en blocage de maçonnerie ▸ C'est le mode de construction de la voûte utilisé le plus fréquemment, celui que l'on rencontre presque dans tous les cas et dans toutes les régions de la Provence. Il permet de grandes dimensions et toute la solidité désirable, avec n'importe quel matériau de base : moellons bruts, même petits, galets, pierres de réemploi... [13] On reconnaît aisément ce genre de voûtes car il comporte, sur l'intrados, l'empreinte des planches de coffrage ayant servi à la monter.

Le déroulement des opérations se fait ainsi : la mise en place d'un cintre de charpente du galbe de la voûte ; l'application d'une couche de mortier assez grasse, sur toute la surface du cintre ; la mise en place de moellons posés à l'équerre de la surface, parallèlement à l'axe des parties de voûte (ils doivent être bien assujettis avec le marteau et maçonnés avec le mortier) ; le sommier est ensuite rempli avec n'importe quels débris (tuileaux, même terre) et les reins sont comblés jusqu'à extradosser de niveau la voûte ; le décoffrage a lieu une fois que le mortier a bien établi sa prise.

Avec ce principe simple de construction, on peut réaliser aussi bien des voûtes en berceau que des voûtes d'arêtes avec toutes les pénétrations souhaitées. Une fois décoffré, on peut faire apparaître les moellons s'ils ont des dimensions correctes, en repiquant le mortier de base et en grattant légèrement les joints [14].

[13] Nous avons eu l'occasion de réaliser de telles voûtes, sans aucune difficulté.

[14] Cette méthode est très habile : le matériau est raidi dans la poussée de la voûte, donc parfaitement tenu et intégré. C'est un blocage, un béton qui n'aura à craindre que des poussées extérieures. Ces voûtes se sont comportées sans dislocation et ont contribué à conforter le bâtiment.

LES REMÈDES CONTRE UNE VOÛTE QUI « POUSSE TROP »

Avec ces méthodes empiriques, il arrivait très fréquemment qu'une voûte se disloquât, se déversât à la naissance et, par voie de conséquence, au niveau de la clef. Pour reprendre cette force oblique, il était nécessaire de rajouter un épaulement sous forme d'un contrefort, c'est-à-dire une maçonnerie supplémentaire qui montait jusqu'à ce niveau et permettait ainsi de faire rentrer la force oblique à l'intérieur du polygone de sustentation. Nous donnons, ici, quelques exemples de contreforts rencontrés dans différentes régions de la Provence. En principe, les contreforts extérieurs indiquent la présence de voûtes à l'intérieur, mais cela n'est pas valable dans tous les cas ; en effet, nous avons vu qu'ils étaient aussi utilisés pour raidir un angle de maçonnerie dont le chaînage avait été exécuté d'une manière imparfaite. Le risque de l'ouverture de la voûte au niveau de la clef était moins important car il n'y avait pas de voussoirs, mais un blocage de maçonnerie du type béton.

Les planchers en bois

Ces planchers ont été utilisés dans de nombreux cas. À la différence des planchers portés par des voûtes, ils ne contribuaient pas à la solidité de l'édifice, mais pouvaient concourir, s'ils étaient bien exécutés, à une liaison au niveau des chaînages. Les solutions différaient, on recherchait celles où la mise en œuvre était facilitée, les pièces de bois de portée plus réduite et les risques d'incendie limités en entourant les poutres de plâtre. La structure consistait essentiellement dans la mise en place des poutres de murs de refend à murs de façade, sur lesquelles étaient posées les solives. La section des poutres était calculée suivant la portée.

Pour augmenter la force d'une poutre, il arrivait que l'on employât le procédé suivant : on sciait la poutre en dessus et en son milieu jusqu'au tiers de la hauteur. Cette poutre, solidement arrêtée, était ensuite soutenue par un étai et on enfonçait un coin dans le trait de scie pour faire bomber la poutre et tomber les étais. Ce bombement augmentait considérablement la raideur de la pièce de bois [15].

Il était reconnu que la solidité des planchers de même portée était, en raison double de l'épaisseur verticale des solives, directe de leur largeur et inverse de leurs espacements. Une pièce de bois refendue, dont les deux parties sont ensuite placées côte à côte, porte beaucoup moins que lorsqu'elle était entière. Pour consolider les planchers, on pouvait revêtir le dessus de planches jointives au lieu de former simplement l'aire sur le latis.

Différentes sortes de planchers existent en Provence. Nous donnons les plus fréquents :

[15] Une pièce de bois présente toujours une inflexion. Elle était placée sur ses appuis de façon à ce que la courbe forme arc (voir croquis).

Ci-dessus, de gauche à droite : canisse en sous-face d'un plancher, à usage de support de plâtre ; plancher de bois sur rondins ; plancher de bois sur poutres de sciage.

Ci-dessous, détails d'assemblage de poutre et de composition de divers types de planchers en bois : 1. rondins noyés ; 2. poutres et voliges ; 3. poutres et quartons ; 4. poutres et lambourdes ; 5. à la française.

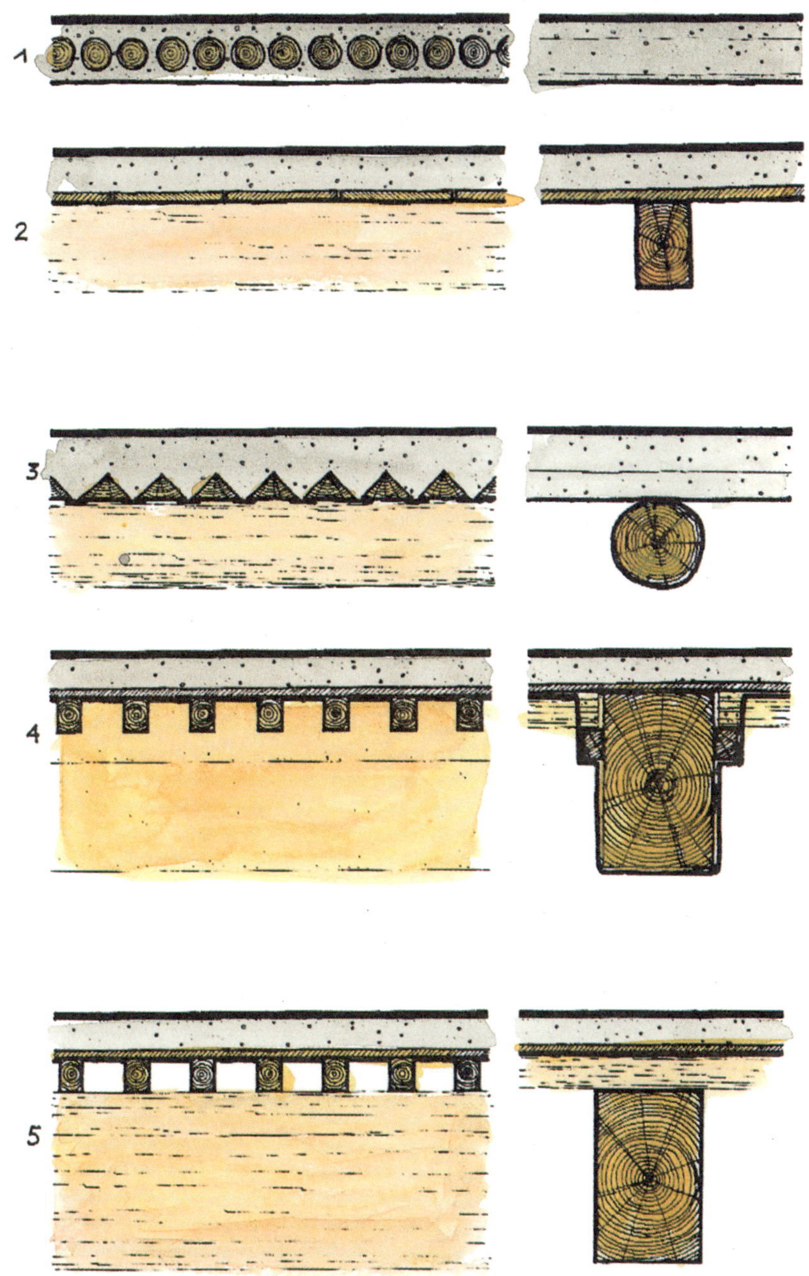

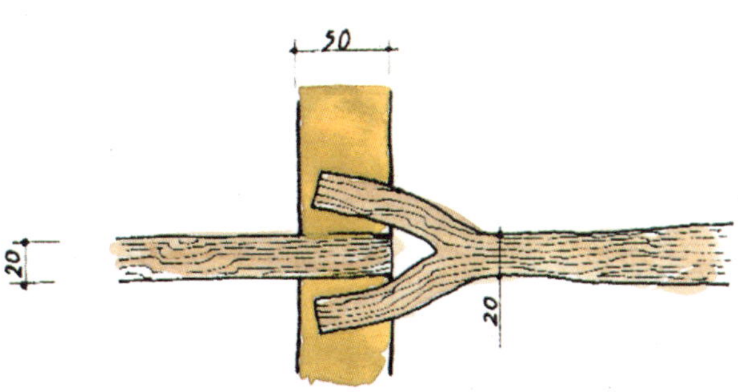

Le plancher dit « à la française » avec poutres et solives

Il s'agit de solives qui sont dites « passantes » au-dessus des poutres, c'est-à-dire non interrompues. Ce plancher a été fréquemment utilisé pour des constructions relativement nobles, et cela jusqu'aux XVIIe et XVIIIe siècles. Il nécessitait des pièces de bois parfaitement équarries. Les solives avaient une section de 8 x 8 cm quand leurs portées étaient inférieures à 6,30 m. L'espace entre les solives était généralement tant plein que vide. Ce type de plancher pouvait être laissé apparent en bois ou, au contraire, revêtu de plâtre. Sur les solives, un voligeage était obtenu sur lequel on dressait l'aire pour le carrelage.

Les poutres et les lambourdes

Dans ce type de plancher, les solives, au lieu d'être « passantes », sont chevillées sur des lambourdes fixées au côté des poutres. Très souvent, une armature de fer vient compléter cet assemblage. Les solives n'ont alors de longueur que celle des travées. Ce principe de plancher permet de donner éventuellement un effet de caissons en sous-face. Ce type est très rare dans les constructions modestes.

Poutres et « quartons »

Le quarton est une pièce de bois sciée en quatre, élément triangulaire que l'on rencontre également comme support de la tuile. Il était intéressant d'utiliser cette même pièce pour réaliser les planchers. Après la mise en place des poutres, on plaçait les quartons les uns à côté des autres. Ensuite, on établissait un remplissage de plâtre sur lequel était enfin posé le carrelage. Ce plancher offrait en sous-face la vue des poutres et des quartons ; également, des joints de plâtre infiltré entre les quartons.

Les poutres et les voligeages

Dans ce cas, on n'employait pas de solive. Les poutres de section plus faible étaient aussi plus rapprochées et on plaçait directement un voligeage en bois sur lequel l'aire était coulée.

Les rondins

On n'utilisait plus des poutres équarries, mais simplement des rondins qui évitaient d'apporter le bois en scierie. Les rondins pouvaient jouer le rôle de poutres (cas très fréquent), mais également disposés assez près les uns des autres, ils servaient directement de structure au plancher. Le paysan constructeur ne se souciait pas de laisser les poutres apparentes. Aussi, la plupart du temps, étaient-elles revêtues de plâtre. Pour cela, elles étaient passées à l'herminette de manière à permettre un accrochage suffisant de ce matériau. Le revêtement de plâtre, nous l'avons déjà dit, était une garantie supplémentaire contre les risques d'incendie et permettait de passer un badigeon et de rendre le plafond plus propre. Très fréquemment, tout le plancher avait sa sous-face ainsi revêtue.

Les canisses ont été très souvent utilisées dans la construction rurale comme support du plâtre pour les planchers, mais également pour la sous-face de la toiture et des faux plafonds. La canisse était livrée sur le chantier en rouleaux, les éléments de roseaux coupés en deux et assemblés entre eux par des liens de ficelle. Il était cloué sur la surface puis on appliquait le plâtre, qui adhérait parfaitement à ce matériau.

Cette technique du plancher, malgré la lourdeur de sa structure, était capable d'absorber les tassements différentiels. Ce plancher se comportait bien dans le temps et, par sa souplesse, compensait les défauts de la maçonnerie.

Il est bon de rappeler que les poutres apparentes ne sont nullement une caractéristique de l'architecture rurale. Dans la plupart des cas, bien au contraire, comme les exemples nous le montrent, ces bois étaient revêtus de plâtre. Ce n'est que par la suite que l'on a pris goût à ces pièces de bois apparentes, croyant ainsi mieux se conformer à une esthétique rurale.

La baie

La dimension de l'ouverture a été étudiée dans le chapitre « Les façades ». Nous en donnons ici les constituants.

La théorie de la stabilité

Le linteau supporte le poids propre de la maçonnerie qui le surmonte. Il doit répartir cette charge sur les pieds-droits, charge qui dépend, d'une part, du matériau composant le mur, d'autre part, de « l'effet de voûte » susceptible de se manifester (voir croquis). C'est surtout en son centre que la pièce est sollicitée. Pour éviter la rupture du linteau due à la compression, la largeur de l'ouverture est déterminante. On essaye de la faire la plus réduite possible. Seule la porte de la remise aura une portée importante. Pour les fenêtres et les portes, la portée du linteau ne dépassera pas 1 m.

Pour remédier à la fragilité du linteau, différentes solutions sont adoptées.

Dans le linteau droit : doublement du linteau ; création d'un arc de décharge ; épaulement de la maçonnerie de part et d'autre pour réduire la portée ; s'il est réalisé avec une pièce de bois, celle-ci sera choisie et posée pour former un arc avec une meilleure répartition des poussées ; création d'une décharge en mitre.

Dans le cas d'une ouverture en arc : doublement des claveaux de pierre, arc à deux rouleaux ; arc de décharge ; arc brisé en tas de charge.

Ci-dessus (en haut), de gauche à droite : linteau monolithe avec épaulement de maçonnerie et ventilation pour le soulager ; arc en brique servant de linteau dans une construction en galets ; porte et son linteau monolithe ; linteau formé de deux claveaux soulagé par un arc de décharge en moellons.

Ci-dessus (en bas), de gauche à droite : ouverture en plein cintre chanfreinée ; porte vitrée avec linteau et encadrement enduits ; linteau monolithe taillé en forme d'arc ; linteau en plate-bande avec retour formant chaîne d'angle.

L'encadrement des baies

La solution en maçonnerie enduite

Le linteau était réalisé : en bois de rondins (plusieurs rangées les unes à côté des autres et, quelquefois, à des niveaux différents) ; en pièces de bois équarri. Le linteau était lui aussi crépi. Le bois apparent n'était pas recherché. Quand il existe, c'est que l'enduit, mal accroché, a fini par se détacher. La sous-face du linteau était inclinée à l'opposé des eaux de ruissellement. Les jambages étaient montés avec une double feuillure : feuillure extérieure pour la fermeture et feuillure intérieure pour la menuiserie.

Les appuis comportaient aussi une pente vers l'extérieur pour rejeter l'eau. Ils étaient très souvent revêtus de carreaux de terre cuite, mais sans qu'il y eut saillie sur la façade. Ils étaient noyés dans la maçonnerie. Ces appuis bénéficiaient également de la double feuillure. Les coupes permettent de se rendre compte des dispositions adoptées pour obtenir une étanchéité valable. Quelquefois, l'ouverture était soulignée par une surépaisseur d'enduit.

Comme on l'a vu dans la polychromie, il arrivait que ces ouvertures comportent sur le pourtour un encadrement exécuté avec un badigeon blanc, appliqué sur une largeur d'environ 20 cm, même sur les tableaux. La plupart des ouvertures comportaient un léger ébrasement intérieur qui avait pour but de mieux dégager les vantaux de la menuiserie.

La solution en maçonnerie de briques

La brique était très peu utilisée en Provence. On la rencontre essentiellement dans le haut Var, le plateau de Valensole, la région de Brignoles, du Var. Le linteau comme les jambages étaient alors réalisés en maçonnerie de briques, de même que les appuis et les seuils.

La solution en maçonnerie de pierres sèches

Dans le cas du linteau, il était fait avec une pierre monolithe. Étant donné la fragilité de cette pierre, généralement assez mince, on adoptait, pour la soulager, le procédé de l'arc en décharge. Dans le cas d'arcs en plein cintre ou surbaissés, les claveaux de pierre étaient rayonnants, quelquefois en rouleaux. L'arc en tas de charge à ressaut était encore une solution possible. C'est dans les bories que nous trouvons les plus beaux encadrements en pierres sèches.

Ci-dessus, de gauche à droite : arc tripartite avec clef datée ; seuil en briques pleines ; seuil en pierre de taille.

Ci-dessous, de gauche à droite : détail de construction d'un linteau en rondins ; linteau clavé avec clef en saillie.

La solution en pierre de taille

La pierre de taille a été utilisée surtout pour l'encadrement des fenêtres, des portes, en particulier de la porte-charretière. Elle faisait alors saillie par rapport au nu du crépi, et le chambranle était marqué par un bandeau extérieur. Dans ce cas, on adoptait la solution de l'arc segmentaire ou de la plate-bande. Plate-bande du type à soffite jumelée, à claveaux passant l'un sur deux, à crossettes… Autant de solutions dont nous donnons quelques exemples. La clef centrale était soulignée par une pierre quelquefois de récupération, datée ou décorée. Ces encadrements étaient extrêmement soignés mais simples. Les seules recherches étaient une bonne liaison entre la pierre de taille et la maçonnerie de moellons, la recoupe dans les joints. Très souvent, la pierre était récupérée et on prenait donc les hauteurs que l'on avait à sa disposition.

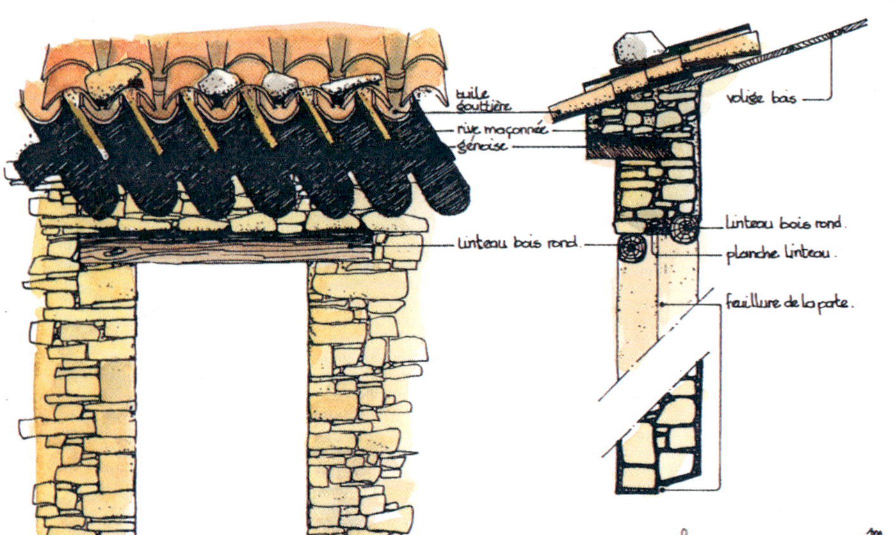

Ces encadrements comportaient la double feuillure (intérieure et extérieure). L'appui ou le seuil étaient aussi réalisés en dalle, pierre de taille monolithe, parfois de récupération.

L'encadrement de la porte-charretière

Il s'agit là d'une portée beaucoup plus considérable, entre 2,50 m et 3 m. Pour résoudre le problème du linteau, on utilisait soit une poutre en bois, soit un arc clavé en pierre de taille.

La poutre en bois

Le bois était grossièrement équarri. Il était placé de manière à présenter un bombement vers la partie supérieure et accentuer ainsi dans ses fibres « l'effet de voûte ». Comme cette poutre en bois était soumise à des efforts importants, elle était soulagée par des arcs de décharge. On réduisait également le poids de la maçonnerie située au-dessus en créant une ouverture dans l'axe de cette porte.

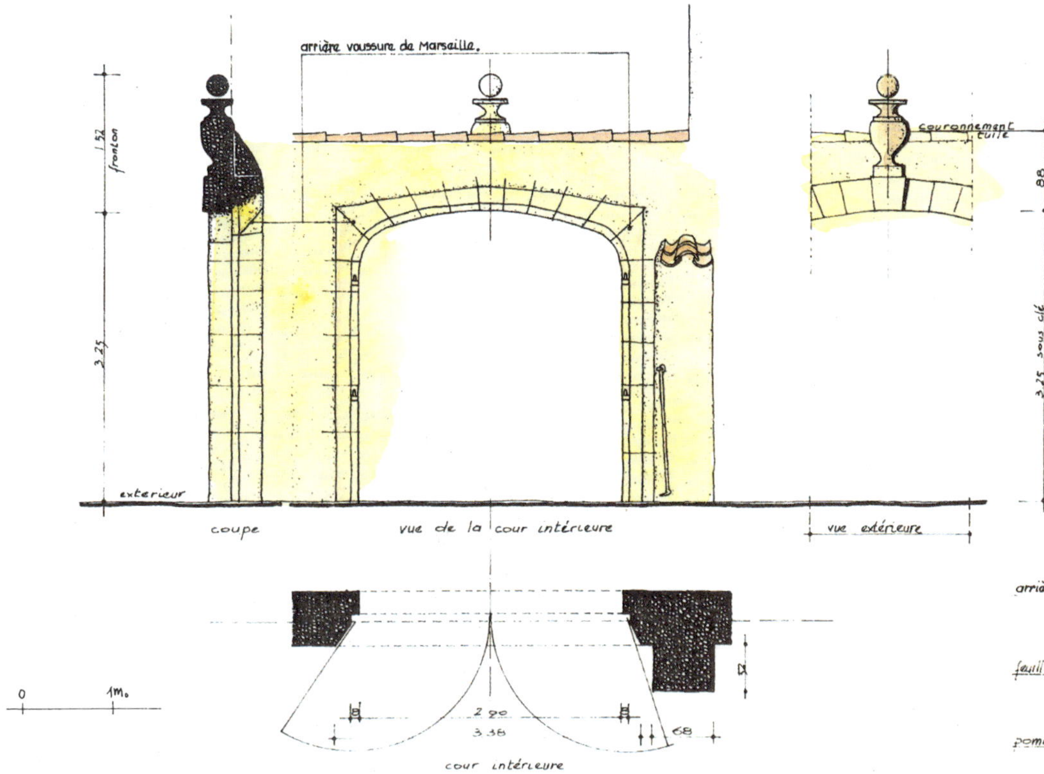

Ci-contre, porche appareillé de type particulier dit à « arrière-voussure de Marseille ».

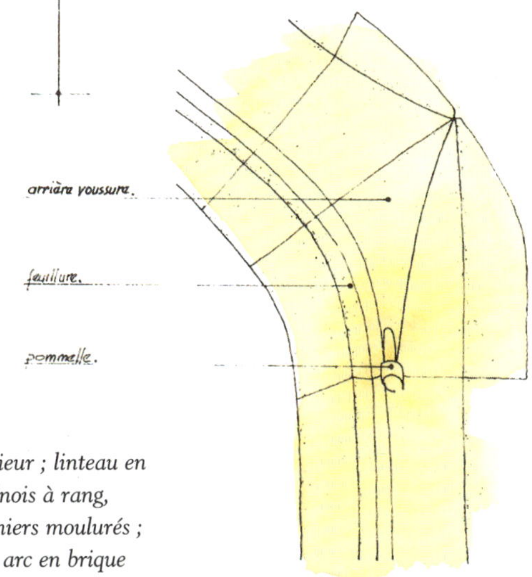

Ci-dessous (en haut), de gauche à droite : protection d'une ouverture par un auvent soutenu par une console ; linteau de bois d'un porche, protégé par une rangée de tuiles ; deux vues intérieure et extérieure du porche du mas de la Lave, à Vachères, traité en pierre de taille côté route et en moellons vers la cour.

Ci-dessous (en bas) de gauche à droite : porche en arc surbaissé, couvert de tuiles ; entrée voûtée surmontée d'un accès au niveau supérieur ; linteau en bois protégé par un génois à rang, reposant sur des sommiers moulurés ; porche surmonté d'un arc en brique prenant appui sur des pied-droits en pierre, d'une construction en galets.

Les claveaux en pierre de taille

Nous donnons ici les principaux exemples rencontrés. La plupart du temps, ces arcs étaient en anse de panier, ce qui permettait une meilleure répartition des charges. Seul le linteau était appareillé, les jambages étaient traités en maçonnerie crépie. Des garde-roues étaient constitués par des pierres monolithes évitant aux tombereaux d'abîmer les jambages de la maçonnerie.

La protection des ouvertures contre la pluie

Étant donné la violence des pluies sur la façade est, il était quelquefois nécessaire, pour assurer une étanchéité satisfaisante, de protéger ces ouvertures par une rangée de tuiles située juste au-dessus. Quelquefois, également, la porte d'entrée était protégée par un ou deux rangs de tuiles ancrées sur la façade.

La couverture

En Provence, la presque totalité des couvertures est réalisée en tuiles romaines, dites aussi canal. Toutefois, il existe encore des couvertures réalisées en chaume (sagno) ou en dalles de pierre (lauzes).

Les couvertures en chaume

On a vu qu'elles se sont maintenues dans la région de la Camargue [16], en particulier pour les cabanes de gardians et les bergeries. Rappelons que le sagno est un chaume qui pousse en Camargue, imputrescible, d'une qualité tout à fait incomparable. Il est très apprécié à l'étranger et, de nos jours, il est exporté en Hollande et en Belgique. En 1774, les commissaires de réaffouagement présentent des maisons ainsi couvertes à Barles, Auzet, Verdaches, Le Vernet, Beaugier, Mariand, Alegiers (cité par R. Collier).

Les javelles de roseaux étaient assemblées entre elles sous forme de gerbes d'une longueur d'environ 1,50 m. Ces gerbes étaient ensuite attachées à des pièces de bois reliant les *traveto*, appelées *coundorso*, par des liens primitivement en corde, puis en fil de fer. Les gerbes étaient à recouvrement les unes par rapport aux autres (voir schémas). La pente, pour assurer une bonne étanchéité, était très accentuée, de l'ordre de 48 à 50 ° (1,10 à 1,20 m/m).

De longues échelles étaient placées sur les pentes de la toiture pour pouvoir changer les gerbes et apporter des réfections quand le mistral arrachait les javelles. Ce type de couverture se

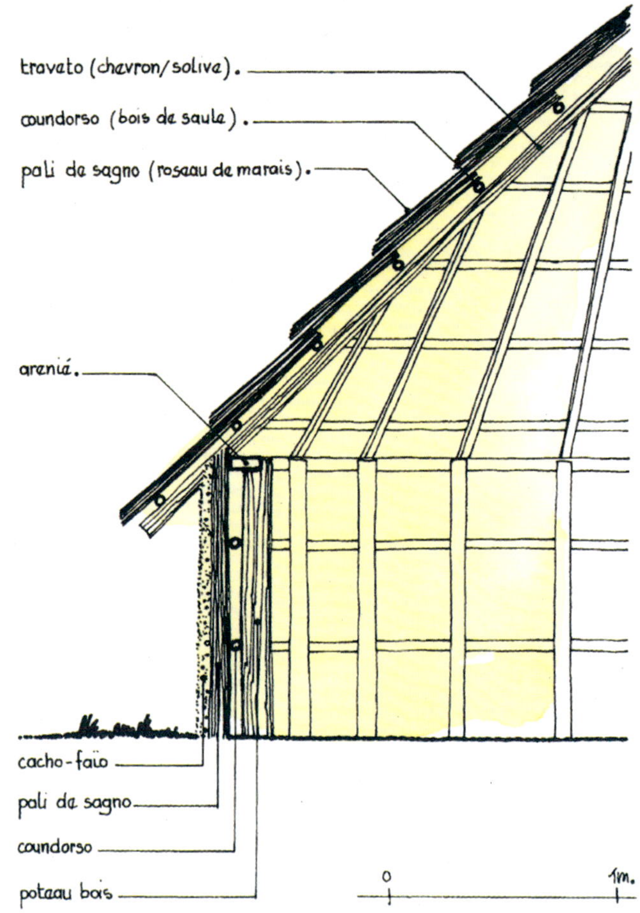

rencontrait aussi dans les bergeries. À l'heure actuelle, seule la bergerie de La Favouillane comporte encore une toiture en chaume.

Les couvertures en lauzes

Elles restent de nos jours très rares. Elles ont été surtout employées dans les régions isolées [17] où le transport des tuiles présentait des sujétions importantes. Sur place, on trouvait de larges dalles de pierre de peu d'épaisseur, les lauzes, avec lesquelles il était très facile d'établir des couvertures. Ces dalles étaient posées à recouvrement sur un support constitué par des pièces de charpente importantes. En effet, ce type de couvertures pesait très lourd ; le poids de la neige finissait même par entraîner la chute de la toiture. Les pentes étaient assez faibles pour éviter que les dalles ne glissent les unes sur les autres. Le débord de toiture était obtenu par des dalles en porte-à-faux,

[16] Les couvertures en chaume semblent avoir été répandues dans les régions les plus déshéritées de la Provence. Des textes en confirment l'existence au Fugeret. En 1791, les habitants du hameau d'Argenton gémissent sur leur sort : « Étant juchés sur une montagne très exposée où ils ont construit de pauvres habitations couvertes de chaume. » (Archives de la commune de Fugeret).

(17) « Au sud de Lure, on découvre avec plaisir des églises, des maisons, des bâtiments agricoles couverts de ces dalles de pierre plate irrégulière et blanche qu'on appelle "lauzes" et qui, autrefois, étaient d'un emploi moins rare. Le procès-verbal d'affouagement de 1774 signale le long des cuestas de Forcalquier que les maisons de Linans sont quasi toutes couvertes de lauzes. » (M. Collier.)

Page de gauche, schéma de construction d'une couverture en « palide Sagno ». Ci-dessus, de gauche à droite et de haut en bas : deux photographies de génoise à deux rangs ; détail de la génoise à l'angle du bâtiment ; retour de génoise sur le mur pignon ; débord de toit établi par des génoises.

sur le nu de la façade. Nous donnons quelques exemples de ces couvertures ; actuellement, elles ont tendance à disparaître.

Les couvertures en tuiles canal ou romaines

C'est le type de couverture qui s'est généralisé dans toute la Provence. Nous avons étudié la tuile parmi les matériaux de consruction ; indiquons comment elle était mise en œuvre.

La pente

La pente était comprise entre 30 et 42 °, soit une pente de 0,42 à 0,60 m/m. La norme actuelle (NFP 30-201) exige pour la tuile canal une pente de 11 °19' à 21 °49'. La tuile canale était donc posée avec une pente plus accentuée qu'elle ne l'est maintenant. C'était une solution d'équilibre entre une toiture qui ne doit pas être trop plate, car alors les risques d'infiltration d'eau sont plus grands, et une toiture trop pentue car les tuiles peuvent se desceller. La pente était donc assez marquée et on aurait tort de croire que les toitures, en Provence, sont plates. Une fois la pente déterminée par l'arase des murs de façade et de refend, le premier choix à faire était le support de la tuile.

Le support

Sur quarton ▸ C'était le support le plus employé, surtout pour les constructions modestes. Le quarton était une pièce de bois équilatérale obtenue en sciant un bois carré, de section sensiblement 10 x 10, en quatre parties. C'était donc un bois économique. On a vu qu'il était également utilisé pour les planchers. En couverture, il était placé avec un espacement tel que la tuile canal formant la courante venait s'emboîter entre deux quartons (voir schémas). Ces quartons, qui jouaient le rôle de chevrons, étaient établis suivant la ligne de plus grande pente. Ils étaient, la plupart du temps, en chêne ou en châtaignier.

Sur voligeage ▸ D'abord, mise en place de chevrons carrés ou rectangulaires (8 x 8 ou 8 x 9 ou 8 x 10). Puis, sur ces chevrons, établissement d'un voligeage jointif d'une épaisseur calculée en fonction de l'écartement des chevrons. C'était donc sur un support bois que les tuiles étaient ensuite maçonnées : solution peu économique car elle nécessitait un cubage de bois assez considérable. Par contre, elle était parfaitement étanche à la neige, alors que la solution « quarton » ne l'était pas.

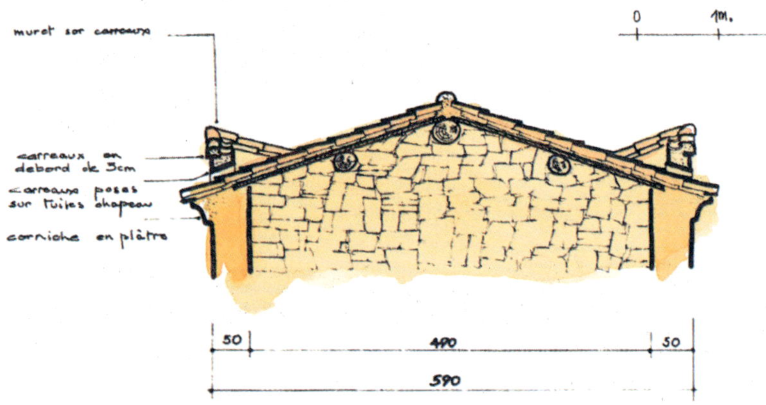

Sur mallons de couvert ▸ Une fois les chevrons mis en place, avec un espacement correct, on réalisait une surface faite de carreaux de terre cuite, appelés « mallons de couvert »[18]. Le mallon avait une dimension de 15 x 35 pour reposer de chevron à chevron. C'était la solution la plus onéreuse, le matériau étant cher, mais la plus valable. Elle assurait une bonne étanchéité à la neige et à la pluie, car ce carreau faisait comme une deuxième « peau ». De plus, le mortier de la tuile prenait plus facilement sur un revêtement de carreaux de terre cuite que sur un voligeage de bois.

La technique de pose

Une fois le support établi, la tuile de courant était généralement posée à sec et calée à l'aide de tuileaux ou de débris scellés à la chaux. Quelquefois, cette tuile de dessous reposait aux deux extrémités sur un petit lit de mortier maigre de chaux et calée à ses extrémités et au milieu par des fragments de tuiles également hourdés au mortier maigre. Ces tuiles étaient alignées au cordeau suivant la ligne de plus grande pente, leur partie large vers le haut. Les tuiles de dessus, dites « tuiles de couvert », étaient posées à cheval sur les précédentes avec le même recouvrement ; la partie large était de l'ordre de 15 cm sans jamais être inférieure à 13 cm. Lorsqu'on utilisait les quartons, la tuile de courant était placée directement entre ces chevrons. L'emploi du mortier maigre était essentiel pour absorber les dilatations qu'il pouvait y avoir entre le support et la tuile et éviter ainsi à celle-ci de se détacher.

[18] Actuellement, beaucoup de mallons récupérés servent à faire des dallages de pièces.

Ci-dessus, étude d'un cas particulier de toiture à frontons.

Ci-dessous, détail d'une extrémité de faîtage.

L'exécution des différentes parties de la couverture

Les rives latérales ▸ Pour les rives latérales isolées, plusieurs solutions ont été adoptées pour réaliser cet ouvrage : dernier rang terminé par une tuile courante ; dernier rang réalisé par une tuile de couvert qui venait légèrement en avancée par rapport aux murs-pignons ; doubles tuiles de couvert qui assuraient une meilleure étanchéité, car il y avait, à cet endroit, un risque certain.

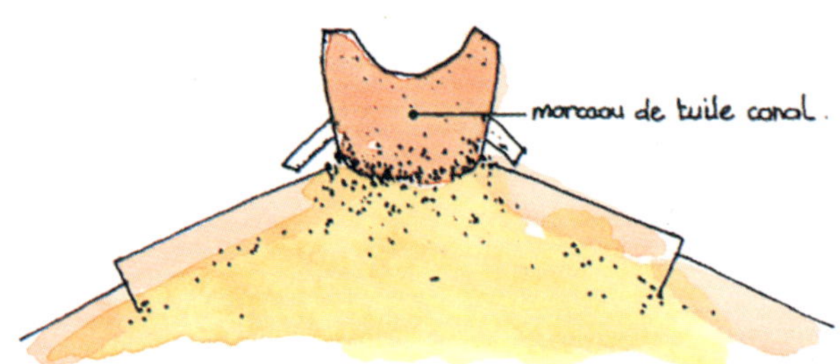

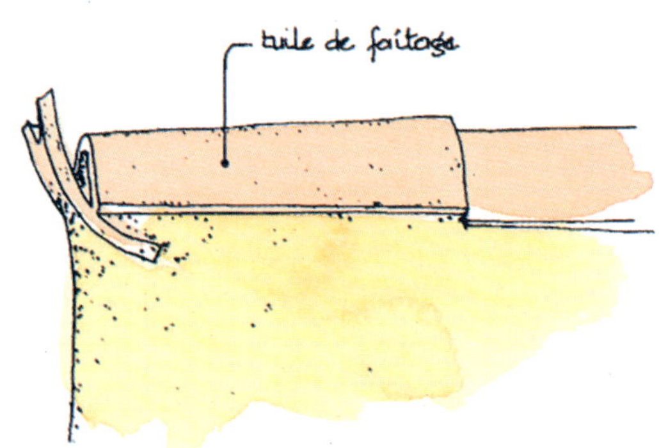

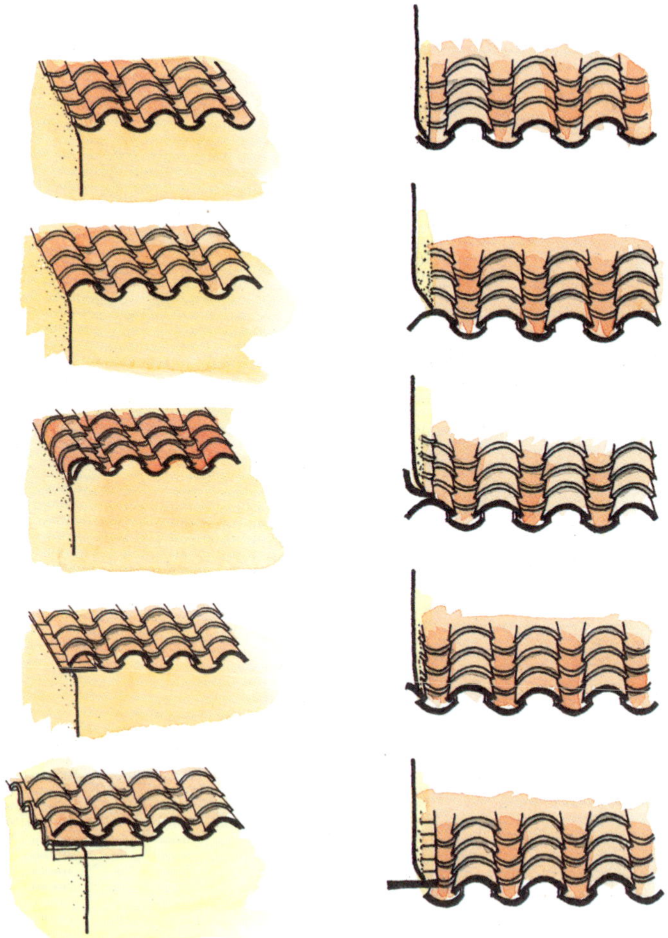

Le faîtage ▸ D'une manière générale, le faîtage était monté avec les mêmes tuiles que la couverture. Il était absolument indispensable que les tuiles de faîtage soient placées de manière à s'opposer aux vents dominants. Quelquefois, cette ligne de faîtage était réalisée avec des tuiles de grand moule. Ces tuiles faîtières étaient scellées au mortier de chaux avec embarrure. Il y avait là aussi des risques d'infiltration, donc toute l'attention devait être donnée à l'exécution et, en particulier, au recouvrement des tuiles.

La pénétration ▸ Le raccordement de la tuile courante ou de la tuile de couvert à la paroi verticale se réalisait soit : avec un bardelis, c'est-à-dire des mallons de couvert qui faisaient la liaison entre la maçonnerie verticale et la toiture (solution coûteuse mais efficace) ; par un encastrement de la tuile courante dans la maçonnerie et par un gros solin de mortier bâtard – solution la plus fréquente. Le long de cette rive, il y avait risque d'infiltration et cet ouvrage devait être exécuté avec le plus grand soin.

Ci-dessus, de gauche à droite : traitement des rives latérales des toits ; traitement des pénétrations et des solins.

Ci-dessous, de gauche à droite : deux cas types de débord de toit dépourvus de génoise ; deux débords de toit avec génoise à un et plusieurs rangs.

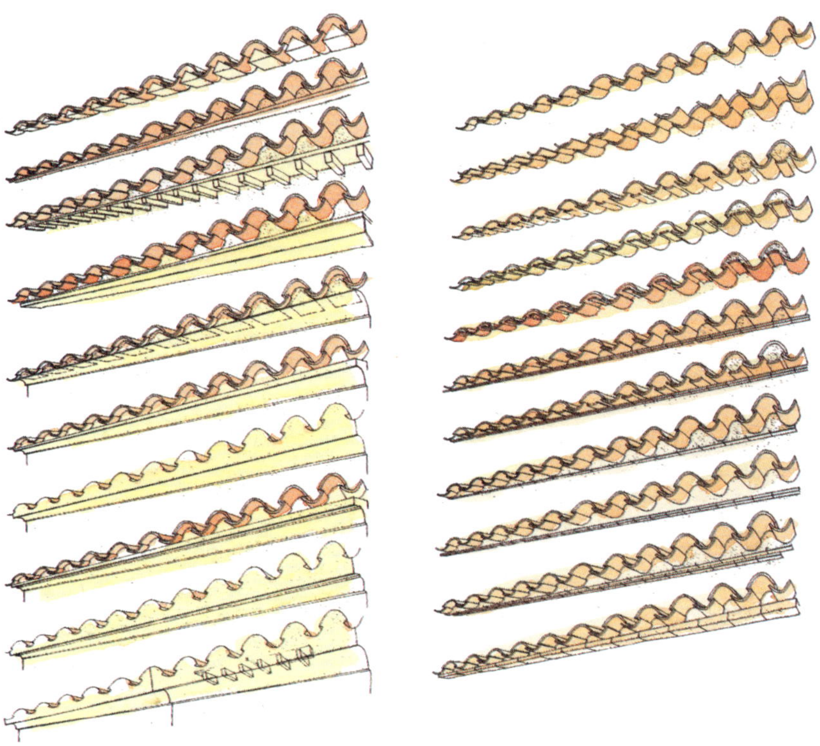

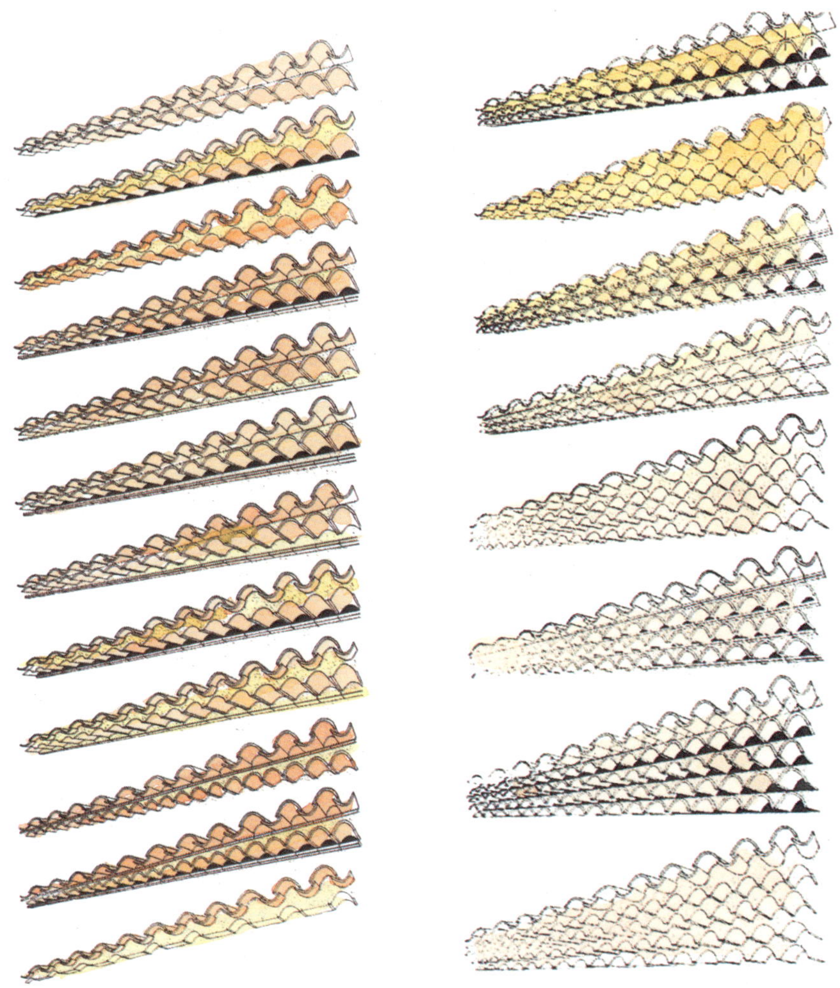

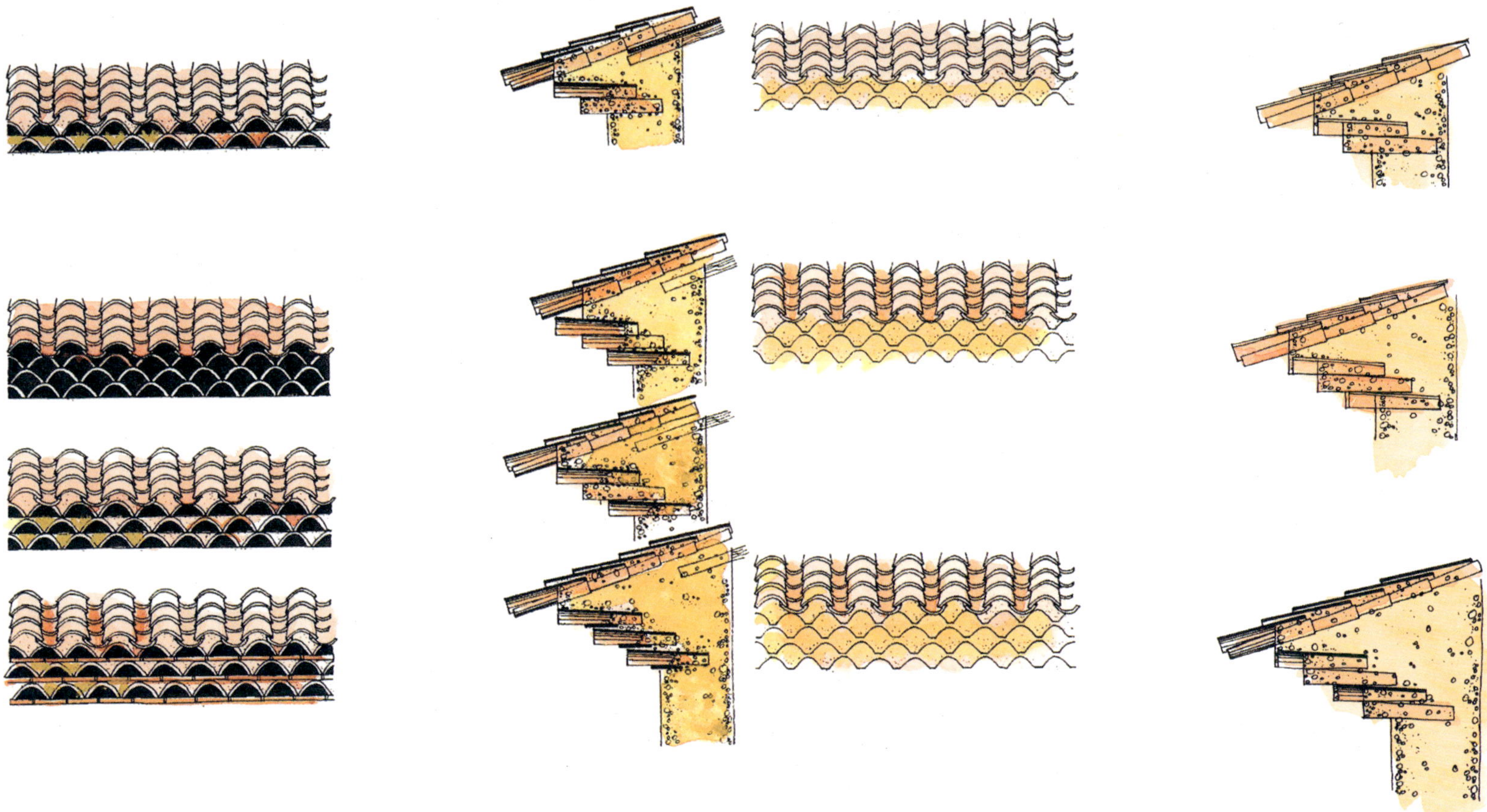

L'arêtier ▸ Il se faisait de la même manière que le faîtage. Les tuiles de la couverture étaient tranchées et la ligne d'arêtier était garnie de tuileaux entre les tuiles de dessus. L'arêtier était recouvert par des tuiles de même modèle que celles de la couverture ou du faîtage, scellées au mortier bâtard avec embarrures de chaque côté [19].

Le débord de toiture ▸ Si la génoise était le plus généralement utilisée pour faire un avant-toit, de nombreuses autres solutions ont été adoptées :

La solution sans génoise : c'était quelquefois le couronnement du mur qui formait une corniche sur laquelle le versant venait s'appuyer. Cette corniche pouvait être en pierre ou plus simplement en maçonnerie enduite. Le débord était obtenu par l'avant-toit et construit avec les matériaux de charpente ou de couverture : débord du voligeage de support de la toiture ; incorporation de mallons de couvert pour faire cet avant-toit ; débordement des quartons ; débordement des chevrons. Ces débords avaient le gros inconvénient de n'être pas fermés, il y avait donc en dessous une prise importante au mistral. De plus, le bois, soumis aux intempéries, avait vite tendance à pourrir. C'est donc, la plupart du temps, la solution très habile de la génoise qui a été adoptée.

[19] La noue n'existe pas en Provence, aussi nous ne la traiterons pas.

La solution avec génoise : il est vraisemblable que la génoise ou génevoise soit une technique des maçons italiens qui a fait son apparition en Provence au début du XVIIIe siècle. C'est une fermeture d'avant-toit, c'est-à-dire un élément en surplomb sur le mur et doublant l'avant-toit par-dessous pour le fermer. Elle est formée de plusieurs rangs de tuiles creuses renversées et plus ou moins remplies de mortier. À partir du moment où un débord était nécessaire pour éloigner les eaux de ruissellement de la façade, le principe de la génoise était systématiquement adopté car il présentait de nombreux avantages : débord avec le même matériau que la couverture (il n'y avait aucun apport d'un matériau nouveau, donc économie) ; on pouvait réaliser un débord plus ou moins important suivant que l'on exécutait une génoise à une, deux, trois ou même quatre rangées (donc un débord en proportion avec les dimensions de la bâtisse) ; dispositif fermé, c'est-à-dire que la génoise réduisait la prise du vent par le dessous, vent qui était assez redoutable, surtout pour les façades exposées au mistral ; bonne liaison entre l'élément de couverture et l'élément de la maçonnerie, donc un ouvrage qui pouvait se comporter parfaitement dans le temps ; sur le plan de la modénature, c'était une solution tout à fait remarquable et de plus très souple par la variété des types que l'on pouvait exécuter. Comme on le verra, il y avait environ une trentaine de solutions qui permettaient donc de répondre à toutes les

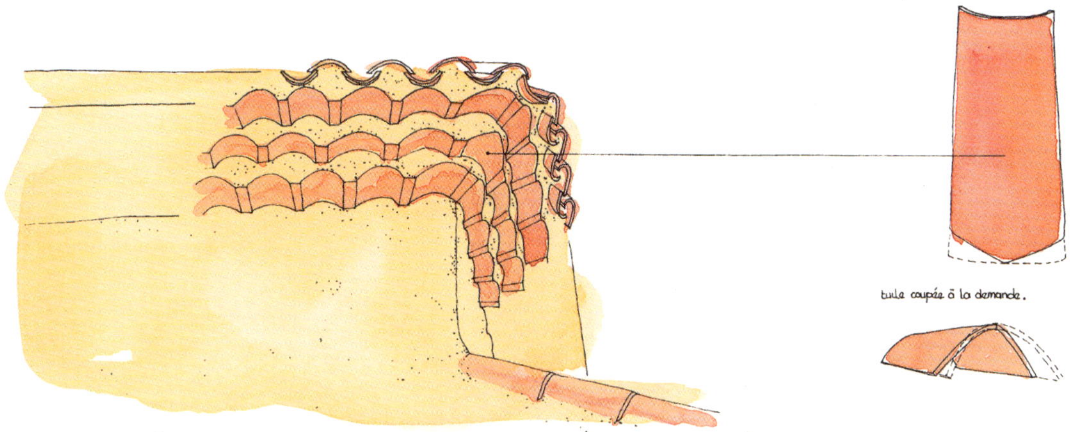

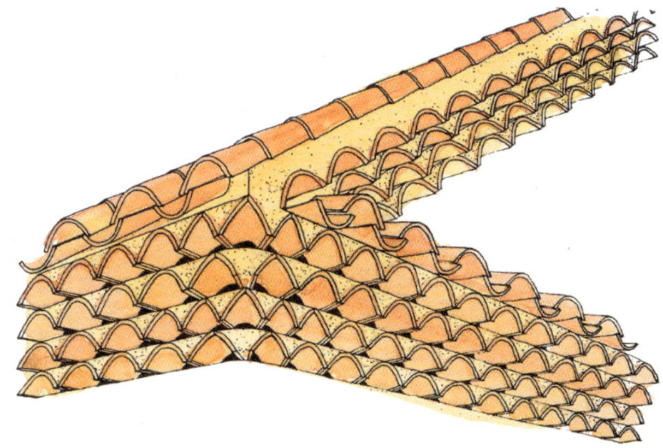

Ci-contre, génoises en retour.

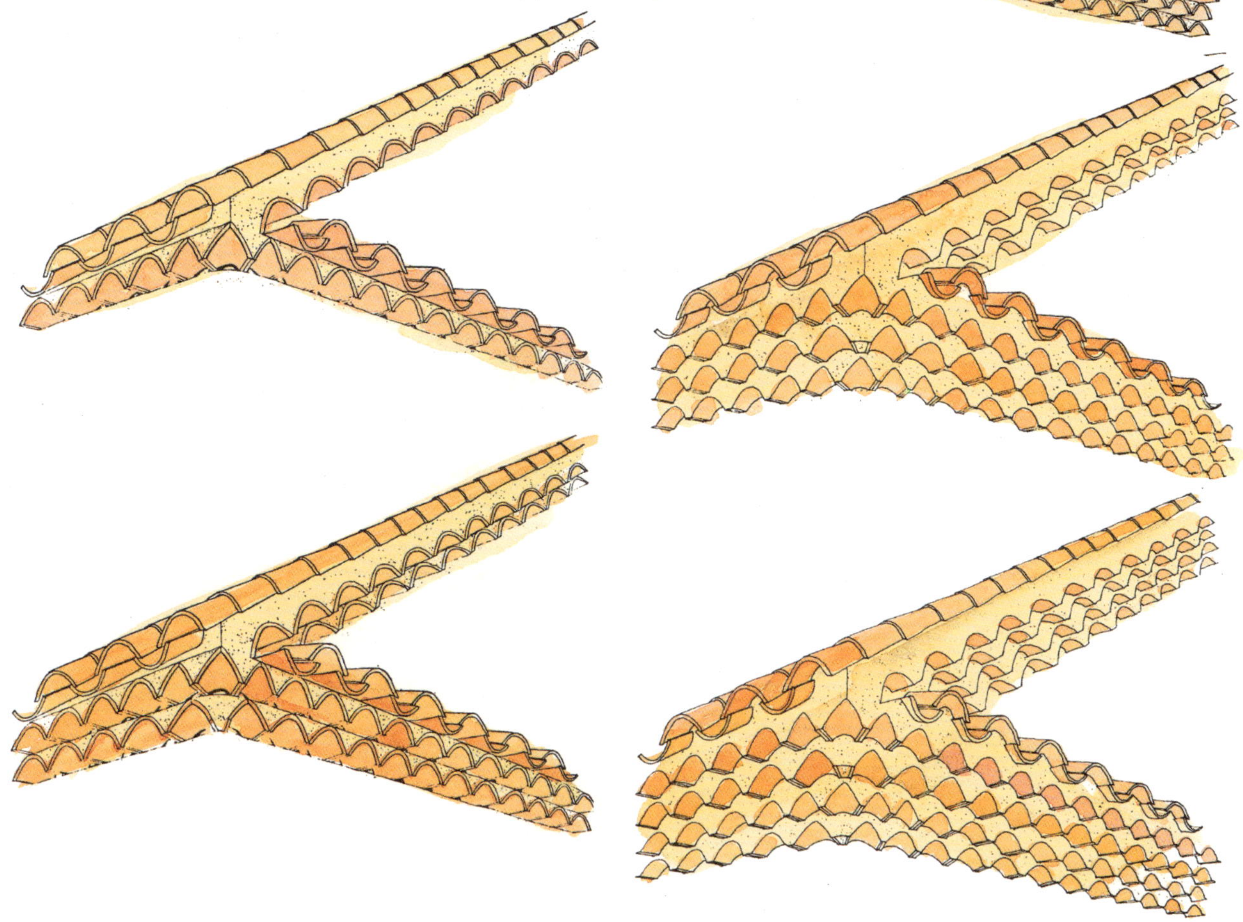

Page de gauche et ci-dessous, élévations et coupes de génoises.

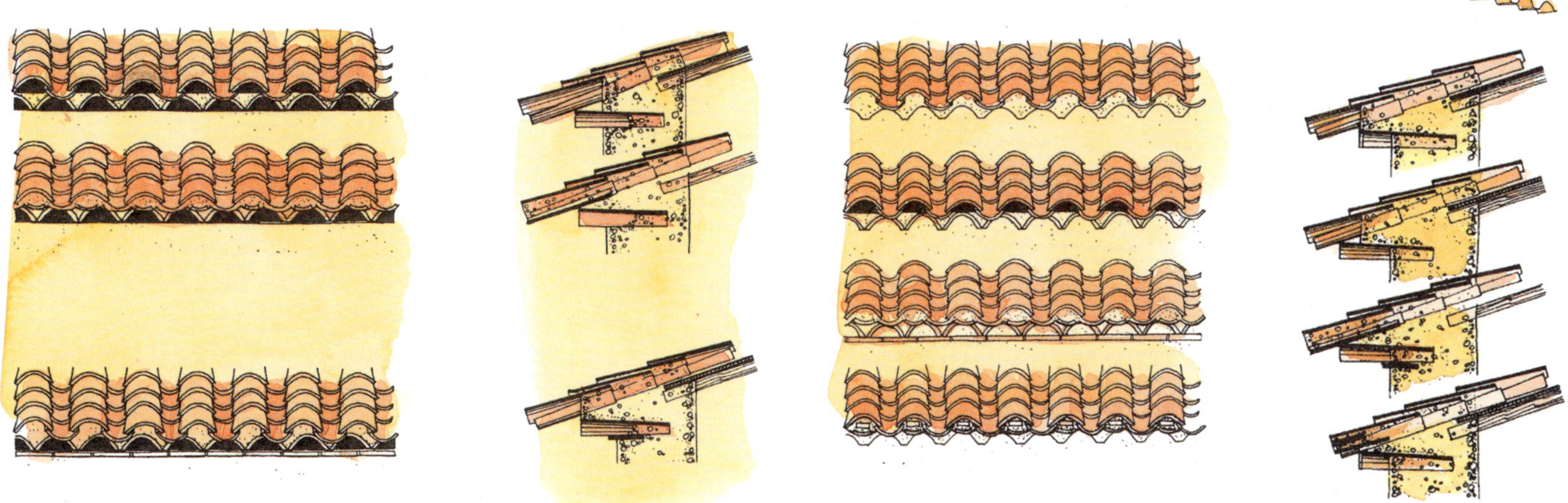

exigences voulues. Une génoise peut être en effet simple et sévère ; elle peut être plus fouillée et plus recherchée, voire même élégante et noble. Elle s'adapte parfaitement à toutes sortes de constructions. Pour toutes ces raisons, il est normal de voir ce procédé de débord s'implanter dans toute la Provence et se généraliser aux XVIIIe et XIXe siècles.

La fonction ▸ La génoise devait empêcher que les eaux de ruissellement sur les tuiles courantes ne viennent frapper le crépi de la façade, exécuté avec un mortier de chaux, et le désagréger à la coupe. De plus, ce débord était nécessaire pour protéger la base de la maçonnerie de façon à ne pas créer une poche d'eau dans l'infrastructure. Plus un bâtiment était haut, plus le débord devait être important pour sa protection. On comprendra qu'il y ait donc ici la nécessité de placer quatre rangées de génoise. Au contraire, pour un bâtiment relativement bas, la saillie de toiture n'était pas obligatoirement aussi large et une ou deux rangées de génoises pouvaient donc suffire pour éviter à l'enduit d'être raviné par les eaux de pluie. Le nombre de rangs d'une génoise était déterminé uniquement par des raisons fonctionnelles et toujours en proportion avec le bâtiment considéré.

Les variations ▸ Il y avait les génoises à une, deux, trois et quatre rangées. On trouve des génoises entièrement remplies, celles qui le sont à moitié ou pas du tout, avec les variantes que nous présentons. Pour rendre cet élément plus riche, il arrivait que l'on y introduisît des mallons de couvert. Cela constituait des types différents dont nous donnons les exemples. Le constructeur se faisait un point d'honneur de soigner la facture de cet élément de choix. Aussi, il ne faut pas s'étonner de voir de quelles finitions et improvisations ce débord a fait l'objet.

La localisation ▸ La génoise se situait avant tout sur les murs gouttereaux, cela aussi bien sur la façade sud que sur la façade nord. Sous les versants de la toiture, c'était la manière la plus commune de l'établir. Quelquefois, la génoise pouvait se retourner sur le pignon, et, dans ce cas, uniquement pour des raisons de modénature, former une ligne horizontale intermédiaire, constituant ainsi un fronton. En d'autres lieux, la ligne de génoise était simplement amorcée de part et d'autre de la chaîne d'angle. La génoise pouvait être rampante sous les rives-pignons. À l'arête du mur de long pan et du mur-pignon, la génoise pouvait être à angle droit ou, au contraire, de forme arrondie.

Le matériau ▸ Le matériau utilisé pour exécuter la génoise était la tuile dans sa partie la plus ouverte, ou, au contraire, la plus fermée. On verra comment l'un ou l'autre de ces cas était utilisé pour arrêter les rives et faire les correspondances. Presque toujours, les tuiles étaient en quinconce d'une rangée à l'autre (il existe cependant des génoises où les tuiles ne sont pas posées en quinconce, mais alignées). Chaque tuile était traitée comme une petite voûte sur laquelle la tuile du dessus viendrait s'appuyer. La génoise, du même matériau que la couverture, avait la même coloration et soulignait la toiture en créant des ombres au niveau du couronnement. Elle s'intégrait parfaitement au bâtiment et, n'étant pas un élément rapporté, se fondait dans l'ensemble en accentuant un effet d'ombre et de modénature à la jonction du versant et du mur de façade.

La pose ▸ La génoise était établie avant la toiture. Dès l'arase des murs exécutée, une première rangée de tuiles était posée avec un débordement de 13 à 15 cm par rapport au nu extérieur. La queue de ces tuiles était noyée dans la maçonnerie avec un mortier de chaux. Ce rang achevé, on posait la deuxième rangée de tuiles en quinconce par rapport à la rangée inférieure. Les tuiles reposaient l'une sur l'autre. Le débordement de la deuxième rangée de génoise était également de l'ordre de 13 à 15 cm. Pour la troisième rangée, exactement la même pose, le même débord. Cette fois, la couverture était mise en place. La génoise était remplie après coup. Le remplissage pouvait être total ou, au contraire, inexistant. Dans ce cas-là, on se contentait de placer en fond de génoise un crépi de même coloration que la façade pour obtenir la finition souhaitée. La pose de la génoise ne présentait donc aucune difficulté particulière. Il suffisait de suivre le mur maître et de donner à la queue de chaque tuile une bonne prise, de manière à ce qu'il n'y eût pas de basculement. Dans le cas de génoise en angle, il était quelquefois nécessaire de trancher la tuile pour obtenir le mouvement tournant. Nous donnons ici les exemples les plus significatifs.

La protection de la couverture contre le mistral

Le mistral avait tendance à soulever les tuiles puisque celles-ci étaient scellées avec un mortier maigre. Très souvent, c'étaient les premières rangées de tuiles, au bas du versant, qui étaient les plus exposées. Elles étaient maintenues par des blocs de pierres déposés en alignement. Dans le cas des granges, où il n'y avait pas de fermeture extérieure, le risque était encore plus grand, car le vent s'engouffrait à l'intérieur du local et soulevait les tuiles simplement posées sur les quartons. Dans ce cas, il était nécessaire de faire un voligeage en sous-face pour éviter ce risque. Cette couverture demandait un entretien constant. Régulièrement, tous les ans, il fallait monter sur la toiture pour vérifier si les tuiles n'étaient pas cassées, si elles n'étaient pas descellées, etc.

L'aération des combles

L'aération des combles était indispensable, en particulier pour assurer la bonne conservation des bois. À cet effet, de petites ouvertures étaient pratiquées sur les murs-pignons ou en dessous des génoises. Nous donnons quelques exemples de ces aérations qui avaient également pour but, dans le cas de fenières et de paillères, d'enlever les gaz qui se produisaient lors de la coupe fraîche.

Les souches de cheminée

La constitution des souches nous permet également de montrer le caractère inventif du paysan constructeur. Malheureusement, les souches sont fragiles : elles sont exposées à toutes les intempéries et, par conséquent, beaucoup ont été abîmées, modifiées et restaurées. Très peu existent dans leur état primitif.

Pour un bon tirage de la cheminée, la fumée devait être dégagée dans une zone qui ne fût pas soumise à des perturbations. Il fallait donc que la souche dégage à une certaine hauteur par rapport aux obstacles environnants. Il fallait aussi qu'elle assurât une protection contre les vents dominants de manière à ce que la cheminée pût tirer par tous les temps.

Elle était réalisée : uniquement en maçonnerie et de crépis ; avec un couronnement de tuiles ; en tuiles debout et un couronnement de tuiles ; en éléments de pierre de taille ; avec incorporation de briques ou de mallons de couvert. En général, les souches étaient simples sans recherche particulière, mais, comme tous les ouvrages de détail que nous avons examinés, elle était proportionnée et parfaitement en harmonie avec l'ensemble. Il faut également noter que les arêtes de ces souches, en général, avaient un fruit prononcé pour mieux marquer l'empâtement et la prise sur la toiture.

Les cloisons et les liaisons entre niveaux

Le cloisonnage est très restreint dans cette architecture. Il se réduit à quelques surfaces ici ou là pour limiter une pièce. Il n'a aucune fonction de structure si ce n'est de redécouper un espace. Il était réalisé avec les matériaux trouvés sur le chantier. En général, on commençait par créer une ossature de bois avec des petits potelets allant du plancher au plafond, entre lesquels on tendait des fils de fer. C'était là-dessus qu'on assurait le remplissage. Celui-ci était en carreaux de plâtre qui s'assemblaient entre eux et étaient maintenus par cette structure. Il pouvait être aussi en carreaux de terre cuite dressés verticalement, ou encore en canisse tendue sur cette ossature revêtue ensuite d'un enduit de plâtre. Quand les constructions étaient proches d'une carrière, la cloison était montée avec des pierres de taille de 0,10 d'épaisseur, appelées *bugé* ou *mie-bugé* suivant les dimensions. Toutes les solutions étaient possibles et ne présentaient aucune difficulté. La cloison avait entre 0,10 et 0,12 cm d'épaisseur. Elle était percée par les huisseries sur lesquelles les portes intérieures étaient posées.

La liaison entre niveaux : l'escalier intérieur

Les dessins ci-après permettent de se rendre compte de ses formes et de ses dimensions, mieux qu'une longue description. Nous pouvons dire brièvement que les escaliers intérieurs étaient de dimension très réduite, ce qui leur donnait la faculté de s'adapter à n'importe quelle disposition en se logeant dans tous les recoins possibles. Pour la plupart, leurs marches étaient balancées ; dans certains cas, ils devenaient un élément que l'on traitait de façon privilégiée.

La structure

Pour les mas d'importance moyenne, les escaliers étaient bâtis sur une structure en bois. Avec des chutes de la charpente, chutes du plancher, on construisait une ossature tout à fait rudimentaire, consolidée avec des nez de marche en bois. Une fois

Ci-dessous, élévations et coupes de souches de cheminées maçonnées.

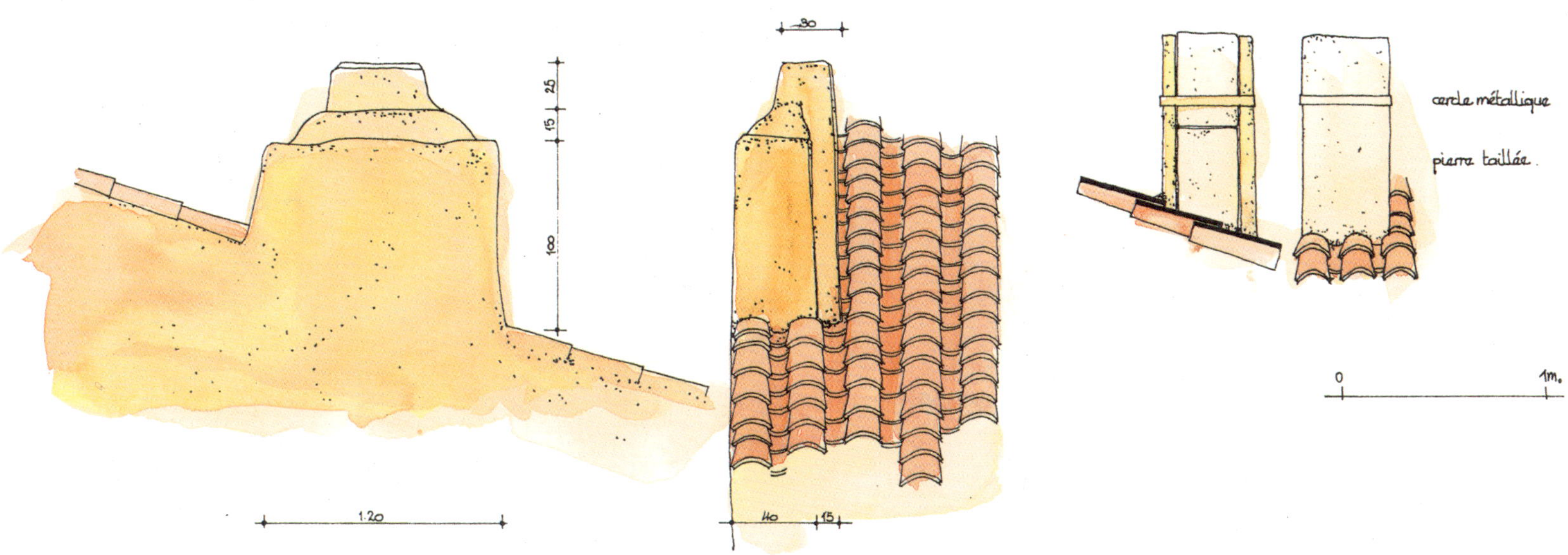

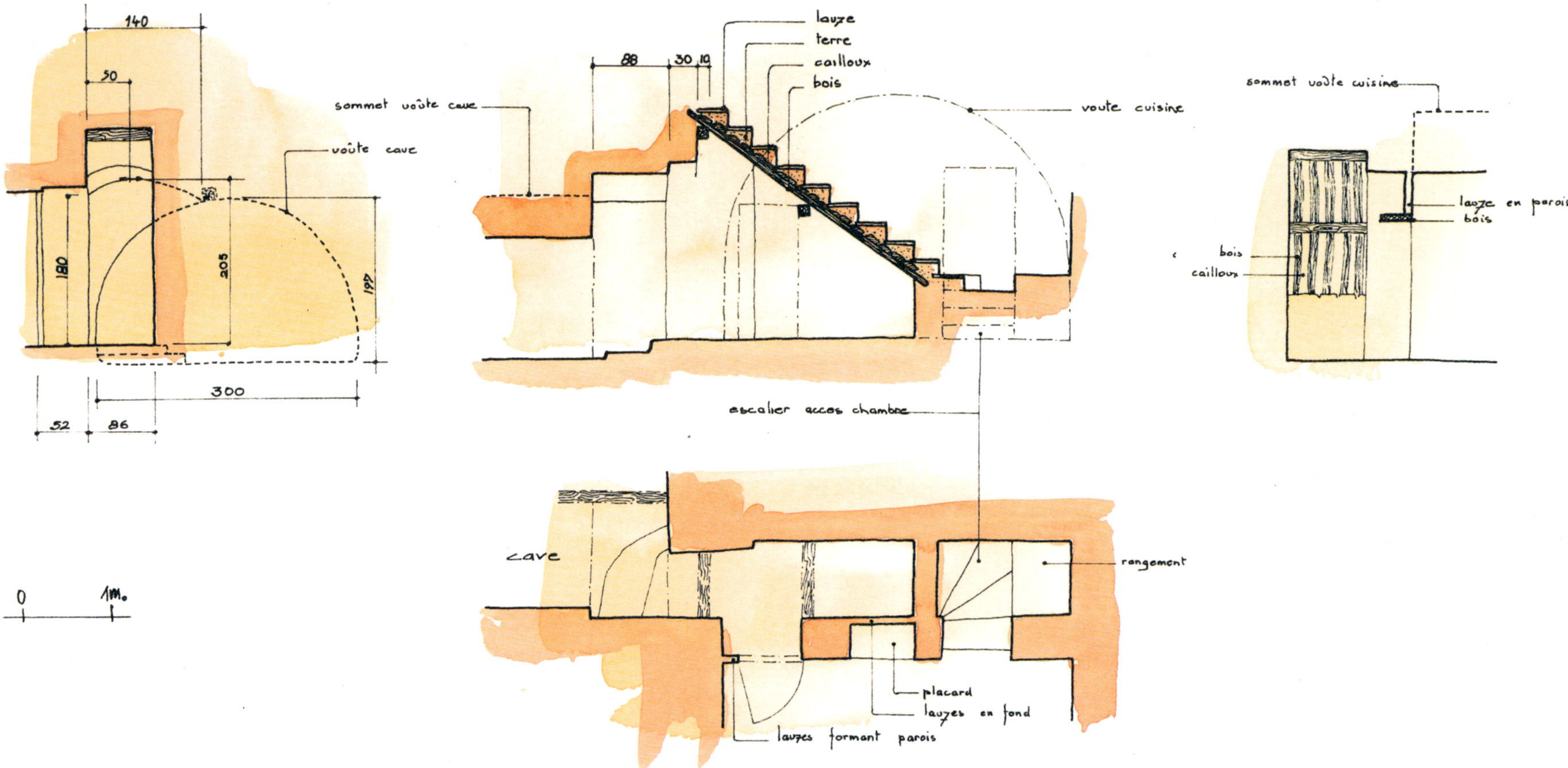

Ci-dessus et ci-dessous : détails de construction d'escaliers intérieurs maçonnés ou en bois.

Photographies ci-contre : diverses souches de cheminées provençales.

l'ossature établie, qui se présentait comme un coffrage, on la liait avec un gros plâtras. S'il restait trop d'espace entre les pièces de bois, on bouchait le trou avec, soit de la canisse, soit un carreau de plâtre, soit un carreau de terre cuite. En fait, c'était le génie du maçon qui devait, à partir d'éléments très simples, pouvoir les disposer correctement, leur donner forme et les enduire pour obtenir une facture parfaitement intégrée au volume.

Très peu d'escaliers étaient en pierre : seuls les domaines en possédaient.

Les rampes

Les escaliers en bois avaient une rampe en maçonnerie, d'une épaisseur de 10 cm ; enduite au plâtre, elle recevait par la suite un badigeon. Le dessus de la rampe était de forme arrondie pour permettre à la main de glisser. Le long du mur, une autre main courante en plâtre était rapportée (voir dessins). La largeur de l'escalier n'était pas la même pour toutes les volées. Les premières marches, plus larges, se réduisaient de palier à palier. De ce fait, le jour intérieur de l'escalier avait une forme plus intéressante ; de plus, la hauteur des marches s'accentuait elle aussi de palier à palier. Ces escaliers étaient destinés à recevoir un revêtement de carreaux de terre cuite identique à celui des sols. Les carreaux étaient établis sur la marche, la contremarche était enduite. Le nez de marche en bois formait la liaison entre les carreaux de terre cuite et l'enduit. Nous donnons ici les principales dimensions de ces nez, en général assez larges, avec une moulure en quart-de-rond.

Les escaliers en pierre

Ces escaliers se rencontrent uniquement pour les constructions importantes. Ils étaient constitués par des marches en pierres monolithes formant à la fois la marche et la contremarche. C'étaient des escaliers extrêmement lourds dont chacun des degrés était scellé dans le mur d'échiffre et le mur maître.

Parfois, la marche était composée en deux parties, une dalle de pierre formant marche et une autre dalle formant la contremarche. Ces deux pierres venaient s'assembler dans le limon. En général, ces escaliers comportaient une rampe en ferronnerie qui pouvait être plus ou moins ouvragée.

Les escaliers extérieurs

Ces escaliers sont assez abondants car ils permettaient d'accéder aux dépendances. La plupart sont en pierre de réemploi. Nous donnons ici les exemples que nous avons pu rencontrer. Ils sont réduits en largeur et, quelquefois, ils ne comportent pas de rampe de protection. Il était parfois nécessaire d'établir une rampe d'accès permettant aux animaux et, éventuellement, aux voitures de passer d'un plan à un autre. Ces rampes étaient très souvent recoupées par des pas-d'âne, sorte de marches rampantes, peu hautes et très espacées. Ces exemples de rampes se retrouvent dans les régions soumises à des inondations : il fallait alors monter les animaux à une écurie supérieure.

Les enduits

Les enduits étaient exécutés après la pose de la couverture ; il s'agissait de recouvrir la maçonnerie avec un revêtement au mortier ou au plâtre. Les enduits extérieurs devaient être étanches pour empêcher la pluie de s'introduire dans les joints de pierre et les moellons. Leur exécution devait être rigoureuse afin d'assurer une bonne tenue dans le temps. Les enduits intérieurs constituaient une surface lisse sur laquelle on appliquait un badigeon ou une peinture.

Les enduits extérieurs

On désigne par le terme « d'enduit » l'ensemble des couches qu'il y a lieu d'exécuter.

Le gobetage

Dans un premier temps, un gobetage, couche peu épaisse et rugueuse destinée à boucher les joints et les trous de la maçonnerie et à servir de sous-couche, était appliqué à la truelle. Cette couche était appelée aussi « renformis ». Cette opération simple ne présentait aucune sujétion particulière.

Le crépi

Ensuite, le crépi était exécuté, couche plus épaisse, plus grasse, qui constituait le corps de l'enduit, avec le mortier de ciment : sable + chaux + tuiles concassées. On choisissait très souvent le sable de fouille pour sa coloration. La chaux vieille éteinte, mais grasse, bien broyée avec le sable et le ciment, était idéale. Après avoir arrosé la surface à crépir, on étendait d'un jet violent sur le gobetage la seule couche appliquée aux bâtiments d'exploitation [20]. Pour cette application, le temps ne devait être ni pluvieux (l'enduit à la chaux qui n'a pas eu le temps de faire sa prise se décolle avec le ruissellement), ni trop chaud (l'eau est nécessaire pour la prise de la chaux. Si elle s'évapore trop vite, la teneur sera insuffisante pour le ciment). L'idéal était de faire ce crépi pendant la demi-saison, pour éviter également les risques de gel. L'épaisseur de cette couche était de 15 mm environ.

[20] Le ravalement est l'opération qui consiste à rendre le mur uni en lui ôtant les balènes. Dans un mur en pierre de taille, cette opération, exécutée au chemin de fer, a pour but de faire disparaître toute trace d'outils. Dans le Midi, ce terme désigne l'opération qui consiste à faire le crépi et les enduits d'une façade.

La dernière couche

Pour obtenir une surface plus solide et plus finie, on appliquait une dernière couche. Pour cela, il était nécessaire d'attendre que le crépi fût sec et de refaire un mortier de chaux, mais plus soigné (c'est-à-dire avec plus de sable) [21]. Cet enduit était jeté et appliqué vigoureusement à la truelle. Cela donnait une surface d'aspect « taloché », marquée par les empreintes en arc de cercle produites par le geste du maçon. Pour obtenir un crépi moucheté, d'apparence granuleuse, on faisait cette application à la *farigoule* : on trempait un petit balai composé de petites branches de thym dans la gamate et on projetait ainsi la pâte par un geste sec de haut en bas [22]. Étant donné que l'on trouve difficilement de la chaux vive, on la remplace par de la chaux hydraulique naturelle XHN (NF

Ci-dessus (en haut), de gauche à droite : deux escaliers intérieurs à rampes maçonnées ; escalier en pierre dans un mas de Camargue ; escalier d'accès à une fenière.

Ci-dessus (en bas), de gauche à droite : trois pierres en boutisses formant un escalier rudimentaire pour accéder à une fenière ; deux escaliers extérieurs à marches et palier monolithes ; escalier d'accès à l'habitation, à rampes maçonnées dont le départ forme accessoirement banc.

Ci-dessous, coupe de la rampe d'accès servant au déchargement du foin.

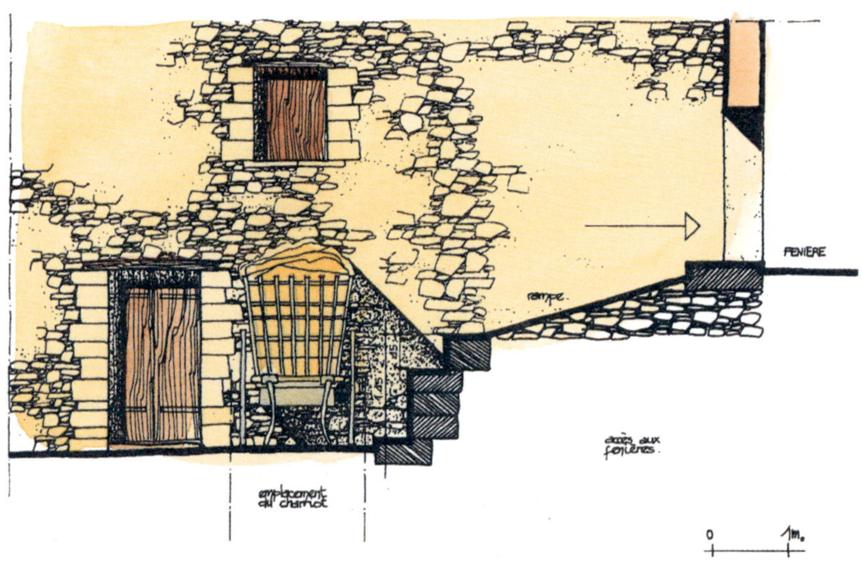

[21] Cette technique venait des Romains. Vitruve (Livre VII, ch. 3) avait transmis ce procédé tel que nous le décrivons et tel qu'il était exécuté.

[22] Pour faire ces trois couches, on utilise, à notre époque, exclusivement le ciment artificiel. Cela donne une matière dure et sèche sans âme opposée à celui obtenu par la chaux. Un enduit à la chaux peut pourtant s'exécuter sans aucune difficulté. Nous avons pu l'exécuter aussi bien sur des vieilles maçonneries que sur de l'aggloméré. Le seul ennui est qu'il a tendance à craqueler plus facilement qu'un enduit ciment. Il est prescrit, par les Monuments historiques, pour la restauration des vieux immeubles à Aix.

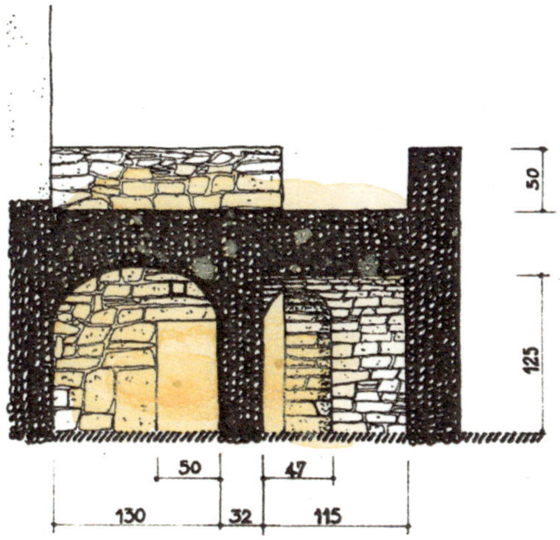

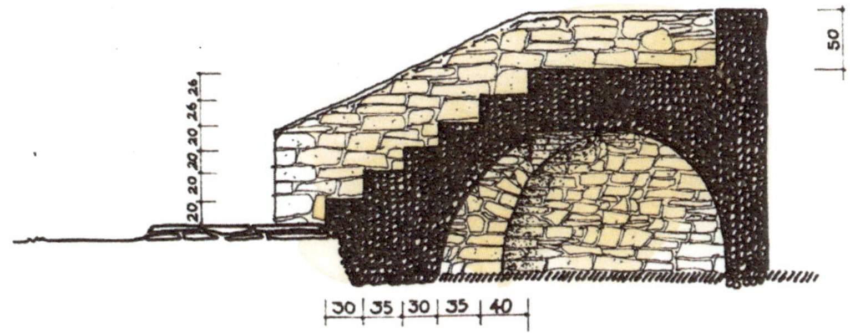

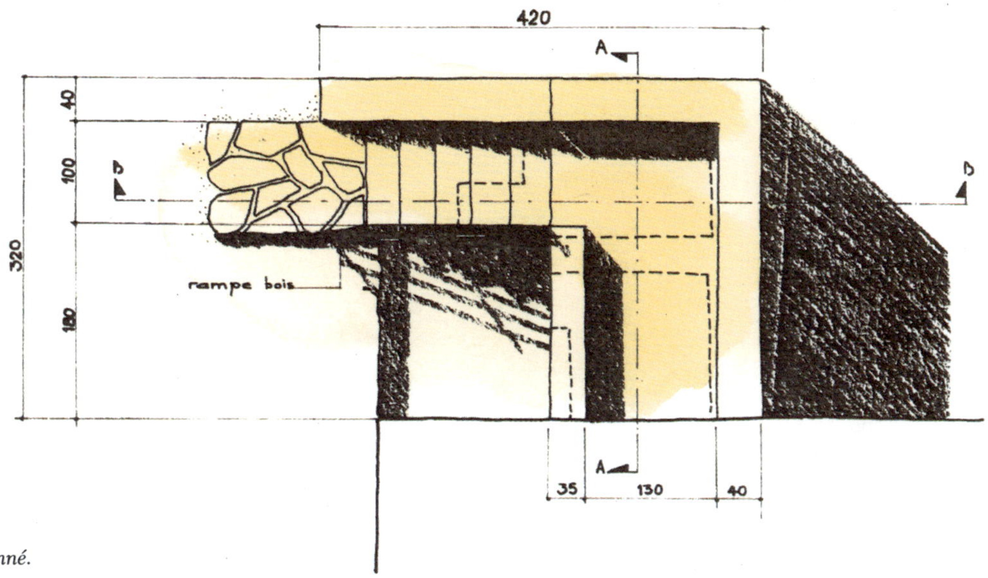

Ci-dessus, détail de construction d'un escalier extérieur maçonné.
Ci-dessous, plan d'un escalier extérieur d'accès à un pigeonnier.

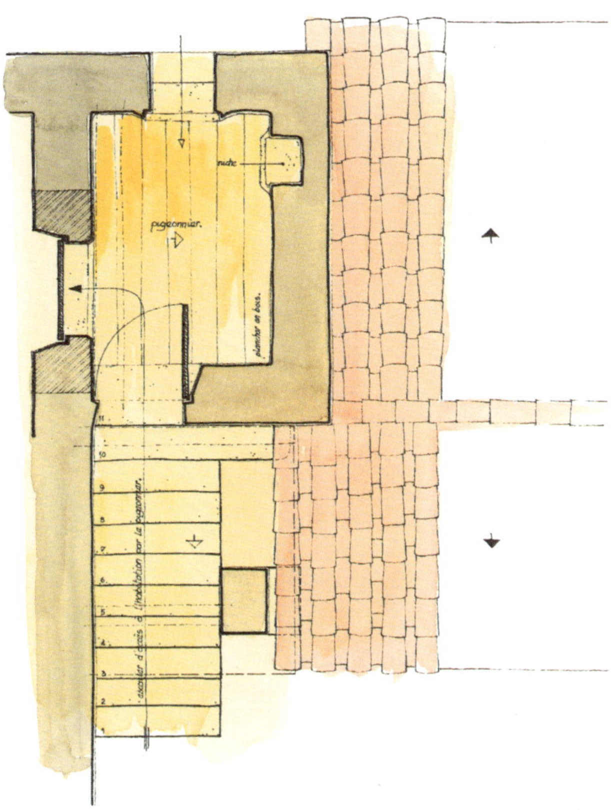

P. 15. 310) du commerce, de couleur blanche et obtenue également par la calcination du calcaire à ne pas confondre avec la chaux hydraulique artificielle XHA (NF. P. 15. 312) de couleur grise et à base de Clinker Portland additionné de fillers. Sur cet enduit presque sec, on blanchissait certaines parties (entourage d'ouverture, soubassement) avec du lait de chaux vive qui s'incorporait et résistait parfaitement. Pour obtenir une teinte moins blanche, on broyait avec ce lait du blanc d'Espagne et un peu d'ocre pour obtenir une coloration proche de celle de la pierre. À mesure que cette couche était étendue, elle était dressée en frottant avec une plaque de bois dur pour obtenir une surface polie et légèrement brillante.

L'enduit intérieur

Rarement exécuté en plâtre à l'exception des plafonds, l'enduit était employé surtout au mortier de chaux. Les enduits au plâtre étaient appliqués avec la même technique que de nos jours : deux couches, mais, comme c'était un matériau plus grossier, on le passait au crible pour la première et au tamis de soie pour la deuxième. Les moulures étaient obtenues en poussant à la main l'empreinte sur l'ébauche montée au plâtre fort (détrempé, très dur) ; la deuxième couche, avec un plâtre plus humecté, la dernière en plâtre, noyé pour obtenir le poli [23]. En cas d'humidité, on ajoutait au plâtre un peu de chaux. Sur le plâtre, on faisait un badigeon ou une peinture d'impression. Le badigeon, comme on l'a vu, était simplement un lait de chaux additionné d'un colorant et appliqué au pinceau sur les parois pour les logements animaux et annexes.

Les revêtements des sols et des murs

Les « bards » (dalles de pierre)

Les dimensions étaient très irrégulières, la pose se faisait sur un bain de mortier de chaux maigre. Quelquefois, les dalles étaient simplement posées sur le sol de terre battue, bien damé et mis à niveau.

Le revêtement de terre cuite

Nous avons dit que c'était là le revêtement traditionnel en Provence. En premier lieu, les carreaux étaient laissés à tremper pour bien se gorger d'eau et ne pas pomper. Sur l'aire parfaitement nivelé, exécutée avec du gravier et du plâtras, on étalait un bain de mortier de chaux assez grasse et chaque carreau était battu sur ce mortier. Dans les endroits moins humides, le carreau était posé sur bain de plâtre. Par économie, on employait le mortier de terre. Les carreaux devaient joindre parfaitement, être sans éclat ni gerçure et être placés dans le plus parfait niveau. Une fois les carreaux posés, il fallait les nettoyer en y appliquant du sable et, éventuellement, un peu d'esprit-de-sel. Ils étaient ensuite badigeonnés avec de l'huile de manière à être correctement imbibés et éviter ainsi la remontée de laitance à travers ce matériau particulièrement poreux. Les joints étaient exécutés après coup. Le parement était établi avec des joints droits ou en diagonale. Pour permettre la dilatation, les carreaux étaient toujours posés avec une réserve sur le périmètre de la pièce. Les plinthes étaient inexistantes.

Les revêtements muraux en carreaux émaillés

On a vu que ces revêtements s'employaient essentiellement au niveau de l'évier et du potager. Quelques dizaines de carreaux suffisaient donc. À l'extérieur, ces carreaux étaient placés au niveau des pigeonniers, autour de la grille d'envol. À l'intérieur, ces carreaux étaient très souvent scellés au plâtre ou au mortier de chaux. À l'extérieur, pour éviter les risques de descellement, ils étaient cramponnés par des pitons métalliques.

[23] « La plus grande simplicité doit régner dans les moulures et corniches de plafond ; la multiplicité d'ornements les appesantit et la poussière, qui bientôt les recouvre, rend leur aspect hideux. » (F. de Mauremont, 1826.)

Les menuiseries

Les menuiseries sont rarement contemporaines de la construction. Elles ont été modifiées, remplacées au cours des âges. La porte d'entrée, de par sa solidité, a réussi à mieux se conserver et on rencontre de beaux exemples qui datent du XVIIIe et surtout du XIXe siècle. Par contre les fenêtres ont été souvent remplacées du fait de leur fragilité. Celles que nous rencontrons actuellement sont en majorité du XIXe siècle. Les menuiseries intérieures, si elles n'ont pas été remplacées, ont subi de nombreuses transformations. Les menuiseries extérieures, en Provence, sont extrêmement sollicitées par suite de l'hygrométrie en dents de scie propre à cette région. Au temps sec succèdent des périodes humides et les bois ont tendance à jouer considérablement. Ainsi, ces menuiseries ne sont pas étanches et c'est une caractéristique qu'a bien mentionnée Lanéry d'Arc [24].

Les menuiseries extérieures

Le poste menuiserie, dans le devis d'une construction à cette époque, représente un montant important. Aussi, il ne faut pas s'étonner que le paysan constructeur choisisse les modèles simples, où les seules qualités recherchées sont la solidité, la dimension des vitres, la bonne étanchéité au mistral et à la pluie.

Les portes pleines

Elles sont, la plupart du temps, à double panneau pour obtenir une épaisseur de l'ordre de 45 à 50 mm.

La porte d'entrée

On rencontre les types de portes à un vantail, porte tiercée avec imposte ou sans imposte. Ces portes ne sont pas moulurées. Elles sont soulignées par le jeu des pièces de bois irrégulières qui les composent, le cloutage des ferrures, quelquefois un jet d'eau. Dans quelques cas, une traverse d'imposte moulurée est le seul élément de recherche. On s'attachait beaucoup à la qualité de la penture des gonds et de la serrure. Le panneau extérieur est constitué par des planches de largeur variable disposées dans le sens horizontal et assemblées par des clous dont on rabat les pointes à un autre panneau intérieur dont les planches, aussi inégales, sont dans le sens vertical. Étant donné que ces portes sont très souvent montées sur gonds, la penture est intérieure. La porte vient buter dans

[24] « Lorsqu'il pleut, le bois est gonflé, la fenêtre joint bien (mais c'est justement quand il pleut que la température n'est pas froide et qu'une bonne fermeture est le moins nécessaire) ; dès que le mistral souffle, comme il a un pouvoir de dessification extraordinaire (il n'est pas rare de voir une seule journée de mistral faire disparaître les traces de pluie de plusieurs jours), le bois aussitôt se resserre, la fenêtre joue trop gaiement et le vent passant entre le châssis et les dormants entre dans la maison comme chez lui. Voilà pourquoi, le plus souvent, il n'y a d'ouverture qu'au midi. »

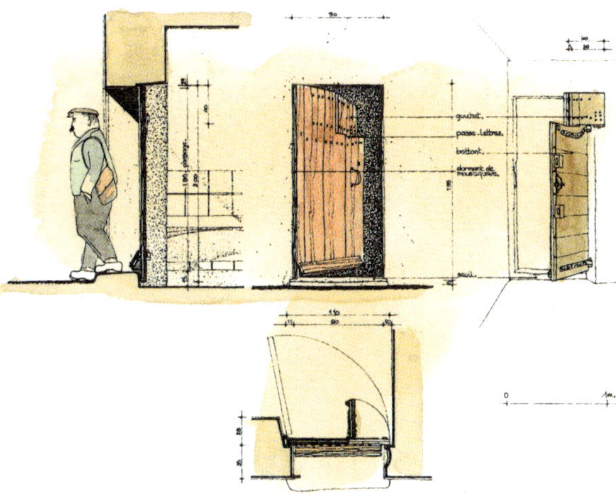

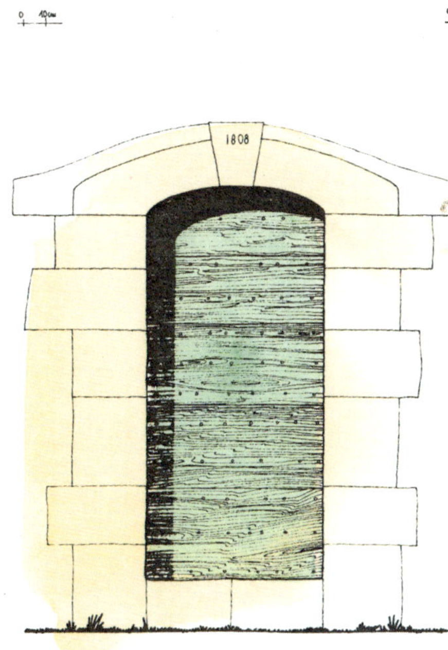

Ci-dessus (en haut), de gauche à droite : porte d'entrée de l'habitation de maître à panneaux moulurés ; porte semi-vitrée avec fermeture ; porte piétonne ménagée dans le vantail d'une porte de grange ; porte d'annexe, pleine, avec guichet supérieur.

Ci-dessus, en bas, élévations, coupe et plan d'une porte d'entrée pleine, avec guichet.

Ci-contre, portes pleines en planches rainées contrariées.

Ci-dessous, de gauche à droite : porte d'entrée pleine, à partie fixe, surmontée d'une imposte, d'un mas de Camargue (élévation, plan et coupe) ; porte d'entrée pleine avec uniporte : élévation, plan et coupe.

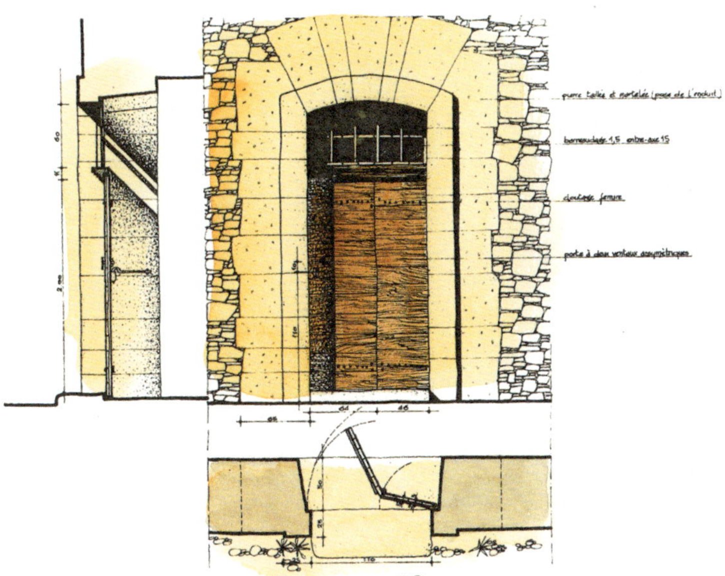

Ci-dessus, de gauche à droite : porte pleine et fenêtre d'un petit mas des plaines ; portes d'annexe : à gauche d'un potager, à droite d'une bergerie avec détail de son montage et du système de fermeture.

Ci-contre : à gauche, porte de commun en deux parties, munie d'une chatière ; à droite, porte tiercée, vitrée à sa partie haute et ses volets.

Ci-dessous : à gauche, porte vitrée extérieure à imposte ; à droite, face intérieure d'une porte vitrée extérieure avec panneaux moulurés à sa partie basse.

des feuillures ouvertes. Elle s'ouvre très souvent à droite en poussant. Le pêne est maintenu par une gâche en bois ou en métal, scellée dans le tableau. Ces portes comportent un guichet, quelquefois une chatière. La quincaillerie, en plus des pentures et des gonds (gonds simples ou à repos), consiste en une serrure à broche ou bénarde, une entrée, un heurtoir (assez rare) [25] et de gros verrous pour assurer une meilleure condamnation [26].

Les portes d'annexe

Nous donnons quelques exemples de ces portes qui étaient, en général, composées de plusieurs parties : un vantail semi-fixe et un autre vantail qui était lui-même redécoupé en deux parties, de

[25] Pour s'annoncer dans un mas, il n'y avait pas de heurtoir. Il fallait manifester sa présence en appelant fortement : « Hé, de la maison ! Y'a quelqu'un ? ».

[26] Pour une porte cochère à gond, composée de deux vantaux et d'un guichet, la ferrure comprenait : quatre grandes équerres dont deux pour chaque vantail (pour le guichet, une équerre haute et une équerre basse) ; deux pivots portant les équerres du bas et entrant dans une crapaudine scellée dans le seuil ou quelquefois crapaudine renversée à la volney, joints aux équerres, s'emboîtant dans les pivots scellés cette fois sur le seuil ; un tourillon qui terminait les équerres supérieures et une bourdonnière scellée dans les montants du jambage ; deux ou trois fiches à chapelet sur lesquelles tournait le guichet ; un fléau à serrure ; une grosse serrure à bosse pour les grands vantaux ; une plus petite pour les guichets ; une poignée pour saisir le guichet ; deux verrous à crampons pour maintenir le bas des vantaux.

manière à pouvoir fermer la partie basse et tenir ainsi les animaux. La fermeture de ces portes était très souvent en bois : targettes, chevillettes d'un fonctionnement simple toujours ingénieux. Dans la région de Forcalquier, on appelait « bartavelle » un loquet fait d'une pièce de bois coulissante entre deux pièces en applique.

Les portes vitrées

Au XIXe siècle, on a commencé à remplacer la porte d'entrée pleine qui rendait forcément la pièce obscure par une porte en partie vitrée avec, de plus, une fermeture extérieure. Dans l'habitat rural, c'est seulement, à cette époque, que les perfectionnements de l'industrie du verre ont permis d'augmenter la surface des vitres [27]. Étant donné la minceur du verre, il était nécessaire de lui donner des dimensions assez faibles. À la fin du XVIIIe siècle, apparaît la fenêtre n'ayant qu'un seul carreau dans la largeur du vantail, mais, dans l'habitat rural, cela ne s'est pas généralisé et la présence des petits bois s'est maintenue. La porte vitrée comportait très souvent une partie basse pleine. Le sens de l'ouverture était également à droite en poussant alors que celui de la fermeture était à gauche en tirant. Les éléments de cette porte vitrée étaient pratiquement identiques à ceux de la fenêtre [28]. Quelquefois, on jumelait assez curieusement porte pleine et porte vitrée. La porte pleine se plaçait dans la feuillure intérieure et dans le sens à droite en poussant ; la porte vitrée dans une feuillure extérieure dans le sens à gauche en tirant. Il s'agit, sans doute, d'une porte vitrée rajoutée devant une porte pleine existante [29].

Les fenêtres

Elles sont à un seul vantail ou à deux vantaux. La fermeture entre les deux vantaux est assurée par la double feuillure ou par la gueule-de-loup. Les petits bois ont des moulures simples et une largeur d'environ 32 à 35 mm. Ils sont assemblés entre eux par une coupe d'onglet. Les fenêtres comportent toutes une pièce d'appui et un jet d'eau important. Très souvent, les deux montants du dormant ont une feuillure de 5 mm et une rainure ou contre-noix. Pour assurer une meilleure étanchéité entre le dormant et la maçonnerie, quelquefois, une bavette en zinc était posée de manière à créer une chicane pour l'eau. Les deux battants de la fenêtre n'affleurent pas le dormant à l'intérieur de la pièce (système à recouvrement), les battants latéraux portent une languette sur la face extérieure appelée « noix », de manière à assurer une meilleure étanchéité au vent et à la pluie. La saillie du dormant sur le nu du tableau appelé « cochonnet » est en général de 15 mm ; nous renvoyons aux dessins pour les autres dimensions des pièces de la fenêtre. Les vitres ont une dimension rectangulaire toujours plus haute que large. Le rapport de ces dimensions est de l'ordre de 1,10 à 1,20. La fermeture est assurée par un système du type espagnolette en applique qui permettait de maintenir entrebâillés les deux vantaux [30]. Quelquefois, une barre verticale, en bois, fixée au milieu d'un des ouvrants, permet la fermeture de ces châssis, en tournant autour d'un axe.

Les volets

Toutes les parties vitrées pouvaient s'obturer par des volets extérieurs. Il n'existe pratiquement aucun exemple de volet intérieur dans l'habitat rural. Ce n'est que dans les constructions nobles, bastides, que l'on rencontre ce type de fermetures. En général, en Provence, les volets ne sont pas à barre et écharpe. Un système ancien a subsisté : deux épaisseurs de planches, assemblées par rainure et languette, sont posées en sens contraire et maintenues par des clous dont on rabat les pointes, clous forgés disposés à intervalle régulier sur des lignes et en quinconce d'une ligne à l'autre. Ce double panneau permettait de rendre le volet beaucoup plus résistant. En général, les planches étaient posées verticalement à l'extérieur, horizontalement à l'intérieur.

Très souvent, les volets sur gonds rentraient dans des feuillures pratiquées dans la maçonnerie (feuillure de 4,5 mm). Il ne faut pas oublier que tous les volets étaient peints de manière à garantir mieux encore la menuiserie contre les agents atmosphériques. La fermeture de volets était assurée par une espagnolette ou, plus simplement, par des crochets qui étaient fixés sur les volets et dont l'œillet était scellé sur le tableau de l'ouverture. En position ouverte, le volet était maintenu par des arêtes « à la marseillaise ». La condamnation permettait également par un autre œillet de laisser, l'été, les volets légèrement entrebâillés. L'épaisseur des deux panneaux était, en général, de 45 à 50 mm. Certains volets pleins comportaient, côté intérieur, une disposition de leurs planches déterminant des panneaux. Quelquefois, le volet était ajouré (jour en cœur pratiquement inexistant).

[27] Le XVIIe siècle vit l'apparition de la vitre qui conduisit à faire des baies « à petits carreaux ». Ces fenêtres et portes-fenêtres à petits carreaux vont se généraliser tout à la fin de ce siècle et pendant tout le XVIIIe siècle.

[28] Ces portes vitrées étaient souvent montées sur gond pour éviter le dormant, mais l'étanchéité à la pluie et au vent était de ce fait moins bien assurée. La position du gond était placée avec précision. La porte a tendance à baisser du nez. Pour y remédier, on donnait au gond inférieur un peu plus de saillie qu'au gond supérieur, ce qui évitait à la porte de racler le pavement. Un évidement était laissé au-dessus de ce gond pour permettre de sortir la porte de ses gonds en la soulevant.

[29] Cette pratique de deux portes pour l'ouverture principale s'est généralisée au XIXe siècle.

[30] Traditionnellement, en Provence, l'été, les volets sont fermés ou à peine entrebâillés et les fenêtres ouvertes ; la porte d'entrée est ouverte, mais obturée par une grosse toile en jute qui est suspendue à l'extérieur pour éviter l'entrée des mouches et des moustiques.

Ci-dessus, de gauche à droite : deux fenêtres à deux vantaux de mas camarguais ; élévation et coupe d'une fenêtre à un vantail à encadrement de brique.

Ci-dessous (en haut) : à gauche, élévation et coupe d'une fenêtre à deux vantaux et ses volets s'encastrant dans une feuillure. ; à droite, élévation et coupe d'une fenêtre à deux vantaux et à un volet à partie centrale ouvrante.

Ci-dessous (en bas) : à gauche, élévation et coupe d'une fenêtre à un vantail et un volet ; à droite, élévation et coupe d'une fenêtre à deux vantaux et deux volets.

Ci-dessous, de gauche à droite : petite fenêtre à un vantail équipée d'une moustiquaire ; fenêtre à deux vantaux et ses volets à cadres et planches clouées ; volets extérieurs composés de deux épaisseurs de planches rainées, contrariées ; volets extérieurs à cadre à traverses et montants.

Ci-dessous, porte moustiquaire se rabattant extérieurement.

Les menuiseries intérieures

Généralités

Les essences qui se rencontrent le plus souvent sont le chêne, le noyer, l'orme, mais aussi le pin. La plupart du temps, les bois étaient peints. La porte était composée d'un panneau supérieur et d'un panneau inférieur, ou d'un jeu de trois panneaux. Les portes intérieures avaient quelquefois la partie haute vitrée. Les panneaux étaient du type à plates-bandes avec un ou deux parements. La partie centrale du panneau restait en saillie et, entre la table et la plate-bande, une simple moulure, un congé en quart-de-rond. Les panneaux étaient élégis sur les rives de manière à rentrer dans la rainure du bâti. Les moulures du bâti étaient, en général, formées par plusieurs arcs de cercle (voir exemples). Elles étaient raccordées entre elles par des coupes d'onglets. Les portes intérieures étaient montées sur gonds. Dans le cas de cloisons sur chambranle, le chambranle portait une feuillure dans laquelle la porte venait s'encastrer. La ferrure d'une porte comportait des paumelles s'élargissant en forme de S ou de T. Dans le cas de chambranle, des fiches à lame, à nœuds, à brisure ou à broche. La condamnation était assurée par la *cadole* ou clenche avec mentonnet. Poignée en fer forgé avec plaque ornée de fleur de lys, cœur... ou poignée ronde en bois dur. Serrure à bec de canne, verrou horizontal à platine et à targette.

Les moustiquaires

Surtout dans la région d'Arles, de la Camargue, de la Crau, la moustiquaire s'est généralisée aussi bien pour la porte d'entrée que pour les fenêtres. Pour les portes d'entrée, elles sont du type à la française, se rabattant sur l'extérieur avec une partie pleine et une partie grillagée dans le haut, un chambranle, et, quelquefois, sont démontables pendant la saison d'hiver. Pour les fenêtres, elles sont du type guillotine.

La serrurerie et la ferronnerie

L'emploi du fer se limite à quelques éléments.

Le garde-corps et la rampe

Il existe très peu de garde-corps métalliques. Très souvent, le garde-corps est constitué par une main courante en fer plat, ou fer carré de 22 à 30 mm, avec des montants dont l'un est droit et l'autre de forme sinusoïdale. Ce type de garde-corps n'est pas propres à la Provence et doit se rencontrer aussi dans d'autres régions de France.

La treille

La treille est également un élément toujours métallique, constitué par des barres de fer scellées dans la maçonnerie.

La cloche

En général, la plupart des grands mas comportaient une cloche à l'extérieur qui permettait d'appeler pour les repas le personnel qui travaillait dans les champs. Malheureusement, ces cloches ont toutes disparu.
En ferronnerie, il faut ajouter : la potence de cheminée, la crémaillère ; la herse pour protection de petites fenêtres ; la flèche pour cadran solaire, les clous forgés pour les portes extérieures.

La peinture

C'était le paysan lui-même qui réalisait la peinture de sa construction, non seulement dans son application, mais aussi dans sa fabrication. Il était difficile de se procurer de bons ouvriers à la campagne ; c'était, de plus, une main-d'œuvre chère. Le paysan pouvait très bien suffire à cette tâche en employant des méthodes simples. La peinture dite d'impression que nous allons examiner est destinée au traitement des surfaces intérieures de l'habitat de l'homme, donc appliquée sur un support plâtre ou mortier de chaux et aux menuiseries extérieures et intérieures. Il est de fait, en Provence, que toutes les menuiseries sont peintes, y compris les volets (peinture à l'huile) et que le bois n'est jamais laissé dans son état naturel, étant donné les contraintes atmosphériques. Le paysan fabriquait sa peinture à partir de matières colorantes, de diluants pour les employer et les fixer, de substances pour perfectionner le mélange. La teinte obtenue par le résultat de ces combinaisons exprimait donc le choix et le goût du paysan.

Ci-dessus (en haut), de gauche à droite : poignée de porte en fer ; loquet à clenche.

Ci-dessus (en bas), de gauche à droite : loquet à poucier ; arrêt de volet.

Ci-dessous, de gauche à droite : porte intérieure à cadre et planches assemblées par cloutage ; deux portes intérieures à panneaux moulurés.

589

590

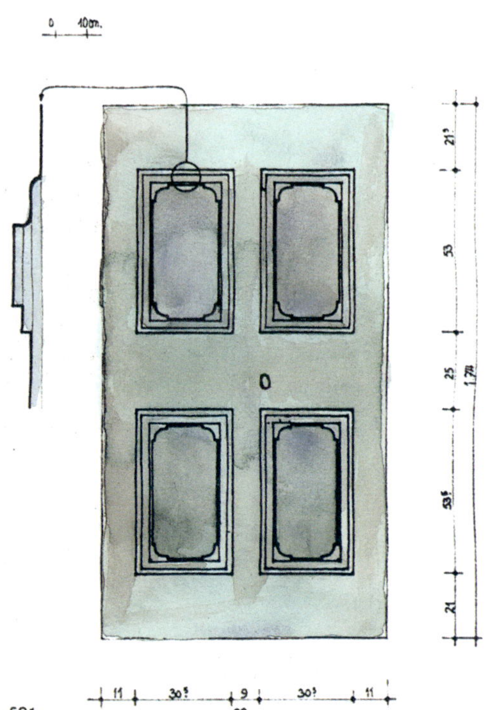

591

Les matières colorantes

Blanc : blanc d'Espagne, blanc de plomb, blanc de céruse.
Jaune : jaune de Naples, jaune minéral, ocre jaune (minerai de fer), orpin jaune (oxyde sulfuré jaune d'arsenic).
Bleu : bleu de Prusse, cendre bleue, vitriol.
Vert : cendre verte, terre verte, vert-de-gris (acétate de cuivre).
Rouge : mine rouge (pierre ferrugineuse), minium, vermillon (sulfure de mercure + oxyde de plomb).
Noir : noir de vigne (charbon de sarment pilé), noir d'ivoire (os calciné), noir de fumée (fumée des huiles grasses).

Les diluants

Les produits utilisés : eau de rivière ; colle pour la peinture à la détrempe, colle de la peau de lapin (brochette), colle de Flandre ; huile (huile de lin, la plus siccative ; l'huile de noix, surtout employée pour les extérieurs) ; lait pour la peinture au lait, essence de térébenthine.
Le mélange des couleurs : un broyage parfait était nécessaire sur une dalle de marbre. La matière colorante était pulvérisée à sec et mêlée ensuite au liquide. La couleur était détrempée avec de la colle ou de l'huile.
Avant de peindre, il y avait d'abord lieu de faire une couche d'encollage. Pour la peinture à l'huile, il était fait une couche de céruse broyée et détrempée d'huile. Pour les nœuds du bois, sur lesquels la peinture s'applique mal, on les frottait avec de l'ail, puis on faisait une couche d'impression.

La peinture à l'huile

La couleur était broyée à l'huile et détrempée avec cette même huile coupée d'essence. En plus de l'impression, deux couches étaient appliquées. Cette peinture conservait les bois et durcissait les plâtres. Pour les menuiseries extérieures, on appliquait une nouvelle couche tous les trois à quatre ans. Les ferrures extérieures étaient peintes avec du noir de fumée broyée à l'huile et détrempé dans 3/4 d'huile de lin et 1/4 d'huile grasse. Pour les ferrures intérieures, on employait une couleur composée de céruse, noir de vigne et bleu de Prusse. « Rechampir » était l'opération qui consistait à peindre les moulures d'une autre nuance que celle du fond pour faire ressortir le relief.

La peinture au lait

Ce procédé assez curieux est connu depuis 1800 (il a été inventé par Cadet de Vaux). Il est composé d'une base de lait écrémé (de vache ou de chèvre) et de chaux. Le lait pouvait être caillé, mais non aigri. La chaux devait être récemment éteinte. Mélange de lait + chaux + huile + blanc d'Espagne : cette composition était utilisée à la place de la peinture à la détrempe.

Conclusion

À travers le cheminement de ce livre, nous avons découvert un habitat, fruit de l'adéquation parfaite entre l'homme et l'acte de bâtir, moment privilégié de l'architecture, qui a donné là sa juste mesure. Issu du terroir, individualiste, économe, le paysan a imprégné son œuvre de ses propres valeurs. Ainsi, entre la nature, le matériau, l'homme, une complicité s'est établie. Ne cherchons pas autre chose. La leçon est là. En voulant adapter ces recettes à nos exigences contemporaines, nous tomberions dans une dualité qui nous ferait oublier l'essentiel.
L'homme moderne occupe le même terroir, mais il n'a plus les mêmes motivations. Il prétend s'insérer dans une continuité sécurisante en prenant quelques éléments de cette architecture, en « scotchant » sur sa façade une génoise ou une treille pour « faire provençal »... Or l'homme peut-il encore se livrer à cet acte fondamental de bâtir, alors que la construction lui est maintenant servie à la carte ? En aurait-il même la possibilité, il est incapable de concevoir et se contente, en balbutiant, de copier les maisons homologuées, dites « provençales » ?
Ne voyons pas là qu'un manuel de restauration, mais essayons au contraire d'en dégager les leçons profondes. L'architecture rurale est l'exemple le plus convaincant de l'intégration de l'habitat au site. Une très grande simplicité, des proportions toujours ramenées à l'échelle humaine, une économie des moyens qui évite le gaspillage, ont inspiré toutes ces constructions dont chacune est l'expression d'une vie autonome. Si nous voulons construire avec des matériaux modernes dans un site rural, n'oublions jamais de rechercher l'économie des moyens, garantie de la juste mesure ; de conserver le caractère essentiellement évolutif du bâtiment, en opposition à une architecture fermée ; de respecter les principes d'intégration ; surtout d'approcher le site avec respect (respect des végétaux, du relief, de l'environnement tout entier). C'est dans l'alliance de tous ces principes que réside la pérennité de l'acte de bâtir provençal.
Aix, 1975 [1].

[1] Pour la première édition.

Bibliographie

Ouvrages généraux

Histoire, démographie, économie

Bloch M., *Les Caractères originaux de l'histoire rurale française*, Les Belles Lettres, Paris, tome I, 1955.
Demians d'Archimbaud G., *Problèmes d'archéologie rurale*, actes du 90e C.N., Paris, 1966.
Duby G., *L'Économie rurale de la vie des campagnes dans l'Occident médiéval*, Aubier, 1962.
Duby G., *Guerriers et paysans, VIIe-XIIe siècles, premier essor de l'économie européenne*, Gallimard, 1974.
Martin R., *Recherches sur les agronomes latins et leurs conceptions économiques et sociales*, Paris, 1971.
Nisard M. (sous la direction de), *Les Agronomes latins : Caton, Varron, Columelle, Palladius, avec la traduction en français*, Paris, 1851.

Géographie

Baudrillard H., *La Population agricole de la France, 3e série : les populations du Midi*, Paris, 1888-1893 (3 volumes).
Demangeon, *La Géographie de l'habitat rural, types de peuplement rural en France*, Annales géographiques, 1927-1939.
Dion R., *Essai sur la formation du paysage rural français*, Tours, 1934.
Laurent T., *Manuel du cultivateur provençal ou cours d'agriculture simplifiée pour le midi de l'Europe et le nord de l'Afrique*, Toulon, 1837 (2 volumes).

Mœurs, vie et coutumes

Benoît F., *Histoire de l'outillage rural et artisanal*, Paris, 1947.
Maison rustique au XIXe siècle, encyclopédie de l'agriculture pratique, Paris, 1884 (4 volumes).
Rappoport A., *Pour une anthropologie de la maison*, Paris, 1972.
Ribbe (Ch. de), *Les Familles et la société en France avant la Révolution*, 1873.

Architecture

Briseux, *L'Art de bâtir les maisons de campagne*, Paris, 1728.
Perthuis (de), *Traité d'architecture rurale*, Paris, 1810.
Planat, *Encyclopédie de l'architecture et de la construction*, Paris, Librairie moderne de la construction (12 volumes et table).
Rondelet J., *Traité théorique et pratique de l'art de bâtir*, Paris, 1805 à 1818.

Provence

Histoire, démographie, économie

Achard, *Dictionnaire de la Provence*, Aix, 1787.
Ambard R., « La Villa gallo-romaine de Muscapeu (Tourves, Var) », in *Provence historique*, 1955, tome V.
Arnaud, *Histoire d'une famille provençale depuis le milieu du XIVe siècle jusqu'en 1883*, Marseille, 1884 (2 volumes).
Annuaire du département du Vaucluse, 1859.
Atlas historique de Provence.
Baehrel R., *Une croissance : la basse Provence rurale depuis la fin du XVIe siècle jusqu'à la veille de la Révolution*, Paris, 1961.
Baratier E., *Démographie provençale du XIIIe au XVIe siècle*, Paris, 1961.
Baratier E. (sous la direction de) *Histoire de la Provence*, Toulouse, 1969.
Barral, *L'immigration dans les Bouches-du-Rhône*, Paris, 1876.
Barruol G., « Oppida préromains et romains en haute Provence », *Cahiers rhodaniens*, VIII, 1961.
Bellet M.-E., *Contribution à l'étude de l'habitat rural gallo-romain en Provence*, mémoire de maîtrise, juin 1973, Aix (non publié).
Benoît F., « Entremont, résultats historiques des fouilles », in *Gallia* TXXVI, 1968.
Bergounhoux G., « Les transformations du genre de vie et de l'habitat rural dans le bassin de l'Arc », in *Acte des travaux historiques*, bulletin section de géographie, 1938.
Burnand Y., *Aux origines de la classe équestre en Gaule narbonnaise : les Domiti aixois*, thèse, Sorbonne, Paris, 1965.
Demians d'Archimbaud G., « Un village fortifié : Rougiers », in *Archéologia*, n° 21, 1968.
Duby G., « Recherches récentes sur la vie rurale en Provence au XIVe siècle », in *Provence historique*, 1965.
Duprat, *La Provence dans le haut Moyen Âge*, Marseille, 1923.
Durbec J., *La Gestion des maisons provençales des hospitaliers de Saint-Jean de Jérusalem en 1338*, Congrès national des Sociétés savantes, 1953.
Durbec J., « Les Templiers en Provence », in *Provence historique*, tome IX, 1959.
Encyclopédie départementale des Bouches-du-Rhône, Marseille, 1920-1924.
Feraud, *Historique, géographie, statistique du département des Basses-Alpes*, 1861.
Février PA., « La Population de la Provence à la fin du XVe siècle, d'après l'enquête de 1471 », *Provence historique*, 1956.
Février PA., « La basse vallée de l'Argens », *Provence historique*, 1959.
Gerin-Ricard (de), *Les Antiquités de la vallée de l'Arc*, Aix, 1907.
Octobon, « Camp du mont Bastide à Eze (A.-M.) », in *Provence historique*, 1955.
Papon, *Histoire générale de la Provence*, 1780.
Roth A., *Aix-en-Provence et son territoire à l'époque gallo-romaine*, mémoire de maîtrise, Aix, 1972 (non publié).
Roux A., « Une famille provençale, Les Gueidan », in *Arts et Livres de Provence*, n° 29, juin 1956.
Saglietto, *Le Mas oppidum ligure du Ve au Ier siècle avant J.-C.*, Institut historique provençal, Congrès de Toulon, 1928.
Sclaffert Th., « Usages agraires dans les régions provençales avant le XVIIIe siècle. Les assolements », *Revue géographique alpine*, 1941.
Sclaffert Th., *Cultures en haute Provence. Déboisements et pâturages au Moyen Âge*, Paris, 1959.
Sigal A., « La commanderie du Ruou. Une seigneurie ecclésiastique en Provence orientale au Moyen Âge », in *Provence historique*, tome XV, 1965.
Statistiques du Var, 1838.
Villeneuve (de), *Statistiques du département des Bouches-du-Rhône*, 1821-1829.

Géographie

Davin E., *Le Mistral et autres vents de Provence*, Toulon, 1938.
George P, *La Région du bas Rhône. Étude de géographie régionale*, 1935.
Livet R., *Habitat rural et structures agraires en Basse Provence*, Annales de la Faculté des Lettres d'Aix, Gap, 1961.
Livet R., *De quelques origines de l'habitat dispersé en Provence*, Ann. E.S.C., 1954.
Livet R., *Les Paluns provençaux, Mélanges Benevent*, 1954.
Livet R. et Roux A., *Éléments d'histoire agraire d'un terroir provençal : Saint-Saturnin-d'Apt*, Aix, 1957.
Mercier J., « L'Habitation rurale provençale : le vent et le soleil », *Revue de géographie alpine*, 1943.
Nicod J., *Les Chemins ruraux en basse Provence, Mélanges Bénevent*, 1954.
Ritt J., « Notice sur les restanques provençales », *Bulletin de la Société des Amis du Vieux Toulon*, 1928.

Mœurs, vie et coutumes

Agulhon M., *La Vie sociale en Provence intérieure au lendemain de la Révolution*, Paris, 1970.
Art. « Provence rupestre », in *Alpes de lumière*.
Art. « Sentiers du pays de Forcalquier », in *Alpes de lumière*.
Art. « Le pays d'Apt », in *Alpes de lumière*.
Art. « Saint-Michel-l'Observatoire », in *Alpes de lumière*.
Art. « Oppedette », in *Alpes de lumière*.
Benoît F., *La Provence et le Comtat venaissin*, Paris, 1949.
Bomy, *Statuts et coutumes du pays de Provence*, Aix, 1620.
Bonnet B., *Vie d'enfant*, Nîmes, 1921.
Caumin M. et Daille R., *Usages et règlements locaux ayant force de loi dans les arrondissements de Draguignan, Brignoles, Toulon, Grasse*, Draguinan, 1887.
Chauffard E., *Le Bouquet de Saladelles*, Ed. Les Portiques.
Collier, *Vie en haute Provence*, Digne, 1973.
Gallicy père, *Maison rustique ou recueil de tout ce qui peut servir au ménage de la*

campagne, Bibl. Méjanes ms 1102-1720.
Legre L., *La botanique en Provence au XVIe siècle*, Félix et Thomas Platter, Marseille, 1900.
Marquet J., *Nestor Patron Pêcheur, Mœurs des pêcheurs provençaux*, Gallimard, Paris, 1923.
Mauron M., « Le Mas provençal dans R. Christoflour », *Maisons et Villages de France*, 1943.
Mauron M., *Lorsque la vie était la vie*, 1971.
Millin A., *Voyages dans les départements du Midi de la France*, Paris, 1807.
Mistral F., *Mireio, épopée amoureuse et tableau de la Provence rurale*, 1859.
Mistral F., *Mémoires et récits*, 1906.
Mistral F., *Calendal*, 1867.
Mistral F., *Lou Trésor dou Felibrige*, 1886.
Mistral Neveu, *Contes du Mas*, Éditions du Feu.
Provence M., « Enquête sur la vie de l'homme en haute Provence », Bulletin de la société scientifique et littéraire des Basses-Alpes, 1942-1944.
Ribbe (Ch. de), *La Société provençale à la fin du Moyen Âge*, Paris, 1898.
Ribbe (Ch. de), *La Vie domestique, ses modèles, ses règles*, Paris, 1875.
Ribbe (Ch. de), *Une Famille au XVIe siècle*, Paris, 1879.
Ribbe (Ch. de), *Le Livre de famille*, Paris, 1879.
Rollet P., *La Vie quotidienne au temps de Mistral*, Paris, 1972.
Seignole C., *Le Folklore de la Provence*, Paris, 1967.
Tavernier, *Usages et règlements locaux ayant force de loi dans le département des Bouches-du-Rhône*, Aix, 1859.
Stendhal, *Voyage dans le Midi de la France*, Paris, 1830.
Usages locaux à caractère agricole, codifiés par la Chambre d'Agriculture des Bouches-du-Rhône, 1936.
Vie à la campagne : Fermes et châteaux - Le mobilier provençal, 1930.
Villard H., *Jean Casse, armateur et marchand marseillais du XIVe siècle; sa maison, son comptoir, sa bastide*, Annales de la Société d'études provençales, 1907.
Young A., *Voyages en Provence en 1787-1788-1789*.

Architecture

Algoud H., *Autour des bas et bastides*, Marseille, 1964.
Algoud H., « La Maison rurale en Provence et ses accessoires », in *L'Art populaire en France*, 1929.
Algoud H., *Mas et bastides de Provence*, Marseille, 1907.
Art. « Les Pigeonniers », in *Alpes de lumière*.
Art. « Pays de Sault et pays d'Albion », in *Alpes de lumière*.
Bruhne-Delamare, *Contribution à l'étude de l'habitation rudimentaire : les cabanes en pierre sèche de la région de Gordes*, Congrès international de géographie, Paris, 1930.
Darde R., *L'Habitation provençale*, Paris, Massin, 1927.
Desaulle P., *Les Bories de Vaucluse*, Paris, 1965.
Documents d'architecture, petits édifices, Provence, Éditions A. Vincent, 1927.
Enquêtes sur l'habitation rurale en France, Paris, Dannand, 1939, notice par P. Desfontaine (2 volumes).
Gauthier-Descottes, *Le Livre d'or de la Camargue par P.-Charles Roux*, Paris, 1916.
Lanery d'Arc P., *Maisons types de Provence*, Comité des travaux historiques Sciences économiques, Angers, 1894.
Maremont de Saint-Félix, *L'Architecture rurale théorique et pratique à l'usage des propriétaires et ouvriers de la campagne*, Toulouse, 1826.

Index

Table des matières

L'illustration de ce volume a été réalisée à partir de la documentation photographique de l'auteur (à l'exception des clichés dont l'origine est mentionnée dans les légendes) et des dessins de Claude Poulin.

ISBN : 2-7427-5100-9
Code éditeur : 5641
Dépôt légal : octobre 2004

Achevé d'imprimer en septembre 2004
Imprimé en Espagne